# 대한민국은
## 민주공화국
이다

# 대한민국은 민주공화국이다
## —헌법 제1조 성립의 역사

박찬승 지음

2013년 7월 12일 초판 1쇄 발행
2019년 3월  7일 초판 3쇄 발행

펴낸이 한철희 | 펴낸곳 돌베개 | 등록 1979년 8월 25일 제406-2003-000018호
주소 (10881) 경기도 파주시 회동길 77-20 (문발동)
전화 (031) 955-5020 | 팩스 (031) 955-5050
홈페이지 www.dolbegae.co.kr | 전자우편 book@dolbegae.co.kr
블로그 imdol79.blog.me | 트위터 @Dolbegae79

책임편집 김태권
표지디자인 민진기디자인 | 본문디자인 박정영·이은정
마케팅 심찬식·고운성·조원형 | 제작·관리 윤국중·이수민
인쇄·제본 영신사

ISBN 978-89-7199-551-8 (93900)
이 도서의 국립중앙도서관 출판시도서목록(CIP)은 e-CIP 홈페이지
(http://www.nl.go.kr/ecip)에서 이용하실 수 있습니다.(CIP제어번호: CIP2013010550)

책값은 뒤표지에 있습니다.

# 대한민국은 민주공화국이다

박찬승 지음

헌법 제1조 성립의 역사

돌베개

"대한민국은 민주공화국이다." 대한민국 제헌헌법 제1조의 문장이
다. 이 책은 이 조항이 성립하기까지의 역사를 정리한 것이다. 오늘날
전 세계의 국가들, 특히 민주주의 국가들 가운데에서도 헌법에 스스로
를 민주공화국이라고 선언한 나라는 그리 많지 않다. 그리고 아직도 상
당수의 나라들이 입헌군주국이든 전제군주국이든 군주국 체제를 유지
하고 있다. 그런가 하면 사회주의 국가들은 인민공화국을 표방하고 있
다. 그러나 한국은 입헌군주국도 인민공화국도 아닌 민주공화국이며,
이를 헌법에서 표방하고 있는 보기 드문 나라이다.

20세기 초까지만 해도 한국은 군주국의 나라였으며, 대한제국은 전
제군주국을 표방하기도 했다. 그런데 대한제국이 무너진 지 불과 9년
만에 대한민국임시정부는 민주공화국을 표방하면서 출범했다. 그리고
1948년 수립된 대한민국 정부도 이를 이어받아 민주공화국을 표방했
다. 군주정의 오랜 역사의 무게를 감안할 때, 이는 거의 기적에 가까운
일이었다. 어떻게 이런 일이 가능할 수 있었을까. 이 책은 이러한 의문
에 대한 답을 찾아보기 위해 쓴 것이다.

"대한민국은 민주공화국이다." 이 조항이 성립하기까지의 역사는

결코 간단치 않았다. 1910년 이전 대한제국 시기에 공화정을 거론하는 것은 국가에 대한 반역행위로 간주되었다. 따라서 공화정을 내놓고 주장하는 사람은 전혀 없었다. 1910년 대한제국이 무너진 뒤, 국외의 일부 독립운동가들을 중심으로 공화정 논의가 시작되었다. 1911년 중국에서 신해혁명이 일어나 청 제국이 무너지고 공화정으로서 중화민국이 수립되자, 이에 자극을 받은 한국인들은 본격적으로 공화제 신국가의 수립을 논의하기 시작했다. 그 결과 1919년 3·1운동으로 성립된 대한민국임시정부는 장차 민주공화국 체제의 새로운 나라를 수립하겠다고 신포했다.

그러나 새로운 나라를 건국하기 위해서는 먼저 나라를 되찾아야만 했다. 나라를 되찾기 위한 독립운동은 이후에도 26년 동안 이어졌다. 많은 이들이 독립운동의 과정에서 희생되었다. 또 1920년대 사회주의의 수용과 함께 민주공화국이 아닌 인민공화국이나 소비에트공화국 체제를 선호하는 이들도 나타났다. 이후 독립운동 전선 내부에서는 이념과 운동노선을 둘러싼 갈등이 그치지 않았다. 우여곡절 끝에 1945년 해방이 찾아왔다. 하지만 그것은 외세에 의한 남북분단과 함께 왔다. 통일정부를 어떻게 수립할 것인가를 둘러싸고 미국과 소련, 남과 북, 좌와 우의 갈등이 심화되었다. 결국 1948년 남한에는 민주공화국, 북한에는 인민공화국이 들어섰다.

민주공화국으로 출발한 대한민국은 이제 65년의 역사를 갖게 되었다. 하지만 대한민국 65년의 역사는 결코 온전한 민주공화정의 역사가 아니었다. 민주공화정과 배치되는 독재정치의 시간은 너무나 길었다. 엄밀히 말하면 제대로 된 민주공화정은 1987년 6월 항쟁 이후에 비로소 시작되었다. 그것은 6월 항쟁 이후 민주주의 제도가 어느 정도 정립되었고, 국민들의 민주주의에 대한 의식도 일정한 수준에 올라섰기 때문이다. 그러나 대한민국의 민주공화정은 안팎의 도전 앞에서 여전히 시련을 겪고 있다. 그러한 시련 속에서 한 걸음 한 걸음 앞으로 나아가고 있다고 할 수 있을 것이다.

2008년 6월에 열린 제51회 전국역사학대회의 주제는 '역사상의 공화정과 국가 만들기'였다. 필자는 이 대회에서 '한국의 근대국가 구상과 공화제'라는 주제로 논문을 발표했다. 그리고 그해 봄 서울 도심에서는 '대한민국은 민주공화국이다'라는 노래가 울려 퍼졌다. 그즈음부터 필자는 민주공화국이란 무엇인가, 공화주의란 무엇인가, 한국인들은 언제부터 민주공화국에 관심을 갖게 되었을까, 대한민국을 만든 이들은 어떤 성격의 민주공화국을 만들려고 했던 것일까 등의 물음에 관심을 갖게 되었다.

그해 여름, 출판기획사 측으로부터 대한민국이 민주공화국으로 수립되기까지의 과정에 대해 대중적인 책을 내보자는 제의가 들어왔다. 처음 계획은 19세기 말부터 해방 전까지 민주공화국으로서의 신국가 구상이 만들어지는 과정을 정리하는 것이었다. 그러나 이 계획은 그 뒤에 해방 이후 대한민국이 민주공화국으로 수립되는 과정까지 포함하는 것으로 바뀌었다. 그리고 책의 성격도 대중들이 쉽게 읽을 수 있는 학술서적을 만드는 것으로 바뀌었다. 그런데 계획이 수정되고, 필자의 공부가 부족한 탓으로 원고의 집필은 자꾸만 늦어졌다.

그런 가운데 비슷한 주제의 훌륭한 책들이 출간되었다. 김육훈 선생의 『민주공화국 대한민국의 탄생』, 서희경 선생의 『대한민국 헌법의 탄생』 등이 그런 책들이다. 이 책들이 출간되는 것을 보면서 필자는 원고 집필을 그만둘까 하는 생각도 해보았다. 하지만 이미 써놓은 원고의 양도 꽤 되었고, 또 내용에도 일정한 차이가 있다고 여겨져 원래 계획한 대로 책을 내기로 결정했다. 이제 2013년 여름에 책을 내게 되니 처음 구상한 시점으로부터 보면 무려 5년이 걸린 셈이다.

이 책을 쓰면서 많은 분들의 연구 성과를 참고했다. 이 책의 내용 가운데에는 필자가 독창적으로 연구해서 쓴 부분보다 선배·동학의 연구 성과를 참고해서 쓴 부분이 더 많다. 하지만 필자는 기존의 연구 성과를 참고하여 글을 쓰면서도 나름대로의 견해를 밝히려 애썼고, 또 그동안 밝혀지지 않은 사실들을 새로이 밝혀보고자 노력하기도 했다. 그러나 필자의 공부가 모자라 아직도 미진한 부분이 많은 책이 되고 말았음을 고백하지 않을 수 없다.

끝으로 이 책의 초고를 읽어주고 도움말을 아끼지 않은 한양대 박사과정의 김민석 군, 최은진 양에게 감사를 표한다. 아울러 처음 기획을 제안하신 강응천 선생, 초고를 읽어주고 도움말을 아끼지 않으신 돌베개 출판사의 김태권 씨, 그리고 미흡한 책을 출판해주신 돌베개의 한철희 사장님께도 감사를 드리고 싶다. 또 항상 원고 집필 과정에서 재미없는 이야기를 가장 먼저 들어주는 아내에게도 감사를 표한다.

이 책을 통해 독자들이 대한민국 제헌헌법의 제1조가 어떻게 성립할 수 있었는지, 그리고 대한민국을 만든 이들이 대한민국을 어떤 나라로 만들려 했는지 조금이나마 이해할 수 있었으면 한다. 대한민국이 진정한 민주공화국으로서 발전해 나가기를 기원하면서 이 책을 세상에 내놓는다.

2013년 7월
박찬승

차례

# 머리말

대한민국은 민주공화국이다.

대한민국의 주권은 국민에게 있고, 모든 권력은 국민으로부터 나온다.

현행 대한민국 헌법 제1조의 1항과 2항이다. 우리는 이 조항을 당연한 것으로 생각한다. 하지만 세계 주요 국가들 가운데 헌법 제1조에 "우리나라는 민주공화국이다"라고 쓴 나라는 대한민국 외에는 없다. 대한민국의 제헌헌법에 큰 영향을 미친 것으로 알려진 독일 바이마르 공화국의 헌법 제1조도 "독일은 공화국이다. 국가의 권력은 국민으로부터 나온다"라고 되어 있을 뿐이다.

다른 나라의 헌법을 더 살펴보자. 프랑스의 헌법 제1조 1항은 "프랑스는 분할될 수 없고, 종교에 의해 통치되지 않으며, 민주사회공화국이다. 프랑스는 법 앞에 출신, 인종 혹은 종교의 구분 없이 모든 국민의 평등을 지킨다. 프랑스는 모든 종교를 존중한다. (정부) 조직은 분산되어 있다"고 되어 있다. 독일연방공화국 헌법 제1조는 "인간의 존엄성은 침해되어서는 안 되며, 국가는 이 불가침의 원칙을 확인하고 보호할 의무를 지닌다"고 되어 있다. 미국의 수정헌법 제1조는 "연방 의회는 국교를 정하거나 자유로운 신앙 행위를 금지하는 법률을 제정할 수 없다.

또한 언론, 출판의 자유나 국민이 평화롭게 집회할 수 있는 권리 및 불만 사항의 해결을 위해 정부에 청원할 수 있는 권리를 제한하는 법률을 제정할 수 없다"고 되어 있다.

이처럼 주요 국가들 중에서 헌법 제1조에 '민주공화국'임을 명시한 나라는 대한민국 외에는 없다. 헌법 제1조의 '민주공화국'이라는 표현은 1919년에 수립된 대한민국임시정부의 임시헌장에서부터 비롯되어, 1948년 제헌헌법, 그리고 1987년 개정된 현행 헌법에 이르기까지 면면히 이어져 내려오고 있다. 왜 한국인들은 이와 같이 헌법 제1조에 굳이 '대한민국은 민주공화국이다'라고 민주공화국임을 명기해 왔을까.

한국인들이 서구의 정치체제에 대해 알게 된 것은 19세기 중반 무렵이었다. 이때 소개된 서구의 정치체제들은 영국과 프러시아의 입헌군주국, 프랑스와 미국의 공화국 등과 같이 다양했다. 그리고 동아시아에서도 일본은 프러시아를 모방해 제한군주국(군주권을 제한한 국가)을 거쳐 입헌군주국으로 나아가고 있었다. 조선의 개화파는 이 가운데 일본의 사례를 모방해 군주의 권한을 제한하는 '군신공치'의 제한군주국을 거쳐, '군민공치'의 입헌군주국으로 나아가고자 했다. 갑신정변, 갑오개혁, 독립협회 운동은 모두 그러한 연장선 위에서 일어난 사건과 운동들이었다. 그러나 이러한 노력은 모두 수포로 돌아갔다. 1899년 대한제국은 「대한국국제」를 통하여 '전제군주국'을 표방했고, 고종은 스스로 전제군주임을 선언했다. 그런 가운데 1905년 전후에 일부 지식인들은 입헌군주제 운동을 시작했다. 하지만 이미 때는 늦었다.

1910년 대한제국이 일제의 침략으로 무너진 뒤, 국내외의 지식인들은 독립 이후 세울 새로운 나라를 구상하기 시작했다. 그것은 '군주국'이 아닌 '공화국'이었다. 국내외의 지식인들이 군주국이 아닌 공화국을 구상하게 된 데에는 특히 1911년 중국에서의 신해혁명의 영향이 컸다. 그리고 독일혁명, 러시아혁명의 영향도 무시할 수 없었다. 그 결과 1919년 3·1운동 당시 국내에서 뿌려진 각종 전단에 나온 임시정부안은 모두 공화국을 전제로 하고 있었다. 그리고 1919년 상해에서 조직된 대한민국임시정부도 공화국의 수립을 당연한 전제로 하고 있었다. 이후 임시정부의 임시헌장과 임시헌법, 그리고 뒤에 보듯이 1948년의 대한민국의 제헌헌법도 모두 '민주공화국'이라는 표현을 썼다. 그런데 중국의 신해혁명 정권이나 독일의 바이마르 공화국도 '민주공화국'이라는 표현은 쓰지 않았다. '입헌공화국'이나 '공화국' 정도의 표현만 들어가 있다. 그러면 왜 대한민국임시정부의 임시헌장, 임시헌법, 그리고 제헌헌법은 '공화국'이 아닌 '민주공화국'이라는 표현을 썼던 것일까.

민주공화국은 국민주권의 원칙, 권력분립의 원칙, 그리고 의회주의와 법치주의 등을 기본원리로 한다. 그러나 1919년 상해에서 수립된 대한민국임시정부는 국외에 수립된 임시정부였기 때문에, 이러한 원리들을 제대로 관철시킬 수 없었다. 그런 가운데 대한민국임시정부와 중국 관내의 독립운동 세력들은 의회정치와 정당정치를 준비하기 시작했다. 1919년에 출범한 임시정부 의정원은 바로 예비의회로서 의회정치의 훈련장 역할을 하고 있었다고 볼 수 있다. 또 1930년대에 중국 관내에서 등장한 여러 민족주의 좌우파 정당들은 독립운동을 위한 결사로서의 성격을 지니면서, 동시에 근대적인 이념정당과 정책정당의 성격을 띠고 있었다. 하지만 이들 정당이 임시정부의 임시의정원에 참여한 것은 1940년대에 들어서였다. 그리고 1940년대 들어 임시정부는 건국강령을 제정했다. 임정의 건국강령은 '삼균주의'라는 이념에 토대를 두고 있었다. 주지하듯이 삼균주의는 조소앙에 의해 만들어진 것이며, 정치·경제·교육에서의 균등을 강조하는 사상이다. 그런데 1930년대 이후 중국 관내에서 등장한 민족주의 계열의 여러 정당들은 이미 대부분 삼균주의를 정당의 이념으로 삼고 있었다. 삼균주의가 이와 같이 민족주의 좌우파 정당에 두루 받아들여진 이유는 무엇이었을까.

한편 1910년대 말부터 국내외 지식인들 사이에 사회주의 사조가 확산되었고, 1920년대 들어 사회주의 운동 세력은 급속히 확대되었다. 특히 1930년을 전후한 시점에서 보면 사회주의 운동 진영은 민족주의 운동 진영보다 세력이 더 컸다. 그렇다면 이들 사회주의 운동 세력은 어떤 나라를 세우려 했던 것일까. 그들은 인민공화국을 세우려 했던 것일까, 아니면 소비에트 국가를 세우려 했던 것일까.

1945년 8월, 해방은 갑작스럽게 찾아왔다. 그러나 그것은 남북 분단과 함께 왔다. 남과 북의 좌우파 세력은 이념과 노선을 둘러싸고 분열과 대립을 거듭했다. 특히 모스크바 3상회의에서 결정된 임시정부 수립과 신탁통치 문제는 좌우 대립을 더욱 격화시켰다. 그러면 당시 남과 북의 좌우파 세력이 구상하고 있던 국가체제는 구체적으로 어떤 것이었을까. 그것은 민주공화국과 인민공화국이었다. 미소공위가 개회된 이후 좌우 세력은 신탁통치와 임시정부 수립 문제를 둘러싸고 대립을 거듭했고, 1947년 들어 미국과 소련의 냉전이 시작되면서 미소공위는 아무 성과 없이 결렬되었다. 그리고 남과 북은 각각 분단정부를 수립하는 길로 들어섰다. 그 결과 남에는 민주공화국, 북에는 인민공화국이 각각 들어섰다. 그렇다면 분단국가 수립은 끝내 피할 수 없었던 것일까. 신탁통치 문제를 둘러싼 좌우대립, 미소공위, 좌우합작, 남북협상 등을 우리는 어떻게 보아야 하는가.

1947년 미소공위 결렬 이후 남북한은 분단정부 수립의 길로 들어섰다. 이와 동시에 남한의 우파 세력은 대한민국 국가체제의 골격을 그리는 작업, 곧 헌법을 만드는 작업을 시작했다. 우파의 제헌헌법을 만드는 작업은 1945년 말 귀국한 임시정부 산하의 행정연구회로부터 시작되어, 1946년 민주의원, 1947년 입법의원으로 이어졌다. 그리고 1948년 5·10선거로 구성된 제헌국회로 바통이 넘겨졌다.

제헌국회는 헌법기초위원회에서 만든 초안을 본회의에서 윤독하고 토론하는 과정을 거쳐 헌법을 최종 확정했다. 그런데 특기할 것은 당시 제헌국회 의원들의 다수가 대한민국은 임시정부의 계승이며, 대한민국 헌법은 임시정부의 헌법이나 건국강령을 계승해야 한다고 생각하고 있었다는 것이다. 따라서 헌법기초위원들은 임정의 임시헌장 체제를 그대로 계승하여 제헌헌법의 체제를 만들고자 했다. 또 그들은 건국강령의 기본이념인 삼균주의를 계승·발전시킨 '만민균등주의'를 제헌헌법의 기본이념으로 삼고자 했다. 당시의 국회속기록에는 제헌의원들의 이와 같은 생각이 잘 나타나 있다.

그리고 제헌의원들은 헌법 제1조를 '대한민국은 민주공화국이다'라는 문장으로 만들었다. 이 또한 임시정부의 임시헌장과 임시헌법을 계승한 것이었다. 당시 일부 의원들은 '민주공화국'이 아닌 '공화국'이라는 표현을 쓸 것을 제안하기도 했다. 하지만 이 제안은 거의 호응을 받지 못했다. 제헌헌법을 만든 이들은 왜 굳이 '공화국'이 아닌 '민주공화국'이라는 표현을 썼던 것일까.

한편 제헌헌법 전문에는 독립, 민주, 자유, 균등과 같은 용어가 포함되어 있다. 헌법 전문의 이와 같은 용어들은 이 헌법이 지향하고 있는 가치와 이념을 나타내는 것이라 할 수 있다. 이와 같은 가치와 이념의 제시를 통해 제헌의원들은 어떤 나라를 만들려 했던 것일까. 학계의 일각에서는 제헌헌법은 자유민주주의를 지향하는 헌법이었다고 해석하기도 하고, 다른 일각에서는 사회민주주의적 요소를 담고 있다고 해석하기도 한다. 실제로 제헌헌법은 자유민주주의의 요소와 사회민주주의의 요소를 모두 담고 있다. 그런데 양자는 서로 충돌할 수도 있는 것이었다. 그렇다면 과연 제헌헌법에서는 이 문제를 어떻게 해결하려 했을까.

이 책은 위에서 서술한 내용에 대해 보다 자세히 설명하고, 또 위에서 던진 물음들의 해답을 찾아보기 위해 쓴 것이다. 먼저 제1장에서는 19세기 후반 조선의 지식인들이 서양의 정치사상을 접하면서 입헌군주제를 모색하던 과정에 대해 알아본다. 제2장에서는 3·1운동 이후 세워진 대한민국임시정부에서 '민주공화제'를 채택하고 이를 발전시켜 나가게 된 경과를 살펴본다. 제3장에서는 1930년대 중국 관내 독립운동 진영을 중심으로 조직된 각 정당들의 이념과 활동, 그리고 종전을 앞둔 시기에 임시정부에서 만든 '건국강령'에 대해 알아본다. 제4장에서는 해방 이후 신탁통치 문제를 둘러싼 좌우대립과 미소공위의 결렬과정, 그리고 결국 남북한에 분단정부가 들어서게 되는 과정에 대해 살펴본다. 제5장에서는 1948년 '민주공화국' 대한민국 정부 수립 과정에서 만들어진 제헌헌법에 반영된 기본가치와 기본이념에 대해 검토해본다. 그리하여 결론적으로 제헌의원들은 제헌헌법을 통해 어떤 나라를 만들고자 했는지를 정리해보고자 한다.

**제1장**

서양 정치사상의 수용과 입헌군주제의 모색

조선에 서양의 정치사상과 정치제도가 처음 소개된 것은 1860년대였다. 그리고 1876년 개항 이후 개화자강을 지향한 이들은 서양의 정치사상 가운데 천부인권의 기본권 사상을 수용하고, 정치제도 가운데 입헌군주제를 조선에 도입해야 한다고 생각했다. 그러나 조선의 정치체제를 바로 입헌군주제로 바꿀 수는 없었다. 따라서 그들은 일단은 군주권을 어느 정도 제한하고 내각의 권한을 강화하는 '군신공치'의 제한군주제를 구상했다. 개화자강파는 갑신정변, 갑오개혁, 독립협회 운동 등을 통하여 이러한 제한군주제를 실현시켜 보고자 했다. 하지만 그러한 시도는 모두 수포로 돌아갔다. 개화자강파가 서구의 정치제도 가운데 또 하나 주목한 것은 의회제도였다. 갑오개혁 시 개화파는 군국기무처를 통해, 독립협회 운동기 독립협회 회원들은 중추원을 통해 초기적 단계의 의회를 만들고자 했다. 그러나 이 또한 수포로 돌아갔다. 결국 고종 황제는 1899년 대한제국은 전제군주국이라고 선언하고, 모든 권력을 황제 1인에게 집중시켰다. 그러나 황제는 일본제국주의가 대한제국을 보호국화 하고, 더 나아가 병합하고자 했을 때 이를 막아낼 힘이 없었다. 고종 황제는 권력은 독점하면 독점할수록 약화되고, 나누면 나눌수록 강화된다는 것을 몰랐던 것이다. 1905년 이후 개화자강파는 다시 입헌군주제 운동을 시작했으나 뒷북치기에 불과했다. 다만 다행히 도 이 시기에 '민주공화제'라는 용어가 본격적으로 국내에 소개되었고, 민권론을 포함하는 기본권 사상도 역시 본격 소개되어 지식인들 사이에 서 점차 확산되고 있었다. 제1장에서는 이러한 내용들을 상세히 다루어 보기로 한다.

## 1. 서양의 정치제도를 처음 접하다

### 서양의 '민주주의'

'민주공화국'은 '민주'와 '공화국'이 결합된 말이다. 그렇다면 '민주' 와 '공화국'은 어떤 의미를 지니고 있을까. 차례대로 이를 살펴보기로 한다.

국립국어원에서 펴낸 『표준국어대사전』에 의하면 '민주'民主라는 말 은 '주권이 국민에게 있음'을 뜻하는 말이며, '민주주의'와 사실상 같은 말이라고 되어 있다. 즉 '민주'란 '주권재민'의 의미이며, 동시에 '민주 주의'의 줄임말이기도 하다는 것이다. 그러면 '민주주의'는 어떤 의미 일까. 같은 사전에 의하면, '민주주의'란 "국민이 권력을 가지고 그 권 력을 스스로 행사하는 제도, 또는 그런 정치를 지향하는 사상"이며, "기 본적 인권, 자유권, 평등권, 다수결의 원리, 법치주의 따위를 그 기본 원리로 한다"고 풀이하고 있다.

'민주주의'는 영어로 democracy인데, 16세기에 프랑스어 démocratie 로부터 영어로 들어온 말로서, 원래 출처는 그리스어였다. 그리스어로 민주주의는 demokratie이며, 이는 인민을 뜻하는 demos와 지배 또는 권력을 뜻하는 kratos가 합쳐져 만들어진 말이다. 즉 민주주의는 인민에 의한 지배를 뜻하는 말이다.[1]

그리스 도시국가들 가운데 민주정치의 모델이 된 것은 아테네의 민주정치였다. 아테네에서는 이주민과 노예, 여성을 제외한 20세 이상의 남성은 민회Assembly에 참여할 수 있었다. 민회의 정원은 6,000명이었고, 1년에 40회 이상 회합을 가졌다. 여기에서는 법률, 재정, 과세, 도편추방, 대외업무와 같은 주요 사항들을 논의하고 결정했다. 민회는 만장일치를 추구했지만, 의견에 큰 차이가 나거나 사적 이익이 충돌할 경우에는 다수결 원칙에 따라 표결을 했다. 또 10개 부족에서 각 50명씩 선출된 대표들로 평의회가 구성되었으며, 이들 500인은 50인 위원회를 번갈아가며 맡았다. 또 민회에서는 법정에 참여할 501명 혹은 201명의 배심원을 선출했다. 따라서 아테네 민주주의는 다음과 같은 특징을 지니고 있었다. 1) 모든 사람들이, 모든 사람들 속에서 공직자를 선출한다. 2) 모든 공직 또는 적어도 경험이나 기술을 필요로 하지 않는 공직은 추첨에 의해 충원한다. 3) 공직에 취임하는 데 어떤 재산 소유 요건도 존재하지 않거나 가능한 최저 요건만 존재한다. 4) 전쟁 관련 직책을 제외하고는 동일 인물이 동일 공직을 연임할 수 없거나 극소수나 소수의 공직만 연임할 수 있다. 5) 모든 공직 또는 가능한 한 많은 공직의 임기를 짧게 한다. 6) 모든 사람이 배심원이 될 수 있다. 7) 모든 문제나 적어도 중요한 문제에 있어서는 민회가 주권을 가진다. 8) 민회, 법정, 공직에 참여하는 시민에게는 정기적으로 보수를 지급한다. 9) 좋은 가문, 부, 교육이 과두제의 특징이라면, 그 반대인 한미한 가문, 낮은 소득, 무의식적인 직업이 민주정의 특징이다. 10) 어떤 공직도 종신직이 아니다.[2]

아테네는 이와 같은 민주정치와 정복전쟁에서의 승리를 통해 번성기를 누렸다. 그러나 펠로폰네소스 전쟁에서의 패배, 소크라테스의 재판과 죽음, 지도자의 도덕적 타락, 법적 규범의 타락 등이 이어지면서 아테네는 점차 쇠퇴기에 접어들었다. 이를 지켜보면서, 플라톤은 『국가』라는 책을 통하여 아테네 민주정치의 문제점을 비판했다. 그는 정치형태를 1) 과두정치, 2) 금권정치, 3) 민주정치, 4) 전제정치의 넷으로 나누고, 이에 대한 자신의 견해를 피력했다. 그는 네 가지 정치 형태에 대해 모두 비판적이었으며, 민주정치에 대해서도 혹평하고 있었다. 그는 국가를 배에, 지도자를 선장에 비유하면서, 전문 지식도 경험도 없는 사람이 신원들의 인기를 얻어 선장이 되는 것은 문제가 있다고 보았다. 또 그는 민주주의란 모든 사람을 동등하게 대우하고, 또 모든 개인이 자신이 좋아하는 바를 자유롭게 하는 것을 보장하는 사회라고 보았다. 하지만 모든 개인이 자신의 능력이나 기여에 상관없이 동등한 권리를 요구한다면, 단기적으로는 매력적이고 다양한 사회가 만들어지겠지만, 장기적으로 그것은 정치적·도덕적 권위에 대한 존경을 침식시키는 방종과 자유방임을 낳게 될 것이라고 보았다. 따라서 그는 여러 계급의 개인들이 자신에게 적합한 역할(크게 나누면 지배자, 군인, 노동자)을 찾아서 자신의 역할을 수행하고, 욕구를 충족시키며, 자아를 실현하고, 그리하여 효율적이고 안전하고 강력한 국가를 만들어야 한다고 생각하고 있었다.[3]

아테네 민주정은 민주주의의 장점과 단점을 모두 갖고 있었다. 시민들은 민주정을 통하여 자신의 재능을 충분히 발휘할 수 있었고, 아테네는 전성기를 누릴 수 있었다. 그러나 아테네 민주정은 점차 활기를 잃고, 격렬한 당파싸움, 계급 간의 갈등, 공동체에 대한 불신, 정치적 불안정 등의 문제점을 드러내고 말았다. 아테네 민주정은 장기간의 쇠퇴 과정을 겪다가 로마의 정복과 더불어 기원전 322년 역사의 무대에서 사라졌다. 그리고 이후 2,000년 동안 부정적 평가를 받으면서, 민주주의라는 제도도 자취를 감추었다.[4]

역사 속에서 잊혀진 민주주의를 다시 불러낸 것은 자유주의였다. 자유주의는 한마디로 '개인의 자유'를 강조하는 사조이다. 이와 같은 사상은 16~17세기의 계몽주의 사조를 배경으로 출현했다. 즉 자유주의는 인본주의와 세속주의를 강조한 르네상스, 각 개인은 사제나 교회 조직에 의존하지 않고 직접 신과 교통할 수 있다는 전제하에 종교적 문제에 관한 개인의 사적 판단과 도덕적 삶의 내면적 성격을 강조한 종교 개혁, 인간 이성의 합리적이고 비판적인 사유능력을 강조한 합리주의, 그리고 베이컨·갈릴레오·뉴턴에 의해 비롯된 과학혁명 등과 같은 '계몽주의'를 배경으로 출현한 것이다.[5]

자유주의의 철학적 전제는 자연권 혹은 자연법 이론이다. 즉 모든 인간은 누구나 다 예외 없이 생명과 자유, 안전 그리고 행복을 추구할 권리와 같은 근본적인 권리를 자신의 의지 혹은 다른 사람들의 의지와 상관없이 본래부터 보유한다는 것이다. 따라서 국가는 이 기본권을 침해해서는 안 되며, 다른 사람들에 의해 있을 수 있는 기본권 침해로부터 한 개인을 보호해야 한다고 본다.[6]

자연법 이론을 가장 잘 정리한 이는 로크이다. 로크는 자연상태에서 모든 인간은 자유롭고 평등하다고 보았다. 왜냐하면 이성이 그들로 하여금 합리적일 수 있도록, 즉 자연법을 따를 수 있도록 하기 때문이다. 나아가 그들은 자연권을 누릴 권리를 갖는다. 곧 개인은 자기 자신의 노동을 결정·처리하고, 소유물을 소유할 권리를 갖는다. 여기서 소유물이란 '생명, 자유, 재산'을 말한다. 그러나 외부로부터 자연권을 지키는 것은 쉽지 않다. 또 개인들 간의 자연권이 충돌할 수도 있다. 따라서 이를 보호하고 조정할 수 있는 기관으로서 통치조직, 즉 국가가 필요하다. 하지만 통치조직에 개인의 모든 권리를 다 양도하는 것은 아니다. 법을 만들고 집행하는 권리(입법권, 집행권)는 양도되지만, 모든 과정은 정부가 개인의 '자유, 생명, 재산'을 보호하는 기본 목적을 준수한다는 것을 전제 조건으로 한다. 그리고 공적 권력은 법적으로 제한되고 분할되어야 한다. 즉 집행권을 가진 입헌군주와, 입법권을 가진 의회가 따로 있는 것이 필요하다. 로크는 이와 같이 개인의 권리 확보의 중요성, 인민주권, 국가 내 권력의 분립, 입헌군주제, 의회, 다수결제도 등 19~20세기에 전개될 민주주의 정치의 핵심적 원리를 제시하고 있었다.[7]

로크의 권력분립론을 더욱 발전시킨 것은 몽테스키외였다. 그는 국가는 여러 상이한 힘 있는 '집단들'의 이익 대표를 조직해야 한다고 보았다. 즉 국가는 군주, 귀족, 그리고 인민의 입장 간의 균형을 잡아주는 '혼합정'에 의해 운영되어야 한다는 것이다. 그는 특히 귀족이 군주와 인민 간의 균형을 효과적으로 유지해줄 수 있다고 보았다. 몽테스키외의 권력분립론에서 더욱 중요한 것은 집행부, 입법부 외에 사법부가 따로 독립할 필요가 있다고 본 것이다. 그는 동일한 기구가 법을 제정하고, 공적 결정을 집행하고, 개인들의 소송을 재판하는 권력까지 행사한다면 명실상부한 자유란 존재할 수 없다고 보았다. 그는 『법의 정신』에서 자유는 국가 권력의 제도화된 분립과 균형 위에서만 가능하다고 주장했다. 이전까지의 혼합정부론은 상이한 신분집단들이 국가에 함께 참여하는 것을 의미하는 수준에 그쳤다. 하지만 몽테스키외는 별개의 법적 권한을 갖는 독자적인 세 기관, 즉 분립된 삼권에 기초하는 새로운 정치체제의 이론을 구축한 것이다.[8]

이와 같은 과정을 거치면서 자유주의의 핵심적 이론은 어느 정도 갖추어졌다. 이후 자유주의 이론은 1688년 영국의 명예혁명, 1776년 미국의 독립전쟁, 1789년 프랑스혁명 등을 통해 구체적으로 제도화되기 시작했다. 그리고 자유주의 이론은 16~18세기 도시의 시민계급, 전문직 종사자, 상인, 농촌의 지주계급, 정치사회적 엘리트 등 성장하고 있던 중산계급의 사상이 되었다. 이들 중산계급이 수용한 자유주의의 핵심적 관념은 당연히 '자유'였다. 자유주의자들이 말하는 자유란 종교·양심·사상의 자유, 정당과 결사를 조직할 수 있는 자유, 직업 선택의 자유, 자신의 노동을 포함하여 상품을 자유롭게 사고팔며 이익을 볼 수 있는 자유, 통치자와 정부 형태를 스스로 선택하고 변경할 수 있는 자유 등이었다.[9]

이와 같은 사상적 토대 위에서 자유주의자들은 잊힌 민주주의를 다시 불러냈다. 그러나 그것은 자유주의자들이 설정한 한계 내에서 규정되고 구조화된 민주주의였다. 예를 들어 자유주의자들은 오랫동안 대중에게 참정권을 부여하자는 보통선거 실시론에 대해서는 부정적이었다. 그들은 유산계급의 남성에게만 참정권이 부여되어야 한다고 생각했다. 그러나 자유주의는 결국 노동계급 등 하층계급의 압력에 의해 보통선거권을 비롯한 민주적 요구를 받아들이지 않을 수 없었다. 자유주의에 의하면 모든 인간은 본성상 자유롭고 평등하다고 스스로 말하고 있었기 때문이다. 그런데 근대 국가에서 모든 사람이 직접 정치에 참여하는 아테네식 직접민주주의를 실시할 수는 없었다. 따라서 자유주의자들은 모든 인민에게 참정권을 부여하지만, 그들이 선택한 대표자에게 정치적 권리를 위임하도록 하는 대의민주주의 제도를 채택했다.[10]

이상에서 살핀 자유주의는 흔히 '고전적 자유주의'라고 불린다. 이와 같은 고전적 자유주의와 결합된 민주주의가 바로 19세기의 '자유민주주의'였다. 하지만 자유주의와 민주주의는 개념상 엄연한 차이가 있었다. 자유주의는 기본적으로 국가에 대한 독특한 태도를 일컫는 개념으로서 국가의 권력과 기능이 제한적이어야 한다는 신념체계이다. 즉 국가가 개인의 자유를 통제하는 것은 극히 제한적이어야 한다는 것이다. 이와 달리 민주주의는 국가의 통치 형태에 대한 관점으로서 통치권이 한 개인이나 소수에게 장악되는 것을 반대하고 다수가 통치하는 정치체제를 말한다.[11] 이처럼 자유주의와 민주주의는 서로 차원이 다른 개념이다. 때문에 현실 속에서 자유주의 국가가 반드시 민주주의 국가인 것은 아니다. 예를 들어 중동의 왕정국가들은 자유주의 국가이지만, 민주주의 국가가 아닌 군주제 국가이다. 또 자유민주주의는 그 자체가 쇠퇴하거나 개념이 변화했다. 즉 자유민주주의는 주로 정치적 민주주의를 강조한 것이었는데, 시간이 흐르면서 사회적·경제적 민주주의도 강조되면서 고전적 자유주의에 기초한 자유민주주의는 점차 쇠퇴했다. 대신 국가의 적극적 역할을 용인하는 신자유주의와 결합된 자유민주주의가 새롭게 대두하게 된다.[12]

### 서양의 '공화정'

서양에서의 '공화'共和라는 말은 republic이며, 이는 로마인들이 사용했던 res publica라는 말로부터 비롯되었다. 로마에서는 기원전 509년 폭정을 이유로 왕을 축출한 뒤 자신들의 국가를 '공공의 것'이라는 뜻의 res publica라고 불렀는데, 이것이 후일 군주가 없는 나라를 가리키는 용어가 되었다. 그러나 이후 이 용어는 한때는 정부 형태나 정체에 관계없이 일반적으로 국가를 가리키는 용어로도 사용되었다. 그런 가운데 18세기 독립혁명으로 수립된 미국이 res publica로 불렸고, 프랑스도 혁명의 와중에 왕을 처형하여 res publica로 불렸다. 이후 19세기와 20세기를 거치면서 res publica는 왕이 없는 나라를 가리키는 용어로 더 많이 사용되었다. 그리고 res publica는 영어로 republic이 되었는데, 근대 이후에 동아시아에서 republic이라는 말을 번역할 때, 뒤에 다시 보게 되겠지만 이미 동아시아에서도 사용해 오던 '공화'라는 말로 번역하게 되었다.[13]

서양에서 공화제 모델이 처음 등장한 것은 고대 로마였다. 로마에는 집정관, 원로원, 민회라는 3자의 권력기관이 정립鼎立한 혼합정混合政의 형태를 취하고 있었다. 그리고 이들 3자는 서로 견제와 균형을 이루고 있었다. 로마에서는 이를 '공화'라 부르면서 매우 중요하게 여기고 있었다. 그것은 그리스 시대 아테네가 '민주'를 지나치게 강조하다가 하층민들이 자신들의 이익 추구를 위해 정치를 운영했던 것에 대한 반성에서 나온 것이었다. 이런 이유 때문에 로마의 철학자 키케로는 공화국이란 '인민의 것'res populi이라고 규정하면서도, 그 인민은 단순한 인간들의 군집이 아니라, 법체계에 동의하고 공익을 추구하는 다수가 되어야 한다고 주장했다. 이때 그가 말하는 공익을 실현하겠다는 의지를 가진 다수란 지도자, 귀족, 민중으로 구성된 인간들을 말하는 것이었다.[14]

한편 르네상스 시대 이탈리아의 도시국가들도 자신들의 시민자치 정치체제를 로마의 전통과 연결시켜 res publica라고 불렀다. 그리고 피렌체의 정치가였던 마키아벨리는 『군주론』에서 res publica, 즉 공화국은 귀족과 인민으로 구성된 시민들의 관계 속에서 구성되는 공동체라고 보았다. 그는 공화국은 1인 지배체제가 아니라 시민들의 집단 지배체제인데, 시민은 귀족과 인민으로 이루어져 있기 때문에 이들 간의 세력 관계에 따라 귀족정의 요소가 강한 공화국(귀족공화국)이 될 수도 있고, 민주정의 요소가 강한 공화국(민주공화국)이 될 수도 있었다. 마키아벨리는 공화국의 바람직한 권력 형태는 혼합정, 특히 인민 중심의 혼합정이라고 보았다. 그런데 그것은 인민이 권력을 독점하여 지배자가 된다는 의미가 아니었다. 인민이 중심이 되어 귀족들을 제어한다는 의미였다. 인민에 중심을 두는 것은, 재산이나 학식 등 여러 면에서 귀족이 인민보다 우위에 있기 때문에 약자를 보호함으로써 균형을 맞추기 위한 것이었다. 즉 공동체를 이루는 귀족과 인민 사이의 권력 균형을 꾀한 것이었다. 물론 양자는 끊임없는 긴장 관계에 놓여 있고, 따라서 양자 간에는 충돌이 있을 수도 있었다. 마키아벨리는 로마의 집정관 제도는 바로 원로원과 민회의 충돌을 막기 위한 제도적 장치였다고 보았다.[15]

르네상스 시대 이탈리아에서 부활된 공화정치에 대한 관심은 17~18세기의 영국, 미국, 프랑스에 큰 영향을 미쳤다. 하지만 각 나라의 사정에 따라 결과는 상당히 달랐다. 영국에서는 군주제와 종교의 영향이 강하여 군주와 신민의 관계를 어떻게 설정할 것인가가 가장 중요한 관심사가 되었다. 미국에서는 대규모 영토와 확장된 영토, 그리고 복잡한 상업망을 가진 국가에 맞는 새로운 공화주의 질서를 창시하려고 노력했다. 프랑스에서는 혁명기에 공화주의 사상이 최고의 지위를 유지했고, 군주제 질서에 도전하는 중요한 사상적 근거가 되었다. 그렇지만 프랑스의 공화주의도 혁명의 궤적에 따라 여러 차례 변화를 겪었다.[16]

## 동아시아에서의 '민본'과 '공화'

그러면 동아시아에도 '민주'와 '공화'라는 개념이 있었을까. 먼저 '민주'에 대해 살펴보자. 동아시아에서 '백성이 주인'이라는 의미의 '민주'民主라는 개념이나 용어는 없었다. 중국 선진시대 문헌에 '민주'라는 어휘가 등장하지만, 그것은 '민지주'民之主, 즉 백성의 주인인 최고통치자 제왕을 가리키는 어휘였다.[17] '민주'와 비슷한 의미로 쓰인 단어로는 '민본'民本이 있다. '민본'이라는 말은 『서경』에 나오는 '민위방본 본고방녕'民爲邦本 本固邦寧, 즉 "백성은 나라의 근본이니, 근본이 견고해야 나라가 편안하다"라는 말로부터 비롯된 것이다.

동아시아 민본사상의 고전은 『맹자』라고 할 수 있다. 맹자는 "임금은 총명하고 예지가 있는 자로서 천명을 받은 이가 되는 법인데, 임금이 된 이후 천명을 어기고 민심을 잃을 경우, 하늘은 민심에 따라 천명을 거두어들인다"고 말했다. 또 탕왕과 무왕이 걸桀·주紂를 쫓아낸 일을 두고, 제선왕齊宣王이 "신하가 임금을 죽일 수 있습니까"라고 묻자, 맹자는 잔학한 행위를 한 사람들을 필부라고 지칭하면서, "잔학한 행위를 한 필부를 죽였다는 말은 들었지만, 임금을 죽였다는 말은 듣지 못했습니다"라고 답했다. 맹자는 탕왕과 무왕의 혁명을 정당화하고, 걸왕과 주왕을 임금으로 여기지 않았던 것이다. 이것이 맹자의 '방벌론'放伐論이다.

맹자가 이와 같이 '천명'과 '방벌'을 말한 것은 임금의 정치는 기본적으로 백성을 근본으로 삼는 것으로부터 시작해야 한다고 생각했기 때문이다. 그는 "백성은 귀하고, 나라는 그 다음이며, 임금은 가볍다"民爲貴 社稷次之 君爲輕고 말했다. 그는 걸왕과 주왕이 천하를 잃은 것은 백성의 마음을 잃었기 때문이라면서, 백성들의 마음을 얻는 길은 그들이 바라는 바를 함께 해주고, 싫어하는 것을 시키지 않는 것이라고 말했다. 그리고 그것을 '어진 정치', 곧 인정仁政이라 부르면서, 인정을 베푸는 것이 바로 왕도王道정치라고 말했다. 이후 왕도정치는 어진 정치로 사람들을 따르게 하는 것이 되었고, 그와 대비되는 패도覇道정치는 힘으로써 백성들을 따르게 하는 것이 되었다.

그러면 '어진 정치'란 무엇을 말하는 것인가. 그것은 백성들의 기본 생업을 보장해주는 것(養民)과, 백성들이 윤리적으로 행동하도록 가르치는 것(敎民)을 말한다. 맹자는 항산恒産이 없으면 항심恒心도 없다고 말했다. 그는 백성들이 어느 정도 먹고 살 만해야 윤리적으로 행동할 수 있다고 보았다. 따라서 먼저 정전제를 실시하고 세금을 줄여서 백성들이 살 만하도록 해주어야 한다고 생각했다. 그 다음에 인륜교육을 실시하여 백성들이 윤리적으로 행동할 수 있도록 만들어주어야 한다는 것이 그의 주장이었다.[18]

조선에서도 '민본'사상은 정치에 커다란 영향을 미쳤다. 조선왕조는 건국의 명분을 '민본'정치의 실현에서 찾았다. 따라서 조선 초기 위정자들은 '민본'을 강조하지 않을 수 없었다. 정도전은 아예 '백성은 임금의 하늘'民爲君天이라고까지 말했다. 그리고 군주는 천명을 받은 존재로서 백성들을 어진 정치로 다스려야 한다고 보았다. 그러나 군주는 혼자 힘으로는 백성을 다스릴 수 없기 때문에 관료들과 함께 통치를 해야 한다고 보았다. 그런 가운데 이 시기 도입된 주자 성리학에서는 '명분'을 중요시하고 있었다. 명분론의 핵심은 군신君臣, 관민官民, 노주奴主 사이에는 엄연한 구분이 있고, 따라서 양자 사이에는 엄격한 위계질서가 있어야 한다는 것이었다. 따라서 민은 통치와 교화의 대상일 뿐, 통치의 주체가 될 수는 없었다. 백성은 임금(왕실)과 관료로 구성된 지배층의 통치에 복종해야 하는 존재일 뿐이었다. 다만 지배층은 피지배층에 대하여 '온정적인 정치'를 베풀어야 한다는 것이었다. 그것이 인정仁政이었고, 애민愛民정치였다.[19]

조선시대에 나타난 이와 같은 '인정'의 현실적인 모습은 유교, 특히 주자학이 갖는 민본사상의 한계를 잘 보여주는 것이었다. 주자학은 현실세계에서의 신분제와 지주제를 그대로 인정한 위에서 지배층의 피지배층에 대한 '어진 정치'를 말하고 있을 뿐이었다. 따라서 '민본'사상은 조선왕조에서 하나의 지배이데올로기로서 역할을 했을 뿐이다.

결국 동아시아, 그리고 조선에서 말하는 '민본주의'는, 지배층과 피지배층의 뚜렷한 구분을 전제로 하여, 지배층이 피지배층에 대해 온정적인 정치를 베푸는 것을 의미했다. '백성은 나라의 근본'이라는 표현은 '백성은 나라의 주인'이라는 표현과는 거리가 멀었다. 백성이 나라의 주인이 되기 위해서는 백성에게도 정치에 참여할 수 있는 '권리'가 있다는 것이 인정되어야 했다. 그리고 백성이 정치에 참여할 권리가 있다는 것을 인정하려면, 백성도 임금이나 관료와 마찬가지로 '동등한 권리'를 갖는 인간이라는 '평등사상'이 전제가 되어야 했다. 그리고 모든 사람은 평등하다는 것이 인정되려면, 모든 사람은 한 개인으로서 독립된 존재라는 것이 먼저 인정되어야 했다. 그러나 동아시아의 사상, 특히 유교는 그와 거리가 멀었다. 동아시아에서 민본주의가 민주주의로 발전하지 못한 이유는 바로 여기에 있었다.

조선후기의 정약용은 『경세유표』에서 정전제의 실시를 통해 사회경제적으로 모든 사람이 평등한 사회를 꿈꾸었다. 그리고 신분을 떠나 능력에 따라 관리를 선발하는 제도를 그려보았다. 그는 또 「탕론」湯論이라는 글에서 요순시대에는 백성들이 지방의 하급관리를 추대하고, 지방 하급관리들이 지방관을 추대하고, 지방관들이 제후를 추대하고, 제후들이 모여 천자를 추대했다고 설명했다. 따라서 천자가 정치를 제대로 못하면 제후들이 의논하여 이를 교체하는 것은 당연하다고 썼다. 그는 「원목」原牧이라는 글에서도 비슷한 논리를 폈다. 민이 통치자를 추대할 수 있다는 생각, 신분이 아니라 능력에 따라 관리를 선발해야 한다는 생각은 '민권의식'과 '평등의식'에 어느 정도 접근한 것이라 할 수 있다. 하지만 그가 쓴 「탕론」이나 「원목」은 모두 상고시대의 정치를 설명한 글이었지, 조선의 현실에서 그렇게 해야 한다고 주장한 글은 아니었다. 그는 상고시대의 정치를 이상적인 것으로 생각하고는 있었지만, 이를 조선의 현실에 그대로 적용하자는 주장을 하지는 못했다. 그만큼 현실의 벽은 높았다.

서양어 democracy를 '민주'로 번역한 것은 『만국공법』을 번역한 윌리엄 마틴이었다. 그는 1863년 이 책을 중국어로 번역하면서 '민주'라는 단어를 썼는데, 그것은 '민이 주재한다'民主之는 의미였다. 그러나 '민주'는 이후 president, 즉 대통령의 의미로 쓰이는 경우도 많았다. 중국에서 '민주'가 democracy의 번역어로 자리 잡은 것은 1894년 청일전쟁 이후였다.[20]

다음으로 '공화'라는 말에 대해 살펴보자. 동아시아에서 '공화'共和라는 말이 처음 나온 것은 『사기』史記의 주周나라 본기本紀에서이다. 즉 주나라 여왕厲王이 기원전 841년 체彘 땅으로 달아나자 왕이 없는 가운데 14년간 주공周公과 소공召公이 협화協和를 하여 정치를 잘 했다는 의미로서 '공화'共和라고 칭했다는 것이다. 그러나 전국시대 위魏나라 양왕襄王의 능에서 서기 279년에 출토된 『죽서기년』竹書紀年에 따르면, 공백화共伯和라는 인물이 제후의 천거를 받아, 달아난 여왕厲王의 왕위를 대행했다고 한다. 또 서주西周의 금문金文에 따르면, 공백화는 사화보師和父라는 인물이며, 왕의 신하인 소귀족을 자신의 가신처럼 삼아 영내에서 사업을 감독시켰다고 한다. 이는 그가 한때나마 큰 권력을 가졌음을 말해준다. 따라서 공백화가 여왕이 망명한 뒤 왕정을 대행했다는 것은 대체로 사실로서 받아들여지고 있다.[21]

그러나 역사적 사실과는 관계없이 동아시아에서는 오랫동안 '공화'란 군왕이 없는 시대에 신하들이 나라를 다스리는 것이라는 의미로 이해되어 왔다. 때문에 왕정 치하에서 '공화'를 말하는 것은 불경 내지 반

역에 해당하는 의미로 받아들여졌다. 예를 들어 조선조 광해군 때 이이
첨이 남이공, 김신국과 자신이 서로 협동하고 화합하고 있다면서 이를
'공화'라고 표현했는데,[22] 이는 바로 정적들의 표적이 되었다. '공화'라
는 말은 그만큼 불온한 말이었다.[23]

동아시아에서 쓰인 '공화'라는 말은 이처럼 군왕이 없는 시대에 신
하들이 나라를 다스린 것을 말한다. 서양어 republic을 '공화'로 처
음 번역한 것은 일본의 미스쿠리 쇼고箕作省吾였다. 그는 명치유신 전
인 1845년 네덜란드의 지리학 책 『곤여도지』坤輿圖識를 번역할 때 한
학에 조예가 깊은 오스키 반케이大槻磐溪의 도움말을 얻어 네덜란드어
republiek를 '공화'로 번역했다고 한다.[24]

## 서양의 정치제도를 처음 소개한 최한기

한국인들이 서양의 정치제도에 대한 정보를 처음 접하게 된 것은
아마도 『해국도지』海國圖志라는 책을 통해서였을 것이다. 『해국도지』는
중국의 위원魏源이 아편전쟁을 겪은 후 서양을 알아야 한다는 생각에서
집필한 것으로, 1842년 50권이 완성되어 1844년 간행되었고, 1847년
에 60권으로, 1852년 100권으로 보완 간행되었다.[25] 이 책은 세계 각
국의 현황을 지세地勢·산업·인구·정치·종교 등 다방면에 걸쳐 서술
한 것으로서, 중국인들에게 바깥 세계에 대해 눈을 뜨게 해준 책이었
다. 그리고 이 책의 '대서양구라파주'大西洋歐羅巴洲 가운데에는 서유럽
각국의 정치체제에 대한 설명이 포함되어 있었다. 예를 들어 영국에는
의회라는 기구가 있어 국가의 중요한 대사가 있으면 반드시 의회와 국
왕이 논의를 한 후에 시행하며, 특히 전쟁과 같은 국가 대사는 반드시
의회의 논의를 거쳐야 하고, 정부 각 부서의 행정은 매년 연말에 의회의

위원의 『해국도지』. 세계 각국의 지리·인구·정치·산업·종교에 대해 쓴 책이다.

조사를 거쳐 그 책임자의 출척 여부를 결정하게 된다고 소개했다.

또 '외대서양아묵리카주'外大西洋亞墨利加洲에는 미국의 정치제도를 소개한 부분이 있다. 이를 보면 각 부락에서는 1명의 수령과 1명의 부령을 뽑아 행정을 맡기고, 또 상당수의 사람들을 뽑아 의사기구를 만든다고 했다. 또 '도성'都城(수도)에는 통령統領과 부령副領을 두는데, 각 성에서 뽑힌 2인의 대표들이 도성에 모여 구성한 '의사각'議事閣(의회)에서 선출하며, 임기는 4년이라고 소개했다. 통령과 부령은 합하여 '정부통령'正副統領이라고 소개되기도 했는데, 이는 프레지던트를 '정통령'으로 부른 것이나 마찬가지였다.

『해국도지』라는 책은 발간 직후 조선에 들어와 당시 지식인들에게 상당한 영향을 주었다. 당시 이 책으로부터 가장 큰 영향을 받은 이는 최한기崔漢綺였다. 그는 위원의 『해국도지』와, 같은 시기에 나온 서계여徐繼畬의 『영환지략』瀛環志略 등을 참고하여 1857년 『지구전요』地球典要라는 책을 썼는데, 여기서 자기 나름대로 이해한 서구의 정치제도를 소개했다.[26] 먼저 그의 영국 입헌군주제에 대한 인식을 살펴보자. 그는 아래와 같이 영국 의회에 대해 설명하고 있다.

도성都城(수도―인용자)에 공회소公會所(의회―인용자)가 있다. 하나는 상원(원문에는 작방爵房이라 표현—인용자)이라 부르고, 하나는 하원(원문에는 향신방鄉紳房이라 표현—인용자)이라 부르는 것으로 양분되어 있다. 상원은 작위를 가지고 있는 귀족들과 야소교사들로 구성되고, 하원은 서민들의 추천과 선택에 의해 뽑힌 재주와 학식이 있는 자들로 구성된다. 나라에 대사가 있으면 국왕은 수상首相에게 유시諭示하고, 수상은 상원에 알린다. 그러면 상원의원들은 모여서 공의公議하되 조례를 참조하여 그 가부를 결정한 다음, 다시 하원에 알려 하원의원들이 윤허한 후 시행하고, 만약 부결되면 그 일은 무산된다. 물론 백성들에게 유리한 사안이거나 병폐가 되어서 없애기를 원하는 사안이 있으면 먼저 하원에서 청원하고, 하원의원들은 이를 상의하여 상원에 올린다. 상원에서 그것을 상의하여 행하는 것이 가하다고 하면 수상에게 올리고, 수상은 그것을 왕에게 보고한다. 그런데 왕이 이를 윤허하지 않으면 무산된다. 만약 하원의원들이 의견을 고집하면 임시로 하원을 해산하여 의원을 다시 뽑는다. (중략) 큰 상벌이나 정벌과 같은 조례 사항은 상원에서 주관하여 의논하고, 과세의 증감이나 국고를 주판하는 일은 전부 하원에서 주관하여 논의한다. 이러한 제도는 구라파 여러 나라들이 모두 시행하고 있고, 영국만 그런 것은 아니다.[27]

이처럼 최한기는 영국 의회의 상하원의 조직과 기능, 국왕과 의회의 관계 등에 대해 자세히 알고 있었다. 최한기는 또 미국의 정치제도에 대해서도 상세히 소개했다. 그는 미국의 정치제도를 영국의 정치제도보다 높이 평가했다. 그는 미국의 최고 권력자 프레지던트를 '대총령'大總領이라 부르면서 미국의 대통령제에 대해 다음과 같이 소개했다.

건륭 54년('건륭'은 청나라의 연호, 곧 1789년—인용자)에 논의하여 미국[米

利堅]을 세워서 콜럼비아의 워싱턴을 우두머리로 삼았는데, 그 길로 국왕을 세우지 않고 마침내 프레지던트[勃列西領] 한 사람을 두어서 전국의 군사, 형벌, 부세, 관리의 출척을 총체적으로 관리하게 하였다. 그러나 군국의 중요한 사안과 외국과의 조약 및 전쟁과 관계되는 일과 같은 것은 반드시 의회와 모여 함께 의논한 후에 행하였다. 의견이 일치하지 않는 경우에는 3분의 2 이상의 의견을 택하였고, 문무의 고위 관직자의 발탁과 헌법 개정 등의 예는 반드시 만장일치인지를 물어본 후에 정하였다. 프레지던트는 4년을 임기로 하여 임기가 차면 바꾸는데, 만일 그가 진심으로 협조를 얻어 온 니라가 얼복하면 한 번 너 연임할 수는 있으나 세습하거나 종신하는 일은 없다. (중략) (프레지던트는) 미국 내에서 거주하되 반드시 국내에서 14년 이상을 거주한 자로서 35세 이상이어야 자격이 있다.[28]

위에서 보는 것처럼 최한기는 미국의 대통령제도, 대통령과 의회의 관계 등에 대해 자세히 알고 있었다. 그는 또 조지 워싱턴이 국가를 세워 선거의 법을 처음 만들었으며, 여론에 따라 정치를 하는데, 비록 국왕은 세우지 않았으나 정치는 신속하고 법령은 잘 시행된다고 소개했다.[29] 최한기는 미국 주 정부의 자치제에 대해서도 잘 알고 있었다. 그는 미국의 각 지방에서는 소총령小總領(주지사) 1인이 각 주의 일을 맡아서 하며, 모든 자치주마다 독자적인 공소公所(주의회)를 설치 운영하고 있고, 공소 역시 중앙과 마찬가지로 상하 양원을 가지고 있어서 사소한 일들은 각 주마다 독자적인 조례를 만들어 그 지역에 맞게 다스린다고 설명했다.[30]

그런데 여기서 주목해야 할 것은 최한기가 이 책에서 단순히 영국과 미국의 정치제도를 소개하는 데 그치지 않고, 나름대로 긍정적인 평

가를 덧붙이고 있다는 점이다. 즉 미국의 정치제도에 대해 "비록 국왕
을 세우지 아니함에도 불구하고 일이 간단하고, 정사가 신속하고, 명령
이 행해지고, 법이 지켜지니 어진 국왕이 다스리는 바와 다름이 없다.
이것은 정치를 변화시켜서 독자적인 하나의 세계를 이룬 것이다"라고
평가했던 것이다.[31]

### 일본시찰단의 보고에 나타난 서양의 정치제도

최한기의 책 이후 서양의 정치제도에 대해 처음 소개한 자료로는
1881년 일본에 다녀온 시찰단(정식 명칭은 조사시찰단, 일명 신사유람단)의
보고서가 있다.[32] 당시 조선 정부는 명치유신 이후 일본이 상당한 정도
의 부국강병을 이루었다는 수신사들의 보고(1876년과 1880년)를 받고, 일
본의 변화상에 대해 자세한 조사를 위해 대규모 시찰단을 파견했다. 시
찰단은 일본의 정치, 행정, 사회 등에 대해 폭넓게 조사했으며, 이를 각
종 「시찰기」, 「견문사건」 등의 보고서 기록으로 남겼다.

일본의 정치와 행정에 대해 조사한 보고서 가운데에는 박정양의 글
이 포함되어 있다. 여기서 그는 다음과 같이 일본의 정치제도에 대해
설명하고 있다.

일단 서양의 제도를 따른 후, 입법·행정·사법의 명칭이 생겼다. 영국
의 상·하 의원을 모방해 원로원·대심원을 설립했다. 모든 법의 제정
은 관민을 물론하고 필히 대심원에 나아가 발의하면 대심원이 이를 태
정관에 올리고 태정관은 원로원에 보내 각 성의 관리들이 회집한 자리
에서 제안자의 귀천을 따지지 않고 그 법 제정의 가부만을 묻는데, 의
장이 있어 사회를 보며 모든 법령을 반드시 회의에서 의결한 후 시행한

다. 이것이 바로 입법의 대요이다. 일단 법령이 정해지면 그 시행은 당연히 각 성과 각 지방에 맡기는 바, 이것이 소위 행정의 대요령이다. 대저 사법은 전적으로 사법성과 재판소가 담당하며, 각 부·현에도 재판소가 있어 소송 등의 사무를 관할한다. 그리고 지사知事와 령令 등은 행정관이므로 이에 관여하지 않는다.[33]

박정양은 이 글에서 일본의 정치제도에 서양의 입법·행정·사법의 개념이 도입되어 시행되고 있음을 말하고 있다. 물론 아직 일본에는 의회가 설립되지 않아 삼권분립이 이루어지고 있다고 볼 수는 없었다. 하지만 박정양은 당시 일본에 그러한 개념이 도입되어 제도개혁이 이루어져 가고 있음을 보고한 것이다. 박정양은 또 일본에서 입헌정체 수립을 둘러싼 논의가 이루어지고 있음을 들어, "재야의 말을 들으면 군민공치君民共治를 해야 한다고 하고, 조정의 관리들의 이야기를 들으면 부·현회가 국회 개설을 요구하고 있으나, 국회를 허락한다면 군민공치나 마찬가지가 되기 때문에 이를 허락하지 않고 있다고 한다. 이 문제로 조야에 의론이 분분하다"고 보고했다.[34] 한편 역시 시찰단에 참여한 민종묵은 "일본의 정체政體는 자고로 입군독재立君獨裁였으나, 명치유신 이후 헌법을 대폭 개정해 점차 군민공치의 기틀을 세워 지금은 3대정신三大政臣과 한두 명의 참의가 뜻을 받들어 총관한다. 한 변사辯士가 여러 번 주창하여 말하기를 '나라의 대세는 인민에게 달려 있다'고 하니, 이는 자유권을 일컫는 것이다"라고 소개했다. 여기서 민종묵은 '정체', '헌법', '자유권'과 같은 서양 근대의 정치와 관련된 개념들을 소개하고 있었다. 민종묵은 또 각국의 정체를 통치권의 운용 형식을 중심으로 크게 '군민공치, 입군독재, 귀족정치, 공화정치'의 넷으로 분류한 뒤, 아래와 같이 그 각각의 정체에 대해 설명했다.

각국의 정체는 한결같지 않다. 첫째는 군민공치라 하는데, 프랑스의 경우이다. 둘째는 입군독재라 하는데 러시아의 경우이다. 셋째는 귀족정치라 하는데 영국의 경우이다. 넷째는 공화정치라 하는데 미국의 경우이다. 세력으로 최강자는 러시아이고, 정情으로 최강자는 미국이며, 정正으로 최강자는 영국이다. 일본이 설치한 대심원은 영국의 심리원, 일본의 원로원은 영국의 상원, 일본의 부회의는 영국의 하원과 같다. 영국의 정치는 민권이 아닌 군권君權을 취하여 상원과 하원을 두어 그 중용을 얻었는데, 일본이 이를 많이 모방한다고 한다.[35)]

민종묵은 네 가지 정체 가운데 일본이 주로 따르고 있는 것은 영국의 귀족정치라고 말하고 있다. 그런데 영국의 정치체제를 귀족정체라고 해석한 것이나, 프랑스의 경우를 군민공치라고 해석한 것은 문제가 있었다.

### 입헌정치와 민주주의를 소개한 『한성순보』

일본시찰단의 보고가 있은 뒤 서양의 정치제도를 처음으로 본격 소개한 것은 『한성순보』였다. 이 신문은 1883년 고종이 설치한 박문국에서 발간한 한국 최초의 신문으로서, 열흘에 한 번 발행되었다.[36)] 이 신문은 우선 1884년 1월 30일자에 실린 「구미입헌정체」라는 제목의 글을 통해 서양의 정치체제에 대해 자세히 소개했다.[37)] 이 기사는 "유럽과 미주 양 주州는 나라는 많아도 치국의 요점은 다만 2가지가 있을 뿐이니 즉 '군민동치'君民同治와 '합중공화'合衆共和인데, 모두가 이를 '입헌정체'라고 일컫는다. 대체로 입헌정체에는 3가지 대권이 있으니, 첫째는 입법권으로서 법률을 제정하여 입법부로 하여금 이를 관장토록 한다. 둘째는 행정권으로서 입법관이 제정한 법률에 의거하여 정치를 행하는 것인데, 이는 행정부로 하여금 관장하게 한다. 셋째는 사법권으로서 입법관이 제정한 법률에 의거하여 형법을 시행하고 송사를 처결하는 일을 사법부로 하여금 관장하도록 한다"고 했다.[38] 여기서 주목되는 것은 서양의 정치제도를 '군민동치제도'와 '합중공화제도'로 분류한 것이다. 이는 뒷날 '입헌군주제'와 '민주공화제'로 불리는 제도들이다. 그리고 이 기사는 이러한 제도를 모두 '입헌정체'라고 부르면서, 입헌정체의 핵심은 삼권분립에 있음을 지적했다.

이 기사는 이어서 입헌정체의 근거가 되는 '헌법'에 대해 설명했다. 즉 "대저 3대 부府의 권리를 확정하고, 3대 관官의 조직을 담당하여 국전國典으로 삼는 것이 곧 헌법이다. 대체로 헌법은 혹 군주가 정하기도 하고, 혹 군주와 민民이 함께 정하기도 하는데, 영국 같은 경우는 일찍이 헌법을 정한 적이 없었고, 개국 이후로 관행한 법도가 오랜 세월에 누적되어 마침내 하나의 헌법이 되어버렸다"고 서술했다. 이와 함께 이 기사는 "서양의 정치는 군주제 혹은 민주제를 막론하고 모두 상하 의원을 두어, 일체의 군국대사軍國大事를 하원에서 공동으로 의논하여 상원으로 올리면, 상원에서 또 서로 의논하여 하원으로 내리는데, 여기서 의결한 것은 같고 다름을 막론하고 합해서 군주에게 재가를 청하는데, 아무리 군주의 존귀로도 자기 뜻대로 독단적으로 행할 수 없다"고 소개했다.

이 신문은 또 같은 날짜의 「중서법제이동설」中西法制異同說이라는 기사에서 서양의 민주국에 대해, "민주국은 국민들의 여망이 있는 자를 선거하여 정사를 맡기되 고을의 수령守令으로부터 나라의 총통總統에 이르기까지 모두 선거를 거쳐서 뽑는데, 무릇 날마다 시행하는 공사公事를 반드시 상하가 서로 의논하여 타협이 이루어진 다음에야 일을 시행하기 때문에 위에서는 독재를 할 수 없고, 아래에서는 독행獨行을 할 수 없다"고 소개했다.[39] 여기에서는 프레지던트가 '총통'으로 번역되고 있었다.

이 신문은 또 「미국지략」美國誌略이라는 기사에서 미국의 공화제에 대해 아래와 같이 자세히 소개하고 있다.

> 정치는 소위 합중공화合衆共和이다. 전 국민이 합동으로 협의하여 정치를 하고, 세습군주를 세우지 않으며, 관민의 기강이 엄하지 않고, 오로지 대통령이 만기萬機를 총재하는데, 대통령은 전 국민이 공동으로 선출한다. 임기는 4년으로 한정했고, 대통령이 혹 직무를 비우게 되면 부통령으로 대신하는데, 부통령 또한 전 국민이 공동으로 선출한다. 대개 대통령은 해군·육군의 군무를 총리하며, 상원과 협의하여 외교조약을 정한다. 그리고 문무 관리의 선임, 면직 및 행정적인 일은 모두 그의 관리에 속한다. 또 대통령 밑에는 재상이 7인 있는데, 이를 내각이라 한다. 재상은 상하 양원이 추천하고 각기 행정사무를 담당한다. 그리고 혹 실책이 있으면 양원兩院이 반드시 면직하고 벌한다. 또 만일 대통령이 혹 전단專斷하거나 수뢰 등을 하면 또한 상하 양원에서 반드시 면직하고 벌한다. 모든 국내의 법률은 상하 양원에서 의정한다. 상하 양원 의원이 먼저 논의하여 가하다고 결정하고 나서 나중에 만약 대통령이 불가하다고 하면 반드시 양원에서 다시 논의하여 협의한다. 그러나 양원 의원이 다시 가하다고 한 수가 3분의 2가 넘으면 대통령의 준허를 기다리지 않고 나라의 법률로 정한다.[40]

이 기사는 대통령의 선출, 권한, 그리고 의회와의 관계 등에 대해 자세히 서술하고 있다. 그리고 주목되는 것은 프레지던트를 '대통령'으로 번역하여 쓰고 있다는 점이다. 이 기사는 아마도 한국에서 '대통령'

이라는 용어를 쓴 첫 번째 글이 아닌가 여겨진다.

『한성순보』는 또 민주주의의 기본적인 제도에 대해서도 소개했다. 1884년 2월 7일자 신문에는 「민주주의와 각국의 장정章程 및 공의당公議堂」이라는 기사가 실렸다. 이는 『중국공보』에 실린 글을 그대로 옮겨 실은 것인데, 한국의 신문 가운데 처음으로 '민주주의'라는 단어를 언급한 글로 보인다. 그 가운데 중요한 부분을 번역해 보면 다음과 같다.

서양 각국에서 행한 여러 제도의 가장 중요한 요점은 나라를 다스리는 권력이 국민에게 있으며, 국민으로부터 나와서, 국민을 위해 시행되어야 한다는 것이다. 그 근본 원인은 모든 사람은 평등하기 때문이다. (중략) 임금과 신하라고 해서 손발과 이목이 더 길거나 많지 않고, 서민이라고 해서 이목과 손발이 적거나 짧지 않다. 이로 보아 나라를 다스리는 법 역시 국민에게서 나와야지 한 사람이 마음대로 주관해서는 안 된다. 그러나 민중의 권한을 모아서 한 사람에게 모아 통치자가 되도록 하니, 이것이 바로 국왕을 선거하게 된 기원이며, 그를 보좌하는 관원들 역시 그렇게 한다. 이렇듯 민중의 권한을 한 사람에게 위임하여 민중에게 유익하게 하고, 반역이나 가혹한 정치가 없도록 하니, 이것이 장정(헌법과 법률—인용자)을 만드는 소이이다. (중략) 각국의 장정은 모두 대동소이하여 번거롭게 기술하지 않는다. 그러나 그 가운데 가중 중요한 골자를 말하자면 권한을 나누어서 행하도록 한다는 것이다. 권한을 분산시키는 것은 행하는 데 유리하되 서로 어긋나지 않고, 유익하되 서로 해치지 않게 하기 위해서이다. 그 조목에는 행권行權(행정), 율장律章(사법), 의법議法(입법)의 세 가지가 있다.[41]

위 기사는 첫 문장에서 서양 각국 정치의 가장 중요한 요점은 '주권재민'에 있다는 것을 말하고 있다. 그런데 이 문장은 링컨의 유명한 게티즈버그 연설 가운데 "인민의, 인민에 의한, 인민을 위한 정부"the government of the people, by the people, for the people을 연상시킨다. 아울러 이 글은 주권재민의 원칙은 모든 사람은 평등하다는 인식으로부터 나온 것임을 확인하고 있다. 그리고 이 기사는 권력자의 전횡을 막기 위해서는 헌법과 법률이 반드시 필요하다는 것, 그리고 권력의 분립, 즉 삼권분립이 필요하다는 것을 말하고 있다. 이와 같이 이 기사는 민주주의의 기본적인 사항들에 대해 잘 요약해서 전달하고 있다.

이 신문은 또 기본권 사상에 대해서도 소개했다. 1884년 3월 8일자에는 「미국지략 속고」美國誌略 續稿라는 기사가 실렸다. 이 글은 후쿠자와 유기치福澤諭吉의 『서양사정』에 실린 미국독립선언문 가운데 일부분을 인용했는데, 그 내용은 "대체로 하늘이 사람을 낼 때에는 바꿀 수 없는 통의通義(right—인용자)가 있으니, 이는 억조창생이 모두 같다. 이른바 통의란 자유를 추구하고 생명을 보전하는 것으로, 이는 인력으로써 제한할 수 없는 것이며 귀신도 빼앗을 수 없는 것이다. 무릇 사람들이 나라와 정부를 세우는 것은 이 통의를 보전하기 위한 것이다"라는 것이었다.[42] 즉, 사람들이 자유를 추구하고 생명을 보전하는 것은 하늘로부터 부여받은 권리라는 천부인권의 사상을 소개하고 있었던 것이다.


## 2. 개화파, 제한군주제의 길을 모색하다

### 갑신정변기 개화파의 '군신공치' 시도

위에서 본 기사들이 『한성순보』에 실린 1884년, 그해 10월(음력)에 개화파는 갑신정변을 일으켰다. 따라서 『한성순보』에 위와 같은 기사들이 실린 것은 당시 국내의 정치적 동향과도 일정한 연관이 있었던 것으로 여겨진다.

개항 이후 조정과 재야에서는 '개화'냐 '척사'냐를 둘러싼 갈등이 시작되었다. 그런 가운데 개화를 주장하던 세력은 1882년 임오군란을 거치면서 두 파로 분열되어 갔다. 김윤식·어윤중 등은 친청의 외교노선을 취하면서 청국의 중체서용을 본뜬 동도서기적인 방향에서 개혁을 도모하고자 했다. 반면에 김옥균·박영효·서광범 등은 친일의 외교노선을 취하면서 일본의 개화를 본뜬 문명개화의 방향에서 개혁을 도모하고자 했다. 오늘날 학계에서는 전자를 온건개화파, 후자를 급진개화파라고 부르기도 하고, 전자를 동도서기론자, 후자를 문명개화론자라고 부르기도 한다.

동도서기론(온건개화론)이란 도道 즉 정치제도, 사회제도, 사상(이데올로기) 등은 '동국'東國, 즉 우리나라의 것을 고수하고, 기器 즉 과학, 기술(기계·함선·무기 제조 기술) 등은 서양의 것을 받아들이자는 주장이다. 반면에 문명개화론(급진개화론)이란 '기'(과학, 기술)뿐만 아니라 '도'(제도, 사상)에서도 서양의 것을 받아들이자는 주장이다. 동도서기론자들은 대체로 중국의 양무운동과 '중체서용론'의 영향을 받았다고 말할 수 있고, 문명개화론자들은 대체로 역시 일본의 명치유신과 '문명개화론'의 영향을 받았다고 말할 수 있다. 위에서 본 『한성순보』의 서양 정치제도에 관해 소개하는 기사는 바로 후자의 문명개화론자들의 동향과 밀접한 관련이 있었던 것으로 보인다. 즉 서양의 정치제도를 소개하고, 나아가 이를 참고하여 조선의 정치제도를 개혁하려는 의도가 있었던 것이 아닌가 여겨진다.

그러면 그들은 어떤 정치제도를 꿈꾸고 있었을까. 비록 발표된 글은 아니었지만, 문명개화론자라고 할 수 있는 유길준이 1883년에 쓴 것으로 추정되는 「세계대세론」이라는 글은 서양의 정치제도에 대해 언급하고 있어 주목된다. 유길준은 이 글에서 전 세계의 정치제도를 크게 '다인정치'多人政治(다수인에 의한 정치)'와 '소인정치'少人政治(소수인에 의한 정치)로 나누고, 다시 소수인의 정치를 군주전제君主專制, 군주전치君主專治, 귀족정치貴族政治로 나누어 설명했다. 그는 군주전제 정치에서는 군주의 권위가 무한하며, 토지와 인민을 사유하고, 생살여탈권을 가졌다고 보았다. 그는 소수의 사람이 참여하는 이와 같은 정치를 가장 문제가 많은 정치라고 보았으며, 아프리카와 아시아 여러 나라에 많다고 설명했다. 군주전치란 군주의 권력을 제한하고 군주 스스로도 경계하여 인민의 환심을 잃지 않고자 하며, 자기의 덕화를 선포하고자 하는 것이다. 그러나 군주전치에서 군주가 한 나라를 사유私有하려 하는 것은 군주전제와 마찬가지이며, 러시아와 같은 경우가 이에 속한다고 보았다. 귀족정치란 국내 귀족이 계속해서 정권을 장악하기 때문에 일정한 국왕이 없고 여러 귀족들이 합의하여 행정을 하는 것이다. 그런데 귀족정치란 귀족이 사실상 한 나라를 사유하는 셈이 되고, 때문에 인민은 노예와 같이 된다고 보았다. 그리고 유길준은 조선의 군주제는 이 가운데 가장 문제가 많은 '군주전제'에 해당한다고 보고 있었다.

그는 또 다수자의 정치에는 '군민동치'와 '공화정치'의 두 종류가 있다고 설명했다. 군민동치는 군주가 위에 있으면서 만민을 통할하는 점에서는 앞의 경우들과 마찬가지지만, 감히 천하를 사유하지 못하고, 반드시 공명정대한 헌법을 정하여 국민으로 하여금 국정에 참여하게 하는 것이라고 설명했다. 또 공화정치란 군주의 혈통으로 세습하지 아니하고, 나라 안에 사민士民의 분별이 없으며, 덕이 있는 군자를 선거하여 재위 연한을 정하고, 만기萬機를 통할하게 하니, 그를 가리켜 '대통령'

이라 부르고, 헌법을 정하여 정령을 준행하며 국민이 정치에 참여하는 것이라고 설명했다.

유길준은 정체를 이와 같이 나누어 설명하면서, "정치의 좋고 나쁨을 의논하는 것은 종교의 좋고 나쁨을 의논하는 것과 같아서 무익하지만, 이 나라에 적당한 정치는 무엇인지 질문하는 것은 가하다. 태서(서양)의 역사책을 살피건대 소인정치를 고쳐서 다인정치를 개설한 경우가 많으니 이로 미루어 보면 다인정치가 소인정치보다 낫다는 것을 가히 알 수 있다"고 쓰고 있다.[43]

그러면 실제로 갑신정변 당시 개화파(문명개화파)는 어떤 정치체제를 꿈꾸고 있었을까. 정변 실패 후 일본에 망명한 김옥균이 쓴『갑신일록』에는 정변 당시 시행하려 했다는 정령 14개조가 실려 있다. 이 가운데 정치체제와 관련된 정령은 제13조와 제14조이다. 제13조는 "대신과 참찬은 매일 합문閤門 안 의정소議政所에서 회의하여 품정하고, 정령을 반포 시행할 것"이라 되어 있다. 제14조는 "정부, 육조六曹 외에 무릇 불필요한 관직에 속하는 것은 모두 혁파하고, 대신·참찬으로 하여금 의논하여 (군왕에게) 계啓를 올리도록 할 것"이라 되어 있다. 먼저 후자부터 살펴보자. '정부, 육조'라 할 때의 정부는 기존의 의정부를 가리킨다. 따라서 의정부와 육조 외에 불필요한 관직은 모두 혁파하고, 의정부와 육조를 중심으로 정치를 하자는 것이었다. 또 대신과 참찬은 의정부의 3정승과 좌우찬성, 좌우참찬을 의미하는 것으로 보인다. 의정부를 강조한 것은 개항 이후 신설된 통리군국사무아문이 민씨 척족들에게 장악된 가운데 재정권과 군권을 독점하면서 권력의 실질적인 중심으로 역할을 하고 있었기 때문이다. 의정부를 강화하려는 구상은 아마도 1869년 명치유신 직후 등장한 일본의 태정관太政官 제도를 참고한 것이 아닌가 여겨진다. 태정관은 당시 입법·행정·사법의 3권을 장

악하고, 그 아래에 6성省을 두었으
며, 1875년 이후 태정대신, 좌우
대신과 3명의 참의參議 등 6명으
로 구성되어 있었다.[44)]

1884년 1월 30일자 『한성순
보』는 구미의 입헌정체를 소개하
면서 동시에 일본의 태정관 제도
에 대해서도 소개한 바 있다. 이
에 따르면, 일본은 명치유신 이후
정치권력을 태정관·원로원·10성
의 셋으로 나누었다고 소개했다.
태정관은 관의 정치가 이루어지는
곳으로, 태정대신 1인, 좌우대신 2

갑신정변 실패 후 일본으로 망명한 개화파. 왼쪽
부터 박영효, 서광범, 서재필, 김옥균.

인이 있어 모두 황실을 보좌하고 입법·행정·사법을 통할하며, 또 참의
여러 명이 있어 3대신을 보좌하고 겸하여 여러 성省의 장관이 되니 이
것이 바로 태정관 내각이라고 설명했다. 원로원은 내각에서 올린 법률
을 심의하여 가부를 결정하는 곳이며, 10성은 구체적인 행정이 이루어
지는 곳이라고 설명했다.[45)] 이처럼 당시 개화파들은 일본의 정치제도
에 대해 큰 관심을 갖고 있었다.

갑신정변의 정령 가운데 또 하나 주목되는 것은 앞서 본 제13조의
'의정소'로서, 이는 아마도 의정부가 회의를 갖는 곳을 뜻하는 것으로
보인다. 그런데 그곳이 육조거리가 아닌 합문 안, 즉 궁궐 내로 지정되
고 있다. 즉 국왕과의 지근거리에서 중요 사안들을 논의하여 국왕에게
계啓를 올리는 것을 염두에 두고 있었다. 또 제14조를 보면, 이 회의에
는 국왕이 참석하지 않으며 국왕은 관료들이 올린 계에 대해 결재만 하

는 것으로 되어 있다. 이는 국왕의 권한을 그만큼 제한하고 관료들의 권한을 강화한다는 것을 뜻한다.[46]

전체적으로 볼 때, 갑신정변 당시 개화파는 일본의 태정관과 유사한 정치제도를 염두에 두고 있었던 것으로 여겨진다. 아마도 개화파 소장관료들은 대신급보다는 찬성, 참찬 등의 자리를 자신들이 차지하고, 개혁을 주도해나가는 과두전제寡頭專制 체제를 구상하지 않았을까 생각된다. 유길준이 말하는 '각각의 나라의 실정에 맞는 정치제도'란 바로 이런 것을 말하는 것으로 보인다. 결국 그들은 일단 군주권을 제한하고 관료들의 권한을 강화하는 '군신공치'君臣共治의 '제한군주제'를 도입하고자 했던 것으로 보인다.

### 유길준·박영효의 '군민공치', '군신공치' 인식

그러면 갑신정변이 실패로 돌아간 이후 개화파는 정치제도 개혁과 관련하여 어떤 구상을 갖고 있었을까. 이를 서구·일본의 정치제도 인식과 관련시켜 생각해보자.

유길준은 1889년에 쓴 『서유견문』에서 각국의 정치제도를 1) 군주가 독단하는 정체, 2) 군주가 명령하는 정체(압제정체), 3) 귀족이 주장하는 정체, 4) 군민君民이 공치共治하는 정체(입헌정체), 5) 국인이 공화하는 정체(합중정체)의 다섯 가지로 나누었다. 이 가운데 군민이 공치하는 정체란 "법률 및 정사의 일체 대권을 군주 1인이 독단함이 없고, 의정議政대신들이 반드시 먼저 의정하여 군주의 명령으로 시행하는 것을 가리킨다. 대개 의정대신들은 인민이 천거하여 정부의 의원이 되는 고로, 대신들은 그들을 추천하는 인민을 대신하여 그 사무를 행한다. 또 군주의 권세도 제한이 있어 법 밖으로는 일보도 나갈 수 없다. 군주로부터 서민에 이르기까지 지극히 공정한 도를 준수하여 비록 작은 일이라도 사사로운 정을 마음대로 행하지 못한다. 또 사법司法 제 대신과 행정 제 대신은 각기 직무를 군주의 명령으로 받들고, 정사와 법률마다 의정 제 대신이 의정한 것을 시행하는 자이다. 때문에 이 정체는 의정, 행정 및 사법의 3대강大綱으로 나누니, 군주는 3대강의 원수元首이다"라고 설명했다. 군민공치제란 행정·사법·입법의 삼권이 분립되어 있는 정치제도를 말하는 것이었다. 여기서 입법부는 '의정'이라 표현되고 있다. 의정에서 먼저 입법을 하고 군주가 이를 허락하여 반포하는 절차를 통해 법이 시행되는 것이 군민공치제의 핵심이었다. 공화제에 대해서는 "이 정체는 세습되는 군주 대신에 대통령이 그 나라의 최상위에 있으며 대권을 잡고 그 정령과 법률, 기타 모든 일을 군민공치제와 같이 하니, 대통령은 천하를 통하여 임기에 일정한 기한이 있는 자이다"라고 서술했다. 공화제도는 군주 대신 대통령이 통치하며, 대통령의 임기에 제한이 있다는 점이 군민공치제와 다를 뿐이라는 것이었다.[47]

유길준은 여러 정체에 대해 설명한 뒤, "각국의 정체를 서로 비교하건대 군민君民이 공치하는 것이 가장 아름다운 제도라 하니, 어떤 나라든지 그 인민의 풍속과 국가의 경황을 불문하고 그 정체를 취하여 행함이 가능할 듯하나, 결코 그렇지 아니하다. 무릇 나라의 정체는 역사의 장구함으로 인민의 관습을 이룬 것이라. 관습을 갑자기 고치기 어려운 것은 언어를 고치기 어려운 것과 같다. 갑작스런 소견小見으로 허리虛理를 숭상하고 실정에 몽매하여 변개할 의논을 제창하는 자는 어린아이의 유희라. 임금과 나라에 도움이 되기는 고사하고 해를 끼침이 도리어 적지 않도다"라고 말했다. 그는 군민공치제, 특히 영국식의 정체를 개인적으로 가장 선호했으나, 조선의 경우 바로 이러한 군민공치제로 나아가는 것은 시기상조라고 생각한 것이다. 유길준은 조선과 같이 아직

개화되지 못한 나라, 즉 인민의 지식이 부족한 나라에서 갑자기 인민에게 국정에 참여하는 권리를 허하는 것은 불가하다고 말했다. 그는 나라의 정체는 인민의 학식 정도에 따라 제도의 등급이 정해지는 것이라고 생각했다. 따라서 그는 당분간은 군왕과 관료들이 권력을 분점하는 '군신공치'제가 바람직하다고 생각한 것으로 보인다. 이는 갑오개혁기 그의 행보에서 잘 나타난다.[48]

　한편 갑신정변 후 일본에 망명해 있던 박영효는 1888년 국왕 고종에게 「박영효 건백서」라고 알려진 장문의 상소를 올렸다. 이 글에서 박영효는 "만약 군권을 무한하게 하고자 하면 인민을 지극히 어리석게 만들어야 하며, 백성들이 어리석으면 잔약해져서 가히 임금이 전권專權을 휘두를 수 있다. 그렇지만 백성들이 어리석고 약해지면 나라도 또한 약해진다. 때문에 천하만국이 모두 어리석고 약하다면 그 나라의 안위를 가히 보존할 수 있겠지만, 이는 헛된 꿈이다. 진실로 일국의 부강을 기하여 만국과 대치하려면 군권을 줄이고, 백성으로 하여금 응분의 자유를 가지며 각기 나라에 보답하는 책임을 갖도록 하는 것이 가장 중요하다. 그런 연후에야 점차 문명으로 나아가게 될 것이다"라고 말했다. 그는 또 "백성들이 자유의 권리를 갖고, 군권에 제한이 있으면, 백성과 나라는 영원히 안정될 것이다. 그러나 백성이 자유로운 권리가 없고, 군권만 무한하다면 비록 잠시 강성한 날이 있을지라도 오래가지 못하고 쇠망하게 될 것이다. 이는 군주권에 대한 제한이 없어 정치를 마음대로 하기 때문이다"라고 말했다. 박영효는 군권을 제한하고 민권을 신장시켜야 백성과 나라가 모두 안정되고 부강하게 될 수 있다고 생각했던 것이다. 그는 군권의 제한과 관련하여 구체적으로 "군주의 녹을 정할 것", "친재 만기는 불가하며 각기 그 관장에게 소임을 맡길 것", "현명한 재상을 선택하여 정무를 맡길 것", "현회縣會를 설치하여 백성들이 스스로

일을 의논하게 할 것" 등을 제안했다. 그리고 이러한 정치를 '군민공치'라 표현했다.[49]

위에서 서술한 것처럼 유길준과 박영효는 영국식의 입헌군주제를 이상으로 생각하고 있었으며, 이를 군민공치라고 표현했다. 하지만 조선에서 이를 당장 실현할 수 있다고 생각하지는 않았다. 그들은 아직은 군주권을 제한하는 정도를 구상하고 있었다.

한편 유길준과 박영효는 인민의 기본권에 대해서도 일정한 인식을 갖고 있었다. 유길준은 『서유견문』에서 "자유와 통의의 권리는 하늘 아래 모든 사람이 태어남과 함께 부여받는 것이니 다른 사람이 결코 빼앗을 수 없다"고 말했다.[50] 박영효 역시 1888년 고종에게 올린 건백서에서 인민의 통의에 대해 다음과 같이 말하고 있다.

하늘이 백성을 내려 주셨으니, 모든 백성은 다 동일하며, 천하 일반에 통하는 불변의 통의가 있습니다. 그 통의라는 것은, 사람이 스스로 생명을 보존하고 자유를 구하여 행복을 바라는 것을 말합니다. 그것은 타인이 어찌할 수 없는 것입니다. (중략) 그러므로 인간이 정부를 세우는 본래의 뜻은 이러한 통의를 공고히 하기를 바라는 데 있는 것이지, 제왕을 위해 세운 것이 아닙니다. 그러므로 정부가 그 통의를 보호하며, 백성이 좋아하는 것을 좋아하고 백성이 싫어하는 것을 싫어할 것 같으면 권위를 얻을 수 있을 것입니다. 만일 이와 반대로 그 통의를 벗어나 백성이 좋아하는 것을 싫어하고 백성이 싫어하는 것을 좋아한다면, 백성은 반드시 그 정부를 갈아치우고 새롭게 세움으로써 그 취지를 보전할 것입니다.[51]

이 글에서 박영효는 하늘이 내려준 '불변의 통의'가 있다고 말하고,

그것은 생명을 보존하고 자유를 구하고 행복을 바라는 것이라고 말하고 있다. 그리고 정부는 바로 이와 같은 통의를 보호하기 위하여 만들어진 것이니, 정부는 백성의 통의를 보호하기 위해 노력하지 않으면 안된다고 경고했다. 박영효는 이와 같은 생각 위에서 고종에게 백성을 속박하지 말고 가능한 한 자유를 줄 것, 백성의 귀천을 가리지 말 것, 노비를 해방할 것, 남녀의 차별을 철폐할 것, 반·상·중·서(班·常·中·庶)의 등급을 철폐할 것 등을 건의했다.[52] 그러나 박영효는 이와 같은 기본권과 함께 민주주의의 가장 중요한 요소인 '주권재민'의 원칙에 대해서는 분명하게 밀하지 못했다. 다만 그는 앞서 본 것처럼 군권을 상대적으로 축소시키고 민권을 어느 정도 보장하는 것이 필요하다고 말하는 정도에 그쳤던 것이다. 그도 유길준과 마찬가지로 '군신공치'의 제한군주제 정도가 조선에 적합하다고 생각하고 있었던 것이다.

### 갑오개혁기 군국기무처의 입법기구화 시도

1894년 개화파는 일본공사관과 손을 잡고 대원군을 끌어들여 민씨정권을 붕괴시키고 정권을 장악했다. 즉 일본군의 궁궐쿠데타에 힘입어 정권을 차지한 것이다. 1894년 신정권은 대원군파, 김홍집·김윤식 등 원로 온건 개화파, 그리고 김가진·안경수·조희연·김학우·이윤용 등 소장 개화파의 연합으로 이루어진 것이었다. 이들 세력 가운데 실권은 소장 개화파에 있었다. 이들은 갑신정변으로 개화파가 몰락한 이후, 특히 1890년대 이후 민씨정권 내에서 실무를 담당하는 소장 관료로서 정치적으로 성장하고 있었다. 그러나 그들은 아직 하나의 동지적인 세력으로 결집하지 못했다. 또 1884년 갑신정변의 김옥균과 같은 강력한 지도자를 갖고 있지도 못했다. 그들은 다만 민씨정권의 부패와 무능,

그리고 친청 사대주의에 염증이 난 반 민씨정권의 정서를 가진 개혁파라는 점에서 동질성을 갖고 있었다.

이들 소장 개화파 가운데 개혁의 프로그래머로서 가장 중요한 역할을 한 이는 유길준이었다. 유길준 등 소장 개화파 관료들은 1894년 정권을 장악한 뒤, 우선 각종 개혁조치를 위한 비상정치기구로서 '군국기무처'를 만들었다. 비상정치기구로서의 군국기무처는 협의제 입법기관으로서 각종 개혁입법을 만들어내는 기구였다. 당시의 「의정부관제」에 따르면 군국기무처는 의정부 산하의 기관으로 되어 있었다. 이처럼 군국기무처는 법적으로 의정부 산하에 있었지만 사실은 독립적으로 운영되고 있었다. 군국기무처는 과반수 의결에 따르는 합의제로 운영되고 있었기 때문에 총재인 영의정도 이를 장악하지 못했다. 오히려 소장 개혁파 관료들이 장악하고 있었다고 할 수 있다. 그리하여 각 아문의 대신들과 군국기무처의 소장 관료들이 충돌하는 일이 자주 일어났다. 유길준 등 개혁 관료들은 이에 대처하기 위하여 군국기무처를 의정부에서 떼어 내어 독립된 입법기구로 만들어 위상을 높이고자 했다. 군국기무처는 9월 11일(음력) "의회는 의사부이고, 정부는 행정부로서 양자가 서로 대치하는 것은 만국의 통례이며, 따라서 군국기무처가 의정부에 예속되는 것은 불가한 일"이라고 하면서, 장차 장정章程을 고쳐서 군국기무처를 의정부로부터 독립시켜야 한다고 의결했다. 하지만 고종은 군국기무처를 의정부로부터 독립시켜 사실상의 의회로 만드는 것을 거부했다. 군국기무처는 결국 고종에 굴복하여 9월 21일 "의사부와 행정부가 서로 대치케 하는 안건은 보류한다"고 의결하고 말았다.[53]

군국기무처의 구성을 더 자세히 살펴보자. 군국기무처는 영의정 김홍집을 총재로 하고 김윤식을 비롯하여 박정양·민영달·김종한·조희연·이윤용·김가진·안경수·정경원·박준양·이원긍·김학우·권영진·

『고종실록』에 실린 갑오개혁에 관한 기록. 군국기무처에서 통과된 의안의 내용이 자세히 실려 있다.

유길준·김하영·이응익·서상집 등 17명을 회의원으로 하여 출발했다. 그런데 이들 회의원은 각 아문을 대표한 이들도 아니었다. 따라서 군국기무처에서 의결한 안건이 각 아문에서 집행되는 과정에서 자주 충돌이 일어났다. 이 때문에 7월 18일(음력)에는 각 아문의 대신과 각 영營의 장신將臣, 경무사도 군국기무처 회의원을 겸직하도록 했다.[54] 그러나 이는 잘 지켜지지 않아 9월 17일(음력) 군국기무처는 각 아문대신들이 방관적인 태도를 취하면서 군국기무처 회의에 참석하지 않고 있다고 비판하기도 했다.[55] 당시 각 아문 대신급의 각료들과 군국기무처의 중추를 이룬 소장 개혁파 관료들 사이에는 일정한 거리가 있었던 것이다. 9월 21일(음력) 군국기무처가 이미 국왕에 의해 재가가 난 안건들도

각 아문에서 제대로 시행하지 않고 있다고 비판한 것은 당시 상황을 잘 말해준다.[56)]

한편 소장 개화파와 대원군파 간의 갈등은 군국기무처를 더욱 어려운 상황으로 몰아가고 있었다. 대원군은 비록 신정권에 참여하기는 했지만 소장 개화파들의 개혁정책에는 상당한 이견을 갖고 있었다. 그는 당시 조선에 개화가 필요하다는 점은 인정하고 있었지만, 소장 개화파들의 개혁이 지나치게 급진적이라고 생각했다. 그는 점진적인 개화를 선호하고 있었다. 또 대원군파와 소장 개화파는 권력을 둘러싸고 갈등을 빚고 있었다. 이준용을 비롯하여 이태용·박준양·이원긍 등 대원군파, 김가진·안경수·조희연·김학우·이윤용 등 소장 개화파, 그리고 김홍집·김윤식 등 원로 온건 개화파는 개혁의 방향과 속도, 그리고 주도권을 둘러싸고 갈등을 빚었다. 유길준은 이들을 중재하면서 개혁사업을 밀고 나가려 했지만, 시간이 갈수록 각 세력 간의 틈은 더 벌어졌다.[57)] 결국 개혁의 견인차 구실을 하던 군국기무처가 10월 29일 마지막 회의를 가진 뒤 유명무실하게 되면서 갑오년의 개혁은 사실상 막을 내렸다.

그런데 이와 같은 경위를 살펴보면 유길준과 같은 소장 개혁파 관료들은 행정부에 해당하는 의정부와, 입법부에 해당하는 군국기무처가 양립하는 체제를 구상하고 있었음을 알 수 있다. 이는 아마도 유길준의 발상에서 비롯된 것으로 보인다. 그는 본격적인 개혁을 위해서는 개혁에 소극적인 국왕, 대원군, 그리고 보수적인 고위 관료들을 견제하기위해, 소장 관료들이 주도하는 군국기무처를 입법기구화 할 필요가 있다고 생각한 것으로 보인다.

군국기무처의 총재 영의정 김홍집(왼쪽)과 군국기무처의 회의 광경(오른쪽).

## 군국기무처의 정치개혁

군국기무처의 입법기구화는 실패했지만, 군국기무처의 정치개혁이
아무런 성과도 거두지 못한 것은 아니었다. 개화파의 정치개혁 가운데
가장 중요한 성과는 의정부와 각 아문의 관제와 직능을 근대 국가기구
의 요구에 맞게 고친 것이다. 구체적으로 보면, 왕실기구로서는 궁내부
와 종백부, 종친부를 두었으며, 행정기구로서는 의정부를 두고 그 산하
에 내무·외무·탁지·법무·학무·공무·군무·농상 등 8개의 아문을 설
치했다. 구 관제 아래에서 의정부와 6조는 종속적 관계가 아니라 서로
병렬관계에 놓여 있었으며 국왕에게 직접 종속되었다. 그러나 새 관제
에서는 8개 아문이 의정부의 지도와 통제 아래 놓임으로써 종래에 국
왕의 자문기구의 구실밖에 못하던 의정부는 행정적 권한을 갖게 되었
다. 이는 각 중앙기관의 분권화를 극복하고 집권화를 강화한 것이었다.
또한 의정부와 각 아문의 부서 구성에서 주목되는 것은 국가가 상공업

발전을 추진할 부서들을 새롭게 창설한 것이었으며, 기타의 부서들도 새로운 시대적 요구에 맞게 명칭과 직능을 부여했다는 점이다.

정치개혁의 또 다른 중요한 내용의 하나는 왕실기구와 의정부기구를 엄격히 구분한 것이다. 왕실기구와 의정부기구를 분리시킨 것은 국가의 행정사업을 의정부가 전적으로 장악하여 국왕의 전횡과 외척들의 발호를 막기 위한 것이었다. 또한 이것은 종래 왕실이 관리하던 각 궁宮·사司에 들어가던 돈과 곡식을 탁지아문度支衙門에서 관리하고, 모든 왕실 비용은 탁지아문을 통해 지출하게 함으로써 왕실에 의한 자의적 수탈을 막고 정부의 재원을 늘려 이를 개혁사업에 동원하려는 의도에서 나온 것이었다.

군국기무처는 또 중앙관제를 개편한 이후, 각 기관들의 직능을 강화하기 위한 일련의 조치를 취했다. 7월 12일 군국기무처는 「전고국조례」銓考局條例(문관 선발과 관련된 규정), 「명령반포식」命令頒布式(명령 반포에 관한 규정), 「선거조례」選擧條例(관리를 추천하는 규정) 등을 심의 의결했다. 「전고국조례」와 「선거조례」에 의하면 각 부·아문의 대신은 신분이나 관록에 구애됨이 없이 품행이 좋고 재능 있고 실무에 능한 자로서 시세의 움직임에 밝은 자를 추천할 수 있었다. 또 추천된 자는 전고국에서 실시하는 보통시험과 특별시험을 거쳐 각 아문의 주임관奏任官과 판임관判任官으로 임명될 수 있었다. 여기서 주목되는 것은 국문·한문·글씨쓰기·산술·국내정치·외국정세 등이 보통시험의 과목에 들어 있었다는 점이다. 또 각 지방에 학교를 널리 세워 학교를 나온 이들 가운데 지방관들이 인재를 천거하면(각 도별 할당제로 하여) 이들을 각 아문에서 일할 수 있도록 하여 지방의 인재들을 등용할 수 있는 길을 열어 놓았다.[58]

다음 지방 관리의 임명 및 파면, 즉 도道 관찰사, 각 도都 유수, 병마

절도사 이하 군수, 현감, 현령, 첨사의 추천 및 임명은 총리대신, 각 아문대신, 의정부, 좌우찬성, 의정부 도헌의 합의에 기초하여 결정하도록 했으며, 각 도의 중군·우후는 총리대신의 비준에 의하여 찰방은 공무대신이, 감목관은 내무대신이, 진보관은 군무대신이 각각 중앙급 판임관을 임명하는 절차에 따라 임명하도록 했다.[59]

군국기무처는 또 관리들의 직급·대우·봉급·복무규율에 관해서도 새로운 제도를 마련했다. 「관질의 품계」에서는 정1품부터 종2품까지를 칙임관, 3품부터 6품까지를 주임관, 7품 이하 9품까지를 판임관으로 규성했다. 이는 관료의 등급을 간소화하여 근대적 형태로 개편한 것이었다. 동시에 종래의 녹봉제도를 폐지하고 등급에 따르는 봉급을 매월 현금으로 지불하는 제도를 만들었다.[60]

군국기무처는 또 「명령반포식」을 공포 실시함으로써 종래 국왕의 명령이나 지시 하나로써 국가의 법이 좌지우지되던 상태를 종식시키고 법질서를 근대화할 수 있는 길을 열어놓았다. 법률·칙령은 총리대신이 초안을 만들거나 또는 각 아문의 대신이 안을 갖추어 의정부에 제출하고, 총리대신이 이를 보고하여 국왕의 결제를 받도록 했다. 총리대신과 각 아문의 대신들은 법률이나 명령의 범위 내에서 자기의 직권을 가지고 특별히 위임된 일을 시행할 수 있으며, 부령 또는 아문령을 발표할 수 있도록 했다.[61]

한편 군국기무처는 초기인 6월 28일 각종 사회제도 개혁에 관한 조치를 의결했다. 그리고 이러한 조치는 7월 12일 전국의 각 군현 단위에까지 전달되었으며, 각 군현에서는 이를 한문과 한글로 베껴 여러 곳에 방문을 게시함으로써 일반 인민들도 알게 되었다. 군국기무처가 의결한 사회개혁 조치들은 다음과 같았다.[62]

1. 문벌 반상 등급을 벽파하고 귀천에 관계없이 인재를 뽑아 쓸 것.

1. 죄인은 본인 외에 연좌제를 일체 실시하지 말 것.

1. 남녀의 조혼은 즉시 엄금하되 남자는 20세, 여자는 16세 이후에 비로소 혼인을 허가한다.

1. 과부의 재가는 귀천을 물론하고 자유에 맡긴다.

1. 공사노비의 제도를 일체 혁파하며, 사람의 매매를 금한다.

1. 역인驛人, 재인才人, 백정白丁은 모두 면천한다.

위의 조치들 가운데 가장 중요한 것은 반상의 구별을 혁파하고, 공사노비의 제도를 혁파한다는 것이다. 조선 사회의 가장 핵심적인 제도였던 양반·상민·천민의 제도를 혁파한다는 것은 혁명적인 조치라고 할 수 있다. 그리고 이와 같은 군국기무처의 조치는 동학농민군의 요구가 나오기 이전에 자발적으로 나온 것이었다. 이러한 점을 비추어 볼 때, 이런 조치들은 개화파의 '모든 사람은 평등하며, 하늘로부터 같은 권리를 부여받았다'는 인식으로부터 나온 것이라 말할 수 있다. 그리고 이와 같은 조치들은 한국 사회가 민주주의로 나아가는 데 있어 중요한 의미를 지니는 것이었다.

**내각의 설치와 군주권의 제한**

군국기무처를 중심으로 한 갑오개혁이 점점 현실의 벽에 부닥쳐 한계를 드러내는 가운데 일본공사 이노우에 가오루井上馨가 새로 부임했다. 이노우에는 고종에게 「내정개혁 20개 조항」을 제시했다. 그 가운데에는 "대군주는 정무친재의 권權을 가짐과 동시에 법령을 준수할 의무를 질 것"이란 대목이 들어 있었다. 당시 이노우에의 보고에 의하면, 고종은 군주권을 제한한다는 것은 곧 국회를 개설하여 모든 국정사무를 인민의 승낙을 요하는 일로 이해하고 있었다 한다.[63] 고종은 군주권의 제한에 매우 민감한 반응을 보이고 있었던 것이다.

이노우에가 온 뒤 시작된 권력구조의 개편 작업은 그해 12월 16일 반포된 칙령 16호에 의해 본격화되었다. 그것은 의정부를 궁내로 이설하고, 내각으로 개칭하는 것이었다. 「내각관제」는 이듬해 3월 25일 칙령 38호로 발포되었는데 그 가운데에는 다음과 같은 내용이 포함되어 있었다.

「내각관제」

제1조. 내각은 국무대신으로써 합성함. 서리대신도 국무대신을 준함.

제2조. 국무대신은 대군주폐하를 보필하여 나라를 통치하는 책임을 짐.

제3조. 내각 총리대신은 각 대신의 수반이라. 국왕의 뜻을 받들어 행정 각부를 통할함. 모든 업무를 내각 총리대신과 주임대신이 상주하여 칙재를 받아 시행함.

제4조. 내각 총리대신이 행정 각부의 처분이나 명령이 다시 회의를 열어 논의함이 가하다고 인정하는 것은 잠시 중지케 하고 내각회의를 거쳐 상주하여 칙재를 받을 수 있음.

제5조. 내각 총리대신은 소관 관리를 감독하며, 칙임관과 주임관의 진퇴는 내각회의를 거쳐서 상주하고 판임관 이하는 총리대신이 전결함.[64]

위에서 보면, 내각회의에는 총리대신과 국무대신들만이 참석할 수 있었다. 국왕이나 왕실 사무를 담당하는 궁내부 대신은 참석할 수 없었다. 따라서 국무대신들이 내각회의를 통해 주요한 국정을 논의하거나 행정 각부의 칙령·법률안을 검토한 뒤, 그 결과를 총리대신과 각부 대신들이 같이 상주해야만 국왕은 구체적인 내용을 알 수 있었다. 국왕에게는 법률을 제안할 수 있는 권리가 없었다. 또 칙임관과 주임관 임면의 경우에도 내각이 회의를 거쳐 상주해야만 국왕이 결재할 수 있었고, 판임관 이하의 임면은 총리대신이 직접 결재하여 국왕에게는 결재권이 없었다. 국왕의 권한은 크게 제한된 반면, 내각의 권한은 그만큼 커졌던 것이다.[65]

이러한 상황에 대해 궁내부 관리 홍계훈은 "국내 통치의 대권이 대군주의 손안에 있는 것은 말할 필요도 없는 것인데, 작년 개혁 이래 내각이 모든 정무를 논의 결정한 뒤, 상주문을 갖추어 대군주의 재가를 주청하는 데 지나지 않는다. 그런데 금상今上께서 순량한 기질을 갖고 계셔서 상주문에 대하여는 거의 대부분 이를 인가하시는 편이다. 만약 어의御意에 들지 않는 일이 있어서 인가하시지 않을 때나, 또는 어떤 일에 대해 대군주로부터 특별한 명령이 있을 때에는 총리대신들이 대개 이의를 달아 성의聖意대로 봉행하지 않는 형편이다. 그러므로 작년부터 군주권이 행사되지 못하여 사실상 군주가 없는 것과 같다"고 비판했다.[66]

결국 고종은 이와 같은 상황에 불만을 터뜨려 "이제는 군주가 없는 것과 마찬가지다. 대신들은 군주권을 무시하고 있다. 그렇다면 대신들이 원하는 대로 국체를 변혁해서 새로 공화정치를 일으키든가, 또는 대통령을 선출하든가 너희들 마음대로 하는 것이 좋을 것이다. 짐은 권한이 없는 헛된 자리를 지키고 있는 것을 참을 수 없다"고 대신들을 책망했다.[67] 결국 고종과 내각 사이에는 커다란 균열이 생겼고, 이에 대해 궁내부 대신 서리 김종한도 "대군주 폐하와 내각 사이에 불편한 관계를 초래하게 된 원인은 요컨대 금번 신정新政의 결과로 왕실과 정부의 경계가 정해졌으므로, 대군주께서 옛날과 같이 서정庶政을 친히 결단할 수 없게 된 데 기인하는 것이며, 대군주께서는 작년 6월 이래 군주권을 갑자기 내각에 빼앗긴 것으로 생각하시어 심히 괴로워하신 것 같다"고 말했다.[68]

하지만 당시 개화파는 국회를 개설한다든가 하는 식으로 본격적인 입헌군주제를 도입하려 한 것은 아니었다. 다만 군주권을 제한하고, 내각의 권한을 보다 확장하는 제한군주제, 즉 군신공치제를 도입하려 했을 뿐이다. 그러나 고종의 강력한 반발로 결국 총리대신 김홍집은 사임했고, 박정양이 신임 총리대신이 되었다. 그런데 박정양 내각에서도 내각과 국왕 고종의 관계는 회복되지 않았고, 을미사변이 일어나 양자의 관계는 회복될 수 없는 길을 가고 말았다. 그리고 고종은 아관파천이라는 극단적인 선택을 함으로써 개화파 정권을 붕괴시켰다.


## 3. 독립협회, 의회개설운동을 전개하다

### 『독립신문』의 기본권과 민권에 대한 인식

1896년 아관파천 이후 고종과 그를 둘러싼 보수 세력은 갑오개혁의 성과를 무로 돌리기 위해 내각을 의정부로 다시 고치고, 각종 법률도 이전으로 되돌리고자 했다. 하지만 모든 법률을 이전 상태로 되돌릴 수는 없었다. 건양·광무 정권은 갑오개혁 당시에 제정된 각종 제도들을 어떻게 처리할 것인가의 기준으로서 이른바 '구본신참'舊本新參 원칙을 내세웠다.[69] 이는 갑오 이전의 제도를 근본으로 삼고, 갑오개혁 당시

1897년 10월 12일 고종의 광무황제 즉위식 날 경운궁 앞의 모습(위)과 즉위식이 열린 원구단(아래).

제정된 각종 서양식 제도를 부분적으로 참고하는 방향에서 제도를 개
정한다는 것이었다. 즉 동법東法을 근본으로 하고 서법西法은 참고하는
수준에 그친다는 것이었다. 이러한 방침에 따라 당시 친러정권은 1896

년 9월 24일 내각을 폐지하고 의정부를 복설했다. 또 이듬해에는 교전소校典所라는 기관을 설치하여 갑오개혁과 을미개혁 당시 제정된 신법을 폐지 내지는 개정하려 했다.

하지만 이와 같은 구본신참론에 대한 반발과 견제도 만만치 않았다. 가장 큰 반발은 『독립신문』과 독립협회에 의해 제기되었다. 『독립신문』은 우선 인민이 나라의 근본이며, 나라의 주인으로서 권리를 갖고 있다고 주장했다.[70] 『독립신문』의 논설은 다음과 같이 주장한다.

> 나라가 진보되어 가는지 아닌지를 보여주는 것은 그 나라 사람들이 자기들의 백성된 권리를 찾으려 하는 지의 여부이다. 우리가 백성이라고 하는 것은 다만 벼슬 아니 하는 사람만 가지고 말하는 것이 아니다. 누구든지 그 나라에 사는 사람은 모두 그 나라 백성이다. 백성마다 얼마큼 하나님이 주신 권리는 누구도 빼앗지 못하는 권리요, 그 권리를 가지고 백성노릇을 잘 하여야 그 나라 임금의 권리가 높아지고 나라의 지체가 높아지는 법이라. 조선 백성들은 몇백 년을 자기 나라 사람들에게 압제를 받아 백성의 권리라 하는 것은 당초에 다 잊어버렸고, 또 무슨 뜻인지도 모르는지라.[71]

이 글은 백성들이 모두 하늘이 준 권리를 갖고 있다는 천부인권론을 인용하고 있다. 그러면 백성들이 가지고 있는 천부의 인권은 무엇인가. 『독립신문』은 주로 백성들의 생명과 재산에 대한 권리, 언론과 집회의 자유 등을 언급하고 있었다. 즉, 생명·재산의 권리는 '천부의 권리' 또는 '천생의 권리'이며, '사람마다 가진 자유권'이며,[72] "언권의 자유는 천생의 권리라, 하늘이 주신 권리"라고 주장했다.[73]

『독립신문』은 또 모든 인민은 평등하다면서 신분제를 철폐할 것을 촉구했다. 예를 들어, 양반兩班과 상인常人을 차별하는 제도의 잔재와 의식을 청산할 것을 촉구하면서, 반상의 차별이 없는 국민평등은 '천생의 권리'라고 주장했다.[74] 예를 들어 "나라가 진보하여 가고 규칙과 법률이 한결같아 전국에 있는 인민이 상하와 귀천을 물론하고 자기의 직무들을 다하며" 평등한 사회를 만들어야 할 때에,[75] 아직도 술에 취하여 "다만 아는 것은 양반과 상놈"밖에 없는 부패한 관리들은 나라의 개명과 진보를 저해하는 무리들이라고 극렬히 비판했다.[76] 이 신문은 또 종래의 남녀 차별의 구습을 비판하고, 남녀의 본래적 평등을 주장했다. 이 신문은 "하나님이 세계 인생을 낳으실 때에 사나이나 여편네나 사람은 다 한가지라. 여자도 남자처럼 학문을 교육받고 여자도 남자와 동등한 권리를 가져 인생에 당한 사업을 다 각기 하는 것이 당연한 도리이거늘 동양 풍속은 어찌하여 여자가 남자에게 압제만 받고 죽은 목숨 같이 지내는지. 천지간 만물 가운데에 사람이 귀하다 함은 총명이 있는 연고인데, 총명이 한갓 남자에게만 있는 것이 아니라, 여자도 또한 총명한 재질인즉, 학문과 동등권을 가져 남자를 더욱 이롭게 도울지라. 그리하게 되면 남녀 간에 고락을 한가지로 하고 사업을 같이하며, 생애를 고르게 하여 나라가 더 부강하고 집안이 태평할 터이니, 그럴 지경이면 어찌 아름답지 아니하리오"라고 말했다.[77]

　『독립신문』이 제기하는 백성들의 자유와 평등, 권리에 관한 주장은 단순히 이에 그치는 것이 아니었다. 이 신문은 이를 국민이 곧 나라의 주인이라는 논리로 확장시켰다. 예를 들어 "몇백 년을 두고 대한 인민이 소위 관인이라 하는 사람들을 모두 성인군자로 믿고 자기들의 목숨과 재산과 부모형제 처자의 목숨과 재산을 관인들에게 부탁하여 매년 세전稅錢을 내어 정부 부비로 쓰게 하여 가면서 인민의 일을 보아달라 하고, 인민이 나라의 주인이건만 주인인 체 아니하고 이 월급 주어

둔 관인들로 하여금 주인의 일을 보아달라고 했더니, 이 고입雇入한 사환들이 차차 변하여 상전이 되고, 정작 주인은 노예가 되어 자기들의 생명과 재산을 본래 고입했던 사환들에게 무리하게 잃어버리니, 그 실상을 생각하면 주인들이 못 생겨 사환들이 그 모양이 된 것이라"고 비판했다.[78] 이 신문은 "정부에서 벼슬하는 사람은 임금의 신하요, 백성의 종이라. 종이 상전의 경계와 사정을 자세히 알아야 그 상전을 섬길터인데, 조선은 거꾸로 되어"있다면서, 백성이 주인이고 관료는 백성의 종이라고 보고 있었다.[79] 즉 백성이 나라의 주인이고, 정부 관료는 백성의 종이라는 주장이었다.

'백성이 나라의 주인'이라는 주장은 곧 '나라의 주권은 국민에게 있다'는 국민주권론의 맹아적 형태라고 볼 수 있다. 국민주권론은 곧 '민권론'이라고 요약할 수 있는데, 아래 기사는 '민권'이란 말이 이미 대중들 사이에서 확산되고 있었음을 보여준다.

제물포 곽일이란 사람이 백성에게 통문하되, "개화한 나라에서는 관원들이 무리한 일을 하면 백성들이 시비하는 권리가 있는데, 조선에서는 관인이 백성을 무리하게 침범하여도 백성이 아무 말도 못 하게 되어 있으니, 이것을 바르게 하려면 민권이 생하여야 할지라. 그런 고로 우리가 자유당을 모을 터이니 지각이 있는 이는 이 당에 들라"고 통문을 한고로 곽 씨를 감리서에서 잡아 문초한즉 최진한이란 사람이 이 일을 시작하였다 하는 고로 곽·최 양인을 모두 잡아 법부로 올려 왔다더라.[80]

그런데 이 신문 1898년 7월 9일자에 실린 '민권이 무엇인지'라는 제목의 논설은 "대한은 자고로 민권 두 글자의 이름도 모르다가 겨우 근일에 와서야 말이나 듣고" 있는 형편이고, "인민이 자유가 무엇인지 알

지도 못할 뿐 아니라 자유권을 맡기더라도 쓸 줄을 몰라 어린아이에게 칼을 준 것 같을 터"라고 말하고 있다. 이 신문은 "신문과 교육으로 동포의 문견을 넓히며 우리 분수 외의 권리는 바라지도 말고 대황제 폐하께서 허락하신 양법미규나 잘 시행되도록 관민이 일심하면 자연 총명과 교육이 느는 대로 민권이 차차 확장이 되어 황실도 만세에 견고케 하며, 국세도 부강하게 될 일을 기약하노라"고 말했다.[81] 이는 당시 정치권 일각에서 "민권을 주장하는 이들이 '민변'民變을 일으킬지도 모른다"고 우려하는 데 대한 반박의 성격을 띤 글이었지만, 『독립신문』 측도 아직은 민권에 대해 유보적인 생각을 갖고 있었던 것으로 보인다.

다만 『독립신문』은 정부에 대한 인민의 최소한의 감시·감독은 필요하다는 입장이었다. 즉 정부가 애군애민愛君愛民 하는 정부인지 아닌지 인민이 감독해야 하고, 정부에서 옳은 법령을 만드는지 아닌지 인민이 감독해야 한다는 것이었다.[82] 이 신문의 또 다른 사설은 인민의 직무를 세 가지로 들었다. 첫째는 정부가 애군애민 하는 정부인지 아닌지 살피고 감독하는 것이요, 둘째는 애군애민 하는 정부의 옳은 법령은 자기만 따를 뿐만 아니라 다른 사람도 따르도록 권장하는 것이요, 셋째는 정부가 애군애민 하는 정부가 아니면 이를 교체하여 애군애민 하는 정부가 서도록 하는 것이라고 주장했다.[83] 즉 이 신문은 정부가 애군애민 하는 정부인지 아닌지 감독하고, 그런 정부가 아니면 정부를 '교체'해야 한다는 주장으로까지 나아가고 있는 것이다. 이 신문은 비록 제한된 범위 안에서였지만 민民의 정치 참여를 주장하고 있었다.

### 독립협회의 의회개설운동과 중추원의 활용

민이 정치에 참여해야 한다는 주장은 1898년 '의회개설론'으로 본격화된다. 1897년 3월 『독립신문』의 한 논설은 이미 의회 설립이 필요한 이유를 아래와 같이 설명한 바 있었다.

세계 개화 각국이 정부를 조직하였는데 각색 일을 생각하여 의사議事와 경영과 방책을 생각해내는 관원들이 있고, 그 생각을 시행하여 세상에 드러나게 하는 관원들이 있는지라. 생각하고 방책 내는 마을을 외국서는 말하되 의회원議會院이라 하며, 의회원에서 작정한 방책과 의사를 시행하는 마을을 내각內閣이라 하는 것이라. (중략) 행정관이 의정관의 직무를 하며, 의정관이 행정관의 직무를 하려고 하여서는 의정議政도 아니 되고 행정도 아니 될 터이라. 그런고로 대한 大韓도 차차 일정 규모를 정부에 세워 이 혼잡하고 규칙 없는 일을 없애려면 불가불 의정원이 따로 있어, 국중에 그중 학문 있고 지혜 있고 좋은 생각 있는 사람들을 뽑아 그 사람들을 행정하는 권리는 주지 말고 의논하여 작정하는 권리만 주어 좋은 생각과 좋은 의논을 날마다 공평하게 토론하여 이해손익을 공변되게 토론하여 작정하야 대황제 폐하께 이 여러 사람의 토론하여 작정한 뜻을 품稟하여 재가를 물은 후에는 그 일을 내각으로 넘겨 내각에서 그 작정한 의사를 가지고 규칙대로 시행만 할 것 같으면 두 가지 일이 전수이 되고 내각 안에 분잡한 일이 없을 터이라.[84]

정부와 의회가 분리되어야 국사가 제대로 될 수 있기 때문에 대한제국도 서서히 의회와 정부를 분리시키는 작업에 착수해야 한다는 것이 이 글의 주된 논지였다. 독립협회의 윤치호 등은 이러한 주장에 근거하여 1898년 7월 국왕에게 의회원 설립을 청원하는 상소문을 올렸다. 여기서 그들은 기왕의 중추원을 개편하여 의회원으로 만들자고 제안했다.

중추원은 본래 1894년 갑오개혁 당시 관직대기 및 관리우대기관의 성격을 갖고 있던 중추부를 개칭한 것이었다. 즉 갑오개혁으로 단행된 인사이동으로 현직이 없어진 고위관리들을 중추원에 소속시켜 불만을 줄이고, 관직 결원 시에 충원할 인사들을 대기시키는 기관이었다. 그런데 1894년 말 귀국하여 내무대신을 맡게 된 박영효는 이노우에 공사의 후광을 업고 정국의 주도권을 쥔 뒤, 의정부를 내각으로 바꾸고, 재판소를 설치하며, 중추원을 입법기구로 개편하여, 행정·사법·입법의 3권을 어느 정도 분리시키는 개혁 작업을 시작했다. 여기서 중추원은 내각의 자문에 의하여 법률안·칙령안과 함께 임시로 내각에서 자문하는 사항을 심사 의정하고, 법률·칙령의 제정·폐지·개정에 관하여 내각에 건의할 수 있는 권한을 가지게 되었다. 물론 중추원이 의안을 부정하거나 일부 수정하더라도 내각이 원안대로 시행하고자 하면 국왕에게 상주하여 재가를 받아 시행할 수 있게 하는 등, 중추원의 권한에는 상당한 한계가 있었고, 정국의 주도권은 어디까지나 내각에 있었다. 이러한 중추원 제도는 1880년대 일본의 원로원과 유사했다. 그런데 이러한 새 중추원 제도는 중추원 구성원들의 연이은 사직상소, 박영효의 갑작스런 실각과 재차 망명 등으로 인해 제대로 시행되지 못했다. 중추원은 제도와 기구는 있었지만, 실제 회의는 거의 하지 못하는 활동 정지 상태에 있었던 것이다.[85]

이러한 중추원이 다시 주목을 끌게 된 것은 1898년 초 외부대신 민종묵이 러시아가 요구하는 절영도 석탄기지를 마음대로 허락한 일 때문이었다. 의정부 참정 남정철과 찬정 심상훈은 분개하여 이와 같은 정부대신의 독단을 막기 위한 방법으로 중추원의 활용을 생각하게 되었다. 1898년 3월 남정철과 심상훈은 의정부에 중추원 관제를 제대로 시행하여, 국정의 전반적인 일을 중추원의 의논을 거쳐 시행할 것을 국왕

조선시대 사대외교의 상징인 영은문을 헐고 그 앞에 세운 독립문. 1897년 11월 20일 완공되었다.

에게 상주하여 재가를 받았다. 그런데 이러한 정부 내의 움직임에 대해 궁내부 고문관 리젠드르Le Gendre는 "조선이 전통적인 군주국가로 돌아갈 수는 없지만, 그렇다고 근대적인 대의정체를 시행하는 것은 아직 시기상조"라고 제동을 걸었다. 리젠드르는 중추원이 결과적으로는 고종과 내각의 권한을 제한할 수 있을 것이라는 점을 염두에 두고 있었던 것이다. 따라서 그는 중추원은 의회와 비슷한 기구보다는 자문기구로서의 성격을 지녀야 한다고 주장했다.[86]

이와 같은 상황에서 독립협회의 의회개설운동이 시작되었고, 중추원을 의회원으로 개편하자는 주장이 나오게 된 것이다. 독립협회 회원 윤치호 등은 7월 3일 "요순시대의 정치는 조야에 고루 의견을 물어 나라 사람들의 의논을 반드시 따랐으며, 근일 구주 열강의 전제국가들도 상하의원을 두어 국가의 시책을 자문하며 언로를 개방하고 있다. 우리도 대소 정령政令을 위로는 백관으로부터 아래로는 서민에 이르기까지 자문하고 채택하여 제정하면 만민과 천하가 큰 다행"이라는 내용의 상소문을 국왕에 올렸다. 하지만 고종은 이에 부정적인 반응을 보였다. 독립협회는 7월 11일 다시 상소를 올려 거듭 의회 설립의 필요성을 주장했다. 이에 고종은 마지못해 상소를 받아들여 중추원을 개편하는 길을 택했다. 그는 중추원 신임 의관 40명을 임명하면서 여기에 윤치호·정교·이건호 등 독립협회 회원을 포함시켰다. 그러나 중추원의 역할에 대한 독립협회와 고종의 기대에는 커다란 차이가 있었다. 독립협회 측은 중추원이 정부를 견제하는 의회의 역할을 할 수 있기를 기대했다. 반면 고종은 정부의 자문기관, 즉 정부의 활동에 대한 민의 수렴기구 정도의 역할을 기대했다.[87]

중추원에 일단 교두보를 마련한 독립협회는 보다 본격적인 중추원 개편을 요구했다. 독립협회 측은 10월 14일 정부 측에 1) 중추원 의관 반수를 독립협회 회원들이 스스로 투표로 뽑아 고종의 명을 받들어 임명할 것, 2) 의장은 정부에서 뽑고, 부의장은 의원들이 투표하여 스스로 뽑도록 할 것, 3) 중추원 회의 규칙은 외국 의회 규칙을 모방하여 중추원에서 기안하고 정부의 회의를 거친 후 국왕의 재가를 받아 시행할 것 등을 요구했다.[88]

정부는 개혁파 관료들의 주도로 11월 2일 새로운 중추원 관제를 반포했다. 여기에는 독립협회의 요구가 그대로 반영되어 있었다. 칙령 36호로 발포된 중추원 관제의 내용을 살펴보면 다음과 같다. 우선 중추원의 역할은 1) 법률·칙령의 제정·폐지·개정에 관한 사항, 2) 의정부에서 상주하는 일체의 사항, 3) 의정부에서 자문하는 사항, 4) 중추원에서 건의하는 사항, 5) 인민이 헌의하는 사항 등을 심사 의정審査議定하는 것으로 되어 있었다. 이전의 관제에서는 중추원에서 심의할 수 있는 사안이 '의정부에서 자문하는 사항'으로 한정되어 있었지만, 이제 그러한 단서가 사라졌다. 가장 중요한 것은 법률과 칙령의 제정·개정을 심의할 수 있게 되었다는 것이다. 중추원 구성원의 자격과 임명 절차도 바뀌었다. 의장의 경우 국왕이 직접 임명하도록 했고, 부의장의 경우 중추원의 공천을 받아 국왕이 임명하도록 했다. 또 의관의 경우 정부가 국가에 공로가 있는 자로서 반수를 추천하고, 인민협회 회원 가운데 27세 이상의 정치·법률·학식에 통달한 사람 중에서 나머지 반수를 뽑도록 했다. 즉 같은 숫자의 관선의원과 민선의원으로 중추원을 구성하게 한 것이다. 의장·부의장·의관의 임기는 12개월로 정하여 임기를 보장했다. 또 인민의 선거, 즉 민선의원의 선거는 당분간 독립협회에서 행하도록 했다. 즉 독립협회 회원들이 자신들의 대표를 의관으로 뽑아 중추원에 파견할 수 있도록 한 것이다. 이처럼 제한된 것이긴 했지만, 민선의원 규정은 한국 역사상 최초로 인민 참정권을 인정한 것이라는 점에서 그 의의가 매우 컸다.[89]

한편 중추원과 의정부의 관계를 살펴보면, 중추원은 각 항에 대해 의결하는 권한은 있지만 직접 상주하거나 발령할 수 있는 권한은 갖고 있지 않았다. 즉 의안의 의결은 중추원이 맡고, 의결된 의안을 상주하고 법률·칙령으로 발포하는 것은 의정부가 맡도록 한 것이다. 특정 의안에 대해 의정부와 중추원의 의견이 다를 때에는 의정부와 중추원이 합석, 논의하여 가결한 후에 시행하도록 함으로써, 의정부에서 마음대로 시행할 수 없게 했다. 의정부와 중추원은 입법권과 행정권을 나누어 갖고, 서로 견제하고 협조할 수 있도록 한 것이다. 이로써 칙령 36호 '중추원 관제 개정건'은 한국 근대사에서 입법권과 행정권의 분리라는 근대적 정치제도의 막을 열었다고 볼 수 있다.[90]

그러나 칙령 36호의 수명은 불과 8일밖에 되지 않았다. 보수파의 대표 격인 의정부 찬정 조병식趙秉式은 11월 4일 독립협회가 박정양을 수반으로 하는 공화정치를 하려 한다는 익명서를 조작하여, 이상재 등 독립협회 지도자 17명을 갑자기 구속하고, 독립협회를 혁파하라는 조칙을 국왕으로부터 받아 공포했다. 이에 대해 독립협회 측은 만민공동회를 열어 격렬히 성토했고, 결국 정부는 17명을 석방하고 독립협회 복설을 허용했다. 하지만 11월 12일 보수파는 중추원 관제를 다시 개정하여 칙령 37호로 발포했다. 그 내용을 보면, 칙령 36호에 있던 '인민선거는 현금 간에는 독립협회에서 행할 사' 부분이 삭제되었다. 이로써 독립협회의 독점적인 민선의관 추천권은 사라졌다. 또 의관의 자격요건을 "정부에서 국가에 공로가 있는 자와 정치·법률에 통달한 자를 추천한다"고 하여, 반수를 인민협회 회원 가운데 정치·법률·학식에 통달한 자를 선거하여 추천할 수 있게 한 조항도 삭제했다. 이로써 인민의 참정권을 인정했던 칙령 36호의 핵심 조항은 사실상 사라지고 말았다. 또 "의장·부의장·의관의 임기는 없다"고 규정하여, 중추원 구성원들의 임기를 전혀 보장하지 않았다.[91]

익명서 사건 이후 고종은 중추원의 전임 의관들을 모두 해임하고 새로 개편된 중추원 관제에 따라 의관 50명을 임명했다. 11월 29일 임명된 중추원 의관은 정부관료 4명, 독립협회 회원 17명, 황국협회 회원 29명으로 구성되었다. 정부의 보수파는 중추원을 보수파의 영향력 아래 있는 황국협회가 주도하는 자문기구로 만들려고 했던 것이다. 하지만 중추원이 일단 개원한 뒤에는 비록 소수였지만 독립협회 회원들이 회의를 주도했다.[92] 또 비록 중추원 관제가 개정되었지만, 중추원은 여전히 법률·칙령의 제정·폐지·개정 등을 심의하는 권한을 갖고 있었다. 따라서 중추원은 한국 최초의 의회와 같은 의미를 가지고 있었다.

그런데 돌연 독립협회 회원 출신의 중추원 의관 가운데 일부가 미국 국적을 가진 외국인인 서재필과 대역죄를 쓰고 망명했던 박영효를 포함한 11명을 정부의 각원으로 추천했다. 박영효 등의 추천을 주도한 것은 독립협회 내에서도 안경수·정교·최정덕과 같은 갑오개혁의 잔여 세력과 박영효 추종자들이었다. 독립협회 회원들 가운데 일부는 민회를 열어 이를 지지했다. 그러나 박영효에 대한 추천은 고종과 수구파들에게 결정적인 반격의 구실을 만들어주었다. 고종은 12월 23일 군대를 동원하여 민회를 강제로 해산시켰다. 그리고 12월 25일에는 민회 해산 조칙을 반포했다. 결국 독립협회는 해산되고 독립협회의 주요 회원들은 체포를 피해 피신할 수밖에 없었다.[93]

그런 가운데 의정부는 1899년 1월 2일자로 신해영·어용선·변하진·이승만·홍재기 등 독립협회 계열 의관들을 파면했다. 이후 중추원 의관들은 보수파들로 채워졌다. 그리고 1899년 5월 22일과 8월 25일 두 차례에 걸쳐 중추원 관제가 개정되면서 중추원의 권한은 크게 약화되었다. 이제 의정부는 시급한 사정이 있는 경우에는 직접 상주하고, 추후에 중추원에 그 이유를 설명할 수 있게 되었다. 또 관례에 따라 시행하는 것은 자문할 필요가 없게 되었다. 또 중추원은 의정부에서 자문하는 사항과 인민이 헌의하는 사항만 심의할 수 있게 되었다. 즉 의정부에서 자문하지 않는 사항에 대해서는 심의할 수 있는 권한이 없어진 것이다. 부의장 제도도 없어졌으며, 칙임의관 10명과 주임의관 15명에게만 월봉月俸을 지급하고, 나머지 25명에 대해서는 월봉을 지급하지 않게 되었다. 이와 같은 중추원의 권한 약화는 뒤에 보듯 고종이 8월 22일 '대한국국제'를 반포한 것과 맥락을 같이한다. 즉 고종은 황제권을 크게 강화하면서 황제와 정부를 견제할 수도 있는 중추원을 완전히 무력화시켰던 것이다.[94]

## 군주권을 둘러싼 독립협회와 고종의 갈등

그렇다면 독립협회의 활동은 무엇을 목표로 하고 있었을까. 1898년 유생 이문화李文和 등이 올린 상소는 이렇게 말하고 있다.

이른바 독립협회는 무리를 모아 집단을 결성하여 명성과 위세를 크게 떨치고 있습니다. 대체로 임금의 더없이 중요한 상벌賞罰의 권한은 신민臣民들이 털끝만큼도 침범할 수 있는 것이 아닙니다. 그런데 저들은 구미의 공화共和정치를 우리의 전제專制정치의 옛 법에 옮기려고 하며, 대신을 제멋대로 쫓아내는 것을 식은 죽 먹기로 여기고 있으니, 이것이 첫 번째 죄입니다. 저잣거리의 가게들을 철폐하고 임금을 놀라게 하였으니, 이는 임금을 협박한 것입니다. 임금을 협박하는 것은 윗사람을 무시하는 것이니, 이것이 두 번째 죄입니다. 회장 윤치호 등이 의정부를 날카롭게 규탄하여 황상께 저촉되는 짓을 하였고, 6개 조항을 약정하고는 억지로 서명하도록 하였으니, 이것이 세 번째 죄입니다.[95]

이문화의 상소는 독립협회가 공화정치를 도입하려 하고 있다고 비난하고 있었다. 하지만 이는 사실과 거리가 멀었다. 고종도 이 상소에 대해 "그대들의 말은 이단異端을 공격하는 태도에 가깝다"면서 받아들이지 않았다. 독립협회는 민권의 신장, 인민의 국정 논의 참여를 주장하고 있었고, 이를 위해 의회원을 설치하는 것을 목표로 하고 있었다고 볼 수 있다.

그들이 공화제를 목표로 하지 않았다는 것은 당시 박영효 사건에 연루되어 옥에 갇힌 이승만이 1904년에 쓴 옥중기록 『독립정신』이라는 책에 잘 나타난다. 이승만은 각 나라의 정치에는 세 가지가 있으니,

각각 전제정치, 헌법정치, 민주정치라 했다. 이는 곧 전제군주제, 입헌 군주제, 공화제를 의미하는 것이었다. 이 가운데 그는 헌법정치, 즉 입헌군주제를 가장 선호했다. 그는 "헌법정치라 하는 것은 인군人君이 위에 계셔서 만사를 통할하시며 신하가 받들어 섬기기는 전제정치와 별로 다름이 없으되 다만 권리의 제한이 있어 상·하 의원을 설시設施하고, 백성이 투표하여 명망 있는 사람을 천거하여 의회원이 되어 백성의 권리를 대표하여 크게 관계되는 일을 의논하여 결정하게 하나니"라고 설명했다. 입헌군주제와 전제군주제의 가장 큰 차이를 군주권의 제한과 의회의 존재 여부로 인식하고 있었던 것이다. 그는 입헌군주제에 대해 "영국·독일과 같은 황제국이나 군주국, 동양의 일본이 모두 이 정치로 다스려 정사와 황실이 태산반석같이 평안한 복을 누리며 일국신민이 무궁한 덕화를 입는 바라. 이런 나라일수록 내란이 없으며, 인군人君이 편안하사 민간에 유람하기를 거리끼지 않으니 지금 세대에 가장 합당히 여기는 법이라"고 썼다.[96] 독립협회 운동기에 이승만이 가장 이상적으로 생각하고 있던 정체는 입헌군주제였던 것이다. 이처럼 독립협회 회원들이 목표로 하고 있었던 것은 대체로 군주권의 제한과 의회의 설립을 주요 내용으로 하는 입헌군주제였다. 그리고 독립협회는 이를 기반으로 개혁파 정부를 구성하여 개화자강을 통한 나라의 독립을 꾀하고자 했던 것이다.

　고종도 독립협회가 이런 정도 수준의 정치적 목표를 갖고 있다는 것을 잘 알고 있었다. 하지만 고종은 자신의 군주권이 조금이라도 제한받는 것을 매우 싫어했다. 그래서 그는 독립협회를 해산시켰다. 그리고 더 나아가 1899년 8월 17일 '대한제국의 황제는 전제군주'라고 선언하는 「대한국국제」大韓國國制를 반포했다. 그 내용은 다음과 같다.

제1조. 대한국은 세계만국에 공인되온바 자주독립하온 제국이니라.

제2조. 대한제국의 정치는 이전으로 보면 500년 전래하시고 이후로 보면 만세에 걸쳐 불변하오실 전제정치이니라.

제3조. 대한국 대황제께옵서는 무한하온 군권君權을 향유하옵시나니 공법公法에 말한 바 자립정체이니라.

제4조. 대한국 신민臣民이 대황제의 향유하옵신 군권을 침손할 행위가 있으면 그 이미 행한 것과 아직 행하지 않은 것을 물론하고 신민의 도리를 잃은 자로 인정할지라.

제5조. 대한국 대황제께옵서는 국내 육해군을 통솔하옵셔 편제를 정하옵시고 계엄·해엄을 명하시나니라.

제6조. 대한국 대황제께옵서는 법률을 제정하옵셔 그 반포와 집행을 명하옵시고 만국의 공공한 법률을 효방하사 국내 법률을 개정하옵시고 대사大赦·특사·감형·복권을 명하옵시나니 공법에 말한 바 자정율례自定律例이니라.

제7조. 대한국 대황제께옵서는 행정 각 부부府部의 관제와 봉급을 제정 혹은 개정하옵시고, 행정상 필요한 각항 칙령을 발하옵시나니 공법에 말한 바 자치행리自治行理이니라.

제8조. 대한국 대황제께옵서는 문무관의 출척黜陟·임면을 행하옵시고 작위·훈장 및 기타 영전榮典의 수요 혹은 체탈遞奪을 하옵시나니 공법에 말한 바 자선신공自選臣工이니라.

제9조. 대한국 대황제께옵서는 각 유약국有約國에 사신을 파송, 주찰駐札케 하옵시고 선전·강화 및 제반 조약을 체결하옵시나니 공법에 말한 바 자견사신自遣使臣이니라.[97]

위에서 보는 것처럼 「대한국국제」는 한국의 정치체제를 '전제정치',

곧 전제군주제로 규정했다. 이에 따라 황제는 '무한한 군권을 향유하는' 존재이며, 신민은 이를 침해할 수 없다고 선언했다. 황제는 육·해군의 통솔, 법률의 제정·반포·집행과 사면·복권, 행정 각부의 관제의 제정 및 개정, 관리의 임면, 외국과의 조약 체결 및 선전·강화·사신파견 등에 관한 일체의 권리를 갖는다고 선언했다.

고종은 이와 같이 자신의 권력을 강화하고,[98] 중추원의 권한을 크게 약화시켰다. 1900년 이후 중추원은 유명무실한 기관이 되었다. 중추원은 기껏해야 민의를 의정부에 전달하는 역할을 할 수 있을 뿐이었다.[99] 대한제국은 고종 일인에 모든 권력이 집중된 체제로 되어 갔고, 이는 대한제국의 위기를 더욱 심화시켰다.

### 보호·병합조약과 중추원

1904년 러일전쟁이 일어나고 일본의 강요에 의해 한일의정서가 맺어졌다. 하지만 이와 같이 중요한 사안도 중추원에서 전혀 다루어지지 않았다. 의정부가 자문하지 않는 한, 중추원은 아무리 중요한 사안이라도 심의할 수 없었다. 이러한 상황이 벌어지고서야 고종은 중추원의 기능에 주목하기 시작했다. 그는 사실상 활동 정지 상태에 있던 중추원의 활동을 재개하도록 지시했다. 그 결과 1905년 2월 중추원 관제가 개정되었다. 고종은 중추원이 '법률·칙령에 관하여 건의하는 사항'과 '법률·칙령의 실행 효과의 정도와 미비하다고 생각되는 점에 관하여 건의하는 사항'을 추가로 심의할 수 있게 했다. 하지만 다른 한편에서 중추원의 의관 수를 칙임·주임 합하여 50명에서 칙임 15명으로 줄였다. 중추원의 심의 사항에 새로운 내용이 추가되었지만, '건의' 사항에 그쳤고, 중추원 의관의 수를 크게 줄임으로써 중추원은 오히려 더 약화되었다고도 볼 수 있다. 의정부는 이후에도 시급한 사항이 아니거나 관례에 따르는 것은 굳이 중추원에 사전 심의를 요청할 필요가 없다는 조항을 핑계로 중추원에 거의 자문을 구하지 않았다.[100]

이후 국권이 위협받는 절박한 상황이 전개되자 고종은 비로소 중추원의 활용가치를 깨닫기 시작했다. 고종은 한두 명의 대신이 자의적으로 국가의 중대 사안을 결정하는 상황을 보면서 중추원의 활용 가치를 다시 보기 시작한 것이다. 1905년 10월 28일 고종의 의지와 중추원의 의견이 반영되어 "군국대사는 반드시 중추원에 자문을 구하여 그 가부 여부를 결정할 것"이라는 조항이 의정부회의 규칙에 포함되었다. 또 중추원 관제도 개정하여, 1) 중추원은 의정부에서 자문하는 법률·칙령 외에도 군국의 중요 사항에 대해서도 심의한다는 조항을 추가하고, 2) 시급을 요하는 사항에 대해서는 먼저 황제에게 상주하고, 나중에 중추원에 고지한다는 조항을 삭제하고, 3) 의정부에서 자문하는 사항에 대해서 중론을 널리 구할 필요가 있을 때에는 의장이 전현직 고위관리들과 함께 회의하여 결정한다는 조항을 추가했다. 이로써 중추원은 다른 나라와의 조약 등에 관여할 수 있게 되었다. 또 의정부가 법률을 입안하고 실시하기 위해서는 반드시 중추원의 동의를 구해야 했다. 또 주요 사안에 대해서는 전현직 고위관리들을 소집하여 함께 논의하고 결정할 수 있게 되었다. 11월 8일 중추원 관제 일부가 다시 개정되었는데, 이는 중추원 의관을 칙임 찬의 15명으로 구성한다는 조항을 삭제하고, 대신 찬의贊議 8인, 부찬의副贊議 15인으로 구성하며, 부찬의 중 2인은 한성판윤이 추천하고, 13인은 각 관찰사가 1인씩 추천하게 했다. 그러나 이러한 조치는 너무 늦은 것이었다. 중추원이 새로운 체제를 채 정비하기 전에 일본은 한국에 보호조약을 강요했고, 의정부의 대신들은 중추원의 자문도 거치지 않고 조약에 동의했다. 중추원의 일부 의관들이 이에 대해 문제를 제기하고 보호조약에 동의한 대신들의 처벌을 요구했지만, 중추원은 아직 제대로 체제를 정비하지 못한 상태였다.[101]

중추원이 어느 정도 체제를 정비한 것은 1907년이 되어서였다.[102] 하지만 이미 대세는 기울어진 뒤였다. 일제가 설치한 통감부는 외교뿐 아니라 내정도 실질적으로 장악해갔고, 중추원의 인사 문제, 논의 내용에도 간여했다. 중추원은 일본의 국권침탈 문제는 거의 논의하지 못했고, 내정과 관련한 일부 민원 사항에 대해 논의하는 수준에 그치고 말았다. 그 결과 1907년 정미7조약도 중추원의 자문을 거치지 않은 채 체결되었고, 1910년의 병합조약도 마찬가지였다. 중추원은 여기에 개입할 수 있는 아무런 힘이 없는 유명무실한 존재에 불과했다.

이로써 대한제국은 일본의 강압 아래 1905년 보호조약, 1910년 병합조약을 거쳐 식민지의 처지로 전락했다. 여기서 역사의 가정을 한 번 해보자. 만일 독립협회 운동기에 고종이 중추원을 의회로 만들어 이를 활용했다면 어찌 되었을까. 만일 고종이 자신의 권력의 일부를 민에게 떼어 주어 의회제도를 만들고, 정부를 견제할 수 있는 힘을 의회에 주었다면 어찌 되었을까. 그렇게 했다면 중추원이 보호조약이나 병합조약의 비준을 거부하여 이를 막아낼 수 있었을지도 모른다. 고종이 독립협회 운동기에 제한군주제 내지 입헌군주제를 받아들이는 타협적인 태도를 취했다면 역사는 달라졌을지도 모른다. 독립협회 운동기는 대한제국으로서는 개혁의 마지막 기회였다고 할 수 있다. 그런데 고종은 이를 받아들이지 않았다. 고종의 권력에 대한 집착은 매우 강했고, 이는 시대착오적인 것이었다. 그 결과 대한제국은 1905년 일본의 보호국으로 전락했다. 그리고 1907년 고종은 황제의 자리에서 쫓겨났으며, 1910년에는 황실뿐만 아니라 대한제국까지도 멸망의 길을 걷게 되었다. 이는 명예혁명 이후 의회와 타협하여 입헌군주제를 받아들인 영국의 왕실이 아직까지 살아남아 있는 반면, 입헌군주제를 거부한 프랑스의 부르봉 왕가가 공화제 혁명에 의해 무너져버린 역사를 떠올리게 한다.


## 4. 입헌군주제 운동, 시기를 놓치다

### 헌정연구회, 입헌군주제 연구 취지로 결성

대한제국이 보호국으로 전락한 1905년부터 1910년 사이 대한제국 정부는 개혁을 통해 독립을 꾀할 수 있는 동력을 사실상 잃어버렸다. 정부 자체가 친일적인 각료들로 채워졌기 때문이다. 개화자강운동은 이번에도 재야에서 일어났다. 개화자강운동의 흐름은 '1904년 공진회'―'1905년 헌정연구회'―'1906년 대한자강회'―'1907년 대한협회'로 이어진다. 이 가운데 이 책의 주제와 관련하여 먼저 주목할 단체는 헌정연구회다. 헌정연구회는 윤효정, 이준, 양한묵 등이 주도하여 창립한 것으로서, 입헌군주제의 연구를 목표로 한 단체였다.[103]

출범 당시 헌정연구회는 설립 취지서를 통해 "천하의 대세는 무엇인가 물어본다면 이는 바로 입헌立憲이라. 왜 그러한가. 군민입약君民立約한 헌법을 입헌이라 하니 이는 소위 문명의 결실이라. 나라는 백성으로 이루어지고, 임금은 백성이 있어 세워진 것이니, 임금의 치국은 백성과 더불어 입약한 헌법이 없으면 안 될 것이요, 오로지 강제해서 얻을 수는 없는 것이다. 때문에 입헌의 정치를 하는 나라치고 흥하지 않는 나라가 없고, 전제정치를 하는 나라치고 쇠하지 않는 나라가 없음은 일본·영국·청국·러시아를 보아도 알 수 있다"고 하여, 군민이 함께 헌

법을 입약하는 것이 세계의 대세라고 말하고 있다.[104]

취지서에 붙어 있는 '헌정강령'에서는 "하나, 제실帝室의 권위는 흠정헌법欽定憲法에 달려 있으며, 이는 제실의 존영을 위한 것이다. 하나, 내각의 직권은 관제장정에 실려 있으며, 이는 내각의 책임을 다하기 위한 것이다. 하나, 국민의 의권義權(권리)은 법률의 범위 내에서 허용되는 것이며, 이는 자유를 위한 것이다"라고 쓰고 있다.[105] 이를 통해 보면 헌정연구회는 국왕이 스스로 군주의 권한을 어느 정도 제한하고 국민의 권리를 인정하는 흠정헌법을 만들어 발표하기를 기대한 것으로 보인다. 이는 헌정연구회의 목적을 설명하는 '소서'小序에서도 나온다. 여기에서는 18세기 이래로 헌법을 통한 통치는 세계의 대세가 되었다고 말한다. 그러나 헌법을 채택하는 과정은 화기가 넘치는 가운데 이루어진 경우와 폭렬暴烈(폭력)을 통해 이루어지는 경우가 있다고 보았다. 전자는 영국과 일본의 경우요, 후자는 미국과 프랑스의 경우였다. 또 전자의 경우에는 군주헌법이 만들어졌고, 후자의 경우에는 민주헌법이 만들어졌다고 보았다. 어느 쪽을 선택하느냐는 그 나라 사람들에 달린 것이니, 헌법을 연구하고, 그 방편을 마련해야 하며, 이를 위해 전국의 인사들이 헌법 정신을 갖도록 하며, 화기애애한 가운데 군주헌법을 맞이하여 폭렬을 통해 헌법을 맞는 사태를 방지하자는 것이 헌정연구회의 취지라고 설명했다.[106] 즉 평화로운 가운데 입헌군주제 국가의 흠정헌법을 성사시킴으로써 폭력 사태하의 공화제 국가의 민주헌법이 도입되는 상황을 막아보고자 하는 것이 헌정연구회의 목적이라는 것이었다.

그러면 당시 지식인들은 왜 입헌군주제에 주목했을까. 대한제국이 보호국으로 전락한 이후 지식인들은 국권상실의 원인이 전제정치에 있었다고 보고, 이와 같은 전제정치를 청산하지 않으면 안 된다고 생각했다. 그들은 전제정치하에서는 백성이 정부를 도적처럼 보고, 정부는 백성을 원수처럼 여겨 서로 용납하지 않게 되어, 결국 이것이 망국의 길로 이어졌다고 생각했다. 지식인들은 전제정치하에서는 인권의 확립도, 국가의 부강도, 국권회복도 모두 불가능하다고 보았다. 결국 그들은 "입헌은 문명부강을 가져오며, 문명부강은 입헌의 부산물"이라고 이해했다. 따라서 입헌정체를 세우는 것이 무엇보다도 시급하다고 생각한 것이다.[107]

하지만 대한제국은 아직 군주제 국가였다. 군주제 국가에서 공화제를 도입하자는 말을 꺼내는 것은 실로 반역행위로 간주될 만한 일이다. 따라서 헌정연구회가 공화제를 주장할 수는 없었다. 더욱이 갑오개혁과 독립협회의 전례가 있고, 고종이 군주권의 제한조차 극히 꺼리는 상황에서 공화제 헌법을 도입하자는 말을 꺼내기는 어려웠을 것이다. 따라서 그들은 군주제라는 현실을 인정한 가운데 군주권의 제한, 민권의 확대를 최대한의 목표치로 삼았다.

### 『헌정요의』를 통한 국민 계몽

헌정연구회는 1905년 7월 『헌정요의』憲政要義라는 글을 『황성신문』에 연재했다. 이 글의 서문에서 양한묵은 "근일 헌정연구회에서 '헌정요의'라는 소책자를 저술하였다"고 썼다.[108] 그리고 1906년 4월 김우식이 이 책을 『국민수지』國民須知라는 이름으로 출판했으며, 1907년에 다시 국민교육회에서 역시 『국민수지』라는 이름으로 출판했다. 또 1907년 7월에는 이를 국문으로 요약한 내용이 『제국신문』에 16회에 걸쳐 연재되었다. 이처럼 『헌정요의』는 당시에 여러 차례 출판되고, 두 차례 신문에 실림으로써 국민들에게 널리 읽힌 중요한 책자였다. 그런데 이 책의 필자가 누구였는지는 분명하게 밝혀져 있지 않다. 다만 헌정연구회에서 저술했다고만 되어 있을 뿐이다. 아마도 헌정연구회 회원 가운데 한 사람이 저술한 것으로 추정된다.

양한묵은 『황성신문』에 실린 『헌정요의』의 서문에서 이 책의 발간 취지에 대해 "국민이 먼저 국가가 성립한 요령을 깨달은 연후에 정치의 사상이 비로소 태동하고, 정치의 사상이 태동한 연후에 헌정의 본의를 연구코자" 한다고 쓰고 있다.[109] 즉 국민들이 '국가'란 무엇인지 깨달은 연후에 정치에 대한 관심이 태동할 수 있고, 정치에 대한 관심이 있은 연후에 비로소 헌정에 대한 연구가 시작될 수 있다는 것이었다. 결국 이 책은 헌정 연구에 앞서 국민의 정치에 대한 관심을 불러일으키기 위해 저술되었다고 볼 수 있다.

이 책의 내용은 국가의 본의, 국가와 황실의 분별, 국가와 정부의 관계, 군주와 정부의 권한, 군주의 주권 등의 장으로 구성되어 있다. 「국가의 본의」에서는 "국가는 군주 1인의 사유물이 아니라 국민 모두의 공동체"임을 강조했다. 「국가와 황실의 분별」에서는 군주가 국가를 통치하지만 국가와 황실은 동일한 것이 아님을 강조하고, 군주는 국가의 상등上等 공용인公用人(public servant)이며, 국고의 관리자에 비유한 18세기 프로이센 왕국의 프리드리히 대왕을 인용해 계몽군주를 소개했다. 「군주와 주권의 권한」에서는 군주가 일국의 최존위最尊位이면서 최대권을 가지나, 그것은 국민이 존재하므로 가능한 일이라고 설명했다. 「국민과 정부의 관계」에서는 국민이 있어야 정부가 존재하며, 따라서 정부는 국민을 위해 세워진 것이라는 점을 강조했다. 「군주의 주권」에서는 국가는 중민衆民의 합성체이므로 주권은 중민의 합성력이라고 정의했다. 이어서 주권의 소재에 대해 민주국에서는 의회가, 입헌군주국에서는 군주와 의회가, 그리고 전제군주국에서는 군주가 주권을 지닌

다고 설명했다.[110]

이와 같이 이 책은 국가, 정부, 군주, 주권 등의 개념에 대한 해설서라고 볼 수 있다. 이 책에서는 국민의 권리에 대해 언급하고 있지만, 헌법 제정이나 의회 설치를 주장하지는 않았다. 다만 계몽군주였던 프리드리히 대왕을 찬양함으로써, 간접적으로 입헌군주제를 옹호했을 뿐이다. 또 국민교육회에서 펴낸 『국민수지』 판본에서는 주권과 관련하여 언급한 부분에서 "민주국에 있어서는 그 권리가 의회에 있고, 군주국이라도 그 권리가 군주 및 의회에 있고 군주 1인에만 속하지 않는다"고 하여, 군주국의 경우에도 의회와 권력을 나누어 가져야 한다는 것을 은연중에 말하고 있었다.[111] 결국 헌정연구회와 국민교육회 사람들은 이책을 통하여 국민들에게 같은 군주제라 하더라도 전제군주제만이 아닌입헌군주제와 같은 제도도 있다는 것을 소개함으로써 입헌군주제에 대한 지지 기반을 넓히려 했던 것으로 보인다.

### 국체와 정체의 유형 소개

헌정연구회의 이러한 입장은 이후의 대한자강회, 대한협회에 그대로 이어졌다. 그리고 이 시기에는 국체와 정체를 다룬 서양의 정치이론들이 다수 책으로 출판되거나, 신문·잡지에 연재되어 소개되면서 이문제에 관한 논의가 크게 활성화되었다. 당시 책으로 출판된 것을 살피면, 블룬츨리J. K. Bluntschli의 『국가학』을 안종화가 일부 번역한 『국가학강령』(광학서포, 1907), 정인호가 중국어판을 번역한 『국가사상학』(우문관, 1908), 이치지마 켄키치市島謙吉의 책을 안국선이 번역한 『정치원론』(황성신문사, 1907) 등이 있었다. 또 신문·잡지에 연재된 것으로는 필자 및 역자 미상의 「국가학」(『만세보』 1906년 9~11월 연재), 선우순의 「국가론의 개요」(『서북학회월보』 8, 9, 11, 13호 연재), 필자 미상의 「국가의 개념」(『서우』 16호 연재), 이기李沂의 「국가학설」(『호남학보』 1), 「정치학설」(『호남학보』 2), 이각종의 「국가론」(『소년한반도』 2), 설태희의 「법률상 인간의 권의權義」(『대한자강회월보』 9)와 「헌법」(『대한협회회보』 3), 김성희의 「국가 의의」(『대한자강회월보』 13), 원영의元泳義의 「정체개론」(『대한협회회보』 3)과 「정치의 진화」(『대한협회회보』 5), 안국선의 「정부의 성질」(『대한협회회보』 7), 「정치학」(『기호흥학회월보』 2) 등이 있었다.[112]

이 가운데 안국선이 번역한 이치지마 켄키치의 『정치원론』의 내용을 목차를 중심으로 살펴보자. 이 책 상편은 정치학범론, 정치의 목적, 정치의 기원, 주권론, 정체의 구별, 1인정체론, 소수정체론, 다수정체론 등으로 구성되었고, 중편은 헌법범론, 대의제도, 선거권의 구역, 간선·직선의 이해利害, 소수대표법, 투표법, 대의사代議士의 임기, 의원議院, 정당론 등으로 구성되었으며, 하편은 정부의 3대부三大府, 입법과 행정의 관계, 사법과 행정의 관계, 대의원의 직무, 중앙정부, 지방정부, 속국屬國 정치 등으로 구성되었다. 이 가운데 주목할 만한 부분은 정체政體를 1인정체, 소수정체, 다수정체로 구분한 대목이다. 이 책은 다수정체, 그 가운데에서도 동류다수정체同類多數政體(공화정체와 민주정체, 미국의 예)보다 이류다수정체異類多數政體(입헌정체와 군민공치정체, 영국과 일본의 예)가 더 좋다고 주장했다. 그 이유에 대해서는 "주권을 동류 다수의 인민이 전유하는 것이 아니라, 이류 다수, 즉 왕실과 귀족과 인민이 주권을 공유하기 때문"이라고 설명했다. 즉 왕실, 귀족, 인민의 삼자가 서로 견제하는 혼합정체가 최선의 정체라고 주장한 것이다. 그리고 이 책은 어느 나라가 어떤 정체를 선택하느냐 하는 문제는 그 나라의 풍속과 민정民情에 따라야 한다고 주장했다.[113]

그밖에 잡지에 실린 글 가운데 주목되는 선우순과 원영의의 글만 살펴보자. 선우순은 「국가론의 개요」라는 글에서 국체는 주권의 소재를 기준으로 하고, 정체는 주권행사의 형식을 기준으로 구분한다고 보았다. 이에 따르면, 일본은 국체로 보면 군주국이지만, 주권행사의 형식으로 보면 입헌대의정체라고 보았다. 또 영국은 과거에는 군주국이었지만 현재는 주권이 의회에 있고, 따라서 이름은 왕국이지만 실은 공화국체라고 보았다. 이어서 이 글은 아리스토텔레스의 국체 3종설, 즉 군주제·귀족제·민주제의 설과, 루소의 국체 1종(민주제)과 정체 3종설(군주제·귀족제·민주제), 몽테스키외의 3정체설(공화제, 군주제, 전제)과 트라이츄케H. von Treitschke의 3정체설(신권제, 군주제, 공화제) 등을 소개했다. 그리고 몽테스키외와 트라이츄케가 "공화제에는 귀족공화제와 민주공화제의 두 가지가 있다"고 말했다는 사실을 소개했다.[114]

선우순은 이 글에서 아리스토텔레스의 3정체설, 즉 군주제·귀족제·민주제의 설은 심원하기는 하지만, 현대에는 부합하지 아니하고, 군주제와 공화제의 둘로 나누는 것이 타당하다고 주장했다. 그리고 공화제 안에 다시 귀족공화제와 민주공화제의 2종이 있다고 볼 수 있다고 했다. 그는 통치의 의지가 일 개인에 있으면 이는 군주제이고, 사회의 일 계급 또는 전 계급에 있으면 이는 공화제라고 보았다. 그리고 통치의 의지가 일 계급에 속해 있으면 이는 귀족공화제요, 전 인민에 속해 있으면 이는 민주공화제라고 보았다. 그리하여 그는 군주제와 공화제는 국체를 구분하는 근본적 분류이고, 귀족제와 민주제는 공화제에 속한 부차적인 분류라고 주장했다.[115]

여기서 주목되는 것은 이 글들에서 몽테스키외와 트라이츄케가[116] 공화제에는 귀족공화제와 민주공화제가 있다고 구분한 것을 소개한 대목이다. 몽테스키외는 그의 저서 『법의 정신』에서 다음과 같이 쓰고 있다.

정체에는 3종류가 있다. 공화정·군주정·전제정이 그것이다. (중략) 공화정체란 인민집단 또는 단순히 인민의 일부가 주권을 가진 정체라는 것이요, 군주정체란 단 한 사람이 통치하지만 확립되고 제정된 법에 따른다는 것이며, 전제정체란 단 한 사람이 법도 규범도 없이 만사를 자기의 의지와 일시적인 기분으로 끌어간다는 것이다. (중략) 공화제에 있어서 인민 전체가 주권을 가질 경우, 그것은 민주정이다. 그리고 인민의 일부가 주권을 가질 경우, 그것을 귀족정이라고 한다.[117]

몽테스키외는 공화정에는 민주공화정과 귀족공화정이 있을 수 있다고 본 것이다. 물론 실제 역사 속에서 공화제를 실시한 고대 로마나 중세 이탈리아 도시들(피렌체, 베네치아, 제노바, 피사 등)의 경우, 그 공화정은 민주공화정과 귀족공화정의 사이에 있는 혼합정체인 경우가 많았다. 하지만 몽테스키외는 이를 명확히 구분했는데, 이는 양자의 유형을 보다 분명히 하기 위한 것으로 보인다.

몽테스키외의 정치체제 구분에 관해서는, 중국의 양계초도 『음빙실문집』에 실린 글들에서 자세히 언급하고 있었다. 이 책은 1905년 이후 한국의 지식인들 사이에서 널리 읽혀진 책이었기 때문에, 몽테스키외의 정치체제론은 이 책을 통해서 더 널리 알려졌을 가능성도 있다. 양계초는 1902년에 쓴 「중국전제정치진화사론」이라는 글에서 정체政體의 분류와 관련된 아리스토텔레스 등 여러 학자의 학설을 소개했다. 또 같은 해에 쓴 「법리학 대가 몽테스큐의 학설」이라는 글에서는 몽테스키외가 만국의 정체를 전제정체, 입헌군주정체, 그리고 공화정체의 3종류로 구분했다고 소개했다. 여기서 그는 공화정을 '공화민주정'이라고 표현하기도 했다. 그러면서 이와 같은 공화민주정이 들어서기 전에 일종의 '반군반민半君半民의 정치'를 거치게 되는데, 이것을 가리켜 '귀족정치'라고 한다고 말했다. 따라서 민이 자유를 인식함에 따라 전제정치가 입헌군주제로 바뀌고, 입헌군주제가 다시 귀족정치로 바뀌고, 귀족정치가 결국 공화민주정으로 바뀌어간다고 보았다.[118]

한편 원영의도 『대한협회회보』에 실린 「정체개론」이라는 글에서 정체에는 두 가지가 있으니 군주정체와 공화정체이며, 군주정체는 다시 전제군주제와 입헌군주제가 있고, 공화정체에는 귀족공화제와 민주공화제가 있다고 설명했다. 그는 정체 가운데에는 민주공화제가 가장 앞선 제도라고 보았다. 하지만 이는 문명이 상당히 발달된 상황에서 가능하다고 보았다.[119] 그리고 원영의는 뒤에 보듯이 「정치의 진화」라는 글에서도 공화제에는 '민주공화'와 '귀족공화'가 있다고 말하고 있다.[120] 이는 앞서 본 선우순의 글에 인용된 몽테스키외의 설을 원용하여 말한 것이다.

'민주공화제'라는 용어는 이렇게 한국에 소개되었다. 그리고 이후 공화정체, 특히 '민주공화제'라는 용어는 지식인들 사이에 점차 확산되어간 것으로 보인다.


### 대한자강회 · 대한협회의 입헌군주제 주장

하지만 이 시기 지식인들은 아직은 대체로 입헌정치, 특히 입헌군주제 실시를 주장하고 있었다. 예를 들어 윤효정은 『대한자강회월보』 5호에 실린 「전제국민은 애국사상이 없다」라는 글에서, "전제정체라 하는 것은 입헌정체에 대하여 구별을 표시하는 것이다. 입헌정치의 정신은 군민동체이며, 상하일치로 공의公議에 의하여 결행하는 데 있으니, 그 운용하는 기초는 국민 다수의 선량한 공당公黨·공회公會에 있다. 전제정치의 특색은 군권무한이며 민권부진이며 전권억압專權抑壓으로 그 운용하는 기관은 귀족관료가 군주를 둘러싼 사당私黨에 있다"고 설명했다. 그러면서 그는 양 정체의 이해득실을 비교하기 위해 러일전쟁의 당사자인 일본과 러시아의 예를 들어 설명했다. 그는 일본의 경우에는 입헌정치가 시행되어 군민이 일체가 되고 상하가 일치하여, 국민들의 애국심, 즉 국민적 사상이 발휘될 수 있었다고 보았다. 반면에 러시아의 경우에는 소수의 귀족 출신의 장교들은 국가와 운명을 같이하려는 생각이 있었을지 모르나, 일반 병사들은 그러한 의지가 없었다면서, 때문에 러일전쟁에서 일본이 승리한 것은 당연하다고 보았다. 그는 헌정은 그 근원을 자국정신(애국심)에 두는 것이며, 헌정을 채용하는 것은 이미 세계의 대세이고 문명의 정신이라면서, 이를 따르는 나라는 번영·융성하고, 이를 거스르는 나라는 쇠퇴·멸망할 것이라고 주장했다.[121]

도일유학생 김진성도 『대한흥학보』 4호에 실린 「입헌세계」라는 글에서 일본이 입헌제도를 도입한 지 20년 만에 국세國勢와 민정民情이 크게 변했고, 강대한 청나라와 러시아를 격파한 것은 입헌정치로 인민의 권리를 존중하고 개인의 자유를 보호함으로써 애국심이 생겼기 때문이라고 보았다. 그는 일본이 서양을 본받아 입헌정치로써 동양의 패권을 장악했다고 생각했다. 결국 그 또한 한국도 이제는 입헌정치로 나아가야 한다고 주장하고 싶었던 것이다.[122]

그런데 그들이 말하는 입헌정치는 사실은 입헌군주제를 가리키는 것이었다. 대한자강회 때까지는 주로 '입헌정치'를 주장하긴 했지만 아직 노골적으로 '입헌군주제'를 주장하지는 않았다. 그러나 1907년 하반기 대한협회가 등장한 이후에는 본격적으로 입헌군주제를 주장하는 목소리가 나오기 시작했다. 그러면 그들은 왜 입헌정치 가운데에서 공화제보다 입헌군주제를 더 선호했을까. 원영의는 『대한협회회보』 3호에 실린 「정체개론」이라는 글에서, 정체政體에는 크게 군주정체와 공화정체가 있고, 군주정체에는 다시 전제군주제와 입헌군주제가 있으며, 공화정체에는 다시 귀족공화제와 민주공화제가 있다고 설명했다. 그는 이처럼 세계 각국의 정체는 그 지역의 풍토와 민족의 종류, 관습의 예에 따라서 각기 다르며, 따라서 이를 획일적으로 비교할 수 없으며, 갑자기 변화시킬 수는 없는 것이라고 보았다. 특히 그는 아시아의 전제국가를 갑자기 공화국가로 바꿀 수는 없다면서, 진화의 질서를 알지 못하고 급격한 변화를 가져오려 해서는 안 된다고 주장했다. 그는 우선은 군주정체를 입헌군주제로 일단 바꾸고, 학교에서 인민이 충분히 교육을 받은 연후에야 공화제는 생각해볼 수 있을 것이라고 주장했다.[123]

원영의는 또 『대한협회회보』 5호에 실린 「정치의 진화」에서, 공화제에는 '민주공화'와 '귀족공화'가 있는데, 민주공화제를 하려면 평민의 지능과 재력이 나날이 발전하여 귀족의 경멸을 받지 아니하고 천부의 자유를 지킬 수 있는 단계가 되어야 가능하다고 생각했다.[124] 이 시기 입헌군주제를 현실의 목표로 설정한 이들은 대체로 원영의처럼 공화제는 아직 시기상조이기 때문에, 우선은 입헌군주제를 실시하는 것이 바람직하다고 생각한 것으로 보인다.

### 보호정치하의 정당정치 주장

1906년 조직된 대한자강회는 1907년 고종의 퇴위, 군대 해산 등의 와중에 통감부에 의해 강제 해산되었다. 이후 대한자강회의 일본인 고문 오가키 다케오大垣丈夫는 한국의 반일적 지식인들을 통제하기 위해서는 그들을 하나로 모아놓는 것이 더 낫다고 주장하여, 통감부는 대한협회의 조직을 허용했다. 대한자강회는 궁극적으로 정권을 지향하는 정치단체였지만 스스로를 '정당'이라고 규정하지는 않았다. 그런데 대한협회는 스스로를 하나의 정당과 같은 정치단체라고 규정하고, 입헌정치와 정당정치를 펼 것을 주장했다. 김성희는『대한협회회보』1호에 실린「정당의 사업은 국민의 책임」이라는 글에서 대한제국은 이제 유신을 하려 한다면 '헌법을 발포'하고 '국회를 설립'해야 한다고 주장했다.[125] 그는『대한협회회보』2호에 실린 같은 제목의 글에서 입헌정체는 국가의 근본이며, 정당은 입헌정체의 기초라고 말하면서, 입헌정체를 세우기 위해서는 먼저 정당을 건설해야 한다고 주장했다. 그러면서 그는 대한협회는 바로 그러한 정당으로서, 장차 국회에 참여할 대표라고 말했다. 김성희는 또『대한협회회보』3호에 실린「정당의 책임」이라는 글에서 정당이 성립한 이후에 국회가 성립할 수 있고, 국회가 성립한 이후에 헌법을 제정할 수 있으며, 헌법이 제정된 이후에 감독기관이 갖추어지고, 감독기관이 갖추어져야 책임내각이 세워질 수 있다면서, 정당 설립의 중요성을 강조했다.[126]

『정치원론』을 번역한 안국선의 경우에도 정당의 중요성을 강조했다. 그는『대한협회회보』3호에 실린「정당론」이라는 글에서 "정당은 정치상의 의견으로 동일한 주의를 가진 자들이 서로 만드는 것"이니 국가와 사회에 해만 끼치는 붕당과는 다른 것으로서, 오늘날의 진보한 정치에서는 불가결한 존재라고 주장했다. 그는 또 한국이 비록 외국의 보호정치하에 있으나, 정치는 여전히 중요하고 또 한국인은 정치에 간여할 권리가 있으니, 먼저 주의를 같이하는 자들이 모여 정당을 조직해야 한다고 주장했다. 그는 만일 통감부나 정부가 이를 방해하거나 대한협회를 해산시킨다면 이는 인민의 자유를 무시하고 국가의 여망을 위반하는 것이라고 주장했다.[127]

이처럼 대한협회 회원들은 대한협회를 '정당'이라고 스스로 규정했다. 오세창은 대한협회는 완전한 정당으로서 여론을 대표할 책임이 있다고 말했다. 윤효정은 "대한협회는 나라 안의 충의지사를 모으고 전국의 사상을 통일하여 국가 전진의 방법을 강구하고 가급적 속히 국가 자치의 행복을 얻기 위해 노력해야 한다"고 주장했다. '대한자'라는 필명의 한 회원은 "대한협회는 정부가 확실하게 인가해준 정당"이라고 주장했다. 윤효정은 대한협회는 정당으로서, 장차 정치 주권을 장악해야 하며, 구성원으로서는 신저작가, 신번역가, 신문·잡지가, 소설가, 유학생, 일본 망명가, 사립학교 설립자 및 교원, 상사·은행의 주무 인원, 척식회사의 위원·주주 등이라고 지적하고, 이는 "정견이 있으며, 학문이 있으며, 자산이 있으며, 경험이 풍부한 신사"라고 주장했다. 이는 대한협회라는 정치단체의 기반이 신흥 부르주아, 신지식인층, 구개화파 계열의 정치인 등이었음을 말해주는 것이었다.[128]

그런데 이들이 말하는 정당정치론에는 커다란 문제점이 있었다. 그것은 통감정치와의 관계였다. 앞에서 본 안국선의 「정당론」이라는 글은 "정치상의 목적을 달성하기 위해 조직한 정당은 질서를 문란하기 전에는 통감부의 권력으로도 방해치 못하며, 정부의 압제로도 해산치 못할 것"이라고 말했다. 즉 그들은 통감부가 정해 놓은 법의 테두리 내에서, 치안을 방해하지 않는 범위 내에서 정당정치를 하겠다는 것을 표방한 것이다. 이러한 정당정치론은 기본적으로 일제의 보호정치를 인정한 위에서, 보호정치하에서의 정책비판, 더 나아가서는 보호정치하에서의 정권장악 내지는 권력참여를 목표로 한 것이었다.[129] 그러나 일제는 보호정치하에서 정권장악을 목표로 한 정당정치를 절대 허용하지 않았다. 일제에게 정당·단체는 통제와 이용의 대상일 뿐이었다.

## 천부인권의 기본권 사상 확산

위에서 본 바와 같이 대한제국기에 입헌군주제 운동이나 정당정치 운동은 모두 좌절될 수밖에 없었다. 그러나 천부인권의 기본권에 대한 인식은 신문이나 잡지, 그리고 여러 서적들을 통하여 점차 확산되어 갔다. 『황성신문』은 1898년 논설을 통하여 다음과 같이 천부의 자유권을 강조했다.

> 우리 대한 인민은 언필칭 자유권이라 하니, 그 자유권을 능히 말하는 자가 과연 자유권이 어떤 것인지 알기나 하는지. 무릇 자유권이란 것은 하늘이 고르게 주시고 사람들이 모두 똑같이 가지고 있는 바라. 남의 권리를 빼앗는 자는 하늘을 거역함이요, 그 권리를 남에게 양도한 자는 하늘을 잊어버림이니 실로 근신하고 두려워할 바로다.[130]

『독립신문』은 자유와 관련하여, "첫째, 정부에서 인민의 생명과 재산에 관한 일은 어디까지든지 보호할 일, 둘째는 무단히 사람을 잡거나 구류하지 못하며, 잡으려면 그 사람의 죄목을 분명히 공문에 써서 보이고 구치할 것"을 주장함으로써, 국민의 생명과 재산, 그리고 신체의 자유가 중요함을 강조했다.[131]

『대한매일신보』도 1905년 10월 사설에서 "한국 인민의 성질을 보니, 구래의 습관으로 의뢰심이 매우 깊고 자립사상이 전무하다. 이는 천리의 본원을 알지 못하여 하늘이 준 권리가 자기에게 있음을 깨닫지 못한 것이다. 하늘이 일시동인하여 생명과 자유의 권리를 세계 인민에게 각각 모두 부여하시니 이는 스스로 버릴 것이 아니요, 타인이 또한 빼앗지 못할 것이거늘, 타인에게 이 권리를 빼앗김은 곧 자기가 포기한 때문이라"고 말했다.[132] 이는 이른바 '을사보호조약'의 강제 체결을 눈 앞에 둔 상황에서 나온 사설로서, '생명과 자유의 권리'를 강조하고 있음이 주목된다. 이 신문은 1909년에는 「세 가지 자유의 큰 공」이라는 제목의 논설에서 20세기에 문명의 꽃을 피우게 하는 세 가지 자유로서 1) 언론의 자유, 2) 저술의 자유, 3) 출판의 자유를 들었다. 이 글은 이 세 가지 자유가 있음으로써 교육, 실업, 정치, 문무의 교화, 기술, 학업, 제도 등이 나날이 진보할 수 있다고 주장했다.[133]

한편 1905년 이후에는 일본에서 발간된 정치학, 국가학, 헌법과 관련 서적들이 번역 소개되거나, 그 가운데 일부 내용이 잡지에 자주 소개되었다. 이때 기본권 사상도 함께 소개되었는데, 예를 들면 전재억은 「국가의 신민된 권리와 의무」라는 글에서 "국가의 신민臣民된 권리에는 두 가지 종류가 있으니 공권公權과 사권私權이 그것이다. 소위 공권이라는 것은 직접 국가사무에 참여하며, 문무 관직과 기타 공무에 나아가는 권리를 말함이니, 자국 신민 외에는 향유치 못함이 원칙이라. (중략) 소위 사권이란 것은 그 국가에 신민으로 인격을 가진 자는 모두 향유할 수 있는 권리"라고 말했다. 그리고 사권과 관련해서는 거주의 자유, 신체의 자유, 주거의 안전, 통신비밀의 자유, 재산의 안전한 보전, 신교의 자유, 언론·집회의 자유, 청원의 자유 등을 예로 들었다. 그리고 이러한 자유에 대해서는 국가가 법률로써 이를 다소 제한할 수 있지만, 그것은 타인의 자유를 침해하거나 국가의 질서와 공익을 방해할 경우에 한한다는 점을 분명히 했다. 아울러 그는 국가의 신민된 자는 병역의 의무와 납세의 의무라는 2대 의무를 진다는 것도 소개했다.[134]

한편 한광호는 공권과 사권이라는 개념을 소개했다. 그는 공권은 한 개인이 국가에 대하여 갖는 권리이며, 사권은 한 개인이 다른 개인에 대하여 갖는 권리라고 설명했다. 그리고 공권에는 1) 참정권, 2) 인권(즉 자유권), 3) 국가의 행위를 청구할 권리 등이 포함된다고 했다. 그리고 참정권은 국가기관에 참여할 수 있는 권리를 말하는데, 구체적으로는 중의원 선거권 및 피선거권, 부·군·면회의 선거권 및 피선거권, 문무관리·교관·기술관이 되는 권리, 귀족의원이 되는 권리, 공증인 및 집달리가 되는 권리 등이 있다고 했다. 다음으로 인권, 즉 자유권에는 1) 신체의 자유권, 여행 및 거주의 자유권, 2) 소유권 및 거주지의 불가침권, 3) 양심의 자유, 종교의 자유, 언론·저작·집회·결사의 자유, 4) 교육 및 취학의 자유, 5) 영업 또는 직업의 자유 등이 있다고 설명했다.[135] 이처럼 한광호는 자유권은 천부의 인권으로 설명하면서, 그 자유의 종류를 구체적으로 설명하고 있었다. 그리고 참정권에는 선거권과 피선거권, 그리고 공직참여권 등이 있다고 설명하고 있다.

한편 대한자강회의 김상범은 관권과 민권을 대비시켜 설명했다. 즉 관권은 국가의 업무를 집행하는 권리를 말하며, 민권은 천부의 권리로서 타인의 이익을 해하지 아니하고 공익에 방해가 되지 않는 범위 내에서 자유를 누리는 것을 말하며, 민권에는 주거권·행위권·영업권·신앙권 등이 있다고 설명했다. 그리고 이와 같은 민권을 정치에 확장해 보면, "인민이 국가의 경비를 내는 고로, 그 경비의 다과와 징수 방법을 논의하여 정할 권리가 있다. 정치의 운용은 통치자의 대리기관 되는 관직에 일임하되, 그 운용과 선악은 인민의 이해와 관계가 있기 때문에 인민이 대표자를 뽑아서 이를 감시할 권리가 있으니, 이를 소위 입헌대의정치라 한다"고 하여, 입헌대의정치에 참여할 권리도 있다고 설명했다.[136] 즉 민권 안에 참정권을 포함시킨 것이다.

또 설태희는 「법률상 사람의 권리」라는 글에서 "천부의 권리가 있은들, 이를 향유할 수 없다면 어찌 권리라 말하겠는가"라면서, "고로 법률이 있은 연후에야 비로소 그 권리를 향유할 수 있으니"라고 하여, 반드시 법률로써 천부의 자유와 권리를 보장해야 한다는 것을 분명히 했다.[137] 또 원영의는 「인민의 공동적 책임」이라는 글에서 "서양 사람이 말하기를 백성이 정치에 참여하고자 하는 마음을 가지면 그 나라가 반드시 강해질 것"이라면서, 나라를 자기 집처럼 여기고 그 책임을 다해야 한다고 주장했다.[138]

이상에서 살펴본 바와 같이, 대한제국기 지식인들은 서양의 정치사상, 정치제도를 소개하면서 모든 인간은 천부의 자유와 권리를 가지고 있다는 이른바 '기본권 사상'을 강조하고 있었다. 민주주의의 기초를 이루는 이와 같은 천부인권의 기본권 사상은 점차 지식인과 대중 사이에 확산되어 가고 있었다. 그리고 이는 1919년 3·1운동 직후 민주공화제 임시정부가 등장할 수 있게 한 배경이 되었다고 생각된다.

**제2장**

민주공화제의 수용과 임시정부의 수립

대한제국이 보호국으로 전락한 이후, 한편에서는 입헌군주제 운동이 전개되었지만, 다른 한편에서는 은밀하게 공화제 논의가 시작되고 있었다. 그리고 1910년 대한제국이 일본에 병합되자, 독립운동가들 사이에서는 새로 세울 나라는 공화제 국가가 되어야 한다는 논의가 공개적으로 시작되었다. 이러한 논의는 우선 미주의 독립운동가들을 중심으로 전개되었다. 그런 가운데 1911년 중국에서 일어난 신해혁명은 중국과 국내에 있던 독립운동가와 지식인들에게 큰 충격을 주어 공화제 논의를 본격화시켰다. 1910년대 공화제냐 입헌군주제냐를 둘러싼 논의가 전개되었지만, 제1차 세계대전의 종전과 러시아혁명, 독일혁명 등의 영향으로 결국은 공화제 쪽으로 논의가 귀결되어 갔다. 그 결과 1919년 3·1운동 당시 뿌려진 여러 전단에서 공화제 임시정부의 구상이 다양하게 쏟아져 나왔다. 그리고 상해와 러시아령에서 임시정부와 대한국민의회가 조직되었으며, 양자의 통합 논의를 거쳐 1919년 9월 통합된 대한민국임시정부가 본격 출범했다. 1919년 3월 상해에서 조직된 대한민국임시정부의 임시헌장 제1조는 "대한민국은 민주공화제로 함"이라고 선언했고, 9월의 통합된 임시정부의 임시헌법은 "대한민국의 주권은 대한 인민 전체에 있음"을 선언했다. 이로써 비록 임시정부 형태이기는 했지만, 대한제국기부터 싹터 온 공화제 국가의 꿈은 반쯤은 실현된 셈이었다. 그런데 임시헌장 제1조에 나오는 '민주공화제'라는 용어는 신해혁명 전후 중국에서도 나오지 않은 것이었고, 유럽과 구미 각국의 헌법에서도 나오지 않은 용어였다. 임시헌장은 그만큼 독특하고, 진보적인 용어를 선택한 것이다. 제2장에서는 이와 같은 내용들을 보다 자세히 다루어보기로 한다.

## 1. 국망 전후, 공화제 임시정부 구상이 싹트다

### 신민회와 공화제 구상

한국인으로서 공화제의 실현을 처음 꿈꾼 이들은 누구였을까. 이와 관련하여 그동안 많은 학자들은 1907년 안창호 등에 의해 결성된 비밀결사 신민회를 주목했다.[1] 「대한신민회통용장정」에는 "본회의 목적은 우리 대한의 부패한 사상과 습관을 혁신하여 국민을 유신케 하며, 쇠퇴한 교육과 산업을 개량하여 사업을 유신케 하고, 유신한 국민이 통일연합하여 유신한 자유문명국을 성립케 한다"고 한 대목이 있다. 일부 학자들은 이 부분을 인용하여, 이는 '공화정체'의 자유독립국을 지향한 것으로 해석했다.[2] 하지만 아쉽게도 위의 글에는 '공화정'에 관한 언급은 전혀 보이지 않는다. 다만 '자유문명국'이라는 표현이 있을 뿐이다.

신민회의 기관지 역할을 한 『대한매일신보』에 실린 「20세기 신국민」이란 논설도 흔히 입헌공화제를 지향한 것으로 해석된다. 그것은 다음의 대목 때문이다. "서양에선 암흑시대가 지나가고 황금시대가 다시 돌아와 문명의 기운이 정신계와 물질계에 팽창하여 도덕·정치·경제·

종교·무력·법률·학술·공예 등이 장족의 진보를 만드니, 어시호 국가의 이利가 날로 많아지며, 인민의 복福이 날로 커져서 전제봉건專制封建의 옛 체제가 사라지고, 입헌공화의 복음이 두루 퍼져 국가는 인민의 낙원이 되며, 인민은 국가의 주인이 되어, 공맹孔孟의 세상을 편하게 하고 백성을 이롭게 하는 주의가 이에 실행되며 루소의 평등자유 정신이 이에 성공되었도다."³⁾ 이 글에서는 '입헌공화의 복음'이란 대목이 나온다. 하지만 이는 서양의 경우를 말하는 것이다. 한국의 경우는 "도덕이 부패하며, 경제가 곤핍하며, 교육이 부진하며, 만반의 권리가 남의 손에 돌아가며, 민기民氣의 타락이 극도에 달했다"고 설명되고 있을 뿐이다.

그런데 이 글은 다른 한편에서는 '입헌적 국민'에 대해 언급하고 있다. 이 글은 먼저 중국이 유신의 업을 이루지 못하는 것은 정치사상이 적고 정치능력이 취약하기 때문인데, 이는 한국도 마찬가지라고 했다. 그러면 정치사상과 정치능력이 취약한 까닭은 무엇인가. 그것은 1) 전제정치의 독이 너무 강하고, 2) 경제적 궁핍이 너무 심하며, 3) 지식이 모자라기 때문이라고 보고 있다. 결국 이 글은 한국인들이 정치사상을 일으키고, 정치능력을 길러 독립적 국민으로서의 재능을 펴고, '입헌적 국민'의 자격을 갖추어 국가의 명을 유지해야 한다고 주장하고 있다. 여기서 주목할 것은 한국인들이 '입헌적 국민'이 되어야 한다고 말하는 점이다.⁴⁾

또 하나 이 글에서 주목할 점은 시종일관 '국민적 국가'를 강조한다는 점이다. 예를 들어 이 글의 마무리 부분을 보면, "국민적 국가가 아닌 나라와 세계 대세를 거스르는 나라는 반드시 망한다"고 단언하고 있다. 그러면서 "국민 동포가 단지 20세기 신국민의 이상, 기력을 떨쳐 국민적 국가의 기초를 공고히 하여 실력을 기르고 세계대세의 풍조에 잘 응하여 문명을 확대"하면 동아시아의 강국이 될 수 있을 것이라고 주장한다.[5] '국민적 국가'란 결국 '국민국가'를 가리키는 것인데, 이 대목에 유의해 보면 이 글은 '공화제'의 국민국가를 염두에 두고 쓴 것이 아닐까 하는 추정을 해볼 수도 있다.

'국민국가론'과 함께 이 시기 또 하나 주목해야 할 것은 '국민=주인론'이다. 예를 들어 안창호는 서북지방 학생들 앞에서 "국가는 1인의 소유가 아니오, 우리는 어깨 위에 '대한' 두 글자를 각기 짊어졌다"고 말했다. 즉 국가는 국왕 1인의 소유라는 구시대의 사상을 버리고 자신들이 각기 국가의 주인임을 자각할 것을 호소한 것이다.[6]

한편 뒤에서 자세히 보겠지만, 신민회 회원이었던 조성환은 1912년 안창호에게 보낸 편지에서, 중국의 신해혁명이 신속하게 진행됨을 부러워하면서 "우리들의 몇해 전 민멸해버린 혁명의 사상을 다시 깨우쳐 이(신해혁명―인용자)를 이어서 머지않아 반도 강산에도 일월日月이" 비추게 하자고 말하고 있다. 조성환은 1912년에서 몇해 전, 즉 1910년경에 '혁명의 사상'이 민멸했다고 말하고 있다. 그런데 여기서 '혁명의 사상'은 공화제를 가리키는 것일 가능성이 크다.[7]

이처럼 국내의 일부 지식인들은 국민국가론과 '국민=주인론'을 통해 공화제에 대한 지향을 드러내고 있었으며, 이로 미루어 보아 당시 신민회 측은 내면적으로 공화제를 지향하고 있었던 것으로 보인다.[8]

### 미주 공립협회의 공화제 지향

국민국가론과 '국민=주인론'은 미주 한인사회에서 조직한 공립협회共立協會에 의해 더 적극적으로 제기되었다. 공립협회는 1905년 4월 미국 샌프란시스코에서 안창호를 비롯하여 송석준·임준기·이강·임치정·방화중 등 49인이 참여하여 창립한 것이다. 당시 이들은 1905년 1월

일본이 하와이 호놀룰루 주재 일
본총영사를 대한제국 명예총영
사로 임명하여 재미한인에 대한
지배력을 행사하려 하는 것에 대
응하여 공립협회를 설립했다. 공
립협회는 창립 이후 미국 서해안
지역 각지에 지방회를 설립했으
며, 1904년 11월에는 기관지로
서『공립신보』를 창간했다.

공립협회는 기관지『공립신
보』를 통하여 우선 계급타파와 만
민평등을 주창했다. 1907년 1월

공립협회의 기관지 『공립신보』.

1일자 논설「국민의 계급을 타파, 자유평등을 주장할 일」에서 "슬프다.
우리 한국 국민이여, 4천 년래에 자유평등이란 글자도 알지 못하고 왕
씨의 노예를 면하면 이씨의 노예가 되어 그 사이에 무한 계급을 주성했
으니 일일이 다 들어 말하기 어렵거니와, 오늘 우리 국민의 계급을 보
건대 서울에 사색이 있어 노론이니 소론이니 남인이니 북인이니 하여
혼인을 불통하며, 시골에 유향儒鄕이 있어 유림이니 향인이니 하여 한
자리에 앉지도 아니하니 2천만인 가운데 2천만인 계급이 있다 해도 가
하도다. 이것이 오늘 왜인의 노예된 근원이 아니리오"라고 말했다. 또
이 사설은 "30년 이래로 명색이 개화당이 허다하지만 평등자유를 주창
하여 국민을 다시 만드는 데 힘쓰지 아니하고 다만 정부를 전복하고 자
기의 권력만 확장하고자 함으로, 성사한 자 하나도 없고 앞 수레가 거
꾸러지고 뒷 수레가 또 거꾸러져 다 한 바퀴로 돌아 패망하는 데 이르
렀으니 이것이 선진자의 실책이 아니리오"라고 하여, 개화파가 민의 평

등과 자유를 위한 운동보다 권력투쟁에 집중했던 것을 비판했다.[9]

또 1908년 12월 9일자 「국민의 의무」라는 논설을 보면, "전제시대에는 제왕과 귀족이 평민에 대해 의무는 조금도 없고 권리만 탐내어 평민을 학대하니 이는 '민적'이라 칭할 것이요, 평민은 제왕과 귀족에 대하여 권리는 조금도 없고 의무만 다하여 제왕과 귀족에 복종하니 이는 노예라 칭할 것"이라면서 전제정치를 통렬히 비판했다.[10]

1907년 1월 12일자 「기서」寄書라는 투고문은 "어찌하여 3천 리 강산이 타인의 식민지가 되었으며, 2천만 인중人衆이 타인의 노예가 되었으며, 4천 년 기업의 5백 년 종사가 일조에 전복될 지경에 이르렀는가"라고 개탄하고, 그 원인에 대해 백성이 나라의 근본이며 나라의 주인임에도 불구하고, 이를 깨닫지 못하고 주인으로서의 직책을 다하지 못했기 때문에 타인이 우리나라를 엿보게 된 것이라고 지적했다.[11]

또 1908년 2월 19일자 「국민의 의무」이라는 논설도 대한제국이 망한 근본 원인은 "백성들이 국민의 의무를 깨닫지 못하고, 나라는 임금의 나라요 정부의 나라로만 알아, 임금이 인정仁政을 행하든지 학정虐政을 행하든지, 정부가 나라를 흥하게 하든지 망하게 하든지 백성에게 관계없다"는 생각을 갖고 있기 때문이라고 진단했다. 이 글은 "나라라 하는 것은 강토와 그 안에 있는 백성을 합하여 부르는 명사이니, 나라는 백성의 나라요, 임금과 정부의 나라가 아니며", 무릇 "임금은 나라를 위하여 둔 것이요, 나라는 임금을 위하여 세운 것이 아니니, 이러함으로 임금이란 것은 인민이 자신의 사무를 위탁한 공변된 종일뿐이요, 인민이란 것은 임금으로 하여금 저의 직역을 진력케 하는 최초의 상전이라"고 말했다.[12] 여기서 임금이 인민의 상전이 아니라 인민이 임금의 상전이라는 역전된 주장은 가히 혁명적인 것이었다.

1908년 12월 9일자 「국민의 의무」라는 논설은 국민의 권리 가운데 가장 중요한 것은 대의원을 선거하여 입법원을 설립하는 것과, 언론의 자유, 집회의 자유, 출판의 자유, 사상의 자유, 신체의 자유, 이동의 자유라고 말했다. 또 국민의 의무 가운데 가장 중요한 것은 병역의 의무와 부세의 의무라고 지적했다. 한국 국민들은 그동안 의무가 있는 것은 알았지만 권리가 있는 것은 알지 못하여 권리를 찾지 못했다고 지적했다. 따라서 지금은 국민들에게 국민의 권리와 의무를 깨닫게 해야 하며, 국민들이 권리와 의무를 알게 된 연후에야 비로소 강포한 적국과 간악한 소인들을 물리치고 국가의 자주독립을 회복할 수 있을 것이라고 주장했다.[13] 여기서 특히 주목할 것은 국민이 대의원을 선거하여 입법원을 설립할 권리가 있다고 한 대목이다. 이는 국민에게 참정권이 있음을 말하는 것이었으며, 앞서 본 '인민이 임금의 상전'이라고 한 표현과 함께 생각해보면, 결국 국민에게 주권이 있다는 것을 말한 것이라고 해석할 수 있다.

이상에서 살펴본 것처럼 당시 『공립신보』는 자유·평등의 국민국가를 수립할 것을 주장하고 있었다. 이러한 국민국가론은 결국 국민주권론에 바탕을 두고 있었다고 볼 수 있다. 이 신문은 비록 '공화제'를 주장하지는 않았지만, 국민국가론과 국민주권론을 내세우고 있었던 것을 볼 때, 공화제를 지향하고 있었던 것으로 추정된다.

### 대한인국민회의 임시정부 수립 주장

공립협회는 1905년 이후 북미 각지에서 결성된 한인 단체들을 통합하는 운동을 전개했다. 당시 통합의 주 대상은 대동보국회였다. 그런데 당시 공립협회는 공화제 국민국가 건설을 지향하고 있었고, 대동보국회는 보황주의적保皇主義的 성격을 띠면서 교육을 통한 국권회복을 지향하고 있었다. 때문에 양 단체의 통합은 쉽지 않았다. 그러나 1908년 3월 스티븐스 처단 사건이 일어나자 장인환·전명운 의사의 재판 후원을 계기로 공립협회와 대동보국회는 공동회를 구성했고, 이는 양 단체의 통합을 추진시키는 계기가 되었다. 결국 양 단체는 통합 논의 과정을 거쳐 1910년 5월 대한인국민회로 통합되었다. 대한인국민회는 4천여 명의 회원을 거느리고, 북미와 하와이에 지방총회를 두었으며 멕시코와 만주에 지방회를 두었다. 기관지로서는 『공립신보』를 개칭하여 『신한민보』를 발간했다. 국민회는 창립 직후 「국민회 장정」을 발표했는데, 그 안에서 국민회의 목적을 "교육과 실업을 진흥하며, 자유와 평등을 제창하여, 동포의 영예를 증진하며, 조국의 독립을 광복케 함에 있음"이라고 명시했다.[14] 그런데 1910년 11월에 발간된 도일유학생들의 잡지인 『대한흥학보』 7호에 실린 조소앙의 글 「회원제군」이라는 글을 보면, 국민회는 1) 전제정치의 타파, 2) 자유·평등의 주창, 3) 국권회복의 계획, 4) 박애의 실천 등을 표방하고 있었다고 한다.[15]

1910년 7월 일본에 의한 대한제국 병탄이 거의 확실시되자, 7월 6일자 『신한민보』는 논설에서 "우리는 어디까지나 대한국민이니 대한국가가 아니면 의무를 행함이 불가한지라. 일인이 예비함과 같이 융희황제가 동경에 가서 작록을 받게 되면 우리는 우리의 임금으로 인정할 수 없은즉, 우리는 마땅히 이씨 황실을 존숭하는 충심으로 황위를 계승할 성군을 택할지며, 현 정부가 일본에 투항한지가 이미 오래되었은즉, 우리는 인민의 정신을 대표하여 우리의 복리를 도모할 만한 정부를 세울지니"라고 했다.[16] 이에서 보면, 만약 순종이 병합조칙을 내리고 일본에 가서 작위를 받게 된다면 더 이상 황제로서 인정하지 않고 다른 이를 황제로 새로 세워야 할 것이며, 현 정부는 이미 일본에 투항한 정부이기 때문에 새로운 정부를 세워야 한다는 생각을 갖고 있었음을 알 수 있다.

　1910년 8월 일본인 한국을 병탄한 뒤, 『신한민보』는 9월 21일자 논설에서 "하늘이 무너지고 땅이 꺼지며 가슴이 터지고 피눈물이 방방하다"고 하고, 하지만 호랑이에 물려가도 정신만 차리면 산다는 속담을 인용하면서 "대한국 신민은 정신을 차리라. 정신을 차리면 살 것이요, 정신을 차리지 못하면 아주 여망이 없어질 것"이라고 했다. 이 글은 2천만 국민이 결단코 '왜황', '왜노', '왜종'에 굴복하는 노예가 되어서는 안 된다면서, "우리는 마땅히 마음을 합하여 대한 민족의 단체를 공고히 하며, 우리 손으로 자치하는 법률을 제정하며, 공법에 상당하는 가정부假政府를 설시設施함이 목하의 급선무라"고 말했다. 이 글은 가정부, 즉 임시정부는 만국공법에서 허용하는 바라면서, 임시정부를 설립하는 것이 목하의 급선무라고 주장했다.[17] 대한제국의 국망 이후 임시정부 설립을 주장한 것은 이 글이 처음이었다.

　이 신문은 10월 5일자의 「대한인의 자치기관」이란 논설에서 임시정부의 설립과 관련하여 먼저 자치 능력 육성에 대해 언급했다. 즉 20세기의 모든 국가는 국민이 자치할 수 있는 능력이 있어야 하며, 그 자치는 작게는 마을, 읍, 군, 도에서 시작하여 크게는 나라에까지 이르는 것이라고 말했다. 이 글은 이러한 점에서 미주 동포들의 자치기관인 대한인국민회의 중앙기관을 속히 건설해야 한다고 강조하고, 대한인국민회의 중앙총회가 설립된다면 이는 국가 인민을 대표하는 총기관이 될 수 있을 것이라고 보았다. 이 글은 대한인국민회의 중앙총회는 대한국민을 대표하여 공법상에서 허용하는 가정부의 자격을 모방하여 입법, 행정, 사법의 3대 기관을 두어 완전 자치제도를 행해야 한다고 주장했다. 또 국민회는 내외국인이 믿을 만한, 명예 있는 자를 받들어 총재를 삼아 중대한 사건을 자문토록 하며, 각국 각지에 있는 대한 국민들로부터

「신한민보」 창간호.

의무금을 거두어 세입·세출로 삼고, 모든 회원은 병역의 의무를 다해야 한다고 주장했다.[18] 위의 글들은 대한인국민회가 자치능력을 길러 장차 임시정부의 역할을 하겠다는 구상을 갖고 있었음을 보여준다.

『신한민보』는 또 10월 12일자 논설 「망국민이 망국노亡國奴를 책한다」는 글에서 국망의 책임을 대원군, 광무황제(고종), 융희황제(순종), 이씨 왕족 등에게 우선 묻고, 나아가 이완용·박제순·조중응·고영희·송병준·김윤식 등에게 묻고 있다. 여기서 특히 주목되는 것은 고종과 순종에 대한 비판이다. 고종에 대해서는 "가련하다. 광무황제는 치마 밑에서 명령을 시행하고, 재물을 수탈하여 백성이 흩어지는 것은 돌아보지 아니하고, 매관매직과 충복의 학정으로 오늘의 화를 불러왔다"고 비판했다. 순종에 대해서는 "동쪽 서쪽도 모르는 일종의 천치로서 뼈도 없고 피도 없어 고삐대로 끌려가니 일본인에게 무릎 꿇고 왕공 책봉을 감수하여 대한 역사를 더럽히며 역대 조상을 욕보였다"고 비판했다. 또 이씨 왕실의 사람들에 대해서는 "비루하다 소위 황족, 구구한 생명 부지하여 세습작록 쟁투하다"라 하여, 격렬히 비난했다.[19] 이처럼 고종과 순종의 실정과 무능함에 대해 노골적으로 비판하고, 왕실 사람들에 대해서도 비루하다는 비판을 퍼부은 것은 당시 국민회 측의 대한제국 황실에 대한 반감을 적나라하게 보여준다. 고종과 순종, 그리고 왕실 사람들에 대한 이와 같은 신랄한 비판은 국내 언론에서는 전혀 찾아볼 수 없는 것이었다. 공립협회의 기관지가 이처럼 왕실에 대해 신랄한 비판을 퍼부은 것은 앞으로 설사 국권회복을 한다 해도 결코 이씨 황실의 대한제국을 다시 세우겠다는 생각이 없었음을 잘 보여준다.

### '무형국가론'의 대두

『신한민보』는 1911년 들어서서 이른바 '무형국가론'을 주장하기 시작했다. 이는 그해 2월 이 신문의 주필로 부임한 박용만에 의해 제기되었다. 박용만은 그해 3~4월 미일전쟁설이 풍미하자, 이를 한국의 독립기회로 포착하고, 기존의 대한인국민회를 정치조직인 '무형국가'로 건설할 것을 주장했다. 그는 4월 5일자에 실린 논설 「조선독립을 회복하기 위하여 무형한 국가를 먼저 설립할 일」이라는 글에서 독립을 위해서는 독립전쟁이 불가피하고, 독립전쟁을 위해서는 먼저 정치기관이 필요하다고 보았다. 그는 정치기관은 기존의 동포들의 사회적 조직을 정치적 조직으로 전환시키는 것에 의해 가능하다고 보았다. 박용만은 "조선 민족을 한 헌법 앞에 관할하여 한 무형국가를 설립하자 함이니, 가령 우리 시방 북아메리카와 하와이와 해삼위(블라디보스토크—인용자)와 만주에 있는 조선 사람들은 응당 이 사람 저 사람을 물론하고 누구든지 (중략) 그 공회에 속하게 하여 법률을 이같이 정하고, 제도를 이같이 꾸며 뜻이 같든지, 의견이 다르든지 감히 이 범위에서 벗어나지 못하"도록 하자는 것이었다.[20] 그는 5월 3일자 논설 「정치적 조직에 대하야 두 번째 언론」에서는 정치적 조직의 결성은 마땅히 미주와 하와이 한인으로부터 시작해야 한다고 주장했다. 그는 "나의 안목으로 보면 북아메리카 대륙은 한인의 새 나라를 만드는 땅이 되어 장차 조선 역사에 영광

스러운 이름을 더하게 되고, 또 북아메리카 대륙에 나온 한인은 자기들의 새 정체를 조직하여 장차 조선헌법의 아버지들이 될 줄 믿는다"고 했다. 박용만의 이와 같은 주장은 미주 한인사회에 커다란 논란을 불러일으켰다. 그동안 여러 단체들을 간신히 국민회로 통합시켜 놓은 상황에서 다시 이를 정치적 단체로 개편하자는 주장은 논란을 불러일으킬 수밖에 없었다.[21]

박용만은 그해 5월 『신한민보』에 실린 여러 차례의 논설을 통하여 '무형국가론'을 본격적으로 제기했다. 그 내용은 1) 외국에 나온 조선 민족을 무형한 국가와 무형한 정부 앞에 통합할 것, 2) 완전한 헌법을 정하여 일반 한인이 법률상 공민이 될 것, 3) 사람마다 의무를 담당하고, 권리를 이용하게 할 것, 4) 정치적 구역을 나누어 행정기관이 효력을 얻게 할 것, 5) 중앙총회로 권력을 집중하고 법률에 의거하여 명령이 실행될 수 있게 할 것 등이었다.[22] 이에 '일사생'—史生이라는 독자는 5월 24일자 신문에 실린 「무형한 국가의 성립을 찬성」이라는 기고문을 통해 무형국가론에 적극 찬성한다면서, 이 주장은 "우리 국민회를 폐지하고 다른 회를 세우자 함이 아니라. 다만 사회적 주의를 변하여 정치적 조직을 만들어 범위를 크게 하고, 사무를 통일하여 일만 바퀴의 힘을 합하여 한 기관이 돌아가게 하고자 함이니, 그런즉 중앙총회는 곧 가정부가 되어 행정기관의 머리가 되고, 각 지방총회는 총독부가 되어 정부 명령에 따라 각 지방을 관할하고, 또 각 지방회는 지방 정청이 되어 민권을 통해 자치하고, 자치제도와 대의제도로 헌법을 만들어 우리 인민 된 자는 남녀노소를 물론하고, 다 그 안에 있어 상당한 세납으로 동일하게 담당하여 가정부 국고금을 만들어 일만 일을 다스리게 하고자 함이라"고 해석했다.[23] 대한인국민회 중앙총회가 자치기관으로서 사실상의 가정부 역할을 해야 한다고 본 것이다.

## 대한인국민회 중앙총회의 결성

이와 같은 여론이 확산되어 가면서 대한인국민회는 1911년 6월부터 해외의 모든 한인에게 '무형국가론'에 의거하여 국민의무금 제도를 시행했고, 박용만으로 하여금 대한인국민회 헌장을 기초하도록 했다. 그해 11월 하순 박용만이 제출한 헌장 초안이 탈고되었다. 그런데 그즈음 중국에서 신해혁명이 성공하여 중화민국이 탄생했다는 소식이 들려왔다.[24] 『신한민보』는 1911년 10월 18일자 논설 「청국 혁명에 대하여」에서 "혁명의 운동은 곧 오천 년 동양 민족의 자유를 처음으로 부르는 날이라. 의례히 기쁜 마음으로 이것을 환영"한다고 했다.[25] 대한인국민회는 이에 자극받아 1912년 2월 중앙총회 대의원대회를 개최했다. 이 회의에서는 만주와 시베리아 등 원동지역의 총회들을 정식으로 인준했다. 이로써 대한인국민회는 미주 한인만이 아니라 해외 한인의 최고기관으로 자리를 잡게 되었다. 이에 중앙총회는 각 지방총회에 대표원을 선출, 파견해줄 것을 요청했다.[26]

1912년 11월 8일 개최된 중앙총회 제1회 대표원 회의는 20일간 진행되었다. 회의에 참석한 이는 만주의 강영소·안창호, 미주의 김홍균·이대위·박용만, 하와이의 박상하·윤병구 등 7명이었다. 이 회의에서는 1) 현행 장정을 수정하여 헌장 76조목을 제정할 것, 2) 조국의 역사를 편찬할 것, 3) 교과서를 제정할 것, 4) 미주와 하와이 두 지방총회의 기관보(『신한민보』와 『신한국보』)를 중앙총회에 양여함을 요구할 것, 5) 회기會旗를 제정할 것, 6) 장인환 의사의 감형운동을 전개할 것, 7) 실업기관과 외교기관을 설치할 것, 8) 원동지역 지방회의 세납과 자치규정은 그 지역 형편에 따라 실시할 것 등이었다. 아울러 이 회의에서는 중앙총회 총회장에 윤병구, 부회장에 황사용을 선출했고, 총회장이 제출한 임원안(총무에 정칠래, 서기에 강영소, 재무에 박영순, 학무원에 민찬호, 법무원에 주원, 외교원에 박용만)을 승인했다.[27)]

이어 11월 20일 정식으로 대한인국민회 중앙총회의 결성 선포식이 열렸다. 박용만이 기초한 선포문의 주요 내용을 보면 다음과 같다.

> 오늘 우리는 나라를 잃었고, 우리의 생명과 재산을 보호해 줄 정부가 없으며 법률도 없으니 동포는 장차 어찌 하려는가. 우리는 나라가 없으니 아직 국가 자치는 의논할 여지가 없거니와, 우리의 단체를 무형한 정부로 인정하고 자치제도를 실시하여 일반 동포가 단체 안에서 자치제도의 실습을 받으면 장래 국가 건설에 공헌이 될 것이다. (중략)
>
> 대한인국민회가 중앙총회를 세우고 해외 한인을 대표하여 일할 계제에 임했으나, 형질상 대한제국은 이미 망했지만 정신상 민주주의 국가는 바야흐로 발흥되며 그 희망이 가장 깊은 이때에 일반 동포는 중앙총회에 대하여 일심 후원이 있기를 믿는 바이다.
>
> ① 대한인국민회 중앙총회를 해외 한인의 최고기관으로 인정하고, 자치제도를 실시할 것.
>
> ② 각지에 있는 해외 동포는 대한인국민회의 지도를 받을 의무가 있으며, 대한인국민회는 일반 동포에게 의무 이행을 장려할 책임을 가질 것.
>
> ③ 금후에는 대한인국민회에 입회금이나 회비가 없을 것이고, 해외 동포는 어느 곳에 있든지 그 지방 경제 형편에 의하여 지정되는 의무금을 대한인국민회로 보낼 것.[28)]

위에서 보는 것처럼 대한인국민회는 이제 해외 한인을 대표하는 한인의 자치기관임을 천명하면서, 대한제국을 대신하여 장차 민주주의 국가로 발흥할 기관임을 선언했다.

대한인국민회는 1913년 7월 12일 「대한인국민회 헌장」을 개정, 반포했다. 이 헌장의 주요 내용은 다음과 같다.

제1조 본회는 대한국민으로 성립하여 이름을 대한인국민회라 칭함.
제2조 본회의 목적은 교육과 실업을 진발하며 자유와 평등을 제창하여 동포의 영예를 증진하게 하며 조국의 독립을 광복하게 함에 있음.
제3조 본회의 계급은 중앙총회와 지방총회 및 지방회의 세 가지로 구별함.
제5조 중앙총회는 지방총회의 공선한 대표원과 중앙총회의 임원으로 조직함.
제6조 중앙총회의 대표원회는 지방총회의 공선한 대표원 각 3인으로 조직함.
제7조 대표원회의 의장은 중앙총회 부회장이 예겸함.[29]

위의 헌장에서 보면, 대한인국민회는 '조국의 독립을 광복하게 함'에 그 궁극적인 목적을 두고 있었다. 또 중앙총회는 지방총회에서 선출한 대표원과 중앙총회의 임원으로 조직했는데, 대표원회는 지방총회에서 선출한 대표원 각 3인으로 조직했다. 당시 지방총회는 북미, 하와이, 만주, 시베리아 등에 있었다. 이 헌장에서는 중앙총회의 위치는 북미 샌프란시스코에 두되, 때와 형세를 보아 이전할 수 있게 했다. 이는 국민회가 시베리아와 만주지역을 독립군 기지로 개척한 뒤, 그곳으로 중앙총회를 옮길 수도 있음을 염두에 둔 것이다. 대한인국민회는 미국 정부와 교섭하여 미주 한인들의 자치기관으로서 허가를 받았으며, 이로써 미주 한인들은 일본 정부가 아닌 대한인국민회의 보증으로 여권을

받을 수 있게 되었다. 그리고 각 지역의 지방총회, 지방회는 자치규정을 만들어 시행했다.[30]

이처럼 대한인국민회는 각 지역의 해외 한인들을 대표하는 자치기관으로서 위상을 공고히 했다. 하지만 이는 본래 목표로 삼았던 임시정부로 발전하지는 못했다. 그것은 대한인국민회 간부들 스스로 자치기관으로서 일정한 훈련기관이 필요하다고 생각했던 것 같고, 또 임시정부를 선언하기 위해서는 국내외 민족운동가들의 동의가 필요했으나 아직 그러한 동의를 충분히 얻지 못했다고 판단했기 때문이 아닌가 여겨진다.

## 2. 신해혁명과 함께 공화주의의 파도가 밀려오다

### 1911년 중국혁명과 공화주의의 깃발

1910년 대한제국의 멸망은 국권회복 이후의 정체에 대해 '입헌이냐, 전제냐'에서 '입헌군주제냐, 공화제냐'로 논쟁의 구도가 바뀌는 계기가 되었다. 그리고 그러한 논쟁 구도의 변화를 가져온 결정적인 계기가 된 것은 1911년에 있었던 중국의 신해혁명이었다. 1911년 중국에서 혁명파가 주도하는 정변이 일어나 청 왕조를 무너뜨리는 데 성공한 것은 한국인들에게 커다란 충격을 주었다. 1912년 1월 3일 북경에 있던 조성환曹成煥이 미국에 있던 안창호에 보낸 다음의 편지 구절은 이를 잘 말해준다.

4천 년 노老 대제국大帝國의 부패한 전제專制를 타파하고 대륙에 영예로운 공화정체共和政體를 건설하되 소수의 유혈로 4개월 만에 공적을 이루니 이와 같이 영예롭고 빠르고 순탄하고 원만한 성공은 동서고금의 역사를 살펴보아도 처음 있는 대성공이라. 이는 아시아의 자유와 복락을 처음 심은 것이니 무릇 아시아인이 되어서 어찌 이를 찬미하지 않을 수 있으리오. 또 이는 우리 민족에는 더욱 밀접한 관계와 영향이 있도다. 이제 새로 출발한 중화민국의 성공이 이와 같이 빠르고 순탄하고 원만함은 실로 뜻밖의 일이라. 거사 당시의 준비가 미흡했던 것을 감안하면 진실로 생각하지 못한 바이니 이것은 곧 불요불굴하고 태만함과 물러섬이 없었던 결과이니 뜻이 있는 자는 반드시 이룰 수 있다는 말을 금일에 비로소 깨달았소이다. 그러한 고로 중화의 이 성공이 우리들의 몇해 전 민멸해버린 혁명의 사상을 다시 깨우쳐 이를 이어서 머지않아 반도 강산에도 일월日月이 다시 밝아져서 더러운 기운을 멀리 쫓아낼 것이니 중화의 이번 성공이 곧 반도의 선봉이라.[31]

조성환은 중국에서 대제국 청이 무너지고 공화주의 혁명이 매우 빠르고 순탄하게 성공한 것을 경이의 눈으로 바라보고 있었다. 그러면서 그는 이 사건은 아시아인으로서는 환호하고 찬미할 만한 일이며, 한국 민족에게는 더욱 긴밀한 관계가 있는 사건이라고 보았다. 그는 중국의 혁명이 이렇게 쉽게 성공할 수 있었던 것은 불굴의 의지 때문이었다고 보고, 중국혁명의 성공은 우리들의 꺼져가는 혁명사상을 다시 불러 일으켜 머지않아 한반도 강산에도 새로운 해와 달이 뜨게 할 것이라고 기대했다. 조성환은 1907년 신민회에 참여한 경력이 있는 인물로서, 이 시기 중국의 공화주의 혁명에 깊이 감동을 받으면서 한국인들도 혁명사상으로 무장해야 한다고 생각했다.

그는 다음 날 쓴 편지에서는 "중국혁명이 처음에는 대한 남아의 피를 끓게 하고 정신을 요란케 하더니, 종내는 대한 건아의 자신감과 용기를 북돋우고 또 참담하고 부끄러운 심정이 되게 하고, 또 조급한 마음이 들게 한다. 슬프다, 우리 민족은 어느 날에나 성공을 이룰 수 있을까. 참을 수 없는 피눈물만 흘러 내리는도다"라고 자신의 신세를 한탄했다. 여기서 그의 피를 끓게 한 것은 물론 공화주의의 혁명사상이었다.[32]

조성환은 또 1911년 10월경 '깊이 믿는 동지 신규식申圭植'이 자신을 찾아와 그날로 함께 상해에 갔다가 다시 남경에 들러 혁명운동을 하는 인사들을 만났다고 말하고 있다. 당시 남경은 신해혁명의 숭심지였다. 그들은 중국 측 인사들에게 자신들의 뜻을 말하여 환대를 받았고, 이에 신규식은 군자금에 보태라고 수백 원을 내놓았다고 한다. 또 그들은 중국의 혁명 지도자 중의 한 사람인 황흥黃興에게도 편지를 보내, 그로부터 '자유복락을 함께 향유하자'는 답을 받았다고 한다.[33] 이후 그들은 가는 곳마다 환영을 받아 자유당自由黨의 당원이 되었으며, 또 공화헌정회共和憲政會에도 입회하려 한다고 편지에 쓰고 있다. 그리고 여러 중국 사람들이 "중국 각지에 그대의 기관을 설치하고 각지의 동지들과 연락하여 영원히 우리와 휴척休戚(편안함과 근심ー인용자)을 같이하자"고 권했다고 쓰고 있다.[34]

한편 중국에 유학 중이던 학생들 가운데에도 혁명운동에 뛰어든 이들이 있었다. 당시 남경에 유학 중이던 김규극金奎極, 권탁權鐸, 홍윤명洪允明 등은 1911년 가을 혁명군이 기의했을 때 학생군學生軍에 들어가 북벌에 참여했으며, 원세개와 손문 측이 합의하여 청조를 무너뜨렸을 때 학생군에서 나와 육군학당에 들어가 각종 무예를 닦았다고 한다.[35] 이러한 사실은 손정도가 안창호에게 보낸 편지에 잘 나타나 있다.

또 김진용金晉庸(일명 김성도金聖道)은 원세개의 북군과 손문의 남군이 격돌했을 때 남군에 투신하여 총사령관의 고등고문관장을 맡아 각국 정부에 반포하는 문서를 기초하는 작업을 했다고 한다. 그는 김영일金 永一과 민충식閔忠植에게 보낸 편지에서 중국의 남북전쟁은 '전제와 공화의 싸움이요 자유와 압제의 싸움'이라고 설명했다. 그는 한국의 독립운동 진영이 남군을 적극 지원할 필요가 있다는 것을 역설하고, 미주와 블라디보스토크의 한인 단체들도 남군을 지원할 수 있도록 힘을 써 달라고 말했다. 또 안창호에게 보낸 편지에서 그는 상해에 국민회 지부를 설치하여 자신이 국민회 대표로서 중국 혁명운동에 참여할 수 있도록 해 달라고 요청했다.[36]

### 동제사와 신한혁명당

신해혁명에 가장 적극적으로 참여한 이는 신규식申奎植이었다. 그는 1911년 봄 망명하여 북경으로 가서 조성환을 만나 중국혁명에 관한 설명을 듣고 바로 상해로 가서 혁명운동에 참여하게 된다. 그는 혁명파가 발간한 잡지인 『민립보』民立報의 사원 서혈아徐血兒와 친교를 맺고 그를 통해 혁명의 지도적인 인물들인 송교인宋教仁, 황흥黃興, 진기미陳其美 등과도 친교를 맺었다. 그는 이름을 신성申檉이라 고치고 중국혁명동맹회(1912년 8월 중국국민당으로 발전)에 가입한 후, 진기미를 따라 1911년 10월 무창봉기에 참가했다. 이후에도 그는 진기미를 통해 여러 혁명가들과 친교를 맺었고, 상해에서 손문을 만나기도 했다. 1912년 손문이 초대 임시대총통이 되었을 때, 이를 축하하며 공화정의 출범을 기리는 시를 지었으며, 조성환과 함께 남경으로 가서 손문 총통을 직접 면담하고 한국의 독립운동 지원을 호소하기도 했다. 신규식은 또 1912년 5월 상해에 독립운동가들이 상당수 모이게 되자 '동제사'同濟社를 발기했다. 여기에는 박은식·신채호·김규식·홍명희·조소앙·문일평·조성환 등이 주도적으로 참여했다. 그밖에 주요 사원으로는 이광·신건식·신석우·박찬익·민제호·민필호·김갑·변영만·정원택·여운형·선우혁·한흥교·정인보 등이 참여했다. 당시 이들의 연령은 대부분 20, 30대였으며, 지도층은 30대 후반에서 50대 이르는 장년층이었다. 이들의 학력은 중등학교나, 전문대학 또는 대학을 졸업하여 상당히 높은 수준이었다. 유학생 출신자는 문일평·이광·조소앙·한흥교(이상 일본), 민필호·여운형·신건식(이상 중국), 김규식(미국) 등이었다. 국내의 무관학교나 중등학교 출신자는 신규식·조성환·변영만·박찬익·민제호 등이었다. 또 이들 가운데 한말 신민회 회원이었던 신채호·이광·조성환·박찬익·선우혁 등 5명은 동제사의 핵심을 이루고 있었다. 그리고 무관 출신 2명(신규식·조성환), 언론계 출신 3명(박은식·신채호·문일평)이 있었다. 동제사는 이후 상해지역으로 망명해오는 독립운동가들이 크게 늘어나면서 회원 수가 300여 명에 달하기도 했다. 동제사의 이사장은 신규식이 맡았고, 고문의 성격을 가진 총재는 박은식이 맡았다.[37]

동제사는 뚜렷한 강령이나 목표를 내세우지는 않았다. 하지만 동제사는 중국혁명에 자극받은 독립운동가들이 모여서 만든, 혁명을 지향하는 단체였다. 예를 들어 동제사에 참여한 민필호閔弼鎬가 쓴 회고록을 보면 "신해년(1911년)에 국민들이 중화민국의 혁명 성공을 풍문에 듣고 심중에 흥분했다. 나라의 광복을 위해 이해 봄에 중형仲兄은 북경으로 도망했고, 이해 겨울에 나는 남몰래 상해로 건너갔다"고 쓰고 있다.[38] 역시 동제사에 참여한 유생 정원택도 신해혁명에 관한 소식과 이에 참여한 한국인도 있다는 말을 듣고 1911년 가을 상해로 가서 신규식을 만났다고 한다.[39] 이처럼 당시 상해에 모여 동제사에 참여한 이들은 대체로 중국의 공화제 혁명에 공감하고 있던 이들이었다.

그러나 그들의 공화주의의 신념은 아직은 취약했다. 중국혁명의 정세는 크게 요동치고 있었다. 1913년부터 원세개의 독재가 강화되고 이에 대해 혁명파는 '제2혁명'을 일으켰으나 실패하고 주동자들은 다시 망명의 길을 떠났다. 원세개는 1915년에는 아예 제정帝政을 복구하여 자신이 황제가 되고자 했다. 또 1914년에는 제1차 세계대전이 발발하여 세계정세에도 커다란 변화가 있었다. 일본은 그해 8월 독일에 선전포고를 했으며, 1915년에는 중국에 이른바 21개조를 요구하여 중국인들의 반일운동이 거세게 일어났다. 이러한 상황을 보면서 상해에 있던 한인 독립운동가들은 새로운 방향을 모색했다. 그들은 독일이 일본에 승리하기를 바랐다. 그들은 또 중국의 원세개에 접근하여 그의 지원을 받고자 했다. 세계 정세가 다시 급변하고 있다고 생각한 상해의 신규식·박은식 등 독립운동가들은 당시 북경에 머무르고 있던 독립운동가들, 즉 이상설·성낙형 등과 제휴하여 1915년 3월 상해에서 모여 신한혁명당을 결성했다. 이에는 당시 청도에 있던 조성환, 연해주에 있던 유동열도 참여했다. 그들은 헤이그 만국평화회의에 참석했던 이상설을 본부장으로 추대했다. 이상설은 1910년대 주로 연해주에서 활동하면서 권업회, 광복군정부 등을 이끈, 이 시기 국외 독립운동계에서 가장 지도적인 인물이었다.

　1915년 3월경 유럽 전쟁에서는 독일이 우세를 보이고 있었고, 산동반도 문제로 중국과 일본의 대립은 격화되고 있었다. 따라서 중국과 독일의 지원을 얻어 독립운동을 전개하고자 한 신한혁명당은 당시 두 나라의 정치체제인 '군주제'를 선택하고, 광무황제 고종을 당수로 추대했다. 물론 그들은 전제군주제보다는 입헌군주제를 지향했던 것으로 보인다. 하지만 중국의 1, 2차 혁명에 참여한 신규식, 원세개의 전제정치를 비난하는 기사를 썼던 박은식, 공화주의자로 정평이 났던 유동열 등의 경우, 그들이 공화주의를 버리고 보황주의保皇主義로 돌아갔다고 보기는 어렵다. 그들은 일시 전술적으로 보황주의를 선택했던 것으로 여겨진다. 신한혁명당은 본부를 북경에 두고, 고종황제의 위임장을 받기 위하여 성낙형 등을 국내에 파견하여 활동케 했지만 일본 경찰에 체포되어 결국 실패로 돌아가고 말았다.[40]

### 1917년 대동단결선언, 공화제 추진을 선언

신해혁명 이후 공화제에 대한 희망을 한때 가졌다가 세계대전 발발 이후 다시 입헌군주제로 한 걸음 물러섰던 상해를 중심으로 한 독립운동 세력은 1917년 4월 미국이 참전을 선언하여 세계대전의 정세가 크게 바뀌자 이에 대한 대책을 마련하고자 했다. 여기에서 나온 것이 1917년 7월의 이른바 '대동단결선언'이다.

이 선언은 기본적으로 해외 각지의 독립운동 세력이 대동단결할 것을 호소하는 내용으로 이루어져 있다. 이 선언을 발기한 이들은 신규식·조소앙·신석우·박용만·한진(한진교인 듯)·홍휘(홍명희인 듯)·박은식·신채호·윤세복·조성환·박기준·신빈·김규식·이일(이용혁) 등 14명이었다.[41] 이들은 대부분 당시 북경과 상해에서 활동하고 있었으며, 그 가운데 상해에서 동제사에 참여한 이는 8명이었다. 그리고 이 선언문을 기초한 이는 조소앙이었다.[42]

이 선언의 목적은 '주권상속의 대의'를 천명하는 것과 '대동단결의 원칙'을 제의하는 것이었다. '주권상속의 대의'란 융희황제(순종)가 삼보三寶, 즉 토지와 국민과 주권을 포기한 1910년 8월 29일은 곧 '오인吾人 동지가 삼보를 계승한 날'이며, '오인 동지는 완전한 상속자'라는 것이었다. 또 이 선언은 저 '제권帝權 소멸의 때가 곧 민권 발생의 때'이며, '구한국 최후의 날이 곧 신한 국 최초의 날'이라고 주장하고 있었다. 이들은 그 이유로서 우리 대한은 처음부터 한인韓人의 대한이기 때문에 비한인非韓人의 대한이 될 수 없으며, 따라서 한인만이 서로 주권을 주고받을 수 있으며, 비한인에게 주권을 양여한 것은 무효라는 것을 들고 있다. 따라서 "경술년 융희황제의 주권 포기는 곧 우리 국민 동지에 대한 묵시적 선위禪位니 아 동지는 당연히 삼보를 계승하야 통치할 특권이 있

1917년 독립운동가들이 발표한 대동단결선언문.

고, 또 대통을 상속할 의무가 있다"고 주장했다. 그리고 이처럼 삼보를 상속한 자는 완전한 통일 조직을 기다려 비로소 그 권리 의무의 행사가 가능할 것이므로, 해외 동지들의 총단결이 필요하다고 호소했던 것이다.[43]

그들은 총단결을 위해서는 재정, 인물, 신용의 세 가지가 필요하다고 보았다. 이 선언문은 재정과 인물을 모으는 문제에 대한 나름의 해결책을 제시한 뒤, "이와 같이 재정을 모으고 사람을 모아서 대의명분에 의거하야 총 기관이 성립하면 완연히 제1급의 국가적 권위가 현현現顯하야 규모는 방대하고, 직권은 분명하고, 실력은 충족하야 대내 대외의 신용이 확립하고 임기응변의 기능이 민활하야 족히 대법인大法人의 이상적 작용"을 하게 될 것이라고 전망했다. 그리고 이러한 제1차의 통일기관은 제2차의 통일국가의 연원이 되고, 제2차 국가적 의제擬制는

결국 원만한 국가의 전신前身이 될 것이라 전망했다.[44] 즉 통일기관은 국가적 의제를 띠어야 한다는 것이었는데, 이는 결국 '임시정부'의 형태를 띠어야 한다는 것을 의미했다. 이 선언은 맨 뒤에서 7가지 사항을 제의하고 있는데, 첫 번째는 "해외 각지에 현존한 단체의 대소, 은현隱現(공개 및 비공개―인용자)을 막론하고 규합 통일하야 유일무이의 최고기관을 조직할 것", 두 번째는 "중앙총본부를 상당한 지점에 두어서 일체 한족을 통치하며 각지 지부로 관할구역을 분명히 정할 것", 세 번째는 "대헌大憲을 제정하야 민정에 맞는 법치를 실행할 것"이었다.[45] '유일무이의 최고기관', '중앙총본부'는 앞서 본 것처럼 '임시정부'를 뜻하는 것이었고, '대헌'은 '임시헌법'을 의미하는 것이었다.

이 선언은 위와 같은 원칙 위에서 독립운동자들의 대동단결을 위한 회의를 열 것을 제의하면서 회답을 요청했다. 이 선언은 국내외에 널리 송달되었다. 각지의 독립운동가들이 보내준 회답과 관련된 사료는 아직 발견되지 않았다. 하지만 상해와 북경의 독립운동가들이 주도한 이 선언에 북미지역이나 연해주지역의 독립운동가들이 굳이 반대할 이유는 없었다고 여겨진다. 다만 대동단결을 위한 회의를 여는 것은 여러 여건상 어렵다고 보아 이에 대한 적극적인 호응은 없었던 것이 아닌가 여겨진다.

대동단결선언은 복벽주의 혹은 보황주의를 주장해오던 유림 출신 의병의 대표격인 유인석이 1915년에, 신한혁명당을 이끌던 이상설이 1917년 3월에 각각 작고한 뒤의 시점에서 나온 것이었다. 따라서 이는 당시 독립운동 진영의 새로운 분위기를 반영한 것이라고 볼 수 있다. 이제 북경과 상해를 중심으로 하는 국외 독립운동가들의 공화주의에 대한 지향은 확고하게 되었다. 이러한 지향은 3·1운동기에 확인되듯이 국내의 경우에도 비슷했던 것으로 보인다. 3·1운동 이후 '대한제국망명정부'가 거의 거론되지 않고, 공화제의 '대한민국임시정부' 수립으로 의견이 모아질 수 있었던 것은 1917년 대동단결선언에 국내외 독립운동 진영이 공감하고 있었기 때문일 것이다.[46]

러시아와 독일의 혁명도 이러한 분위기 형성에 일조했다. 1917년 3월 러시아에서 혁명이 일어나 로마노프 왕조가 무너졌고, 11월에는 볼셰비키 혁명이 일어나 공산주의 정권이 수립되었다. 또 1918년 11월 제1차 세계대전에서 패배한 독일에서 혁명이 일어나 역시 프로이센을 중심으로 한 제정이 무너지고, 1919년 바이마르 공화국이 수립되었다. 이와 같은 세계사적인 사건들은 당시 한국인들로 하여금 "이제 제정의 시대가 가고 공화정의 시대가 왔다"고 확신하게 했다.

## 3. 3·1운동으로 공화제 임시정부를 선언하다

### 3·1운동기 각종 전단의 임시정부 수립안

1919년 대한민국임시정부의 성립은 전적으로 3·1운동의 결과물이었다. 3·1운동 당시 국내에서는 수많은 종류의 전단이 뿌려졌고, 이 가운데서 여러 정부수립안이 제기되었다. 그런데 주목되는 것은 이들 임시정부안이 모두 공화제 정부를 전제로 했다는 점이다. 그것은 앞서 본 것처럼 1911년 중국의 신해혁명, 1917년의 러시아혁명, 그리고 1918년의 독일혁명의 영향 때문이었을 것이다.

이들 전단 가운데 처음으로 정부수립 문제를 언급한 것은 1919년 3월 3일자로 발행된 『조선독립신문』 제2호였다. 이 신문은 '가정부假政府 조직설'이라는 제목 아래 "일간 국민대회를 개최하고 가정부를 조직하며 가대통령假大統領을 선거한다더라. 안심, 안심. 머지않아 좋은 소식이 있으리라"고 보도했다.[47] 여기서 가정부란 '임시정부'를 가리키고, 가대통령이란 임시대통령을 가리킨다. 한자의 '가'假는 전통적으로 '임시'라는 뜻을 갖고 있었다. 『조선독립신문』은 천도교 대도주 박인호의 의뢰 아래 보성전문학교 교장 윤익선이 발행인을 맡고 천도교 월보 편집원인 이종린이 실무를 맡아 발행한 것이었다. 3·1운동이 천도교계의 주도하에 일어난 것임을 고려할 때, 천도교계에서 운동 준비단계에서부터 임시정부의 수립을 고려하고 있었음을 알 수 있다. 그리고 그 임시정부는 임시대통령이 통치하는 '공화제 정부'였다.[48]

3·1운동 당시 국내에서 전단을 통해 나온 임시정부안은 모두 5개였는데, 그 가운데 가장 체계적인 것은 이른바 '한성임시정부안'이었다. 서울지역을 중심으로 한남수·홍면희·이규갑·김사국 등은 3월 중순부터 임시정부 수립 계획을 세웠으며, 각 방면의 인사들을 모아 4월 2일 인천 만국공원에서 약 20명이 모여 회의를 열었다. 여기에는 천도교계의 안상덕, 기독교계의 박용희·장붕·이규갑, 유교계의 김규, 불교계의 이종욱 등도 참석했다. 이들은 서울에서 국민대회를 갖고 임시정부 조직을 선포하기로 계획을 세웠다. 다만 상해의 사정을 알아본 뒤에 국민대회 개최여부를 결정하기로 하여 한남수가 상해로 파견되었다. 그런 가운데 서울에 남은 이들은 예정대로 국민대회를 준비하면서 「국민대회취지서」, 「결의사항」, 「약법」 등을 만들었는데, 결의사항에 '임시정부 조직의 건'이 들어 있었으며, 약법에는 제1조 "국체는 민주제를 채용함", 제2조 "정체는 대의제를 채용함", 제3조 "국시는 국민의 자유와 권리를 존중하고 세계평화의 행복을 증진하게 함" 등의 내용이 들어 있었다.[49]

이들은 4월 16일경 13도 대표자들을 서울에 모아 비밀회의를 갖고 임시정부 각원과 평정관, 파리강화회의 출석 국민대표 등을 선정했다. 임시정부의 각원으로는 집정관 총재 이승만, 국무총리 이동휘, 외무부총장 박용만, 내무부총장 이동녕, 군무부총장 노백린, 재무부총장 이시영, 법무부총장 신규식, 학무부총장 김규식, 교통부총장 문창범, 노동국총판 안창호, 참모부총장 유동열 등을 선정했다. 또 의원을 의미하는 평정관으로는 조정구·박은식·현상건·한남수·손진형·신채호·정영필·현순·손정도·정현식·김진용·조성환·이규풍·박경종·박찬익·이범윤·이규갑·윤해 등을 지명했다. 그리고 파리강화회의 출석 국민대표로는 이승만·민찬호·안창호·박용만·이동휘·김규식·노백린 등을 지명했다.

4월 16일 상해에 도착한 한남수는 4월 11일 상해에서 이미 임정이 수립된 것을 보고 이 소식을 서울에 전보로 보냈으나, 서울에서 소식을 기다리던 이규갑·홍면희는 국민대회 개최 등의 일을 학생조직 담당자인 김사국·현석칠에게 인계한 뒤 이미 상해로 떠난 뒤였다. 이규갑과 홍면희가 상해로 간 뒤, 국민대회 개최와 정부수립 선포의 일은 학생조직에 맡겨졌다. 4월 23일의 국민대회를 준비한 학생들은 김유인·이춘균·장채극·김옥결·이철 등이었다. 4월 23일 서울 서린동 봉춘관에서 열기로 예정되었던 13도 대표자회의는 대표자들이 참석치 않아 무산되었다. 다만 학생들이 자동차에 '국민대회, 공화만세' 등의 깃발을 달고 임시정부 수립을 알리는 전단을 뿌리기로 한 것은 예정대로 진행되었다.[50]

그런데 주목할 것은 한남수·김사국 등이 재판과정에서 "4월 2일 인천에서의 회의 때에 각계 대표가 모인 자리에서 홍면희 등이 임시정부 조직안을 꺼냈는데, 유림 대표를 포함하여 아무도 이에 반대하는 자가 없었다"고 진술하고 있는 대목이다.[51] 또 4월 23일 학생들이 자동차에 매단 깃발에는 '공화만세'라는 글씨가 쓰여져 있었다. 이는 이 일의 주도자들이 공화제 임시정부를 만든다는 것을 크게 의식하고 있었음을 말해주는 것이다. 4월 23일 서울에서 발표된 정부안은 이후 '한성정부안'이라고 불리게 된다.

그 이전에도 이미 여러 정부안이 발표되었다. 우선 4월 9일에는 서울에서 뿌려진 전단에 '조선민국 임시정부'안이 발표되었다. 이 문서에서는 조선민국 기원을 썼고, 명의도 조선국민대회와 조선자주당의 연합회로 되어 있다. 여기에서는 천도교의 최고 책임자인 손병희를 임시정부의 수석인 '정도령'正都領으로, 미국에 있던 이승만을 '부도령'副都領으로 지명했다. 또 내각총무경에 이승만, 외무경에 민찬호, 법무경에 윤익선, 식산무경에 오세창, 내무경에 김윤식, 군무경에 노백린 등을 지명하여, 천도교계 인사들이 다수 포함되어 있다(손병희·윤익선·오세창). 이러한 점으로 미루어보아 이는 천도교계에서 만든 전단이었을 가능성이 크다.[52]

그 일주일 뒤인 4월 17일경에는 평북 철산·선천·의주 등지에 「신한민국 정부선언서」라는 전단이 뿌려졌다. 여기에 나온 각료의 명단을 보면 집정관 이동휘, 국방총리 이승만, 내무차장 조성환, 외교부장 박용만, 외교차장 김규식, 재정부장 이시영, 재정차장 이춘숙, 교통부장 문창범, 교통차장 이희경, 노동부장 안창호, 노동차장 민찬호 등으로 되어 있다.[53] '신한민국정부'안을 만든 이들은 이춘숙, 홍진의, 이봉수 등으로 추정되고 있다. 이들은 3·1운동 전후 간도와 연해주 지역의 독립운동가들과 연락을 하면서 임시정부 수립안을 만든 것으로 보인다. 이들은 경성에서 국민대회를 추진 중이던 이들과 협상을 통해 하나의 정부안을 만들고자 했다. 하지만 양자의 협상은 결렬되었다. 이에 이들은 강대현을 4월 초 상해에 파견하여 신한민국의 정부안을 제시했다.[54]

신한민국 임시정부안의 각료 명단을 앞서 본 한성정부의 안과 비교해 보면, 등장인물들이 거의 비슷하고, 외교부장 박용만, 재정부장 이시영, 교통부장 문창범과 노동부장 안창호는 직책까지 같다. 그런데 강대현이 상해에서 제시한 명단은 이와는 약간 차이가 있었다. 부장 대신 총장이란 명칭을 썼고, 노동부장과 차장은 없는 대신 안창호가 내무총장으로 되어 있으며, 교통차장에 이희경 대신 현순이 들어갔다. 이 명단은 당시 상해의 분위기를 감안하여 수정된 것으로 보이며, 이는 4월 11일 구성된 상해 임시정부의 각료 명단의 주요 참고자료가 되었다.[55]

그 밖에 임시대한공화정부안, 대한민간정부안, 고려임시정부안 등이 국내에서 발표되었으나 모두 하나의 제안에 그친 것들이었다. 하지만 이러한 정부안들도 모두 공화제를 지향하고 있었다는 점은 주목할 만하다. 왜 이러한 상황이 나타났을까. 그것은 국내적으로는 대한제국 정부가 이미 사라졌다는 것, 국제적으로는 신해혁명·러시아혁명·독일혁명 등이 큰 영향을 미친 것으로 보인다.

4월 23일 서울에서 뿌려진 전단에 '한성정부안'이 발표된 뒤, 25일에는 『국민신보』 11호라는 전단에 이를 널리 알리는 사설과 기사가 실렸다. '가정부 조직에 대하야'라는 제목의 사설은 "조선 13도 대표자가 모여 우리 2천만 인의 의사를 모아서 세계에 부끄러움이 없을 만한 주밀한 규모로 가정부를 조직하여 열국에 공포했도다"라고 말하고, "그러한즉 우리 민족은 우리 2천만을 대표한 가정부의 지도함을 각별히 따라서 완전 공고한 독립과 자유를 수립할 때까지 일거수일투족을 일치" 하여야 한다고 주장했다. 또 이 신문은 기사를 통해 "4월 23일 오전 11시에 경성 모처에서 조선 13도 대표가 25인이 회집하여 가정부를 선포했는데, 집정관 이승만 이하 각부 각원이 구성되었다"고 보도했다. 또 이 신문은 '가정부 부령 반포'라는 기사를 통해 '1) 일체 관리는 퇴직할 것,

2) 일체 납세 신청, 소송을 정지할 것' 등을 주장했다. 기사와 사설의 내용에 비추어 볼 때, 『국민신보』는 4월 23일의 국민대회를 통해 한성정부안을 발표한 이들과 연관이 있는 것으로 보인다.[56]

## 러시아령에서의 대한국민의회 수립

한편 국외에서는 노령에서 대한국민의회가 조직되었다. 1919년 당시 러시아 연해주 지역에는 한인 동포 20여 만 명이 거주하고 있었다. 이들은 1917년 12월 니콜리스크(현 우스리스크)에서 전로한족대표회의를 개최하고, 한인 자치기관으로서 전로한족중앙총회를 구성했다. 이때 회장으로는 문창범이 선출되었다. 그리고 지방조직으로 포세트, 니콜리스크, 스찬, 하바로프스크, 아무르 등 주요 지방에 한족연합회를 두고, 다시 그 밑에 지방회를 두었다. 전로한족중앙총회는 러시아에 귀화한 한인과 귀화하지 않은 한인들이 연합하여 만든 조직이었다.[57]

당시 연해주지역에서는 볼셰비키 세력과 반볼셰비키 세력 간의 충돌이 치열하게 전개되고 있었다. 따라서 전로한족중앙총회도 불안한 상태에 놓일 수밖에 없었다. 그런 가운데 제1차 세계대전의 종전이 다가오고, 파리강화회의의 개최 소식이 전해졌다. 이에 1919년 1월 블라디보스토크의 신한촌 한민회는 파리강화회의에 대표를 파견할 것을 전로한족중앙총회에 건의했다. 니콜리스크에 있던 중앙총회는 1월 27일 윤해·고창일을 대표로 파견하기로 결정했으며, 이들은 2월 7일 니콜리스크를 출발했다. 중앙총회는 또 2월 7~11일 사이에 각 지방의 한족회 대표자회의를 개최했는데, 여기에는 130여 명의 대표자가 참석하여 파리강화회의에 파견할 대표의 여비 조달 방법에 대해 논의했다.[58] 2월에 들어서는 동경 유학생들의 2·8독립선언 소식이 전해졌고, 상해 신한청년당의 여운형이 니콜리스크와 블라디보스토크에 와서 상해와 동경의 움직임을 전하고, 독립운동 방안에 대해 논의한 뒤, 3월 6일 블라디보스토크를 출발하여 상해로 돌아갔다.

전로한족중앙총회는 당시가 매우 중요한 시점이라고 인식하고, 2월 25일 니콜리스크에서 러시아령의 각지, 서북간도, 국내 등에서 온 대표자 약 130명이 참석한 가운데 독립운동단체 대표회의를 열었다. 이들은 이 대회에서 임시정부적인 중앙기관을 창설하고 정부 각료의 인선을 마친 후 그 명의로서 일본 정부에 대한 한국독립 승인의 최후통첩을 발하고, 일본 당국으로부터 아무런 회답이 없을 경우 중국과 러시아의 한인과 국내 한인 일반의 명의로서 영구적 혈전을 선언하기로 했다. 이에 따라 이들은 임시정부의 성격을 띠는 중앙기관으로서 대한국민의회를 조직하기로 했다.[59]

대한국민의회는 3월 17일 대한국민의회 의장 문창범, 부의장 김철훈, 서기 오창환의 명의로 독립선언서를 발표함으로써 그 성립을 대외적으로 선포했다. 이로써 대한국민의회는 3·1운동 이후 국내외를 통하여 선포된 최초의 임시정부적 성격의 기관이 되었다. 대한국민의회의 간부진으로는 위의 사람들 외에, 외교부장에 최재형, 선전부장에 이동휘, 재정부장에 한명세가 선임되었다. 대한국민의회는 당초 전로한족중앙총회가 확대된 형태를 취했기 때문에 간부진 명단도 대체로 러시아에서 활동해온 이들을 중심으로 구성되었다. 대한국민의회는 소비에트 방식의 의회 제도를 채택하여 입법기능뿐만 아니라 행정·사법의 기능까지도 겸하고 있었으며, 상설의원 30명과 통상의원 40~50명으로 구성되어 있었다. 대한국민의회의 지방조직은 전로한족중앙총회의 지방조직이었던 각급의 지방한족회가 그 역할을 계속 담당했다.[60]

## 상해에서의 대한민국임시정부 수립

1910년대 독립운동가들이 몰려들었던 상해는 3·1운동과 임시정부 수립의 발원지였다고 해도 과언이 아니다. 1918년 11월 11일 독일의 항복 소식이 전해지면서 상해의 한인 청년들은 국제정세의 변화에 따른 대책 마련에 열중했다. 이들은 전쟁이 끝나면 전후 처리를 위한 국제회의가 열리게 되고, 그러면 세계체제에 일정한 변화가 올 수 있다고 보았기 때문이다. 마침 그해 11월 중순경에 미국 대통령 특사 찰스 크레인Charles Crane이 상해에 왔다. 미국 대통령 윌슨은 그해 연두교서에서 민족자결주의를 제창한 바 있었기 때문에 상해의 한인 청년들은 크레인을 만나 윌슨의 진의를 알고 싶었다. 크레인은 상해 한인 청년들의 대표인 여운형을 만나 한인들의 독립운동에 대해 비교적 긍정적인 태도를 보였다. 이에 한인 청년들은 파리강화회의에 한인 대표를 파견하고, 국내외에서 독립선언을 포함한 독립운동을 전개하여 그를 지원하기로 결의했다. 이에 따라 그들은 한인 대표의 자격을 마련하기 위해 신한청년당이라는 조직을 결성했다. 이들은 파리강화회의뿐만 아니라 국내(선우혁·김철 등), 러시아·만주(여운형), 일본(장덕수)에 사람을 보내 각지에서 독립선언 등 독립운동을 전개할 것을 당부했다.[61]

한편 국내에서는 천도교·기독교 인사들은 2·8독립선언의 준비 소식을 알리러 동경에서 온 유학생 송계백과, 국내에서의 봉기의 필요성을 알리러 상해에서 온 선우혁의 전언을 듣고 3·1운동을 준비하기 시작했다. 이들은 국내에서 독립선언과 만세시위 운동을 전개하고, 일본 정부와 총독부에 독립청원서를 보내며, 상해에 대표를 보내 열강에 독립을 청원하는 문서를 발송하기로 결정했다. 이에 따라 이들은 상해에 현순을 파견했다.

1919년 대한민국임시정부의 구성원(제1열 왼쪽부터 이유필·신익희·윤현진·안창호·손정도·정인과, 제2열 맨 오른쪽 김구, 제3열 왼쪽에서 세 번째 나용균, 제4열 왼쪽에서 첫 번째 여운형).

현순은 3월 1일 상해에 도착하여 신규식·이광수·김철·선우혁 등을 만나 국내에서의 만세운동 준비 소식과 독립선언서를 전하고, 프랑스 조계 내에 독립임시사무소를 개설했다. 국내에서의 만세운동 소식이 언론을 통해 국외에 널리 알려지자, 상해로 모여드는 독립운동가들이 크게 늘어났다. 3월 말 즈음까지 일본에서 온 신익희·윤현진, 만주와 러시아에서 온 이동녕·조성환·이시영·조소앙·김동삼, 국내에서 온 최창식·이봉수·강대현 등과 본래 상해에 머물고 있던 신규식·김철·선우혁 등은 독립임시사무소에 함께 참여했다.[62]

상해 독립임시사무소의 독립운동가들은 독립운동을 이끌어갈 최고기관을 만드는 논의를 진행했다. 당시에는 임시정부를 수립하자는 의견과 정당을 설립하자는 의견이 제시되었는데, 전자의 의견이 더 많았다. 임시정부를 수립하여 독립의 의지를 보다 확실하게 보여줄 필요가 있다는 주장이 우세했던 것이다. 또 임시정부를 수립하자는 주장은 이미 국내에서도 3월 1일부터 제기된 것이어서, 임시정부를 수립하자는 안으로 결론이 났다. 그런데 앞서 본 것처럼 당시 국내에서는 임시정부 수립과 관련하여 신한민국정부 수립을 추진하던 세력과 한성정부 수립을 추진하던 세력이 있었다. 하지만 상해에서는 이러한 상황을 잘 알지 못했다. 그런 가운데 앞서 본 것처럼 4월 8일 강대현이 신한민국정부안을 가지고 상해에 도착했다. 이에 현순의 말에 따라 그동안 국내에서의 정부수립안을 기다리고 있던 상해의 독립임시사무소에서는 4월 9일부터 정부수립을 위한 회의를 진행했다. 이들은 4월 11일 먼저 각 지방의 대표들로 의회를 구성하기로 하고, 그 이름을 '임시의정원'이라 정했다.[63] 1898년 독립협회 운동기에 처음 시작된 의회 수립운동이 이제야 그 결실을 맺은 것이다. 4월 11일 제1차 임시의정원 회의에 출석한 이들의 명단을 보면 다음과 같다.

현순, 손정도, 신익희, 조성환, 이광, 이광수, 최근우, 백남칠, 조소앙, 김대지, 남형우, 이회영, 이시영, 이동녕, 조완구, 신채호, 김철, 선우혁, 한진교, 진희창, 신철, 이영근, 신석우, 조동진, 조동호, 여운형, 여운홍, 현창운, 김동삼 등.(이상 29명)[64]

임시의정원은 초대 의장에 이동녕, 부의장에 손정도를 각각 선출했다. 임시의정원은 11일 회의에서 '대한민국'이라는 국호와 '민국'이라는 연호를 제정했다. 국호로서는 '대한민국', '조선공화국', '고려공화국' 등 여러 안이 나왔는데, 결국 '대한민국'으로 결정되었다. '대한민국'안을 제기한 이들은 '대한'은 일본에게 빼앗긴 나라를 되찾는다는

의미가 있으며, '민국'은 중국처럼 공화제 국가임을 분명히 보여주는 의미가 있다고 주장했다.[65]

같은 날 이들은 대한민국임시정부(이하 약칭 '임시정부' 또는 '임정')의 관제(정부조직 구성)와 국무원에 관한 문제도 토의했다. 관제는 신한민국정부안을 참고했지만, 집정관제를 총리제로 고치고 법무부·군무부를 증설하기로 했다. 이에 따라 국무총리를 수반으로 하는 국무원 안에는 내무·외무·재무·법무·군무·교통의 6부를 두고, 각부에 총장과 차장을 두게 되었다. 국무원의 인선과 관련해서는 우선 국무총리에 이승만, 국무원 비서장에 조소앙을 선임했다. 국무총리의 선거와 관련해서는 신석우·조완구의 동의·재청으로 국내의 신한민국 정부안을 참고하여 국무총리에 이승만을 선출하자는 제의가 있었다. 이에 대해 신채호는 "이승만은 전에 위임 통치 및 자치 문제를 제창하던 자이니 국무총리로 선임할 수 없다"고 반대했다. 이에 따라 의원들은 이승만과 다른 후보자 2인을 구두로 추천하여 투표하기로 했다. 안창호·이동녕·이승만 3인이 후보자가 되었으며, 무기명 단기식 투표의 결과, 이승만이 다수의 표를 얻어 당선되었다. 임시의정원은 이어서 각부 총장과 차장으로 내무총장 안창호, 차장 신익희, 외무총장 김규식, 차장 현순, 재무총장 최재형, 차장 이춘숙, 군무총장 이동휘, 차장 조성환, 법무총장 이시영, 차장 남형우, 교통총장 문창범, 차장 선우혁 등을 선출했다.[66]

### 「대한민국임시헌장」 선포

임시의정원은 같은 날, 「대한민국임시헌장」을 선포했다. 임시헌장은 서두에 헌법 전문 형식의 선포문이 들어가고, 이어서 10개 조항의 규정으로 구성되었다. 주요 내용을 보면 다음과 같다.

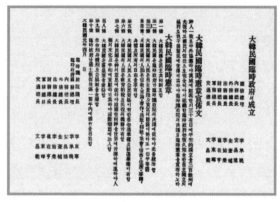

「대한민국임시헌장」.

제1조 대한민국은 민주공화제로 함.

제2조 대한민국은 임시정부가 임시의정원의 결의에 의해 이를 통치함.

제3조 대한민국의 인민은 남녀, 귀천 및 빈부의 계급이 없고 일체 평등
이다.

제4조 대한민국의 인민은 신교信敎, 언론, 저작, 출판, 결사, 집회, 신서
信書, 주소 이전, 신체 및 소유의 자유를 향유함.

제5조 대한민국의 인민으로서 공민公民 자격이 있는 자는 선거권 및 피
선거권이 있음.

제6조 대한민국의 인민은 교육, 납세 및 병역의 의무가 있음.

제7조 대한민국의 인민은 신神의 의사에 의하여 건국한 정신을 세계에
발휘하며, 나아가 인류의 문화 및 화평에 공헌하기 위하여 국제연맹에
가입함.

제8조 대한민국은 구황실을 우대함.

제9조 생명형, 신체형 및 공창제를 전폐함.

제10조 임시정부는 국토 회복 후 만 1년 내에 국회를 소집함.[67]

위에서 본 바와 같이 임시헌장은 제1조에서 "대한민국은 민주공화제로 한다"는 것을 선언했다. 이는 당시 국내외에서 발표된 다른 정부안들은 명확히 천명하지 않은 대목이었다. 아마도 당시 상해의 독립운동 세력은 이 점을 분명히 해 둘 필요가 있다고 생각한 것으로 보인다.

그런데 임시헌장 제1조에 "대한민국은 민주공화제로 함"의 문장을 넣은 것은 당시로서는 매우 독창적인 것이었다. '대한민국'이라는 국호는 '대한제국을 계승하는 민국'이라는 표현이고, 또 당시 중국 측의 '중화민국'이라는 국호로부터 영향을 받은 것임이 분명하다. 그러면 '민주공화제'는 어떠할까. 중국 측 헌법문서에서 '민주공화국'이라는 표현이 나타난 것은 1920년대 중반 이후였다고 한다. 즉 1910년대에는 '민주국'이나 '공화정체'라는 표현은 있었지만, '민주공화국'이라는 표현은 없었다는 것이다. 중국 측 헌법문서에서 '민주공화국'이라는 표현이 나타난 것은 1925년 '중화민국헌법초안(일명 단기헌법段記憲法)'에서였으며, 이때 공화국의 의미도 '연방국'聯邦國(연성국聯省國)을 가리키는 것이었다고 한다.[68] 또 1905년 결성되어 중국혁명을 추진한 혁명파의 중국동맹회도 '공화제' 혹은 '입헌공화제' 국가의 수립을 주창했지만, '민주공화제'라는 표현을 쓰지는 않았다. 혁명파에 반대했던 양계초는 「개명전제론」(1906)이라는 글에서 중국에서는 '입헌공화제'가 아닌 '입헌군주제'의 실현을 도모해야 한다고 주장했다.[69] 양계초는 중국 인민의 민도가 아직 낮기 때문에 입헌공화제는 시기상조라고 생각했던 것이다. 한편 손문은 삼민주의를 제창하는 연설에서 군주정체를 전복하고 민주입헌정체를 수립해야 한다고 주장했다.[70] 하지만 손문도 '민주공화제'라는 표현을 쓰지는 않았다. 그도 역시 중국 인민의 민도를 고려하고 있었기 때문이 아닌가 여겨진다.

한편 유럽에서 '민주공화국'Democratic Republic이라는 용어가 헌법에 사용되기 시작한 것은 1920년 2월의 체코슬로바키아 헌법과 그해 10월의 오스트리아 연방헌법부터였다고 한다. 1919년 8월 11일에 공포된 바이마르 헌법에서도 '독일제국은 공화국이다'라고만 했을 뿐이다. 따라서 대한민국임시정부가 1919년 4월 임시헌장에서 '민주공화국'이라는 단어를 사용한 것은 아시아에서뿐만 아니라 세계 역사에서 볼 때에도 과감하고 선구적인 것이었다.[71]

그러면 이와 같은 '민주공화국'이라는 단어는 어떻게 등장한 것일까. 앞서 본 것처럼 1908년 6월에 나온 『대한협회회보』 3호에 실린 원영의의 글을 보면, 정체에는 크게 군주정체와 공화정체가 있고, "군주정체에는 다시 두 가지가 있으니, 전제와 입헌"이 있으며, "공화정체에도 다시 두 가지가 있으니, 귀족과 민주"라고 했다.[72] 즉 군주제에는 전제군주제와 입헌군주제가 있고, 공화제에는 귀족공화제와 민주공화제가 있다는 것이었는데, 이는 앞서 본 것처럼 몽테스키외의 분류를 그대로 받아들인 것이었다.

또 이보다 다소 앞서 1907년 도일유학생들이 만든 『대한유학생회보』 제2호에 실린 「국가의 주동력」이라는 논설에서는 미합중국을 '민주공화국의 개조開祖'라고 표현한 적이 있었다.[73] 또 1909년 서북학회에서 발행한 『서북학회월보』 제12호에 실린 「국가론의 개요」라는 글에서도 '귀족공화제'에 대비하여 '민주공화제'라는 단어를 사용하고 있다. 그리고 그 의미에 대해서는 "전 인민의 의지가 직접 또는 간접으로 독립고유獨立固有의 최고권이 되는 경우"라고 설명하고 있었다.[74]

이처럼 대한제국기에 이미 유학생들이나 국내 지식인들 사이에서는 '민주공화제', '민주공화국'이라는 용어가 사용되고 있었다. 그리고 1910년 국망 이후에는 향후 새 나라를 건설할 때에는 민주공화제가 가장 바람직하다는 공감대가 형성되고 있었다. 예를 들어 1914년 하와이의 국민회지방총회에서 발간한『국민보』에 실린 김태희라는 사람의 기고문 가운데는 국민회가 장차 "대조선국 민주공화정부를 세울 기초"가 될 것이라는 대목이 담겨 있다.[75] 또 정지영이라는 사람이 기고한 글을 보면, 미국의 정치제도에 대해 '민주공화제도'라고 표현하고 있었다.[76] 이를 보면 당시 미주동포들은 미국을 모델로 한 '민주공화제' 국가의 수립을 꿈꾸고 있었던 것으로 보인다.

이와 같이 한말 대한협회, 도일유학생, 그리고 미주동포들은 몽테스키외가 제시한 '민주공화제' 유형, 그리고 미국의 민주공화제 모델을 염두에 두면서, 새로 세워질 나라는 민주공화제 국가가 되어야 한다고 생각하게 된 것으로 보인다. 1919년 대한민국임시정부의 임시헌장은 조소앙이 기초한 것으로 알려져 있는데, 그는 1904년 일본에 유학하여 명치대학에서 법학을 전공한 인물이다.[77] 따라서 그는 몽테스키외의 말처럼 공화제의 두 유형 가운데 '민주공화제'가 있으며, 미국의 정치체제를 민주공화제로 부른다는 것을 잘 알고 있었을 것으로 보인다. 위와 같은 상황을 배경으로 하여, 1919년 대한민국임시정부의 임시헌장에는 '민주공화제'라는 단어가 자연스럽게 들어갈 수 있었던 것으로 보인다.

한편 임시헌장의 제2조에서는 "임시정부는 임시의정원의 결의에 의해 통치한다"고 하여, 정부의 통치권을 임시의정원이 뒷받침한다는 것을 분명히 했다. 그리고 제10조에서 국토 회복 후 1년 내에 '국회'를 소집한다고 명기했다. 현재 대한민국 '국회'의 명칭은 이로부터 온 것이다. 제3조부터 제6조까지는 민주공화국에 걸맞은 인민의 권리와 의무에 대해 규정했다. 이와 같은 인민의 권리와 의무에 대한 법률적 보장은 이미 1880년대 개화파, 그리고 1890년대 독립협회, 1900년대 자강운동 계열의 인사들에 의해 계속 거론되어온 것이었다. 그들의 주장은 이제 임시정부의 임시헌장에서 비로소 현실화된 것이다.

이상과 같이 임시의정원은 4월 11일 제1차 회의에서 정부의 구성, 임시헌장의 발표 등을 통하여 사실상 임시정부의 골격을 마련했다고 할 수 있다. 하지만 국무총리 이하 각부의 총장들이 상해에 거의 없는 상황에서 임정의 업무 추진은 어려울 수밖에 없었다. 그렇다고 해서 차장들이 이를 대신해서 일을 추진하기도 어려운 상황이었다. 당시 상해에는 상당히 많은 독립운동가들이 모여 소장파에 해당하는 차장들의 권위가 서기도 어려운 형편이었기 때문이다. 이에 차장급 인사들은 임시의정원에 사직청원서를 제출했고, 4월 22일에 있은 제2차 임시의정원은 이들의 청원을 수리하는 한편, 아예 임시정부 관제 중 차장제를 폐지하고 각부에서 다수의 위원을 두는 위원제로 하기로 결정했다. 즉 집단지도체제로 방향을 수정한 것이다. 이에 따라 각부에는 3명 내지 11명의 위원들이 선임되었다.[78]

한편 임시의정원은 4월 25일 「임시의정원법」을 제정했다.[79] 13장 57조로 구성된 임시의정원법의 장 제목을 보면, 강령, 집회·폐회, 의원, 의장·부의장, 위원회, 의사 및 제안, 탄핵·건의·질문·사변·청원 수리, 국무원·정부 위원 출석 및 발언, 징계, 서기, 경위警衛 및 기율, 경비, 부칙 등으로 되어 있다. 제1장의 강령에서 보면, 임시의정원은 각 지방 인민의 대표위원으로 조직하고, 위원의 자격은 대한 국민으로서 중등교육을 받은 만 23세 이상 남녀에 한정한다고 했다. 의원 수는 인구 30만 명에 각 1인을 선출하는 것으로 했다. 다만 정밀한 인구조사 전에는 경기·충청·경상·함경·평안도는 각 6인, 전라·강원·황해도는 각 3인, 중국령·러시아령·미국령에서는 각 3인을 선출하도록 했다. 이에 따르면 의원 정수는 48인이 된다. 의원의 임기는 2년으로 했다.

임시의정원법에 의하면, 임시의정원은 일체의 법률안의 의결, 임시정부 예산 및 결산의 의결, 전국의 조세·화폐·도량형 준칙의 의결, 공채 모집과 국고 부담에 관한 사항의 의결, 국무원 및 주외 공사의 선정, 선전宣戰·강화講和와 조약 체결의 동의, 대사大赦·특사·감형·복권의 동의, 임시정부의 자문에 대한 답변, 인민의 청원 수리, 국무원에 대한 질문서 제출과 답변 요구, 국무원의 탄핵 등의 권리를 갖게 되었다.

임시의정원의 설립은 독립협회 운동기에 전개된 중추원을 통한 의회 설립운동이 1919년에 와서 비로소 결실을 거둔 것을 의미한다. 1898년으로부터 계산하면 21년 만에 결실을 본 것이었다. 이와 같이 상해 임정은 4월 11일 정부를 구성한 이후 체제를 정비해 나갔다. 하지만 러시아령의 대한국민의회와 통합을 해야 하는 과제가 아직 남아 있었다.


### 상해 임시정부와 대한국민의회의 통합작업

3·1운동 이후 실체를 가진 정부로서 등장한 상해의 임시정부와 러시아령의 대한국민의회의 통합에 관한 논의는 대한국민의회 측으로부터 시작되었다. 대한국민의회는 1919년 4월 29일 블라디보스토크 신한촌에서 회의를 열어 상해 임시정부를 '가승인'하기로 하고, 일본군이 시베리아를 떠난 뒤 상해의 임시정부를 러시아령으로 이전하도록 한다는 방침을 결정했다. 대한국민의회 측은 이러한 뜻을 전하기 위해 원세훈을 교섭특사로 선출하여 상해로 파견했다. 5월 7일 상해에 도착한 원세훈은 러시아령에도 국민의회가 있으니 임시의정원과 통합하고, 장차 정부를 러시아령으로 옮기자는 의견을 제시하면서 통합논의를 시작했다.[80]

상해 임시정부 측에서도 5월 13일 장병준·손두환·한위건·장도

정·임봉래·홍도(홍진의) 등 6명의 연서로 '의회통일에 관한 안'을 임시의정원에 제출했다. 이 안은 임시의정원과 대한국민의회의 통합이 필요하다는 것을 확인하고, 상황을 파악하기 위해 조사원을 러시아령 쪽에 파견하자는 것이었다. 하지만 조사원이 바로 파견되지는 않았다. 양자의 통합 문제 논의는 5월 25일 안창호가 상해에 도착한 이후 활성화되기 시작했다. 6월 17일, 국무원에서는 국무총리 이승만의 명의로 된 「공함」을 의정원에 제출했다. 이 공함은 1) 임시정부는 상해에 두고, 2) 임시의정원과 대한국민의회를 통합하여 의회를 구성하되, 국민의회 측에서 그 위치를 러시아령 쪽에 절대로 두자고 할 때에는 이를 허용하고, 3) 의회는 단순한 의사기구로서만 기능해야 한다는 등의 내용을 담고 있었다. 세 번째 내용은 대한국민의회가 일종의 소비에트 방식으로 구성되어 입법, 사법, 행정의 기능을 모두 갖출 수 있다고 보았기 때문에 입법기능만 해야 한다는 것을 분명히 한 것이었다. 임시의정원 측에서는 이를 논의했으나, 임시정부는 상해에 두고 통합의회는 러시아령에 둘 수 있다는 안은 받아들이기 어려웠다. 따라서 임시의정원은 이 안건을 국무원에 돌려보냈다.[81]

이에 안창호는 상해의 대한민국임시정부와 러시아령의 대한국민의회의 통합 방안으로서, 한성정부안을 원용하는 안을 만들어냈다. 그는 한성정부안에 국민의회의 유력한 지도자인 이동휘가 서열 2위인 국무총리로 이름이 올라 있었기 때문에 양자를 통합하는 하나의 방안이 될 수 있다고 생각한 것이다. 그동안 상해 임정 쪽에서는 4월 중순 이규갑·홍면희 등이 한성정부안을 상해로 가지고 온 이후, 이를 사실상 무시하는 태도를 보여왔다. 이미 신한민국 정부안을 참고하여 상해 임시정부를 구성한 뒤였기 때문이다. 그런데 이제 안창호는 한성정부안을 되살려 이를 상해 임정과 러시아령 대한국민의회의 통합안으로 활용하고자 한 것이다. 안창호는 상해 임시정부 대신 한성정부안을 승인하여 내각을 재구성한다는 안을 만들었다. 그리고 현순과 김성겸을 8월 20일경 대한국민의회 측에 파견했다.[82]

현순과 김성겸은 러시아령으로 가서 이동휘 등 대한국민의회 측 사람들을 만났다. 현순과 이동휘는 전부터 잘 아는 사이여서 서로 손을 부여잡고 울음을 터뜨렸다고 한다. 현순과 김성겸은 대한국민의회와 상해 임시의정원을 모두 해산하고, 13도 대표가 한성에서 국민대회의 이름으로 조직, 발표한 임시정부를 봉대하는 것으로 하고, 임시의정원은 한성정부 각원이 취임하여 적법한 신국회를 소집할 때까지 잔무만을 처리하기로 했다고 전했다. 그리고 이들은 국민의회 측에 국민회의 의원 5분의 4가 임시의정원에 참여할 수 있도록 하겠다고 약속했다. 이는 상해 임시의정원이나 안창호와 사전에 상의한 바 없었던 것으로 임기응변식으로 내놓은 안이었다. 대한국민의회 측은 이러한 조건을 받아들이기로 하고 8월 30일 총회를 열고 만장일치로 해산을 결의했다. 그리고 한성정부의 국무총리로 지명된 이동휘는 곧 상해로 출발하여 9월 18일 상해에 도착했다.[83]

그런데 그 사이 상해 임정에서는 또 다른 일이 진행되고 있었다. 안창호는 7월 20일 상해 임정의 국무총리로 지명된 이승만에게 전보를 보내 상해로 와줄 것을 요청했다. 그리고 7월 29일 전보에서는 상해 임정에는 대통령이 없고 국무총리만 있지만 국무총리는 다른 나라의 대통령과 동일한 권한을 갖고 있다고 했다. 이는 이승만이 한성정부의 집정관총재로 지명되었다는 소식을 들은 이후 영어로 President, 즉 '대통령'이라는 직함을 사용하고 있었기 때문에, 이를 중지하고 국무총리로서 활동해줄 것을 요청한 것이다. 안창호의 전보를 받은 이승만은 7월 29일 바로 전보를 보내 자신은 이미 대통령 명의로 한성정부의 선포 소식을 열국에 통보했기 때문에 이를 바꾸기에는 너무 늦었으며, 한국에 두 개의 임시정부가 존재한다는 것이 대외적으로 알려지면 우리의 대의를 해치게 될 것이라고 답했다.[84] 안창호는 국무총리 대신 대통령이라는 직함을 계속 사용하겠다는 이승만의 주장을 따를 수밖에 없었다. 안창호는 8월 8일 미주의 국민회 중앙총회에 "이승만은 대통령"이라는 암호 전문을 보냈다. 이는 한성정부안의 정부구성안과 이승만의 대통령 명의 사용을 인정하겠다는 것을 의미했다.[85]

안창호는 이어서 임시의정원에 임시정부개조안과 임시정부헌법 초안을 제출했다. 임시정부개조안은 1) 총리제를 대통령제로 하고, 현 국무총리 이승만 박사를 대통령으로 선출할 것, 2) 조직을 확장하여 행정 6부를 7부 1국으로 하고, 총리·총장 및 총판을 선임할 것 등이었다. 이는 한성정부안을 대체로 따르면서도 집정관총재를 대통령으로 명칭을 변경한 것이다. 또 각원을 보면, 총리에 이동휘, 내무총장에 이동녕, 외무총장에 박용만, 군무총장에 노백린, 재무총장에 이시영, 법무총장에 신규식, 학무총장에 김규식, 교통총장에 문창범, 노동국총판에 안창호 등으로, 이는 한성정부의 내각안을 그대로 따른 것이었다.[86] 그런데 주목할 것은 이 개조안이 한성정부의 '집정관총재를 대통령으로 고친다'는 것이 아니라, '총리제를 대통령으로 고친다'고 되어 있다는 것이다. 즉 한성정부안을 고치는 형식이 아니라, 상해 임시정부안을 고치는 것으로 되어 있다. 즉 기존의 상해임시정부를 '개조'하는 형식을 취한 것이었다. 즉 상해 임정을 해산하고 한성정부를 승인·봉대하는 것이 아니라, 상해 임정을 개조하는 형식을 취한 것이었다. 만일 한성정부를 승인·봉대하게 되면, 한성의 국민대회를 인정하고 상해의 기존의 임시의정원과 임시정부를 모두 해산하는 형식이 되어야 했기 때문이다.

임시의정원은 9월 6일 정부개조안과 임시헌법안을 심의 끝에 통과시켰다. 그 뒤 9월 18일 이동휘가 상해에 도착했고, 문창범도 곧 뒤를 이어 도착했다. 이들은 상해의 임시의정원도 해산했을 것으로 예상하고 왔지만, 임시의정원은 그대로 있었고 다만 정부만 한성정부안으로 '개조'했다는 것을 알게 되었다. 이에 이동휘와 문창범은 통합정부 내각에 취임하는 것을 거부하고 나왔다. 결국 문창범은 민의에 부합하지 않는 정부의 각원에는 참여할 수 없다고 밝히고 교통총장에 취임하지 않은 채 블라디보스토크로 돌아가버렸다. 이에 따라 임시정부와 대한국민의회의 대통합은 사실상 물거품이 되고 말았다. 다만 11월 3일 이동휘가 국무총리에 취임하고, 내무총장 이동녕, 재무총장 이시영, 법무총장 신규식 등이 함께 취임식을 가짐으로써 불완전한 형태로나마 통합정부의 모습을 갖출 수 있게 되었다.[87]

## 4. 민주공화제의 대한민국임시정부를 세우다

### 임시정부의 임시헌법 공포

상해 임시의정원은 8월 30일부터 안창호가 제출한 임시헌법 초안을 축조적으로 검토하기 시작했다. 임시헌법 초안은 8장 57조로 되어 있었다. 그 내용은 임시헌장과 임시의정원법을 부연, 보강한 것이었다. 다만 임시헌장에 포함되었던 제7조의 국제연맹 가입, 제8조의 구황실 우대안, 제9조 생명형·신체형·공창제 폐지 등에 관한 내용이 삭제되었다. 그런데 임시의정원의 독회와 토론 과정에서 구황실 우대 조항은 다시 들어가게 되었다. 그리고 한성정부안에 있던 노동국총판 대신 농무총장을 넣자는 안이 계속 제기되었지만, 안창호의 강력한 반대로 노동국총판은 그대로 들어가게 되었다. 그밖에도 임시대통령의 임기가 없는 점, 내각 조직의 책임 소재, 임시대통령 및 국무총리의 대리 문제 등이 논의되었다. 임시대통령의 임기 문제와 내각 조직의 책임 소재에 대해서는 내무차장 신익희가 "대통령의 임기는 임시이기 때문에 정하지 않는다. 내각 조직은 국무총리가 책임을 지고 조직한다"고 답변했다. 그러나 임시대통령의 임기를 정하지 않은 것은 문제가 있었다. 임시대통령 대리 문제에 대해서는 국무총리가 이를 대리하고, 국무총리도 유고일 경우에는 임시의정원에서 임시대통령 대리 1인을 선거하여 대리케 한다는 것으로 정했다.

임시의정원은 9월 6일 헌법 검토를 마무리 짓고 최종 확정된 안을 7일 국무원 쪽에 넘겼다. 국무원은 11일 「대한민국임시헌법」을 공포했다. 이 가운데 가장 중요한 제1장 '강령' 부분을 보면 다음과 같다.[88]

제1조 대한민국은 대한 인민으로 조직함.
제2조 대한민국의 주권은 대한 인민 전체에 있음.
제3조 대한민국의 강토는 구한국 제국의 판도로 함.
제4조 대한민국의 인민은 일체 평등함.
제5조 대한민국의 입법권은 의정원이, 행정권은 국무원이, 사법권은 법원이 행사함.
제6조 대한민국의 주권 행사는 헌법 범위 내에서 임시대통령에게 맡김.
제7조 대한민국은 구황실을 우대함.

위의 임시헌법과 임시헌장을 비교해보자. 임시헌장 제1조에서 "대한민국은 민주공화국제로 함"이라 했던 것이 사라지고, 대신 임시헌법에서는 제1조 "대한민국의 주권은 대한 인민 전체에 있음", 제5조 "대한

임시정부의 「대한민국임시헌법」.

민국의 입법권은 의정원이, 행정권은 국무원이, 사법권은 법원이 행사함", 제6조 "대한민국의 주권 행사는 헌법 범위 내에서 임시대통령에게 맡김" 등의 구체적인 조항으로 바뀌었다. 선언적 내용보다는 구체적인 내용으로 바뀐 것이다.

임시헌법의 제2장 '인민의 권리 의무'는 제8조 인민의 자유, 제9조 인민의 권리, 제10조 인민의 의무 등으로 구성되었다. 인민의 자유와 관련해서는 모든 인민은 신교의 자유, 재산의 보유와 영업의 자유, 언론·저작·출판·집회·결사의 자유, 서신 비밀의 자유, 거주 이전의 자유 등을 가진다고 규정했다. 인민의 권리와 관련해서는 법률에 의하지 아니하면 체포·감금·신문·처벌을 받지 않는다는 것, 법률에 의하지 아니하면 가택의 침입 또는 수색을 받지 않는다는 것을 먼저 규정했다. 또 모든 인민은 선거권 및 피선거권, 입법부 청원권, 법원에 소송하여 재판을 받을 권리, 행정관서에 소원訴願을 할 수 있는 권리, 문·무관에 임명되는 권리 또는 공무에 취임할 수 있는 권리 등을 갖는다고 규정했다. 인민의 의무와 관련해서는 납세의 의무, 병역의 의무, 보통교육을 받을 의무 등을 규정했다.

제3장 '임시대통령' 부분은 선출과 자격, 직권 등으로 구성되어 있다. 임시대통령 선출은 임시의정원에서 기명 단기식 투표로 선출하며, 투표 총수의 3분의 2 이상을 얻은 자를 당선인으로 한다고 규정했다. 임시대통령의 자격과 관련해서는 대한 인민으로 공권상 제한이 없고, 연령이 40세 이상인 자로 한다고 규정했다. 임시대통령의 취임 선서문은 "나는 일반 인민의 앞에서 성실한 심력心力으로 대한민국 임시대통령의 의무를 이행하여 민국의 독립 및 내치외교를 완성하여, 국리민복을 증진케 하며, 헌법과 법률을 준수하고 또한 인민으로 하여금 준수케 하기를 선서하나이다"로 되어 있었다. 임시정부의 일차적 과제가 독립이었다는 점에 비추어 본다면, 독립운동과 관련된 부분이 극히 소략하게 되어 있었던 것은 문제가 있었다. 이는 임시대통령의 직권을 설명한 제15조의 경우에도 마찬가지다. 제15조에 서술된 임시대통령의 직권은 법률의 집행, 육해군 통솔, 문·무관 및 외교관 임명, 개전 및 강화 선포, 조약 체결, 계엄 선포, 임시의정원의 소집, 법률안의 임시의정원 제출, 사면권의 행사 등으로 구성되어 있다. 여기에서는 '독립운동'과 관련된 내용은 단 한 글자도 찾아볼 수 없었다.

제4장 '임시의정원' 부분은 의원의 자격과 선출, 임시의정원의 직권, 회의 등으로 구성되어 있다. 의정원 의원의 자격은 대한민국 인민으로서, 중등교육 이상을 받은 만 23세 이상의 자로 한다고 규정했다. 의원은 경기·충청·경상·전라·함경·평안도 및 중국 영토 내 교민, 러시아 영토 내 교민들 가운데에서 각 6인을 선출하고, 강원·황해도 및

미주 교민들 가운데에서 각 3인을 선거하도록 규정했다. 이렇게 되면 의원 수는 모두 57인이 된다. 이는 그해 4월 25일 제정된 임시의정원법에서 의원 정수를 48인으로 한 것에서 9명이 늘어난 것이다. 그것은 전라·중국령·러시아령에서 각각 3인이 늘어났기 때문이다. 그런데 임시헌법을 만들 당시의 의원 수는 28명밖에 되지 않았다. 많은 이들이 그 사이 임시의정원을 떠났기 때문이다.

임시의정원은 그 직권을 규정한 21조에 의하여 법률안의 의결, 예산 의결, 조세·화폐제도와 도량형의 준칙 의정, 공채 모집과 국고 부담에 관한 사항 의결, 임시대통령의 선거, 국무원 및 주외 대사·공사 임명의 동의, 선전宣戰·강화와 조약 체결 동의, 임시정부의 자문에 대한 회답, 인민의 청원 수리, 법률안의 제출, 임시대통령과 국무원에 대한 탄핵 등의 권리를 갖게 되었다. 임시대통령에 대한 탄핵은 총원 5분의 4 이상 출석, 출석원 4분의 3 이상 찬성으로 가결할 수 있게 했으며, 국무원에 대한 탄핵은 총원 4분의 3 이상 출석, 출석원 3분의 2 이상의 찬성으로 가결할 수 있게 했다.

제22조 이하 제34조까지는 임시의정원의 회의와 의원의 권한 등을 규정한 것이다. 이를 보면, 임시의정원은 매년 2월 임시대통령이 소집하며, 필요시에는 임시 소집이 가능했다. 임시의정원의 회기는 1개월이었으며, 필요시에는 회기를 신축적으로 할 수 있도록 했다. 임시의정원은 총 의원 반수 이상의 출석으로 개회하며, 일반적으로 출석원의 과반수로 의안을 가결할 수 있게 했으며, 가·부 동수인 경우에는 의장이 이를 결정할 수 있도록 했다. 임시의정원이 의결한 법률은 임시대통령이 이를 선포하여 시행하되, 임시대통령이 재의를 요구하면 임시의정원은 출석원 4분의 3 이상의 찬성으로 이를 고집할 수 있게 했다. 임시의정원의 의장과 부의장은 기명 단기식 투표로 의원이 호선하여 투표

자 총수의 과반수를 획득한 이가 맡도록 했다. 임시의정원 의원은 원내에서의 발언과 표결에 대해 원외에서는 책임을 지지 않도록 했다. 또 의원은 내환·외환의 범죄, 그리고 현행범이 아니면 회기 중에 의정원의 허락 없이 체포할 수 없도록 했다. 그리고 임시의정원은 광복 후 완전히 국회가 성립한 날에 해산하고, 그 직권을 국회에 넘겨주게 했다.

제5장 '국무원' 부분은 국무원의 구성, 책임, 직권 등으로 구성되어 있다. 국무원國務院은 국무총리, 각부 총장, 노동국 총판 등 국무원國務員 등으로 구성하며, 행정사무 일체의 처판處辦을 맡도록 했다. 국무원은 오늘날의 국무회의와 같은 것으로, 이에서 의정하는 사항들은 법률·명령·관제에 관한 사항, 예산·결산에 관한 사항, 군사에 관한 사항, 조약과 선전·강화에 관한 사항, 고급관리 진퇴에 관한 사항 등이었다. 행정 사무는 내무·외무·군무·법무·학무·재무·교통의 각부와 노동국을 두어 각기 업무를 분장하도록 했다. 국무원이 의정원에 의해 탄핵을 당할 시에는 임시대통령은 이를 면직하되, 의정원에 1차 재의를 요구할 수 있도록 했다.

제6장 '법원' 부분은 법원의 구성, 직권, 사법관 등으로 구성되어 있다. 법원은 사법관으로 조직하며, 사법관의 자격은 법률로써 따로 정하도록 했다. 법원은 법률에 의하여 민사소송 및 형사소송을 재판하며, 행정소송과 특별소송도 다룰 수 있게 했다. 사법관은 독립하여 재판을 행하며, 상급 관청의 간섭을 받지 아니한다고 규정했다. 사법관은 사법의 선고 또는 징계 처분에 의하지 아니하면 면직을 당하지 않도록 했다.

제7장 '재정' 부분은 조세, 세입, 세출, 예산, 결산 등으로 구성되어 있다. 임시정부가 조세를 새로이 부과할 때에는 법률로써 이를 할 수 있게 했다. 임시정부의 세입·세출은 매년 예산을 임시의정원에 제출하여 의결을 받아야만 했다. 결산은 회계 검사원檢查院이 이를 검사, 확정

한 후 임시정부는 그 검사 보고와 함께 임시의정원에 제출하여 승인을 받게 했다. 회계검사원의 조직과 직권에 대해서는 따로 법률로써 정하도록 했다.

제8장 '보칙' 부분은 헌법의 개정, 광복 이후 권한의 이양 등에 관한 내용으로 구성되어 있다. 우선 제55조에서는 임시헌법은 국토 회복 후 1년 이내에 임시대통령이 국회를 소집하되 그 국회의 조직 및 선거 방법은 임시의정원이 이를 정하도록 했다. 제56조에서는 대한민국 헌법은 국회에서 제정하되, 헌법이 시행되기 전에는 임시헌법이 헌법과 같은 효력을 가진다고 규정했다. 제57조에서는 임시헌법은 임시의정원 의원 3분의 2 이상이나 혹 임시대통령의 제의로 총원 5분의 4 이상 출석, 출석원 4분의 3 이상의 가결로 개정할 수 있게 했다. 제58조에서는 임시헌법은 공포일로부터 시행하고, 1919년 4월 11일에 공포한 대한민국임시헌장은 임시헌법의 시행과 함께 폐지한다고 선언했다.

'보칙'에서 주목되는 것은 광복 후 1년 이내에 국회를 구성·소집하며, 그 조직 및 선거 방법은 임시의정원이 정하도록 한 것이다. 그리고 대한민국 헌법은 새로 구성되는 대한민국 국회에서 제정하도록 했다. 이러한 조항들은 광복 후의 국회가 임시의정원을 승계하는 것이 되어야 한다는 것을 분명히 한 것이었다. 하지만 주지하는 것처럼 광복 후의 제헌국회는 임시의정원과는 아무런 연계성을 갖지 못한 채 구성되었다. 임시의정원의 역사는 대한민국 국회의 역사로 제대로 이어지지 못했던 것이다.

## 민주공화제 임시정부 수립의 의의

9월 6일 임시헌법이 통과된 후, 임시의정원은 정부 개조안에 대해

토의했다. 임시의정원은 새 임시헌법에 따라 한성정부 내각의 명단대로 새 정부 각원들을 선출했다. 그 결과 대통령 이승만 이하 각원들이 선출되었다. 대통령 이승만은 미국에 있어 대리를 선출해야 할 것인지가 논란이 되었지만, 대리는 선출하지 않기로 했다. 마침 9월 18일 국무총리로 선출된 이동휘가 상해에 도착했다. 이어서 항주·북경 등지에서 이동녕·이시영·신규식 등이 상해로 왔다. 10월 하순 도착한 교통총장 문창범은 다시 러시아령으로 돌아갔지만, 외무총장 박용만과 군무총장 노백린도 곧 상해로 온다는 소식이 전해졌다. 11월 3일에는 국무총리 이동휘, 내무총장 이동녕, 법무총장 신규식, 재무총장 이시영이 취임식을 가졌다.[89]

새 정부의 출발에 대한 상해 교민들의 기대는 대단했다. 이에 상해의 민족대표자 30인은 선언서와 공약을 발표하여 한국 민족도 이제는 엄연히 정부를 가진 국민임을 세계에 선언하고, 새 정부에 대한 전 민족적인 협력을 촉구했다. 선언서의 내용 일부를 보면 다음과 같다.

대한민국 원년 3월 1일에 이미 우리 민족의 자유민임을 선언하고 이에 따라 금년 4월 10일에 임시의정원과 임시국무원이 성립되니, 이에 우리 민족은 우리 민족의 일치된 의사와 희망에서 나온 대한민국의 국민이 된지라. 일본이 아직 무력으로 우리 3천 리의 국토를 점령했거니와 이는 벨기에의 국토가 일찍이 독일의 무력하에 점령되었음과 같은지라. 우리 민족은 대한민국의 국민이요, 우리 민족을 통치하는 자는 대한민국의 임시정부니, 우리 민족은 영원히 다시 일본의 지배를 받지 아니할지라. 일본이 무력으로 우리 민족을 포로로 함은 가능하려니와 일각이라도 우리 민족을 일본이 신민臣民으로 하지 못할지며, 따라서 우리 민족은 지금토록 강제로 당해 오던 일본 국가에 대한 모든 의무를 폐

154

①②③
④⑤⑥
　　통합 임시정부의 요인들.
　　❶이승만, ❷안창호, ❸신규식, ❹이동휘, ❺이동녕, ❻이시영.

기하고 일본 정부에 대하여 조선총독부와 그에 소속된 모든 관청과 육
해군을 철거하고 대한민국의 완전한 독립을 확인하기를 요구하노라.[90]

　위에서 보는 것처럼 이 선언문은 대한민국임시정부가 한국 민족의
일치된 의사에서 나온 것이라는 점을 분명히 했다. 또 선언문은 한국
민족은 대한민국의 국민이요, 한국 민족을 통치하는 자는 대한민국의
임시정부이며, 우리 민족은 결코 일본의 신민이 될 수 없다는 것을 널
리 알렸다.
　1919년 가을, 임시헌법의 공포와 새 내각과 의정원의 구성을 통해
대한민국임시정부는 본격적으로 출발했다. 민주공화제 국가의 정부로

서 대한민국임시정부가 수립된 일은 대한제국기부터 공화제를 꿈꾸어 온 이들에게는 감격적인 일이었다. 『독립신문』 1920년 1월 8일자를 보면, 안창호는 그해 임정의 신년축하회 연설에서 이렇게 말했다고 한다. "오늘날 우리나라에는 황제가 없나요? 있소. 대한 나라의 과거에는 황제는 1인밖에 없었지마는 금일은 2천만 국민이 모두 황제요. 제군 모두가 황제요. (중략) 황제란 무엇이오. 주권자를 이름이니 과거의 주권자는 오직 한 사람이었지만, 지금은 제군이 다 주권자외다."[91]

또 1920년 12월 이승만이 미국에서 중국 상해에 왔을 때 그를 환영하는 연회에서 장붕은 개회사를 하면서 이렇게 말했다. "무릇 우리나라로서는 반만 년의 제국을 유지해왔으나 이번에 공화정체로 개혁한 것이다. 그러므로 우리들의 대표자인 이승만 박사를 오늘 저녁에 환영함은 진실로 기쁜 바이다." 박은식도 환영사를 통해 이렇게 말했다. "오늘 밤 환영하는 이승만 박사는 수십 년래의 애국자이며, 오늘에 이르기까지 시종일관 국사에 진력한 사람으로서 우리들이 항상 희망해온 공화정치를 집행하는 사람이다. 우리 역사상 정치가 개조되었음은 제군이 숙지하는 바이나, 우리들은 한층 노력하여 나아가서는 한성에서 속히 이승만 박사를 환영할 것을 바란다." 이승만 대통령의 존재는 공화제 임시정부의 상징으로서 여겨지고 있었던 것이다.[92]

이로써 오랜 세월에 걸친 '공화제로의 여정'은 끝이 났다. 1924년 3월 나경석이 『개벽』에 쓴 「사상의 귀추와 운동의 방향」에 나오는 아래의 대목은 한말 이래 1919년까지의 '공화제로의 여정'을 잘 요약한 것으로 보인다.

조선의 사상계는 3·1운동을 기회 삼아 일대 전환했다. 그전의 조선 사상의 주조主潮는 정치적 자유주의, 즉 독립주의였다. 조선정치보호조약

이 성립되었을 때에 우리의 선배는 은근히 월남망국사를 가리키며 폴란드 망국기를 밀담케 했고, 또 조선의 전제정치가 멸망을 가져왔다고 하여 군주입헌정체를 목표 삼은 근왕애국주의를 고조했음은 지금 생각해보면 우스운 일이나 그 당시에는 은연히 세력 있던 정치사상이었다. 그 후 정치의 변동이 다시 일보를 나아가 일본이 조선을 병합했다고 발표하게 되매, 조선의 군주가 자연히 ××되었음으로 근왕 선동은 졸지에 퇴색되어 극소수의 전 관료와 양반, 완고한 유생을 제한 외에는 일반 청년은 민주적 애국의 색채가 농후하게 되었다. 그리하여 말살되려던 조선 역사를 연구하여 민족적 자부심을 배양하려 했고, 또 근대 정치의 최고 이상이 공화대의제인 줄로 생각한 까닭에 소위 지사들이 국내외에 분주할 때에 지방 열병에 전신이 마비되면서도, 장래 조선의 정체政體의 이상에 관하여는 거의 이론 없이 이에 귀일했음으로 조선 당국에서는 그것이 조선에서 자연히 발견된 정견인 줄 모르고, 미국 선교사가 교회에서 학교에서 조선 학생에게 미국 정신을 양성한다 하여 걱정 끝에 일본 야소인 조합교회를 실어 오는 활극까지 있었다.[93]

즉 1905년 이후 입헌군주제론이 대세를 이루었지만, 1910년대 이후에는 공화대의제론이 강력히 대두하여 3·1운동 당시에는 공화제론으로 사실상 귀일되었다는 설명이다.

**제3장**

독립운동 진영의 통일 모색과 건국 준비

1920년대 들어 임시정부가 침체 상태에 빠지고, 독립운동 진영이 좌우파로 분화된 가운데 이를 하나로 통합하려는 민족유일당 운동이 전개되었으나 성사되지는 못했다. 1930년대 들어 중국 관내와 만주의 민족주의자들은 (상해)한국독립당, (만주)한국독립당, (만주)조선혁명당, (남경)한국혁명당, 한국국민당 등의 정당을 만들었으며, 앞의 4개 정당은 의열단과 함께 민족혁명당을 결성했다. 그러나 민족혁명당 가운데 민족주의 우파 진영은 곧 떨어져 나가 결국은 1940년 중경에서 한국국민당과 함께 통합하여 이른바 '중경 한국독립당'을 만들게 된다. 대한민국임시정부를 뒷받침한 정당은 한국국민당, 그리고 그를 이은 중경의 한국독립당이었다. 따라서 1930년대 임시의정원은 하나의 정당에 의해 구성되고 있었다고 볼 수 있다. 1940년대 들어 태평양전쟁이 발발하자 민족혁명당은 임정 참여를 결의하여, 결국 임시의정원과 임정 내각에 참여했다. 이리하여 임시정부는 처음으로 중국 관내의 민족주의 좌우파 정당이 함께 참여한 통합 정부가 될 수 있었다. 그런 가운데 임시정부는 1941년 건국강령을 발표했는데, 이는 정치·경제·교육에서의 균등을 강조하는 삼균주의에 기초한 것이었다. 앞서 상해 한국독립당, 한국국민당, 그리고 중경 한국독립당도 모두 삼균주의에 기초한 정강 정책을 갖고 있었다. 민족혁명당의 정강 정책도 비슷했으나 이들 정당보다는 다소 진보적인 민족주의 좌파의 성향을 띠고 있었다. 이러한 차이가 있었지만, 이들 민족주의 좌우파 정당과 임시정부는 모두 민주공화국을 지향하고 있었다. 그러나 1920년대 중반에 등장한 조선공산당은 인민공화국 내지는 소비에트 공화국을 지향하고 있었다는 점에서 분명 차이가 있었다. 제3장에서는 이와 같은 내용들을 보다 자세히 살피기로 한다.

# 1. 국외 독립운동 진영, 정당을 조직하기 시작하다

### 초보적인 정당의 모습

근대 민주주의 정치의 가장 큰 특징 중의 하나는 대의제에 기반을 둔 의회정치라고 할 수 있다. 그리고 이러한 의회정치를 뒷받침하는 것은 정당정치인데, 국민의 다수 의견뿐만 아니라 소수 의견까지도 반영하기 위하여 복수정당이 존재해야 한다는 것이 일반적인 견해이다. 그리고 그 정당은 나름의 정강 정책을 가진 이념정당이어야 한다는 것은 말할 것도 없다.

때문에 한국인들은 근대 이후 정당을 조직하여 민주주의 정치의 훈련을 하고자 했다. 1897년의 독립협회는 그 초보적인 형태였다고 할 수 있다. 또 앞서 본 것처럼 1906년의 대한자강회도 후일 정당으로의 발전을 염두에 두고 있었다고 볼 수 있으며, 1907년의 대한협회는 스스로를 '정당'이라고 규정하면서, 입헌정치와 정당정치를 펼 것을 주장하기도 했다. 하지만 이미 일제의 보호국이 되어버린 상황에서 정당정치의 실험은 불가능했다.

한국인들은 1910년 국망 이후에도 정당 조직을 위한 움직임을 계속했다. 1915년 3월, 상해에서는 이상설·신규식·박은식 등이 중심이 되어 신한혁명당을 조직했다. 또 1918년 11월에는 상해에서 여운형·조동호 등이 중심이 되어 신한청년당을 조직했다. 1918년 4월에는 연해주의 하바로프스크에서 이동휘·김알렉산드라·박애·유동열 등이 한인사회당을 조직했다.[1]

그리고 1919년 3·1운동 직후 상해에서 임시정부의 수립이 논의될 즈음, 여운형·최근우 등 일부 소장파 독립운동가들은 임시정부보다는 정당을 조직하여 독립운동을 계속할 것을 주장하기도 했다. 이들은 정부를 조직하기 위해서는 주권·영토·인민이 있어야 하는데 이를 하나도 갖추지 못했고, 또 정부를 조직하는 것이 장차 독립운동에 장애가 될 수도 있다고 생각하여, 정부 대신 당을 조직할 것을 주장한 것이다. 이회영의 경우도 정부 수립에 반대했다. 그는 독립운동을 수행하기 위해서는 실제적인 활동을 지도하는 기관이 있어야 하는데, 정부는 기본적으로 행정조직이기 때문에 효율적으로 독립운동을 지도하기 어렵고, 임시정부의 지위와 권력을 둘러싼 내분이 계속될 것이라고 지적했다. 하지만 당시 국내외의 여론은 임시정부의 수립 쪽으로 기울어져 있었기 때문에, 정당조직론은 소수 의견에 그치고 말았다.[2]

임시정부 수립 이후에도 국내외에서 정당의 명칭을 사용하는 단체들은 계속해서 나타났다. 1920년 3월, 블라디보스토크에서는 장도정이 일세당을 개칭하여 한인사회당이라 칭했고, 1920년 12월 미국 캘리포니아에서는 노동사회개진당이, 1926년 4월에는 만주 길림시에서 고려혁명당이 조직되었다.[3] 그리고 1920년 국내의 급진주의자들은 사회혁명당을 조직했고, 1921년에 러시아와 중국에 있던 한인 사회주의자들은 이르쿠츠크파 고려공산당과 상해파 고려공산당을 조직했다. 그리고 1925년에는 국내에서 조선공산당을 출범시켰으며, 총독부 경찰의 계속된 탄압하에서도 1928년까지 당 조직을 유지했다. 이처럼 독립운동에 참여한 민족주의자, 사회주의자들은 여러 정당을 조직하여 활동을 전개했다. 하지만 이러한 정당들은 아직 의회정치를 염두에 둔 것이라기보다는 독립운동 혹은 혁명운동을 위한 '당적 조직'이라고 보는 것이 더 맞을 것이다. 즉 운동가나 전위세력 중심의 '당'黨 조직이 운동에 더 적합하다고 생각하여 당을 조직했던 것이다. 따라서 이들 당은 아직 당의 정강·정책 등을 구체적으로 갖지 못했고, 정당으로서의 대중적 조직체계도 갖추지 못했다.

### 민족유일당 운동

앞서 제2장의 임시정부의 수립 과정에서 설명한 바와 같이, 대한민국임시정부에 대한 한국인들의 기대는 대단히 컸다. 그러나 1920년대 초에 들어서면서 임시정부는 안팎으로 여러 어려움에 부딪치게 되었다. 국내와의 연락망이자 재정수입원으로 구축했던 연통제와 교통국이 일제 경찰에 의해 붕괴되어 임정은 재정적으로 곤란을 겪게 되었다. 또 베르사유 평화회의와 워싱턴 군축회의 등에 대한 외교운동이 좌절되면서, 임정 안팎에서 임정의 외교 중심 노선에 대한 비판이 더욱 거세졌다. 대통령 이승만의 위임통치 청원과 미국 체류문제는 임정 안팎에 이승만에 대한 반대 세력의 확대를 가져왔다. 또 임정 내외에 사회주의 운동 세력이 형성되면서 임정은 이념적으로도 갈등을 겪기 시작했다. 결국 임정 안팎에서는 서북파와 기호파의 대립이 시작되고, 국무총리 이동휘의 상해파 사회주의자들과 신채호·박용만 등 반이승만을 내

1921년 초 임시의정원 신년축하식 기념사진. 이승만·이동휘·이동녕·안창호·신규식·이시영 등의 모습이 보인다.

세운 북경파가 대두했다. 임정은 분열의 길을 걷고 있었다. 그런 가운데 이동휘와 서북파 청년들은 이승만의 퇴진을 요구했고, 안창호는 이를 반대했다. 1920년 12월 상해에 온 이승만은 자신이 상해에 없는 경우, 결재권을 국무총리에 위임하자는 안에 대해서도 반대했다. 이에 국무총리 이동휘는 총리직을 사임하고 임정을 떠났다.[4] 그리고 박은식·김창숙·원세훈 등 14명은 1921년 2월 국민대표회의 소집을 제창했다. 북경의 신채호·박용만 등은 1921년 4월 북경에서 군사통일주비회를 개최하고, 이승만이 미국에 한국의 위임통치를 제안했었던 사실을 들어 임정 및 의정원의 해산을 요구했다. 아울러 새로운 독립운동 지도기관을 세우기 위한 '국민대표회의' 소집을 지지했다. 1921년 5월, 만주의 독립운동 단체들도 이승만의 퇴진과 임정 개조를 요구했으며, 여기에는 여준·김동삼 등도 참여했다.[5]

결국 1922년 5월 북경파가 중심이 된 국민대표회의 주비회는 대표회의 소집을 선언했다. 여운형도 이에 가세했다. 안창호도 회의 개최에 동의했다. 하지만 같은 서북파 내의 김구는 이에 반대하고 한국노병회를 조직했다.

1923년 1월, 마침내 지역대표와 단체대표로 인정된 130여 명이 상해에 모여 국민대표회의를 개최했다. 의장에는 만주에서 활동해온 김동삼이 선출되었고, 부의장에는 윤해와 안창호가 선출되었다. 이 회의는 독립운동사상 최대 규모의 회의로서 4개월 정도 계속되었다. 그러나 회의는 임시정부 문제를 둘러싸고 창조파와 개조파로 나뉘었다. 창조파는 임시정부를 해산하고 신정부를 세우자고 주장했고, 개조파는 임정을 개혁하여 다시 쓰자고 주장했다. 창조파 세력은 북경파, 이르쿠츠크파 고려공산당이었으며, 개조파 세력은 안창호파, 상해파 고려공산당이었다. 양파는 팽팽히 맞섰다. 1923년 5월 의장 김동삼이 만주로 돌아가버리고, 개조파가 대회에서 탈퇴함으로써 회의는 결렬되고 말았다. 결국 창조파 80여 명만 남아 6월 2일 국호를 '한'韓, 연호를 '기원'紀元으로 하는 새 정부를 만들기로 결의하고, 8월 말 새 정부를 두기로 한 러시아의 블라디보스토크로 갔다. 그러나 1924년 2월 소련 정부는 이들의 국외 퇴거를 요구함으로써 창조파는 북경으로 돌아왔고, 결국은 해산하고 말았다.[6]

이에 1924년 2월, 상해에서 임시정부를 지키고 있던 김구·조소앙 등과 국민대표회의에 참가했던 여운형·남형우 등은 국외 각지의 독립운동 세력을 임정 중심으로 통일하자는 내용의 「대동통일취지서」를 발표했다. 그리고 4월에는 상해파 고려공산당원, 흥사단 원동지부원, 임시정부, 한국노병회 등의 청년들이 조직한 상해청년동맹회가 선언문과 강령을 통해 독립운동 전선의 통일을 주장하고 나섰다.[7]

1924년 9월 임정의 임시의정원은 대통령 이승만이 임지를 떠나 미

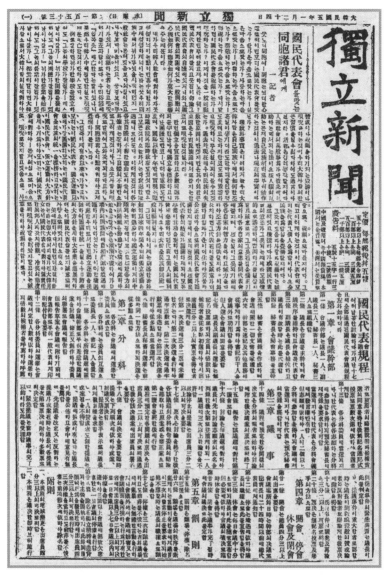

임정의 『독립신문』에 실린 국민대표회의에 관한 보도기사.

주에 너무 오래 머무르고 있으므로 국무총리 이동녕에게 대통령직을 대리하도록 명했다. 이에 이승만은 크게 반발하여 하와이 동포들이 임정에 보내기 위해 모금한 독립운동 자금을 임정에 보내지 않고 이승만의 구미위원부가 쓰겠다고 나왔다. 임시의정원은 결국 1925년 3월 이승만을 탄핵하고 박은식을 새로운 대통령으로 추대했다.[8] 대통령에 취임한 박은식은 대통령제를 국무령제로 바꾸고, 그해 8월 사임한 뒤 11월에 서거했다. 박은식은 유언을 통해 "독립운동을 하려면 개인 사이의 감정, 인간관계를 떠나 전 민족적인 통일을 이루어야 한다"고 강조했다.[9] 한편 여운형이 중심이 되어 1926년 2월 상해에서 조직한 '주의자 동맹'도 "무산동맹과 독립운동의 연합을 촉성하기에 노력"한다는 결의안을 채택했다. 이처럼 민족주의자들뿐만 아니라 사회주의자들도 통일전선에 찬성하고 있었던 것은 1922년 코민테른(국제공산당)에서 반제민족해방운동을 위해서는 사회주의자들이 민족주의자(민족부르주아지)들과 민족협동전선을 결성할 필요가 있다고 결정한 것과도 관련이 있었다.[10]

독립운동전선의 통일, 연합전선의 결성을 위한 움직임은 '민족유일당운동'으로 현실화되었다. 이 운동의 배경에는 특히 1924년 중국국민당과 중국공산당 사이에 체결된 제1차 국공합작의 성공이 있었다. 이념을 떠나 북벌을 통한 중국혁명의 완수를 위해 하나로 뭉친 중국국민당과 중국공산당의 사례는 한국인 독립운동가들에게도 큰 자극이 되었다. 한국인들의 민족유일당 운동은 1926년 7월 8일 안창호의 상해 임정 삼일당 연설에서부터 시작되었다. 안창호는 「우리의 혁명운동과 임시정부 문제」라는 주제의 연설에서 "지금은 오직 민족혁명 하나의 목표만을 바라보고 전 민족이 다 같이 합하여 대혁명당을 이루어야" 할 때라고 주장했다. 같은 날 임정의 국무령으로 취임한 홍진도 "전 민족을

망라한 공고한 당체黨體를 조직할 것"을 강령으로 내걸었다.[11]

안창호의 '민족혁명을 위한 대혁명당의 결성' 제창은 커다란 반향을 불러일으켰다. 안창호는 1926년 8월 북경파의 유력자인 원세훈을 만나 의견 일치를 보고, '대독립당조직북경촉성회'를 조직했다. 북경촉성회는 선언서에서 러시아, 중국, 아일랜드의 혁명가들은 각기 공산당, 국민당, 신펜Sinn Fein당을 만들어 일정한 주의와 강령을 가지고 혁명운동을 전개하고 있다면서, 한국의 독립운동 진영도 이와 같은 '이당치국'以黨治國(당으로써 나라를 다스린다)의 형태로 일치단결하여 대독립당을 결성할 것을 촉구했다. 이어서 상해지역에서도 1927년 3월에는 '한국유일독립당 상해촉성회'가 창립되었으며, 여기에는 상해의 이동녕·홍진·조완구·이유필·김두봉·김구·정백·정태희 등 좌우파 인물들이 대거 참여했다. 5월에는 광동에서도 '대독립당조직광동촉성회'가 김원봉·오성륜·장지락 등에 의해 결성되었으며, 7월에는 무한에서도 '한국유일독립당 무한촉성회'가 의열단의 박건웅 주도로 창립되었다.[12]

이처럼 유일당촉성회가 각지에서 결성되자 임시정부에서도 이를 적극 수용하려는 움직임을 보였다. 즉 중국국민당처럼 이당치국 체제를 만들기 위한 개헌 움직임이 대두한 것이다. 1926년 12월 국무령으로 취임한 김구는 헌법 개정에 착수했다. 이에 의해 1927년 3월 새 임시약헌이 만들어졌는데, 제1장 총강 제2조는 "대한민국은 최고 권력이 임시의정원에 있음"이라고 규정한 뒤에, "광복운동자의 대단결인 당이 완성된 때에는 국가의 최고 권력이 당에 있음"이라고 명시했다. '이당치국'의 원칙을 천명한 것이다.[13]

이와 같이 유일당 결성운동이 고조되자 각지의 촉성회를 하나로 묶기 위한 움직임이 시작되었다. 그리하여 1927년 11월 상해에서 각지 촉성회의 대표가 참석한 연석회의가 열려 '한국독립당 관내 촉성회 연합회'를 결성하기로 했다. 그리고 이들은 만주와 러시아에서의 촉성회 설립을 촉진하기 위하여 대표를 보내기로 결정했다. 연합회는 또 집행 위원회를 구성했는데, 이에는 임시정부 계열의 인사들, 북경파, 이르쿠 츠크파와 상해파, 그리고 국내에서 온 화요회계 사회주의자들, 의열단 원 등이 포함되었다. 즉 연합회는 명실상부한 좌우 양진영의 연합체였 던 것이다.[14]

연합회의 결성이 추진되는 가운데 1927년 12월에는 연합회의 전위 로서의 성격을 지닌 '중국본부 한인청년동맹'(이하 중본한청)이 조직되었 다. 이는 북경·상해·광동·무한·남경 등 5개 지역 한인청년회의 연합 체였다. 그런데 이에는 민족주의 계열의 청년들보다는 주로 사회주의 계열의 청년들이 참여하고 있었다. 이들은 "혁명을 발전시키기 위해서 는 민족적 유일당을 노동자와 농민 대중의 위에 세우는 데 노력하지 않 으면 안 된다"고 선언했다. 또 중본한청은 만주 청년단체들과 연합하여 재중국한인청년총기관을 결성하고자 했다. 그 결과 1928년 5월 길림성 반석현에서는 7개 재만청년단체와 중본한청이 가맹한 '재중국한인청 년동맹'(이하 재중한청)이 결성되었다. 재중한청은 결성 이후 중국 전역 을 11개 구역으로 나누고, 각 지역의 책임자를 임명했다. 이에 따라 재 중한청은 중본한청을 해체하고 재중한청 제1구 지부로 개편할 것을 지 시했다. 그러나 중본한청 측은 이에 대해 강력히 반발하여 상호비방전 이 전개되었다. 이와 같은 만주와 관내의 한인청년조직 간의 갈등 배경 에는 만주의 ML당과 상해의 화요파 청년조직 사이의 경쟁과 알력 관계 가 있었다.[15]

그런 가운데 1928년에 들어서면서 민족유일당 결성운동은 난관에 부딪쳤다. 우선 민족유일당 결성의 방법을 둘러싸고 좌우파 간에 이견 이 표출되고 있었다. 재중한청과 중본한청, 의열단 등 좌파 진영은 대당 결성의 기초로서 대중적·혁명적 공동투쟁의 전개, 혁명청년층의 대당 결성에의 적극 참여, 노농계급을 주축으로 하는 단일전선의 구축을 적극 주장했다. 반면에 상해촉성회와 상해 각 단체연합회 등 우파 진영에서는 극좌소아병과 보수주의, 초단계적 맹동주의를 극력 반대하며, 노농계급이나 혁명청년층과 같은 일부 한정된 세력의 대당 결성이 아닌 민주주의·전민일치의 대당 결성을 주장했다. 좌우파의 방법론 사이에는 상당한 거리가 있었다. 한편 앞서 본 좌파 진영 내부에서의 갈등도 민족유일당 운동에 악영향을 미쳤다. 화요파는 ML파의 '프롤레타리아 헤게모니 전취론'을 극좌노선이라고 비판하고 있었다.[16]

이러한 가운데 1928년 중국의 정세 변화도 민족유일당 운동에 악영향을 미쳤다. 1927년 4월 장개석은 상해 반공쿠데타를 통해 제1차 국공합작을 와해시켰다. 이에 중국공산당은 1927년 8월 남창봉기, 12월 광주봉기 등을 일으켜 중국국민당과 정면으로 대결했다. 그리고 1928년 6월에는 장개석이 북벌의 완료를 선언했다. 더 이상 국공합작은 필요하지 않다는 선언이었다. 1928년 12월에 나온 코민테른의 12월 테제도 악영향을 미쳤다. 이 테제는 "조선의 주의자는 자기의 전 공작, 전 임무에서 명확하게 소부르주아 당파와 분리하여 혁명적 노동운동의 완전한 독자성을 엄격히 지녀야 한다"고 강조하고 있었기 때문에, 민족주의자들과 연합하려던 사회주의자들로 하여금 통일전선에서 후퇴하게 만들었다.[17]

민족유일당 결성이라는 목표는 공유할 수 있었지만, 우파 진영의 '전민 일치의 민주주의 중앙집권적 대독립당 결성' 방안과, 좌파 진영의 '노농대중에 기초한 혁명적 통일전선 결성' 방안 사이의 거리는 너무 멀었다. 1929년 하반기에 접어들면서 좌파 진영의 국제주의 추수노선은 더욱 강화되었고, 결국 좌우익 연합전선에 기초한 민족유일당

의 결성은 좌절되고 말았다.[18]

## 상해 한국독립당의 결성

1929년 10월 상해에서는 좌파 세력이 주도하여 민족유일당 상해촉성회의 해체를 선언했다. 그들은 해체선언문에서 대독립당의 결성 방법을 둘러싸고 각 단체 협의기관을 통하여 그 기관의 일부분 사업으로 독립당을 준비하자는 주장과, 지역별 촉성회를 발기하여 독립당을 조직하자는 수장이 서로 맞서 조화가 불가능하게 되었기 때문에 상해촉성회를 해체할 수밖에 없게 되었다고 주장했다. 그리고 이들 좌파 진영은 촉성회의 해체에 이어 바로 '유호한국독립운동자동맹'을 결성했다. 민족유일당 운동을 처음 제창한 상해촉성회가 해체를 선언하고, 이어서 북경촉성회도 해체를 선언했다. 이로써 민족유일당 운동은 추진 동력을 잃고 말았다. 그리고 상해의 좌파진영(홍남표·한위건 등)이 '유호한국독립운동자동맹'을 결성하자, 우파진영은 자파 세력의 결집을 위해 1930년 1월 25일 상해 임시정부 청사에서 한국독립당을 결성했다.[19]

한국독립당은 우파진영의 안창호·이동녕·이시영 등 민족주의자 28명이 조직한 것으로, 일반적으로 '상해 한국독립당'이라 부른다. 상해 한국독립당에는 이동녕·김구 등 임시정부의 핵심세력과, 안창호를 비롯한 흥사단 계열이 주류를 이루고 있었다.[20] 당의 핵심인 이사장에는 이동녕이, 이사에는 조완구·안창호·이시영·조소앙·김구·김철 등이 선임되었다. 하지만 한국독립당은 처음에는 당 결성 사실을 외부로 공개하지 않았다. 그것은 좌파진영의 유호한국독립운동자동맹과 대립하는 모습을 보이고 싶지 않았기 때문인 것으로 보인다.[21] 그러면 한국독립당이 지향하는 바는 무엇이었을까. 한국독립당의 당의, 즉 당의 취지는 이동녕·안창호·이유필·김두봉·안공근·조완구·조소앙 등 7명의 위원이 기초했다. 당의의 내용을 보면 다음과 같다.

당의黨義

우리는 오천 년 독립 자주하여 오던 국가를 이족 일본에게 빼앗기고, 지금 정치의 유린과 경제의 파멸과 문화의 말살 아래에서 사멸에 직면하여, 민족적으로 자존을 지키기 어렵고, 세계적으로 공영을 도모하기 어렵다.

이에 본당은 혁명적 수단으로써 원수 일본의 모든 침탈 세력을 박멸하여 국토와 주권을 완전 광복하고, 정치·경제·교육의 균등을 기초로 한 새로운 민주국을 건설함으로써, 국민 각개의 균등생활을 확보하며, 밖으로는 민족과 민족, 국가와 국가의 평등을 실현하고, 나아가 세계 일가의 진로로 향함.[22]

위에서 보는 바와 같이, 상해 한국독립당은 조국의 독립과 주권회복을 전제로 하여 정치·경제·교육의 균등을 기초로 하는 새로운 나라를 세우려 했다. 그리하여 안으로는 균등사회를 실현하고, 밖으로는 모든 나라와 민족이 평등한 세계를 실현한다는 것을 당의 궁극적인 목표로 삼았던 것이다. 한편 한국독립당의 기본 강령은 다음과 같았다.

당강黨綱

一. 대중의 혁명의식을 환기하고 민족적 혁명역량을 총집중할 것.

一. 엄밀한 조직하에 민족적 반항과 무력적 파괴를 적극적으로 진행할 것.

一. 세계 피압박 민족의 혁명단체와 연락을 취할 것.

一. 보선제를 실시하여 국민참정권을 평등하게 하고, 기본 권리를 보
장할 것.

一. 토지와 대생산기관을 국유화하여 국민의 생활권을 평등하게 할 것

一. 생활상의 기본 지식과 필요 기능을 수득하기 위하여 충분한 의무
교육을 공비公費로써 실시하여 국민의 수학권受學權을 평등하게 할 것.

一. 민족자결과 국제평등을 실현할 것.

一. 세계일가의 조성에 노력할 것.[23]

위에서 보듯이, 당의 정강에서도 정치·경제·교육의 기회균등, 그
리고 민족자결과 국제평등이 천명되고 있다. 또 독립운동의 방법으
로서는 민족의 조직적 반항과 무장투쟁의 노선을 채택하고 있다. 여
기서 정치·경제·교육의 기회균등, 그리고 민족자결과 국제평등론
은 조소앙의 삼균주의 사상에 기초한 것이었다. 조소앙은 삼균주의를
1927~1928년에 정립했다고 한다. 하지만 당시 삼균주의가 어떤 것이
었는지는 구체적으로 알 수 없다. 삼균주의가 구체적인 모습을 처음 드
러낸 것은 1930년 한국독립당의 당의와 당강을 통해서였다. 한국독립
당에 나타난 삼균주의는 균등사회를 건설하기 위해 먼저 정치·경제·
교육의 기회균등을 통한 개인과 개인의 균등생활을 실현하고, 이를 토
대로 민족과 민족, 국가와 국가의 평등을 이루며, 나아가 세계일가를
추구한다는 철저한 '균등주의'에 입각한 이념이었다.

상해 한국독립당은 1930년 10월 남경에서 열린 중국국민당 4차 중
앙집행위원회에 조소앙과 박찬익을 대표로 파견하여 국민당 요인들에
게 그 당의와 당강 등을 설명하고, 중국 거주 한인문제에 대한 대책을
청원함으로써 그 존재를 외부에 처음 알렸다. 그리고 1931년 4월 임시
정부는 국무위원 명의로「대한민국임시정부선언」을 발표했다. 이 선언

문은 "임시정부는 한국독립당의 표현기관이며, 한국독립당은 전 민족의 대리기관이며, 임시정부의 정책은 한국독립당의 균등주의로써 수립되었다"고 천명했다. 이는 한국독립당이 이당치국론에 의해 임시정부를 지도하는 정당으로서 성립한 것임을 말해주는 것이었다.[24]

그러나 한국독립당은 대외적인 활동을 본격적으로 전개하기도 전에 시련을 겪지 않으면 안 되었다. 1932년 1월 8일 이봉창 의거, 4월 29일 윤봉길 의거로 인해 임정과 한국독립당의 요인들이 대부분 일제 경찰에 쫓겨 상해를 떠날 수밖에 없었기 때문이다. 이들은 상해를 떠나 이후 항주·진강·남경·가흥 등으로 피신했다. 한국독립당은 이후 약 1년 정도는 이렇다 할 활동을 하지 못한 가운데, 1933년 1월 상해에 남아 있는 인물들을 중심으로 재상해한국독립당대회를 열었다. 이때 이사장은 송병조였으며, 총무주임은 이유필, 재무주임은 최석순 등이었다. 이사는 이동녕·김구·이시영·차이석·김두봉·이수봉·박창세 등 11인이었고, 이유필 계열의 인물들이 많았다. 그런데 그해 3월에 이유필, 10월에는 이수봉이 각각 일본 경찰에 체포되고, 이사장 송병조, 이사 박창세·최석순 등은 옥관빈·이진룡 등 친일파 처단사건에 연루되어 일경의 추적을 받음으로써 상해를 떠나야만 했다. 김구는 윤봉길 사건 이후 계속해서 가흥에 머물고 있었고, 김두봉은 남경으로 떠나는 등 한국독립당의 주요 인물들이 각지로 흩어짐으로써 당의 활동은 사실상 정지 상태가 되었다. 이에 한국독립당은 1934년 1월 당 본부를 항주로 이전하고 새로운 진로를 모색했다.[25]

항주로 이전한 뒤, 한국독립당은 항주의 중국 측 인사들로부터 지원을 받으면서 보다 활발한 활동을 전개할 수 있었다. 한국독립당은 먼저 조직개편을 단행했다. 이사장은 여전히 송병조였지만, 총무장은 조소앙, 재무장은 김철, 내무장은 조소앙, 선전장은 이상일, 비서장은 김두봉, 특무대장은 박창세 등으로 교체되었다. 그리고 기관지로 『진광』震光을 발간했으며, 각종 선언문을 발표하는 등 선전활동을 주로 전개했다. 그런데 한국독립당은 1935년 7월 통일동맹이 만든 민족혁명당에 참여할 것인가의 여부를 둘러싸고 조소앙·박창세 등의 참여파와 김구·이동녕·조완구 등 불참파로 양분되었다. 참여파는 민족혁명당에 참여했으나 얼마 뒤 이념과 노선 차이로 인하여 탈당하여 한국독립당을 재건하게 되고, 불참파는 김구를 중심으로 한국국민당을 결성하게 된다.[26]

## 2. 대독립당(민족혁명당)을 결성하다

### 민족혁명당의 결성

1930년대 초 중국 관내지역의 민족운동은 위에서 본 한국독립당과 의열단을 두 축으로 하여 진행되고 있었다. 의열단은 1930년경에는 국내에서 조선공산당 책임비서를 지낸 안광천과 함께 레닌주의정치학교를 만들어 조선공산당 재건운동에 몰두했다. 레닌주의정치학교는 『레닌』이라는 기관지를 발행했고, 사회주의 청년을 양성하여 국내로 보냈다. 국내로 잠입한 청년들은 서울, 평양, 신의주, 원산, 대구 등 각지에서 전위조직 건설을 위한 운동을 전개했다. 즉 이 시기 의열단은 중국 관내에서의 운동보다 국내의 사회주의운동에 더 관심을 가졌던 것이다.[27]

그런데 1931년 9월 일본이 만주를 점령하고, 1932년 3월 괴뢰 만주국을 세우는 등 커다란 정세변화가 일어났다. 이에 의열단은 그동안의 국내 사회주의운동 지원 노선을 폐기하고, 중국에서 항일운동을 추진하기로 방향을 전환하여, 의열단이라는 이름을 다시 사용하기 시작했다. 의열단의 지도자인 김원봉은 남경으로 가서 중국국민당 인사들과 만나 "중한합작으로 중국 동북지역 실지 회복을 시도함과 함께 조선민족혁명을 성취하겠다"고 말했다. 이에 따라 의열단은 1932년부터 중국국민당의 지원을 받을 수 있었다.[28]

　의열단 외에도 중국 관내지역과 만주지역에서는 한국독립당의 등장을 전후하여 여러 정당 조직이 나타나기 시작했다. 1920년대 만주지역에는 참의부·정의부·신민부와 같은 군정부軍政府들이 활동하고 있었고, 1920년대 말 이를 통합하려는 움직임이 개시되었지만 1929년 북만주의 혁신의회와 남만주의 국민부로 재편되는 데 그쳤다. 두 군정부는 그 휘하에 정당과 무장부대를 거느리고 있었다. 혁신의회 측은 한국독립당과 한국독립군, 국민부 측은 조선혁명당과 조선혁명군을 거느리고 있었다. 당시 북만주의 한국독립당은 1930년 7월 홍진·이청천·신숙 등에 의해 창당되었다. 또 남만주의 조선혁명당은 1929년 12월 현익철·최동오·고이허 등에 의해 창당되었다. 만주 한국독립당과 조선혁명당은 만주사변 이후 항일무장투쟁에 본격적으로 나섰으나, 점차 만주지역에서 활동하기 어려워져 결국 중국 관내지역으로 이동하지 않을 수 없었다. 만주 한국독립당은 1933년 말 만주를 떠나 북경으로 이동했으며, 조선혁명당은 1932년 유동열·최동오 등 일부 세력이 만주를 떠나 중국 관내로 이동했다.

　한편 중국 관내의 남경에서는 1932년 한국혁명당이 윤기섭·신익희·연병호 등에 의해 조직되었다. 이들은 본래 한국독립당 소속이었으나 떨어져 나와 별도의 당을 만든 것인데, 그 세력은 미약했다. 그런 가운데 북만주의 한국독립당은 1933년 초 이규채·오광선 조와 신숙·김상덕 조를 각각 남경에 파견했다. 이들의 임무는 중국 정부로부터 항일운동을 지원받는 것과 관내지역 한인 세력과 연합을 모색하는 것이었다. 아직 세력이 미약하던 남경의 한국혁명당도 북만주의 한국독립당과 연합을 환영했다. 그리하여 1933년 11월 말경 만주 한국독립당의 홍진·김원식과 한국혁명당의 윤기섭·연병호 등은 협의를 거쳐, 1934년 2월 '신한독립당'으로 두 당의 합당을 공식 선언했다. 신한독립당은 당수에 홍진, 당무위원에 김상덕·신익희·윤기섭을 선임했다. 신한독립당은 당의로 '민족주의를 기초로 한 정권, 생계문화의 독립과 민주적 신건설 완성, 전 세계 인류의 평등·행복 촉진'을 채택하고, 강령으로 민주공화국, 단체대표제, 토지와 대생산기구의 국유제, 징병제와 국민무장제의 병행 등을 채택했다.[29]

이와 같은 상황에서 1932년 10월에는 변화하는 정세에 대응하기 위하여 각 단체의 연합이 필요하다는 인식하에 한국독립당의 대표 이유필·김두봉·송병조, 한국광복동지회의 대표 김규식, 만주 조선혁명당의 대표 최동오, 한국혁명당의 대표 윤기섭·신익희, 의열단의 대표 박건웅·한일래 등 9명이 상해에서 만나 간담회를 갖고, 각 단체 협의체의 성격을 갖는 한국대일전선통일동맹을 결성하기로 했다. 통일동맹은 선언문을 통하여 통일동맹이 중국지역 제 혁명집단의 총집합체임을 천명하고, 중국 관내·만주뿐만 아니라 미주와 러시아지역에서까지 지도력을 행사하기 위해 노력한다는 구상을 갖고 있었다. 이에 따라 우선 미주에서 1933년 재미대한독립당·대한인민총회·재뉴욕대한인교민단·재하와이대한인국민회·하와이대한인동지회·재미대한인국민회총회 등이 가맹단체로 참여했다. 이는 김규식이 미국에 가서 활동한 결과였다.[30]

그러나 통일동맹은 협의체, 즉 가맹단체의 연락기관 정도의 성격을 갖고 있었기 때문에 통제력이 없고, 자체적으로 실질적인 활동을 하기도 어려운 한계를 안고 있었다. 실제로 당시 중국국민당은 통일동맹보다는 이에 참가를 거부하고 있던 김구의 한인애국단에 더 신뢰를 보내고 있었다. 이에 따라 통일동맹 내부에서는 협의체의 성격을 넘어 단일 조직체로 나아가는 것이 필요하다는 의견들이 나오기 시작했다. 하지만 어떤 수준의 단일 조직체를 만들 것인지, 또 임시정부와의 관계는 어떻게 설정할 것인지에 대해 의견이 분분했다. 남경에 있던 의열단·신한독립당·조선혁명당은 새로운 정당을 조직하는 데 찬성하는 의견이 다수였지만, 상해 한국독립당 내부에서는 찬반양론의 대립이 일어났다. 결국 통일동맹의 지도부는 새로운 정당을 조직하는 쪽으로 방향을 정하고, 1935년 6월 남경의 금릉대학에서 각 혁명단체 대표대회를 열었다. 여기에는 의열단·한국독립당·조선혁명당·신한독립당·대한독립당(김규식)·뉴욕교민단·재미국민회·하와이국민회·하와이동지회 등 9개 단체의 대표 14명이 모여서 회의를 열었다. 이 회의에 참가한 이들은 새로운 정당으로서 민족혁명당을 결성하기로 결의하고, 조선혁명당·의열단·한국독립당·신한독립당·대한독립당을 해체하기로 했다고 선언했다. 이로써 기존의 단체 협의체로서의 통일동맹은 해체되었고, 개인의 개별가입에 기초한 중앙집권적인 대독립당으로서의 민족혁명당이 결성되는 과정으로 들어갔다.[31)]

그런데 상해 한국독립당의 의견이 하나로 통일된 것은 아니었다. 새로운 단일당 가입 문제를 놓고 한국독립당 내부 의견은 찬성파·반대파·중립파로 나뉘었다. 반대파는 단일당에 참가하면 이제까지 한국독립당이 점유하고 있던 임시정부에 대한 실권을 상실할 우려가 있다는 것과 좌파 단체인 의열단과는 이념이 다르기 때문에 함께 할 수 없다는 점을 주장했다. 하지만 보다 중요한 논점은 임시정부를 그대로 두느냐 아니면 해산하느냐 하는 문제였다. 반대파는 물론 임정 사수를 주장했다. 하지만 한국독립당의 다수 의견은 단일당에 참여해야 한다는 것이었다. 1935년 5월 항주에서 열린 한국독립당 임시 대표대회에서 찬성파는 송병조·조완구·차이석 등 반대파의 의견을 누르고 단일당에 참여하기로 결정했다. 결국 한국독립당의 다수파는 민족혁명당에 참여했지만, 소수의 반대파는 한국독립당을 탈퇴하여 임정 사수를 위한 세력을 결집시켜 나갔다. 그리고 이들 반대파는 김구의 애국단과 재결합하여 한국국민당을 결성하게 된다.[32]

### 민족혁명당의 이념

그러면 새로이 결성된 민족혁명당은 어떤 지향성을 갖고 있었을까. 민족혁명당은 창립 선언문에서 아래와 같은 세 가지 원칙을 표방했다.

① 일본의 침략세력을 타도하여 우리 민족의 자주 독립을 완성한다.
② 봉건제도 및 일체 반혁명세력을 일소하여 진정한 민주공화국을 건립한다.
③ 소수인이 다수인을 착취하는 경제제도를 소멸시켜 우리 민족 각개 생활상의 평등한 경제제도를 건립한다.[33]

즉, 민족혁명당은 민족의 자주 독립과, 민주공화국의 건설, 사회경제적으로 평등한 사회의 건설 등을 표방했다. 민족혁명당은 당의에서도 "국토와 주권을 회복하고, 정치·경제·교육의 평등을 기초로 한 민주공화국을 건설하여, 국민 전체의 생활 평등을 확보하고, 나아가서 세계 인류의 평등과 행복을 촉진한다"고 선언했다. 민족혁명당은 당강에서 위에서 본 세 가지 원칙 외에 지방자치제의 실시, 민중무장의 실시, 보통선거의 실시, 언론·집회·출판·결사·신앙의 자유 보장, 남녀평등, 토지의 국유화와 농민 분배, 대규모 생산기관 및 독점적 기업의 국영화, 국가의 계획경제 실시, 노동운동 자유의 보장, 누진세율 실시, 국가의 의무교육과 직업교육 비용 부담, 일본인과 국적國賊의 재산 몰수 등을 천명했다.[34]

민족혁명당이 당의에서 정치·경제·사회의 평등을 표방한 것은 앞서 본 한국독립당의 그것과 같은 것으로, 역시 조소앙의 삼균주의와 관련이 있는 것으로 보인다. 민족혁명당에는 삼균주의를 창안한 조소앙이 참여하고 있었고, 삼균주의는 민족주의 좌우파 진영에서 모두 받아들일 수 있는 것이었기 때문일 것이다. 또 창립선언문에서 "민주공화국을 수립한다"고 한 것과 "소수인이 다수인을 착취하는 경제제도를 소멸시켜 우리 민족 각개 생활상의 평등한 경제제도를 건립한다"고 한 것은, 의열단이 1926년 표방한 20개조 강령 가운데 진정한 민주국의 수립, 소수인이 다수인을 착취하는 경제제도의 소멸을 표방한 것과 같다. 또 당강에서 토지 및 대생산기관의 국유화와 국가의 경영을 표방한 것도 의열단의 강령 가운데 나오는 것이었다.[35]

민족혁명당은 선언문, 당의, 당강 등을 통해서 볼 때, 사회경제적으로 평등한 나라를 지향하고 있었다고 말할 수 있다. 보다 구체적으로 말하면, 일제와 친일 세력의 정치·경제적인 기반을 허물고, 소생산자를 보호하면서 낙후된 민족경제를 국가주도로 발전시켜 자주적인 민족국가를 세우려 한 것이다. 이는 민족혁명당의 기관지인 『민족혁명』 제3호(1936년 7월)에 실린 「본당의 경제강령과 현 단계의 중심임무」라는 글의 아래와 같은 대목에서 확인할 수 있다.

현재 조선경제 당면 개조의 근본 임무는 어떻게 해서라도 전 민족 경제 생활의 기초를 구성하고 있는 낙오된 농촌 및 수공업적 경제를 식민지적 봉건적 방향으로부터 전환시켜 가능한 한 그 생산력을 민주주의적 자유 발전의 길로 촉성시키고 대중의 생활수준을 향상시키느냐에 있다. 동시에 어떻게 해서 외래자본의 독점적 지배세력을 제국주의적 착취로부터 분리시켜 전자의 발전과 재건을 위한 지도적 역할을 하게 이용할 수 있을 것인가에 있다.[36]

즉 반봉건적 경제 상태를 극복하고 일본제국주의가 지배하고 있던 독점적 경제 질서를 타파하는 데 당면 목표를 두었던 것이다. 나아가 이를 해결하기 위해, 강령에서는 대규모 생산기관을 국영으로 하고 토지를 국유화하여 농민에게 분배하고 계획경제를 실시하는 것을 중요한 정책으로 제시한 것이다. 위의 글에서는 이와 같은 정책들을 통해 장차 "조선 경제의 발전이 조선 혁명의 근본 목적에 대한 임무를 완전히 수행할 수 있도록 하기 위해서는 비자본주의적 궤도에 도입하는 유효하고 확실한 최초의 제 전제적 입안이 준비되지 않으면 안 된다"고 말하고 있다.[37] 여기서 말하는 '비자본주의적 발전'이란 무엇을 말하는 것일까. 그것은 자본주의도 아니고, 공산주의도 아닌 제3의 길을 가리킨다. 민족혁명당이 공산주의를 지향하지 않았다는 것은 당의에서 '진정한 민주공화국을 건설'한다는 것을 표방한 것에서도 알 수 있다. 또 공산주의 사회 건설의 전제가 되는 프롤레타리아 독재에 대해 일언반구의 언급이 없는 것에서도 이를 잘 알 수 있다. 당시 민족혁명당의 지향은 조선공산당 재건운동 세력의 지향과는 판이하게 달랐다.

민족혁명당은 공산주의자들의 계급 중심의 운동에 대해 오히려 비판적이었다. 『민족혁명』 제3호(1936년 7월)에 실린 중앙집행위원 진의로

(의열단 출신)의 「우리 운동의 통일문제에 관하여」라는 글은 아래와 같이 한국공산주의 운동을 비판했다.

> 제1차 세계대전이 종료됨을 고함에 따라 '코뮤니즘', '아나키즘' 등 사회주의 사상은 바람이 일어나고 구름이 용솟음치는 기세로 세계를 풍미하게 되어, 식민지 민족이라는 낙인이 찍힌 조선 민족의 일부 혁명운동자들의 심장에도 또한 그 격동이 파급되어 혈압을 높였다. 그리고 이러한 격동은 기미운동 실패 후의 일부 조선 혁명운동자로 하여금 자본주의 발전의 최고 단계인 제국주의 국가 내의 활동양식을 일본제국주의의 식민지로 제약된 특수적 정치경제 상황과 활동양식을 가지고 있는 조선혁명운동에 그대로 직역 수입케 하여 경제투쟁의 직접적 표현형태인 계급혁명을 고조시킴으로써, 민족해방운동을 부차적으로 계급운동에 예속 내지 해소시키려고 하는 본말전도의 좌익병자의 기계적 사상 및 활동은 우리 독립운동의 민족적 통일전선 결성을 파괴 분열시켰다.[38]

민족혁명당은 식민지 조선의 경우, 계급혁명보다는 민족혁명이 더 우선한다는 정치적 입장을 분명히 갖고 있었다. 이와 같은 입장은 조선 민족이 당면한 문제는 자본주의의 일반적 발전단계로부터 제기되는 문제가 아니라, 일본제국주의라는 자본주의 역사발전의 특수한 시기와 관련된 문제라는 시각과 관련되어 있었다. 그러나 그렇다고 해서 자본주의 발전을 지향하는 우익의 입장에 찬성하는 것은 아니었다. 진의로의 글은 아래와 같이 우익에 대해서도 비판을 가하고 있다.

> 다른 한편으로 사회주의 배격에 대한 극단적인 반발작용은 일부의 혁

명운동자로 하여금 그들의 사상을 완전히 주관적 관념 영역에 가두어 세계의 일반적 역사법칙에 대해 무지할 뿐만 아니라 실제적 현실문제에 대해서도 맹목적이게 했다. 조선이 일본제국주의의 식민지인 이상 일본제국주의의 정치경제기구의 일부분임은 부정할 수 없으며, 일본제국주의가 전 세계 제국주의 가운데 강한 일환인 이상, 조선의 정치경제도 역시 전 세계 제국주의의 정치경제기구에 연계되어 있는 연쇄의 하나임을 부인할 수 없다. 때문에 아무리 조선의 특수성을 강조한다 해도 그것을 세계 보편성과의 연계에서 완전히 분리시킬 수는 없는 것임에도 불구하고 조선의 특수문제를 완전히 세계의 보편적 문제와 분리하여 이를 다만 독선적 고립적인 것으로 관찰하는 우익적 과오를 범하기에 이르렀던 것이므로 이것이 또한 우리 운동의 진정한 통일전선 결성을 거부하는 것이다.[39]

즉 현재의 세계문제는 제국주의 문제이며 보편성을 갖는 문제로서, 조선 또한 여기서 벗어나 있지 않다는 것이다. 따라서 제국주의 지배라는 보편적인 문제를 외면하고 조선의 특수성만을 강조하는 것은 우익적 과오라고 지적한 것이다. 민족혁명당은 결국 조선 문제의 보편성과 특수성을 정확히 인식하여, 민족혁명을 위해서는 좌우파가 민족통일전선을 형성해야만 한다고 주장하고 있었던 것이다.

민족혁명당의 이와 같은 현실인식과 운동노선은 1930년대 중반 다른 독립운동 단체와 비교할 때 독특한 위치를 차지하는 것이었다. 당시 조선공산당 재건운동에 몰두하고 있던 국내의 공산주의 운동 계열은 아직 '계급 대 계급' 전술에서 벗어나지 못하고 있었다. 1935년 코민테른 제7차 대회에서는 한국의 공산주의 운동이 '계급 대 계급' 전술에서 벗어나 민족통일전선 결성의 방향으로 전환해야 한다고 지적하고 있었지만, 국내외 공산주의 운동은 아직 그러한 방향전환을 제대로 하지 못하고 있었다. 또 1920년대 후반과 1930년대 후반 이후 공산주의 운동 계열에서 민족통일전선 노선을 취한 바 있지만, 민족혁명당의 민족통일전선 노선은 공산주의 운동 진영과는 달리 '노동자 계급의 헤게모니'를 전제로 하지 않았다. 1920년대 후반 국내 공산주의 운동은 조선공산당을 존치시키면서 신간회에 당원들을 넣어 서서히 헤게모니를 장악하는 전술을 취하고 있었다. 그러나 김원봉이 이끄는 의열단은 한때 공산주의 운동 노선을 걸었지만, 이를 포기하고 민족혁명당을 결성하면서는 의열단을 해체하고 개인 자격으로 이에 참여하는 방식을 취하고 있었다. 이 점에서도 조선공산당과 의열단, 그리고 신간회와 민족혁명당은 차이가 있었다.[40]

전체적으로 보면, 민족혁명당은 공산주의 정당이 아니었다. 물론 뒤에 보는 한국국민당이나 재건 한국독립당, 재건 조선혁명당보다는 진보적인 정당이었음은 틀림없다. 하지만 이념적 스펙트럼에서 보면 자본주의도 공산주의도 아닌 제3의 길을 지향하는 정당이었다고 말할 수 있을 것이다.

### 민족혁명당의 분열

민족혁명당은 창당 당시 각 당파별로 안배하여 중앙집행위원회를 구성했다. 즉 한국독립당에서 4명(김두봉·조소앙·최석순·이광제), 신한혁명당에서 3명(이청천·윤기섭·신익희), 의열단에서 3명(김원봉·진의로·윤세주), 조선혁명당에서 3명(최동오·김학규·김활석), 대한독립당에서 1명(김규식)이 중앙집행위원이 되었다. 그리고 각부 부장들을 보면 서기부 김원봉, 조직부 김두봉, 선전부 최동오, 군사부 이청천, 국민부 김규식,

훈련부 윤기섭, 조사부 진의로 등이었다. 당의 책임자인 위원장 자리는 공석으로 놓아 두었다. 따라서 중앙집행위원회는 합의제로 운영되고 있었다. 하지만 민족혁명당에 가입한 당원으로는 의열단 출신이 가장 많았기 때문에 현실적으로 민족혁명당은 서기부 부장 김원봉이 주도하고 있었다.[41]

그런데 한국독립당 출신 조소앙은 부장을 맡지 못했다. 이러한 현실은 조소앙에게는 매우 불만스러운 것이었다. 결국 한국독립당 계열 가운데 조소앙·박창세 등 6명은 1935년 9월 25일 민족혁명당을 탈당하고 한국독립당을 재건하겠다고 선언했다. 민족혁명당이 창당된 지 불과 3개월 만의 일이었다. 탈당파는 「당원 동지에게 고함」이라는 글을 통해 "민족주의 독립운동은 원칙상 사회주의자의 국제관과는 판연히 다른 감정과 이론을 가진다. 민족의 경제 문제만을 중심으로 국가의 말살과 주권의 포기와 자기 민족의 과정을 무시하는 공산주의자와는 더욱 빙탄상용할 수 없는 상반성을 가지고 있다"고 주장하면서, 따라서 국내의 신간회와 국외의 촉성회운동은 하나의 '환극'幻劇에 지나지 않았다고 비판했다.[42] 즉 민족주의자와 사회주의자는 이념과 노선을 달리하기 때문에 하나의 정당 안에서 뭉칠 수 없다는 주장이었다. 그러나 이는 탈당을 위한 명분에 불과했다. 만약 이들이 그러한 생각을 갖고 있었다면 애당초 민족혁명당에 참여하지 말았어야 했다. 또 민족혁명당에 참여한 김원봉 등 의열단 출신들을 사회주의자 내지 공산주의자라고 지칭하는 것도 문제가 있었다. 굳이 말하면 그들은 진보적 민족주의자들이었다. 일제의 정보 보고는, 창당 초기부터 김원봉 일파가 실권을 장악하고, 점차 그가 당무를 좌지우지하는 상황이 되어가자 조소앙 등이 이에 불만을 품게 되었고, 임정에서는 김구 일파와 송병조 일파의 제휴가 이루어져 의정원 회의를 소집하는 상황이 되자, 김구 일파에게 임정을 빼앗기게 될 것을 우려한 조소앙 일파가 탈당을 결심하게 된 것이라고 분석했다. 이를 참조한다면 이들의 탈당에는 이념보다는 현실적인 문제가 더 크게 작용했던 것으로 보인다.[43]

조소앙 등의 탈당 이후, 민족혁명당은 중국국민당 정부의 후원과 조선혁명군사정치간부학교 출신 당원들의 활동으로 곧 안정을 되찾았다. 민족혁명당은 이후 남경·상해·광동·북평·남창·경성·신경 등지에 지부를 설치하는 등 조직을 정비했다. 조직 기반이 확장되어가면서 당은 점차 김원봉 세력 중심으로 운영되어 갔고, 이에 대해 이청천 계열은 견제를 시작했다. 그런 가운데 김원봉이 당에서 논의하지도 않고, 의열단 단기를 당기로 사용하겠다고 기관지『민족혁명』3호에 밝힌 사건이 일어났다. 이는 분명히 김원봉의 월권 행동이었으며, 따라서 이청천 계열은 이를 신랄하게 비판했다. 1937년 열린 전당대표대회에서 양측은 치열하게 대립했다. 하지만 이청천 계열은 김원봉 계열에 밀려 당의 실권을 장악하지 못했다. 김원봉 계열은 여전히 당의 조직과 자금을 장악하고 있었다. 이에 이청천은 군사부장을 사퇴하고 최동오 등과 협의하여 당중앙집행위원회에 대해 비상대회를 소집할 것을 요구하는 한편, 1935년에 이미 탈당한 조소앙을 비롯하여 박찬익 등 외부세력과 비밀리에 연계를 맺으려 했다. 이러한 상황을 알게 된 김원봉은 1937년 3월 중앙집행위원회를 열어 이청천 등에 대해 무기정권을 결정했다. 이청천 등은 이에 반발하여 김원봉 계열의 전횡을 비판하면서 '호당'護黨의 입장에서 '청당'清黨을 할 것을 당원들에게 호소했다. 결국 김원봉은 4월에 중앙집행위원회를 열어 이청천·조경한·현익철·유동열·양기탁·김학규 등 12명을 제명하는 조치를 취했다.[44]

제명된 이청천 계열의 20여 명은 4월 하순 남경에 모여 조선혁명당을 재건했다. 이에 참여한 이들은 과거 남만주에서 조선혁명당으로 활동하다가 이주해 온 인물들이었다. 이들은 민족혁명당은 공산주의 단체라고 비난하면서, 조선혁명당은 순수 민족주의자들이 만든 정당이 될 것이라고 선언했다. 하지만 조선혁명당은 독자적인 자금 조달 능력이 없었다. 조선혁명당은 1937년 8월 김구가 중심이 되어 결성하는 한국광복운동단체 연합회에 합류하면서 비로소 재정 문제를 해결할 수 있었다.[45]

결국 민족혁명당에 참여한 우파 민족주의자들은 이념의 차이와 당 운영의 주도권 문제를 둘러싸고 좌파 민족주의자들과 갈등을 빚은 끝에 탈낭하거나 제명낭하고 말았다. 우파 민족주의자들이 좌우 연합전선적인 민족혁명당의 이념과 노선에 불만을 품고 탈당하거나, 독자적 활동을 펴려 한 것은 근본적으로 문제가 있었다. 하지만 좌파 민족주의자들도 우파 민족주의자들을 포용하면서 당을 민주적으로 이끌고 가지 못한 책임이 컸다. 우파 민족주의자들이 상당수 당을 떠남으로써 민족혁명당은 좌파 민족주의자들의 정당이 되었고, 처음에 의도했던 대독립당으로서의 성격은 크게 약화되었다.


## 3. 민족주의 좌우파 정당, 통일을 모색하다

### 재건 한국독립당

민족혁명당을 탈당한 조소앙 등은 1935년 9월 한국독립당을 재건했다. '재건 한국독립당'은 당의를 통하여 "본당은 혁명적 수단으로써 구적仇敵 일본의 모든 침탈세력을 박멸하여 국토와 주권을 완전히 광복하고 정치·경제·교육의 균등을 기초로 하는 신민주국가를 건설함으로써 안으로는 국민 각개의 균등생활을 확보하여 민족과 민족, 국가와 국가의 평등을 실현하고 나아가 세계일가의 진로로 향한다"고 선언했다. 또 4개조의 당강에서는 ①대중의 혁명의식을 환기하여 민족혁명역량을 총집중할 것, ②엄밀한 조직 아래 민중적 반항과 무력적 파괴를 적극적으로 진행할 것, ③세계 피압박 민족의 혁명단체와 연락을 취할 것, ④민족자결과 국제평등을 실현할 것 등을 천명했다.[46]

재건 한국독립당의 당의와 당강은 상해 한국독립당의 그것과 매우 비슷하다. 다만 당강에서 보통선거의 실시, 토지와 대생산기관의 국유화, 의무교육 등 건국 이후의 문제에 대해서는 언급하지 않은 점에서 차이가 있었다. 그리고 민족혁명당의 당의와 비교해본다면, 당의의 내용은 거의 같다고 볼 수 있다. 다만 민족혁명당의 경우에는 당강을 통하여 지방자치제의 실시, 민중무장의 실시, 보통선거의 실시, 언론·집회·출판·결사·신앙의 자유 보장, 남녀평등, 토지의 국유화와 농민 분배, 대규모 생산기관 및 독점적 기업의 국영화, 국가의 계획경제 실시, 노동운동 자유의 보장, 누진세율 실시, 국가의 의무교육과 직업교육 비용 부담, 일본인과 국적國賊의 재산 몰수 등을 천명한 것에 반해, 재건 한국독립당은 당강에서 이러한 내용을 전혀 담지 않았다는 점에서 차이가 있었다. 그러나 재건 한국독립당이 이러한 내용을 반대했다고 볼 수는 없다. 앞서 본 것처럼 상해 한국독립당에서 보통선거 실시, 토지와 대생산기관의 국유화, 의무교육 등을 언급한 바가 있었기 때문이다. 또 재건 한국독립당의 강령에 포함된 계획경제 실시 조항은 우파 민족주의 정당의 강령에서는 보기 드문 것이었다.

한편 조소앙은 탈당 이후 김구를 견제하기 위하여 송병조·차이석과 손잡고 임시정부를 장악하려 했다. 그러나 송병조·차이석은 임시정부의 어려운 상황을 타개하기 위해서는 중국국민당의 재정지원을 받고 있는 김구의 임정 참여가 절대적으로 필요하다고 보았다. 송병조·차이석은 조소앙이 김구의 임정 배제를 끝까지 주장하자 조소앙 대신 김구와 손잡는 길을 택했다. 이리하여 조소앙의 계획은 수포로 돌아갔다. 그리고 김구 계열과 송병조 계열이 중심이 된 임시정부는 조소앙을 국무위원으로도 임명하지 않았다. 재건 한국독립당의 임정 장악이 실패로 돌아간 직후 김구 계열과 송병조·차이석 계열은 한국국민당을 창당했다. 이로써 재건 한국독립당의 처지는 더욱 어려워졌다.[47]

### 한국국민당의 결성

1935년 11월 김구 계열과 송병호·차이석 계열, 김붕준 등 옛 한국독립당 당원 등은 임정의 여당으로서 한국국민당을 창당했다. 한국국민당의 조직을 보면, 이사장에 김구, 이사에 이동녕·송병조·조완구·차이석·김붕준·안공근·엄항섭, 감사에 이시영·조성환·양묵, 선전부장에 엄항섭, 조직부장에 차이석, 비서에 조완구, 검사에 김붕준 등으로 되어 있었다.[48]

한국국민당은 당의에서 "본당은 혁명적 수단으로써 구적仇敵 일본의 총침탈세력을 박멸하여 국토와 주권을 완전히 광복하고, 정치·경제·교육의 균등을 기초로 하는 신민주공화국을 건설함으로써 안으로는 국민 각개의 균등생활을 확보하고 밖으로는 민족과 민족, 국가와 국가의 평등을 실현하고, 나아가 세계일가의 진로로 향함"이라고 선언했다.[49]

아울러 당강을 통해서는 1) 국가주권광복의 혁명적 의식을 국민에게 고취 환기하여 민족의 혁명역량을 총집중할 것, 2) 엄밀한 조직 아래 민중적 반항과 무력적 파괴를 적극적으로 진행할 것, 3) 우리의 광복운동을 우호적으로 원조하는 국가 및 민족과 긴밀히 연락할 것, 4) 토지와 대생산기관을 국유로 하고 국민의 생활권을 평등하게 할 것, 5) 독립운동에 대한 사이비 불순적 이론과 행동을 배격할 것, 6) 임시정부를 옹호, 진전시킬 것 등을 당의 주요 정책으로서 천명했다. 당의와 당강에서 보면, 장차 세울 나라는 정치·경제·교육의 균등을 기초로 한 '신민주공화국'으로 천명되고 있다. 또 토지와 대생산기관을 국유화한다는 조항도 들어 있다. 그밖에 혁명역량의 총집중, 민중적 반항과 무력적 파괴, 원조 국가와의 긴밀한 연락, 민족과 민족, 국가와 국가의 평등과 같은 조항들은 앞서 본 상해한국독립당의 당의 및 당강과 거의 같다. 다만 한국국민당의 당강에는 '임시정부를 옹호, 진전시킨다'는 내용 정도가 추가로 들어가 있다.[50] 한국국민당과 민족혁명당의 당의·당강을 비교해보면, 정치·경제·교육의 균등, 토지 및 대생산기관의 국유화 등에서는 완전히 같다. 다만 민족혁명당이 당강에서 국가의 계획경제 실시, 노동운동 자유의 보장, 누진세율 실시, 국가의 의무교육과 직업교육 비용 부담 등을 천명한 데 반해, 한국국민당의 당강에는 이런 내용이 들어 있지 않았다. 하지만 한국국민당의 당강은 6개항으로만 되어 있는 매우 소략한 것이어서 양당의 정책 방향이 달랐다고 말하기도 어렵다.

한국국민당과 민족혁명당의 노선 차이는 좌우연합에 대한 입장 차이에서 오히려 잘 나타난다. 민족혁명당은 기본적으로 좌우연합, 통일전선의 결성을 목표로 한 정당이었다. 반면에 한국국민당은 임정의 여당으로서 임정을 옹호, 발전시키는 것을 목표로 한 정당이었다. 때문에 한국국민당은 좌우연합에 대해서는 매우 부정적이었다. 한국국민당의 기관지 『한민』 창간호에 실린 창간사는 "(우리 민족운동에서—인용자) 가장 위험한 것은 우리 진중에 잠복하여 역사적으로 체계적으로 우리 전선을 혼란시키며 막대한 독소를 끊임없이 방사하며, 민족운동의 가면을 쓰고 조국광복의 병풍 뒤에서 통일의 나팔을 불면서 실은 전 민족을 끌어 붉은 러시아의 괴뢰가 되도록 하려는 망령배이므로 우리들은 경계하지 않을 수 없다. 그들은 국민대표회의로 하여금 통일을 가장하고 민족진영을 파괴하더니…… 지금은 또 이와 같은 수단으로 대활동을 하고 있다"고 썼다. 한국국민당은 국민대표회의와 민족유일당운동의 배후에는 공산주의자들이 있다고 보고, 이를 경계하는 태도를 취했던 것이다. 한국국민당은 민족주의자와 공산주의자들이 설사 민족의 해방을 공동의 목표로 한다 하더라도, "상호 각각 신뢰하는 바를 향하여 나아갈 뿐"이라고 말했다.[51] 즉 연합전선보다는 각개약진이 더 중요하다고 보고 있었던 것이다.

### 광복운동단체연합회와 조선민족전선연맹

관내 독립운동 세력이 민족혁명당 계열과 한국국민당 계열로 크게 나뉜 가운데, 1937년 7월 중일전쟁이 일어났다. 중일전쟁이라는 새로운 정세하에서, 관내 한인 독립운동가들은 중국 측과 본격적으로 연대하여 항일운동을 전개할 수 있을 것이라는 기대를 갖게 되었다. 임시정부는 중일전쟁 발발 직후, 중국과 손을 잡고 독립전쟁을 개시하여 일제를 무너뜨리고 복국復國할 수 있는 기회가 드디어 찾아왔다고 보았다. 이러한 상황은 한인 독립운동가들이 오랫동안 기다려 온 것이었다. 이에 임시정부는 군무부 산하에 군사위원회를 설치하고, 군사위원으로서 유동열·이청천·이복원·현익철·안공근·김학교 등을 선임하는 등 항일전쟁을 위한 준비에 나섰다.[52]

아울러 한인 독립운동가들은 각 세력 간의 연대와 통일이 절실히 필요한 시기가 되었다는 것을 인식했다. 그런데 중일전쟁 발발 직전, 남경에서 재건 한국독립당의 홍진, 한국국민당의 송병조, 조선혁명당의 이청천은 모임을 갖고, ①3파의 합동, ②임시정부의 옹호 등에 합의한 바가 있었다. 이들은 중일전쟁이 발발하자, 8월 1일 「한국광복운동단체연합전선」이라는 선언문을 통해 민족주의운동 계열의 연합체가 결성되었음을 선언했다. 이들은 선언문을 통해, ①동일한 주의主義를 가진 강력한 광복진선의 건립과 확대, ②진정한 통일을 통한 당면공작의 전개, ③임시정부의 적극 옹호 지지 등을 원칙으로서 천명했다. 특히 임정과의 관계에 대해서는, 당은 임정의 두뇌이며, 임정은 당의 몸체라고 선언했다. 이로써 임정 옹호 세력은 더욱 두터워졌다. 선언문 발표 이후 8월 17일에는 마침내 앞의 세 정당과 한인애국단·미주대한인국민회·하와이대한국민회·대한인단합회·대한인부인구제회·대한인동지회 등 9개 단체는 '한국광복운동단체연합회'를 조직했다.[53]

한국광복운동단체연합회는 「한국광복운동단체의 중일中日 전국戰局에 대한 선언」을 통하여, "한중 양 민족은 연합하여 왜적을 박멸해야 한다"고 선언했다. 또 11월 1일에는 "본회는 중국 및 약소민족의 혁명동지와 제휴하여 국제여론을 환기시킴으로써, 포악한 일본을 타도하고 한중 양국의 부끄러움을 씻고, 또 우리가 상실한 국토를 회복할 것을 당면 과제로 삼는다. 우리와 동일 전선에 있는 동지 및 우방 중국인은 마땅히 노력 협심하여 우리의 목적 달성에 호응해줄 것을 바란다"는 선언문을 발표했다.[54]

1938년 2월 일본군이 남경을 점령함으로써 한국광복운동단체연합회는 장사長沙로 이전했고, 5월에는 조선혁명당의 본부가 있던 남목청에서 세 정당의 연합 문제 등을 논의하는 회의를 열었다. 그런데 조선혁명당의 당원 이운한이 회의장에 들어와 총기를 난사하여, 현익철이

즉사하고 김구·유동열·이청천이 중상을 입는 사건이 발생했다. 이 사건 이후 연합회 내의 반反김구 계열은 제거되었고, 광복진선은 사실상 김구 계열의 한국국민당이 주도권을 갖고 이끌어나가게 되었다. 그리고 한국광복운동단체연합회는 1939년 2월 무장청년조직인 한국광복진선청년공작대를 유주에서 편성하여 임시정부의 독자적인 무장부대를 만들기 시작했다. 이는 뒤에 보겠지만 조선민족전선연맹이 1938년 10월 조선의용대를 편성한 것에 대한 대응이기도 했다.[55]

한편 민족혁명당을 중심으로 하는 좌파 민족주의 계열에서도 연대와 통일 움직임이 진행되고 있었다. 민족혁명당·조선민족해방동맹(1936년 김산·박건웅·김성숙 등이 결성한 사회주의 계열의 단체)·조선혁명자연맹(1937년 유자명·정화암 등이 결성한 무정부주의자 단체)에 참여한 이들은 이미 1936년 중반부터 전 민족적 통일전선의 결성을 주장하고 있었다. 중일전쟁의 발발은 이들의 논의에 더욱 박차를 가했다. 그 결과 1937년 11월 12일 민족혁명당·조선민족해방동맹·조선혁명자연맹의 대표들은 '조선민족전선연맹'을 결성하기로 결의하고, 명칭·규약·강령·선언 등을 채택할 수 있었다. 이들은 창립선언문에서 "조선혁명은 민족혁명이며, 우리들의 전선 역시 민족전선이지 계급전선이나 인민전선이 아니다"고 선언했다. 이들은 또한 민족전선은 가맹단체의 조직을 유지하면서 공동의 정치강령에 동의하는 형식이 될 것이며, 따라서 조선민족전선연맹은 통일전선의 시초 형태인 연합전선조직이라고 규정했다. 조선민족전선연맹은 기본강령으로서, "①일본제국주의를 타도하고 조선민족의 진정한 민주주의 독립국가를 건설한다, ②국민의 언론·출판·집회·결사·신앙의 자유를 확실히 보장한다, ③일본제국주의자와 매국적 친일파의 일체 재산을 몰수한다, ④근로대중의 생활을 개선한다, ⑤국가경비로서 의무교육 및 직업교육을 실시한다, ⑥정치·경제·사회상 남녀평등 권리를 확보한다, ⑦조선민족해방운동을 동정하고 원조하는 민족과 국가에 대해 동맹을 체결하거나 우호관계를 맺는다" 등을 채택했다.[56)

이와 같은 강령은 앞서 본 한국광복운동단체연합회에 참여한 단체들의 강령과 거의 같은 것이었다. 사회주의 계열과 무정부주의 계열의 단체가 참여한 조선민족전선연맹에서 이와 같은 강령을 채택한 것은 장차 우파 민족주의 계열의 광복운동단체연합회 측과의 연합까지도 염두에 두었기 때문일 것이다. 조선민족전선연맹은 실제로 기본강령을 구체화한 '투쟁강령'에서 '전 민족적 반일통일전선 건립'이라는 조항을 두었으며, 여기에서 "조선 민족은 소수의 친일파 주구를 제외하고 각 정치단체, 군중단체 및 개인을 막론하고 일치단결하여 전 민족적 반일통일전선을 건립"하며, "전 민족적 반일통일전선을 반대하는 모든 경향을 적극 배격한다"는 내용을 넣고 있었다. 조선민족전선연맹의 '투쟁강령'은 일본제국주의 통치 세력의 근본 박멸, 전 민족적 반일통일전선 건립, 전 민족 혁명 총동원, 군사행동의 적극적 전개, 중국 항일전쟁에 참가, 자치운동·타협주의·친일파 등의 내간內奸 숙청 등을 채택하고 있었다.[57)

특기할 것은 조선민족전선연맹은 아직 전 민족의 완전한 통일전선 기구가 아닌, 발기 형태 내지 시초 형태에 불과하다고 스스로 규정했다는 점이다. 조선민족전선연맹은 현 단계 조선혁명은 조선 사회의 반봉건적 성질에 기초하여 민주주의적 민족해방운동의 성격을 띠고 있다고 규정했다. 즉 사회주의혁명의 단계가 아니라는 것이었다. 따라서 "조선혁명은 결코 어느 한 계급 혹은 어느 한 정당이 단독으로 부담할 임무가 아니다. 실제로 전체 민족이 똑같이 해방의 요구를 가지고 있으며, 반일의 임무를 가지고 있다"고 정리하고 있었다. 따라서 조선민족전선연맹은 조선혁명에는 노동자·농민 외에도 중소 자산계급까지도 참여할 수 있다고 보고 있었다. 또 조선민족전선연맹은 민족전선은 각계각층의 공통된 이해를 대변하는 통일된 최고 정치투쟁기구이지 정당이 되어서는 안 된다고 정리했다. 즉 민족전선은 정당이 아니라 각종 정치단체가 일정한 공동 강령하에서 공동의 행동을 조절하는 정치기구가 되어야 한다고 본 것이다.[58)]

한편 1938년 10월 10일 조선민족전선연맹은 무장부대인 조선의용대를 결성했다. 중일전쟁 발발 이후 중국에서의 항일전쟁에 참가하기 위한 한인 무장부대가 드디어 결성된 것이다. 하지만 조선의용대는 중국군 최고 통수권자의 지휘 아래 통제를 받으면서 활동하게 되어 있었고, 전투부대가 아니어서 '조선의용군'이라는 말도 사용하지 못했다. 조선의용대는 김원봉을 대장으로 대본부와 제1구대, 제2구대로 구성되었다. 결성 직후 의용대 대원은 120~200명 정도였던 것으로 보인다. 조선의용대는 공식적으로는 무장부대가 아니었지만, 모두 무장을 하고 활동했다. 조선의용대는 일본군을 상대로 한 선전공작, 중국 군민軍民과의 유대 강화, 일본군으로 중국전선에 투입된 조선인 포로와 일반 조선인들을 항일투쟁에 참여시키기 위한 활동 등을 펼쳤다.[59)]

### 정당 통일을 위한 움직임

중국 관내 민족운동 세력이 광복운동단체연합회와 조선민족전선연맹으로 크게 재편된 이후, 두 세력을 하나로 묶으려는 움직임이 시작되었다. 이는 1938년 11월과 이듬해 1월, 중국국민당의 장개석 주석이 김구와 김원봉을 각각 만나 두 사람의 연합을 요구하면서 본격화되었다. 김원봉은 1939년 초 민족혁명당을 대표하여, 각 당파에 기존 조직을 해산하고 통일적인 단일당을 결성하자고 제안했다. 이에 대해 김구와 김원봉도 동의했다. 하지만 미주와 하와이의 동포 단체들은 김구가 김원봉과 합작하는 것에 대해 반대했다. 이에 김구와 김원봉은 1939년 5월 연명으로 「동지들에게 보내는 서신」을 발표했다. 두 사람은 "주의와 사상이 같지 아니할지라도 동일한 적 앞에서 동일한 정치강령하에서는 한 조직의 구성원이 될 수 있다"고 주장했다. 이들은 "먼저 관내의 현존하는 각 혁명단체를 일률로 해소하고 현 단계의 공동 정강에서 단일한 조직으로 재편되어야 할 것으로 믿는다. 이렇게 함으로써 현재 각 단체의 할거적 현상과 파쟁적 마찰을 정지하고 단결 제일의 목표 밑에서 일체의 역량과 행동을 통일하여 우리 투쟁을 적극 전개할 수 있는 것이다"라고 주장했다.[60) 즉 과거의 경험에 비추어 단체 본위의 연합체로는 파쟁과 상호 마찰을 불식하기 어렵다고 본 것이다. 두 사람은 현재 단계에서 두 사람이 동의할 수 있는 정치강령의 대강을 아래와 같이 제시했다.

① 일본제국주의의 통치를 전복하고 조선 민족의 자주 독립 국가를 건설함.
② 봉건 세력 및 일체의 반혁명 세력을 숙청하고 민주공화제를 건립함.
③ 국내에 있는 일본제국주의자의 공사 재산 및 매국적 친일파의 재산 일체를 몰수함.
④ 공업, 운수, 은행 및 기타 산업 부문에 있어서 국가적으로 중요한 대기업을 국유로 함.
⑤ 토지는 농민에게 분배하되 토지의 매매를 금지함.
⑥ 노동시간을 줄이며, 노동에 관한 각종 사회보험사업을 실시함.
⑦ 부녀의 정치, 경제, 사회상 권리 및 지위를 남자와 평등하게 함.

⑧ 국민은 언론, 출판, 집회, 결사, 신앙의 자유를 가짐.

⑨ 국민의 의무교육 및 직업교육을 국가의 경비로 실시함.

⑩ 자유, 평등, 호조의 원칙에 기초하여 인류의 평화와 행복을 촉진함.[61]

사실 그동안 광복운동단체연합회와 민족전선연맹 측으로 대표되는 민족주의 우파와 좌파의 강령은 거의 비슷했고, 위의 조항들은 항상 공통적으로 나오는 것들이었다. 따라서 두 사람은 위의 강령들에 쉽게 동의할 수 있었다고 여겨진다. 특히 독립 이후 '민주공화제' 국가를 건설한다는 데 두 사람이 합의하고 있는 것이 주목된다. 다만 양측은 최대 이견이었던 임시정부의 유지·해체 문제에 대해서 언급을 회피하고 있었다.

두 사람의 공동 선언 이후 통합 움직임은 본격화되어 1939년 8월 사천성 기강에서 '7당 통일회의'가 개최되었다. 여기에는 한국광복운동단체연합회 측의 한국국민당·한국독립당·조선혁명당, 민족전선연맹 측의 민족혁명당·조선민족해방동맹·조선청년전위동맹·조선혁명자동맹의 대표 14명(각 단체별 2명)과 주석단 3명(신익희·조소앙·조완구) 등이 참석했다. 조선청년전위동맹은 1938년 민족혁명당 내의 진보적 청년들을 사회주의자 최창익·한빈 등이 묶어 독립시킨 단체였다.

'7당 통일회의'에서는 광복운동단체연합회의 3단체와 민족혁명당·조선혁명자동맹은 개인별 참가의 단일 정당 방식을 주장했던 반해, 조선민족해방동맹과 조선청년전위동맹 측은 단체 참가를 주장했다. 결국 후자의 두 단체 대표가 퇴장함으로써 이 회의는 결렬되었다. 그리고 서로 의견이 갈린 조선민족전선연맹은 분열되고 말았다. 이들 두 단체를 제외한 5개 단체는 그해 9월 전국연합진선협회를 결성하고, 5당 회의를 계속했다. 하지만 5당 회의에서는 광복운동단체연합회 측과 민족전선연맹 측 사이에서 최고 권력기관을 임시정부로 할 것인가, 아니면 신당으로 할 것인가를 둘러싸고 논란이 거듭되었다. 연합회 측은 임시정부를 최고 권력기관으로 하고, 군사 및 외교 등을 모두 임시정부를 통해 처리할 것을 주장한 데 반해, 연맹 측은 신당이 최고 권력기관이 되어야 한다고 주장했다. 연맹 측은 임정의 해체 내지는 당 우위를 염두에 두었던 것으로 보인다. 양측은 끝내 이견을 좁히지 못했고, 5당 회의는 결렬되고 말았다. 그리고 7당 회의의 과정을 통하여 조선민족전선연맹은 사실상 해체되었던 반면, 한국광복운동단체연합회는 오히려 단결하는 모습을 보였다. 이로써 중국 관내 민족운동진영에서 우파가 더 유리한 입장에 서게 되었다.[62]

7당 통일회의에서 탈퇴한 조선민족해방동맹과 조선청년전위동맹은 낙양에서 1940년 12월 조선민족해방투쟁동맹을 결성했다. 이에 간부진으로 참여한 이들은 한빈·김성숙·김인철·이정호·신익희·김학무·박건웅·김창만 등이었다. 조선민족해방투쟁동맹은 중국 관내 사회주의자들의 단체로서의 성격을 갖고 있었다. 이들은 이제 중국 관내 민족운동 세력은 우파의 한국독립당, 중도진보파의 민족혁명당, 좌파의 조선민족해방투쟁동맹의 3세력으로 재편되었다고 주장하고, 이는 '우리 운동의 진보 발전을 의미하는 것'이라고 평가했다.[63]

## 4. 민족주의 좌우파, 임정 깃발 아래 결집하다

### 중경 한국독립당의 창당

1937년 7월 중일전쟁이 발발한 이후 임시정부는 호남성 장사長沙,

광동성 광주廣州, 광서성 유주柳州, 사천성 기강綦江 등을 거쳐, 1940년 9월 중경重慶으로 이전했다. 당시 중경에는 중국국민당 정부가 이전해 와 있었고, 이에 임시정부도 중경으로 이전한 것이었다.

임시정부는 기강에 도착한 뒤 조직을 정비하고 세력기반을 넓히기 위해 노력했다. 그 첫 번째 작업은 3당으로 나뉘어 있던 민족주의 세력을 하나로 통합하는 일이었다. 1930년대 중반 이래 중국 관내 민족주의 세력은 김구를 중심으로 한 한국국민당, 조소앙·홍진을 중심으로 한 (재건) 한국독립당, 이청천을 중심으로 한 조선혁명당으로 나뉘어 있었다. 하지만 이들 3당은 민족주의 우파의 정당으로서 정치적 이념도 비슷했고, 임시정부를 옹호 유지해야 한다는 입장도 같았다. 앞서 본 것처럼 이들 3당은 1939년 8월 기강에서 열린 7당 통일회의에 한국 광복운동단체연합회의 이름으로 함께 참여했다. 그러나 7당 통일회의는 결렬되었고, 이에 이들 3당은 3당의 통합을 먼저 모색하게 되었다. 1939년 10월부터 시작된 통합 논의는 1940년 5월에 마무리되었다. 이에 3당은 기존의 3당을 완전 해소하고, 새로이 한국독립당을 창당한다는 것을 선언했다. 그리고 이 선언에서 3당은 "우리 3당의 결정結晶으로 된 신당, 즉 한국독립당은 3·1운동의 정맥을 계승한 민족운동의 중심적 정당임을 성명한다"고 밝혔다. 한국독립당은 새로운 간부진을 선출했는데, 중앙집행위원장에 김구가 선출되었으며, 중앙집행위원으로는 홍진·조소앙·조시원·이청천·김학규·유동열·안훈·송병조·조완구·엄항섭·김붕준·양우조·조성환·박찬익·차이석·이복원 등이 선출되었다. 그리고 감찰위원장에는 이동녕, 감찰위원에는 이시영·공진원·김의한 등이 선출되었다.[64] 한편 한국독립당은 창당 시 다음과 같은 당의를 채택했다.

중경 한국독립당 창당 기념사진. 제1열 왼쪽부터 김붕준, 이청천, 송병조, 조완구, 이시영, 김구, 유동열, 조소앙, 차이석. 제2열 왼쪽부터 엄항섭, 김의한, 안훈, 양우조, 조시원, 김학규, 공진원, 박찬익, 최동오.

> 본당은 혁명적 수단으로써 원수 일본의 모든 침탈 세력을 박멸하여 국
> 토와 주권을 완전 광복하고 정치·경제·교육의 균등을 기초로 한 신민
> 주국을 건설하여, 안으로 국민 각자의 균등생활을 확보하며, 밖으로는
> 민족과 민족, 국가와 국가의 평등을 실현하고 나아가 세계일가의 진로
> 로 향함.[65]

이 당의에서 나타나고 있는 바와 같이, 한국독립당은 기존의 민족
주의 정당의 이념, 즉 삼균주의 이념을 그대로 계승하고 있었다. 즉 정
치·경제·교육의 기회균등을 강조하는 삼균주의 이념을 토대로 한 '신
민주국'을 건설한다는 것을 표방하고 있다. 또한 대외적으로는 민족과
민족, 국가와 국가의 평등을 강조하면서, 궁극적으로는 세계일가를 이
루는 것을 지향한다고 밝히고 있다. 한국독립당은 또 다음과 같은 당강
을 채택했다.

1. 국토와 주권을 완전 광복하여 대한민국을 건립할 것.
2. 우리 민족 생존 발전의 기초 조건인 국토·국권·국리를 보위하며, 고유한 문화와 역사를 발양할 것.
3. 보통선거제를 실시하여 국민의 참정권을 평등히 하고, 성별·교파· 계급 등의 차별이 없이 헌법상 국민의 기본 권리를 균등히 할 것.
4. 토지 및 대생산기관을 국유로 하여 국민의 생활권을 균등히 할 것.
5. 국민의 생활상 기본 지식과 필수 기능을 보급함에 충족한 의무교육을 국비로 실시하여 국민의 수학권을 균등화할 것.
6. 국방군을 편성하기 위하여 국민에게 의무병역을 실시할 것.
7. 평등호조의 우의로써 우리 국가 민족을 대우하는 국가 및 민족으로 더불어 인류의 화평과 행복을 공동 촉진할 것.[66]

위의 당강에서는 보통선거제의 실시, 토지 및 대생산기관의 국유화, 의무교육의 실시 등을 언급함으로써 정치·경제·교육에서의 기회균등을 보다 구체적으로 설명하고 있다. 한편 한국독립당은 당면과제로서의 당책黨策을 다음과 같이 밝히고 있다.

1. 일반 민중에게 당의·당강을 적극 선전하여 민족적 혁명의식을 환기시킨다.
2. 해내외의 우리 민족 역량을 집중하여 광복운동에 총동원한다.
3. 장교 및 무장대오를 통일 훈련하여 광복군을 편성한다.
4. 적 일본의 침탈 세력을 박멸하기 위하여 일체의 수단을 운용하며, 대중의 반항, 무장전투, 국제선전 등 독립운동을 확대 강화하고, 전면적 혈전을 적극 전개한다.
5. 대한민국임시정부를 적극 옹호 지지한다.

6. 한국독립운동을 동정 혹은 원조하는 민족 및 그 국가와 절실하게 연락하여 우리 광복운동의 역량을 충실히 한다.

7. 오늘날 일본과 용용하게 항전하는 중화민국과 절실히 연락하여 항일 동맹군의 구체적 행동을 채택한다.[67]

당책에서는 광복군의 편성과 이를 통한 무장투쟁의 활성화, 그리고 임시정부의 적극 옹호와 지지 등이 특히 주목된다. 이와 같은 당책에 따라 그해 1940년 9월 임시정부는 광복군을 창설했다. 또 임정의 적극 지지와 민족운동 역량의 총집중 방침에 따라 임시정부의 확대 개편과 민족주의 좌파 진영의 임정 참여가 시작되었다.

### 임시정부 조직의 개편

임시정부는 1939년 중경 부근의 기강에 도착한 뒤부터 정부의 조직과 진용을 확대, 강화하는 작업에 착수했다. 이 작업은 (재건) 한국독립당과 조선혁명당의 인사들을 임시정부에 참여시키는 방향에서 우선 추진되었다. 1939년 10월 기강에서 열린 임시의정원 회의에서는 양당의 인사들을 우선 임시의정원 의원으로 참여시키기로 했다. 임시의정원의 의원은 각 도 단위로 인구 30만 명당 1명씩 선출하게 되어 있었기 때문에 정원이 57명이었다. 그러나 중경에 도착할 당시 의정원 의원 수는 23명에 불과했다. 이에 따라 보결선거가 실시되어 새로운 의원들이 선출되었다. 그 결과 의원 숫자가 30명으로 늘어났다. 홍진·이청천·최동오·조시원·황학수·유동열·김학규 등 새로 선출된 의원들은 대부분 (재건) 한국독립당과 조선혁명당 인사들이었다.[68] 1930년대에 등장한 이들 정당들은 비록 당의, 당강 등을 갖춘 정책정당이긴 했지만, 임시의정원의 의회정치에 참여하지 못했다. 때문에 각 정당들은 아직도 '당적 조직의 독립운동 단체'라는 성격에서 벗어나지 못했었다. 그러나 이제 임시의정원에 참여하게 됨으로써 비로소 의회정치에 참여하는 정당으로서 거듭날 수 있었다.

임시정부는 국무위원 숫자도 늘렸다. 당시 임시약헌에는 국무위원을 최대 11명까지 둘 수 있었지만 실제 국무위원은 7명밖에 없었다. 따라서 국무위원을 4명 늘렸다. 그리고 임정의 부서도 기존의 내무·외무·군무·법무·재무의 5개 부서 외에 새로 참모부를 설치했다. 이어서 행정부서의 책임자를 정했는데, 주석에는 이동녕, 내무장에는 홍진, 외무장에는 조소앙, 군무장에는 이청천, 참모장에는 유동열, 법무장에는 이시영, 재무장에는 김구, 비서장에는 차이석 등이 선임되었다. 이 가운데 이동녕·이시영·김구·차이석은 한국국민당 소속이었고, 홍진·조소앙은 (재건) 한국독립당 소속, 이청천·유동열은 조선혁명당 소속이었다. 이로써 1930년대 중반 이래 한국국민당에만 의존해오던 임시정부는 (재건) 한국독립당과 조선혁명당으로 그 세력 기반을 넓힐 수 있게 되었다.[69]

임정은 정부 조직을 확대 개편한 뒤, 지도체제를 집단지도체제에서 '단일형 집단지도체제'로 바꾸었다. 임정은 1927년 국무위원제도를 채택한 이후 행정수반을 두지 않는 집단지도체제를 택해왔다. 주석이 있었지만, 주석은 국무위원이 교대로 맡는 회의 주재자에 지나지 않았다. 중경에 도착한 뒤, 임시정부는 이와 같은 집단지도체제로는 강력한 지도력을 발휘할 수 없다고 보고 이를 개편하기로 했다. 그것은 중일전쟁 발발 이후, 중국 대륙을 전전하지 않을 수 없게 된 임정도 전시 상황에 맞는 강력한 지도력이 필요했기 때문이다.

이에 임정은 주석을 행정수반으로 하는 임시약헌 개정안을 임시의정원에 제출했다. 1940년 10월 임시의정원은 개정안을 통과시켰다. 이에 따라 주석은 이제 행정수반이 되었다. 그리고 주석은 임시의정원에서 선출하도록 했다. 주석의 권한은 다음과 같이 주어졌다.

1. 국무위원회를 소집함.
2. 국무위원회 회의 시에 주석이 됨.
3. 임시정부를 대표함.
4. 국군을 총감함.
5. 국무위원의 부서로 법률을 공포하고 명령을 발함.
6. 필요하다고 인정할 때에는 행정 각부의 명령을 정지함.
7. 국무위원회의 의결로 긴급명령을 발함.
8. 신임장을 접수함.
9. 정치범을 특사함.
10. 국무위원의 회의 중 가부동수일 때에는 이를 표결함. 다만 긴급명령을 발할 때에는 차기 의회의 추인을 받아야 하며, 부결되었을 때에는 효력이 상실되었음을 즉시 공포함.

위에서 보면, 주석은 행정수반이면서 동시에 국가원수의 성격을 겸하고 있었다. 이제 임시정부는 주석 중심의 체제로 탈바꿈한 것이다. 하지만 임시약헌에 의하면 주석은 아직 국무위원을 스스로 임명할 수 있는 권한은 없었다. 국무위원은 임시의정원에서 선출하도록 되어 있었다. 따라서 주석제는 대통령제와 같은 '단일지도체제'라기보다는 주석을 앞세운 '단일형 집단지도체제'의 성격을 지닌 것으로 보아야 할 것이다.[70] 10월 9일 임시의정원은 주석과 국무위원을 새로 선출했다. 주석에는 김구가 당선되었고, 국무위원에는 이시영·조완구·조소앙·

大韓民國臨時政府對日宣戰聲明書

吾人代表三千萬韓人及政府, 謹祝中英美荷加澳及其他諸國之對日宣戰, 以其為擊敗日本, 再造東亞之最有效手段, 茲特聲明如下, 一、韓國全體人民現已參加反侵略陣線, 為一個戰鬪單位, 而對軸心國宣戰。二、重複宣佈無效一九一零年合併條約及一切不平等條約, 並尊重反侵暴國家之在韓合理的旣得權益。三、為完全驅逐倭寇於韓國中國反西太平洋, 血戰至最後勝利。四、誓不承認日本卵翼下所造成之長春及南京政權。五、堅決主張羅印

宣言各條, 為實現韓國屬立而適用, 因此特預祝民主陣線之最後勝利。

大韓民國臨時政府主
席 金 九
外務長 趙素昻

大韓民國二十三年十二月十日

김구 주석(왼쪽)과 그가 서명한 임시정부의 대일 선전성명서(위쪽).

차이석·조성환·박찬익 등이 선출되었다. 이에 주석으로 선출된 김구는 조완구를 내무장, 조소앙을 외무장, 조성환을 군무장, 박찬익을 법무장, 이시영을 재무장, 차이석을 비서장에 각각 임명했다. 그리고 유동열을 광복군의 참모장에 임명하고, 홍진과 송병조를 고문으로 위촉

했다.[71)]

이처럼 임시정부는 중경에 정착한 이후, 한국독립당의 창당, 광복군의 창건, 정부의 단일형 집단지도체제로의 개편 등을 통하여, 당·정·군의 체제를 모두 정비한 셈이 되었다. 그리고 이 과정에서 김구는 한국독립당의 중앙집행위원장, 임시정부의 주석, 그리고 광복군의 통수권자가 되었다. 이제 김구 중심의 임시정부 시대가 개막한 것이다.

### 조선의용대의 광복군 편입

임정은 위와 같이 체제정비를 어느 정도 마쳤다. 하지만 아직 남은 과제가 있었다. 그것은 관내 독립운동 세력 가운데 좌파 진영을 임정에 끌어들이는 일이었다. 앞서 본 7당 회의에 참여했던 민족혁명당, 조선민족해방동맹, 조선청년전위동맹과 회의에는 참여하지 않았던 조선혁명자연맹은 아직 임시정부 세력권 밖에 있었다. 이 가운데 특히 민족혁명당은 독자적인 무장조직으로 조선의용대를 광복군보다 앞서 창설하는 등 무시할 수 없는 세력이었다. 그런데 민족혁명당은 1941년 5월 당중앙회의를 열고 내부적으로 임시정부에 참여하기로 결정하고, 한국독립당에 양당이 공동으로 임시정부를 운영하자는 제의를 했다. 그리고 민족혁명당에 이어 조선민족해방동맹도 「옹호 한국임시정부 선언」을 통해서 임시정부 지지를 선언했다. 이로써 좌파진영 내부에서도 임시정부에 참여하려는 분위기가 성숙되어 갔으며, 민족혁명당은 1941년 12월 제6차 전당대회에서 채택한 선언을 통해 "금일의 국제정세가 여러 민주국이 파시즘 집단과 혈전을 전개하고 있음과 임시정부의 국제적 승인 가능성이 있다"고 언급하면서, 임시정부에의 참여를 공식적으로 발표했다.[72)]

민족혁명당 등 좌파진영이 이와 같이 방향전환을 하게 된 데에는 그럴 만한 배경이 있었다. 첫째 배경은 중국 측의 합작 종용이었다. 중국 측은 한국독립운동에 대한 지원 창구를 일원화하고자 했다. 중국 측은 1932년 윤봉길 의거 이후 두 개의 창구를 통해 한국독립운동을 지원했다. 하나는 중국국민당이 김구를 지원하는 것이었고, 다른 하나는 중국군사위원회의 삼민주의역행사三民主義力行社가 김원봉을 지원하는 것이었다. 그런데 1940년 한국 독립운동 좌우세력이 중경에 모이게 되자, 양측의 통합을 종용하고 나선 것이었다. 특히 중국국민당 정부의 외교부장 곽태기郭泰祺는 "임시정부의 승인 문제를 영국과 미국 정부와 협상하고, 중국의 국무회의에도 제출하겠다"면서, 임시정부를 중심으로 한 김구와 김원봉의 합작을 종용했다.[73)

둘째 배경은 민족혁명당 내부의 문제로서, 젊은 당원들로 조직된 조선의용대 대원의 상당수가 1940년 말에서 1941년 초에 걸치는 시기에 중국공산군 지역인 화북지역으로 옮겨간 일이었다. 민족혁명당을 중심으로 한 조선민족전선연맹의 군사력인 조선의용대는 계림에 본부를 두고 있었으며, 1940년 2월 현재 대원은 모두 314명이었는데, 이들 가운데 상당수가 1941년 봄에 중국공산군의 근거지인 태항산으로 옮겨갔다. 그리고 이들은 그곳에서 조선의용대 화북지대를 편성했다가 연안에서 조선독립동맹이 발족되자 조선의용군 화북지대로 개편했다. 그 결과 중경에는 민족혁명당의 중앙집행위원, 중앙감찰위원, 특파공작원 등을 합해 40~50명밖에 남지 않았던 것이다.[74)

셋째 배경은 태평양전쟁의 발발이라는 국제정세의 변화였다. 1941년 12월 8일 일본의 하와이 진주만 공격으로 미국과 일본 사이에 태평양전쟁이 시작되자, 이는 독립운동가들 사이에서는 조국 독립의 절호의 기회로 인식되었다. 이에 따라 독립운동 세력의 역량을 하나로 모아,

광복군 총사령부 총무처 직원들(1940년 12월). 앞줄 가운데 앉은 이는 참모장 유동열.

적극적인 항일전쟁을 시작해야 한다는 여론이 고조되었다.[75]

위와 같은 배경 위에서 민족혁명당 측은 한국독립당 측에 먼저 합당을 제의했다. 즉 양당이 합당하여 단일당을 만들어 임시정부를 운영하자는 제안이었다. 이에 대해 한국독립당은 거부의사를 밝혔다. 그 표면적인 이유는 공산주의적 성향을 가진, 화북지역으로 이동한 민족혁명당 당원들의 입당을 허락할 수 없다는 것이었다. 이와 같이 양당의 합작이 답보상태에 놓이자, 중국군사위원회 측에서는 우선 양측의 무장조직인 광복군과 조선의용대의 통합을 추진했다. 중국 측은 조선의용대 대원 다수가 화북지역으로 넘어간 것을 큰 충격으로 받아들였다. 이에 중국 측은 광복군과 조선의용대를 중국군사위원회에 예속시켜 확실하게 장악하려 했다. 그리고 두 조직을 하나로 통합하려 한 것이다.

그 방안은 조선의용대를 광복군에 편입시키는 것이었다. 민족혁명당은 이에 거세게 반발하고 나섰다. 민족혁명당 측은 먼저 정치적으로 통일을 이루고, 그 뒤에 군사적으로 통일을 이루어야 한다고 주장했다. '선 정치통일, 후 군사통일'론이었다. 그리고 정치적인 통일이 이루어지지 못한다면, 양측의 군대를 통합하여 '조선민족혁명군'으로 편성하자고 주장했다. 그러나 한국독립당 측은 '선 군사통일, 후 정치통일'을 주장했다. 양측의 견해가 맞선 가운데 한국독립당은 임시정부의 국무회의에서 1942년 4월 조선의용대를 광복군에 합편할 것을 결의했다. 이어서 5월에는 광복군 직제에 부사령직을 증설할 것을 의결하고, 부사령에 조선의용대 대장 김원봉을 임명했다. 이와 같은 임시정부 측의 의결은 민족혁명당 측과 합의 없이 진행된 것으로서, 조선의용대의 광복군 편입을 재촉하기 위한 것이었다. 중국군사위원회도 임시정부의 결의를 따라 김원봉을 광복군 부사령으로 파견하며, 원래의 조선의용대는 광복군 제1지대로 개편한다는 내용의 명령문을 조선의용대 측에 보냈다. 조선의용대 측은 이를 거부할 수 없었고, 결국 두 달 후인 7월에 조선의용대는 광복군 제1지대로 개편되었다. 한편 조선의용대의 광복군에 편입에 앞서 1941년 1월에는 무정부주의 계열의 무장조직인 한국청년전지공작대가 광복군에 편입되었다. 이로써 광복군의 병력은 크게 증강되었고, 부대 규모도 확대되었다.[76]

## 통합의회의 구성

군사통일의 작업이 마무리되자 정치통일의 작업이 시작되었다. 정치통일은 우선 임시의정원을 중심으로 시작되었다. 1942년 8월 임시의정원은 선거구와 관련된 선거규정을 고쳐 의원 숫자를 늘릴 수 있도록 했다. 즉 국내 또는 국외의 선거구 가운데 선거가 어려운 지역의 경우, 정부 소재지의 광복운동자들로서 해당 지역과 연고가 있는 이들이 임시의정원 의원으로 선출될 수 있도록 한 것이었다. 이와 같은 규정에 의거하여 1942년 10월 선거가 실시되어 1941년 기존 의원 27명 외에 23명의 의원이 추가로 선출되었다.[77] 당시 기존의 의원과 추가로 선출된 의원을 당적별로 보면 다음과 같다.

한국독립당: 심광식·김현구·김관오·민필호·조성환(5명)
조선민족혁명당: 이해명·최석순·김상덕·김원봉·송욱동·이인홍·왕통·신영삼·한지성·이정호·손두환·김철남·강홍주·이연호(14명)
조선민족해방동맹(사회주의 계열): 박건웅·김재호(2명)
조선혁명자연맹(뒤에 조선무정부주의자연맹으로 개칭): 유자명·유림(2명)[78]

위에서 보는 것처럼 새로 선출된 의원 23명 가운데 한국독립당 소속은 5명, 조선민족혁명당 소속은 14명, 조선민족해방동맹과 조선혁명자연맹은 각각 2명이었다. 23명 가운데 18명이 좌파 진영 소속이었다.

1942년 10월 25일 제34차 임시의정원 정기회의에서 부의장 최동오는 인사말을 통해 "오늘 이 모임은 1919년 우리 임시정부 성립 이래 최초로 성황을 이루게 된 것"이라고 말했는데, 이는 지나친 말이 아니었다. 한국독립당의 조소앙도 이날 "과거 무수한 방법의 대립, 과거 무수한 단체의 대립, 과거 각 당파의 대립이 의정원으로 완전 통일되었다"고 말했다.[79] 이제 중국 관내 좌우파 민족주의자들은 이념을 뛰어넘어 임시의정원에 모두 모여 통합의회를 구성한 것이었다. 10월 26일 의장단 선거가 있었는데, 의장에는 홍진, 부의장에는 최동오가 선출되었다. 홍진은 이미 1921년과 1939년 두 차례에 걸쳐 의장을 지낸 인물이었는

影撮念紀同一員議院政議屆四十三第國民韓大

1942년 제34차 임시의정원에 모인 의원들. 앞줄 왼쪽부터 유동열, 박찬익, 조성환, 홍진(의장), 김구, 최동오(부의장), 조완구, 김원봉.

데, 세 번째로 의장에 선출된 것이다. 그는 좌우파가 모두 의장으로서 받아들일 만한 인물이었다.[80]

임시의정원에 여러 정당의 인물들이 소속 정당을 달리하면서 들어온 가운데 자연스럽게 한국독립당은 여당이 되고, 다른 당들은 야당이 되었다. 야당 의원들은 임시정부의 여러 정책에 대해 강하게 질타하거나 비판하기도 했다. 또 여야 의원이 합심하여 정책을 심의하기도 했다. 여야 의원들이 합심하여 성사시킨 정책의 대표적인 예는 '한국광복군행동 9개준승'의 취소였다. 통합의회가 출범한 지 사흘째이던 10월 27일 민족혁명당의 이연호 등 여야 의원 17명은 "중국군사위원회에 대해 광복군에 행용行用하는 소위 행동준승 9개 조항을 즉시 취소하고 절대적으로 국제간 평등적 입장에서 우의적으로 적극 협조하기를 요구하

**표1. 1944년 3월 임시의정원의 의원 현황**

| 당적 | 기존 의원 |
|------|-----------|
| 한국독립당 | 김구 · 이시영 · 조소앙 · 조완구 · 엄항섭 · 조시원 · 이상만 · 안훈 · 신환 · 차이석 · 이복원 · 방순희 · 이청천 · 박찬익 · 김학규 · 유동열 · 유진동 · 조성환 · 민필호 · 김관오 · 마초군 · 문덕홍 · 안봉순 · 심광식 · 양우조(25명) |
| 조선민족혁명당 | 문일민 · 최석순 · 이해명 · 왕통 · 이정호 · 장건상 · 김원봉 · 김상덕 · 김철남 · 손두환 · 이인홍 · 송욱동(12명) |
| 조선민족해방동맹 | 박건웅 · 신정완 · 김재호(3명) |
| 조선무정부주의자연맹 | 류림 · 류자명(2명) |
| 통일동맹 | 유동열(1명) |
| 무소속 | 홍진 · 최동오 · 이광제 · 신영삼 · 지경희 · 강홍주 · 이연호(7명) |

출처: 독립운동사편찬위원회, 『독립운동사』 제4권(임시정부사), 원호처, 1969, 967~968쪽.

라"고 하는 제안을 제출했다. 광복군의 소위 '행동준승 9개 조항'은 중국군사위원회가 광복군을 통제하기 위해 만든 규정들이었다. 이 제안에 대해 여야 의원들은 합법적 제안을 위해 특별위원회를 조직하기로 합의했다. 이와 같은 임시의정원의 움직임에 힘입어 임시정부는 중국 국민당 정부와 중국군사위원회 당국자와 여러 차례에 걸쳐 협상을 벌인 끝에 마침내 1944년 8월 '9개준승' 취소라는 성과를 얻어내게 된다.[81]

또 민족혁명당 측은 그동안 한국독립당 일당 체제에서 결정된 것 등에 대해서 문제를 제기하고 나섰다. 민족혁명당에서 제기한 문제는 세 가지였다. 첫째는 의회의 통과 없이 발표된 건국강령을 부분적으로 수정하여 의회에서 통과시킬 것, 둘째는 임시약헌을 수정할 것, 셋째는 야당 인사들도 정부에 참여시킬 것 등이었다. 이와 같은 문제들을 둘러싸고 임시의정원에서는 상당 기간 동안 치열한 논쟁이 계속되었다.[82]

그런 가운데 여야 사이에서는 격렬한 대립이 벌어지기도 했지만, 이는 모두 의회민주주의의 훈련 과정이었다.

그리고 1944년에 이르면 임시의정원의 구성에서 여야가 세력균형을 이루어가고 있었다. 앞의 표에서 보듯이 1944년 4월 제36차 의정원이 개회되었을 때, 의원의 소속 정당을 보면 한국독립당이 25명, 민족혁명당이 12명, 조선민족해방동맹이 3명, 조선무정부주의자연맹이 2명, 통일동맹이 1명, 무소속이 7명 등으로 되어 있었다. 전체 의원 50명 가운데 여당과 야당은 각각 25명으로 세력균형을 이루고 있었다. 또 1944년의 임시의정원 제36차 회의에서는 임시정부의 최종 헌법이라 할 '대한민국임시헌장'을 제정했다. 이는 1940년 10월에 제정 공포했던 '대한민국임시약헌'을 개정한 것으로, 독립운동의 방향과 광복 후 국가건설의 대강을 제시한 것이었다.[83]

### 좌우 연합정부의 구성

앞서 본 것처럼 임시정부 임시의정원은 1940년 10월 임시약헌을 개정하여 주석을 중심으로 한 새로운 지도체제를 만들었다. 그런데 1942년 10월 통합의회가 구성된 이후 민족혁명당 측은 "임시정부는 각 당파, 각 개인의 우수한 인물을 망라한 각 당파 연합정부가 되어야 한다"면서 좌우 연합정부를 구성할 것을 주장했다. 이를 위해서는 우선 헌법, 즉 임시약헌의 개정이 필요했다. 하지만 1942년 10월 제34차 의정원회의에서의 헌법 개정은 무산되었다. 다만 헌법을 개정하기 위한 약헌수개위원회가 한국독립당 4명, 민족혁명당 3명, 민족해방동맹과 혁명자연맹 각 1명 등 모두 9명으로 구성되었다.[84]

약헌수개위원회는 바로 활동에 들어갔지만 쟁점 사항에 대한 타결은 쉽지 않았다. 첫 번째 쟁점은 의원을 선출하는 선거구 문제였다. 당시 약헌에서는 "국내 각 선거구에서 선거 실시가 불가능할 때에는 임시정부 소재지에 거주하고 각 해당 선거구에 원적을 가진 광복운동자가 각 해당 선거구의 선거권을 행사한다"고 되어 있었다. 이에 대해 민혁당 등은 이 조항에 의거하면 중경 이외의 지역에서 활동하고 있는 광복운동자는 선거권과 피선거권을 가질 수 없다는 문제가 있음을 지적했다. 하지만 한독당 측은 중경에 주된 기반을 두고 있었기 때문에 이 조항을 양보하지 않으려 했다. 양측의 대립으로 이듬해인 1943년 10월 제35차 정기회의까지도 약헌 개정안은 마련되지 못했다. 그런 가운데 국무위원의 임기는 만료되었기 때문에 임시의정원은 새로운 국무위원을 선출해야만 하는 상황이 되었다. 민혁당 등은 국무위원의 일정 수를 민혁당 등에도 할애해야 한다고 주장했다. 그러나 한독당 측은 이를 거부했다. 양측의 대립은 제35차 의회를 파국으로 몰고 갔다. 이에 의장 홍진과 부의장 최동오가 양측의 의견을 조정하기 위하여 한국독립당을 탈당했다. 이후 홍진이 나서서 양측의 의견을 조정한 결과, 마침내 양측은 타협점을 찾을 수 있었다. 그 내용은 다음과 같다. 첫째, 국무위원은 14인으로 늘리고, 주석과 부주석을 각각 1인씩 두며, 각부 부장은 주석이 국무회의에 제출하여 통과한 후 임면한다. 둘째, 국무위원의 인수 비례는 한국독립당 8석, 민족혁명당 4석, 기타 정당 각 1석으로 하고, 주석은 한국독립당, 부주석은 민족혁명당에서 맡는다.[85]

양측이 합의점을 찾으면서, 약헌 수개 문제도 타협점을 찾게 되었다. 이에 따라 1944년 4월 제36차 임시의회가 개최되었다. 세 차례에 걸친 독회 끝에 통과된 임시약헌의 명칭은 이제 '대한민국임시헌장'으로 바뀌었다. 임시헌장에서는 전문을 두었는데, 그 내용은 다음과 같다.

「대한민국임시헌장」

우리 민족은 우수한 전통을 가지고 스스로 개척한 강토에서 유구한 역사를 통하여 국가생활을 하면서 인류의 문명과 진보에 위대한 공헌을 하여 왔다. 우리 국가가 강도 일본에게 패망된 뒤에 전 민족은 오매寤寐에도 국가의 독립을 갈망했고, 무수한 선열들은 피와 눈물로써 민족 자유의 회복에 노력하여 3·1대혁명에 이르러 전 민족의 요구와 시대의 추향趨向에 순응하여 정치·경제·문화 기타 일체 제도에 자유 평등 및 진보를 기본 정신으로 한 새로운 대한민국 임시의정원과 임시정부가 건립되었고, 아울러 임시헌장이 제정되었다. 이에 본원은 25년의 경험을 쌓아서 제36회 의회에서 대한민국임시헌장을 범 7장 공 62조로 수개했다.[86]

아울러 임시헌장은 제1장 총강에서 다음과 같이 선언했다.

제1조 대한민국은 민주공화국임.
제2조 대한민국의 강토는 대한의 고유한 판도로 함.
제3조 대한민국의 인민은 원칙상 한국 민족으로 함.
제4조 대한민국의 주권은 인민 전체에 있음. 국가가 광복되기 전에는 주권이 광복운동자 전체에 있음.

임시헌장은 또 제2장 '인민의 권리와 의무'에서 다음과 같이 인민의 권리와 의무를 규정하고 있다.

제5조 대한민국의 인민은 하열 각 항의 자유와 권리를 향유함.
① 언론·출판·집회·결사·파업 및 신앙의 자유.

② 거주·여행 및 통신의 비밀의 자유.

③ 법률에 의하여 취학·취직 및 부양을 요구하는 권리.

④ 선거 및 피선거의 권리.

⑤ 공소公訴·사소私訴 및 청원을 제출하는 권리.

⑥ 법률에 의하지 않으면 신체의 수색·체포·감금·심문 혹 처벌받지 않는 권리.

⑦ 법률에 의하지 않으면 가택의 침입·수색·출입제한 혹 봉폐封閉를 받지 않는 권리.

⑧ 법률에 의하지 않으면 재산의 징발·몰수 혹 추세抽稅를 받지 않는 권리.


제6조 대한민국의 인민은 하열 각항의 의무가 있음.

① 조국을 광복하고, 민족을 부흥하고, 민주정치를 보위하는 의무.

② 헌장과 법령을 준수하는 의무.

③ 병역과 공역公役에 복무하는 의무.

④ 국세를 납입하는 의무.


한편 쟁점이 되었던 임시의정원 의원 선거 방법은 바뀌지 않았다. 즉 국내 각 선거구에서 선거를 실시할 수 없을 때에는 각 해당 선거구에 원적을 두고 임시정부 소재지에 거주하는 광복운동자가 각 해당 선거구 선거인의 선거권을 대신할 수 있다고 규정한 것이다. 의원수의 정원도 57명 그대로였다. 임시의정원의 권한은 다음과 같았다.

① 의원 당선증서의 심사. 의원 자격 및 선거의 의의疑意에 대한 심판.

② 의원 자격에 대한 처리.

③ 의원이나 정부에서 제출한 일체 법안의 의결.

④ 조세 및 세율과 국고와 기타 국고의 부담이 될 만한 사항의 의결.

⑤ 국가의 예산·결산 및 예산 초과나 산외算外 지출의 의결.

⑥ 국무위원회 주석 및 부주석과 국무위원의 선거.

⑦ 조약 체결과 선전宣戰·강화講和의 동의.

한편 행정부로서는 국무위원회를 조직하고, 이에 주석과 부주석, 그리고 국무위원을 두었으며, 국무위원의 수는 8인 이상 14인 이내로 했다. 또 임시헌장은 국무위원회의 주석으로 하여금 임시정부를 대표하고, 국서를 접수하며, 국군을 통감하고, 국무위원회를 소집하며, 그 주석이 되는 등의 권한을 갖게 했다. 주석과 부주석의 임기는 3년으로 했다. 또 행정 각 부서는 내무·외무·군무·법무·재무·문화·선전 등 각부와 기타 각 위원회를 두되 시의에 따라 그 수를 늘리거나 줄일 수 있게 했다.

이와 같이 임시헌장이 마련되자 이에 근거하여 정부, 즉 국무위원회가 조직되었다. 임시의정원에서는 4월 24일 투표를 통해 주석에 김구, 부주석에 김규식을 선출했는데, 이는 이미 여야 간에 합의가 되어 있는 것이었다. 국무위원으로는 이시영·조성환·황학수·조완구·차이석·박찬익·조소앙·안훈·장건상·김붕준·성주식·유림·김원봉·김성숙 등이 선출되었다. 이는 여야가 합의한 대로 한국독립당에 8명, 민족혁명당에 4명, 조선민족해방동맹에 1명, 조선무정부주의자연맹에 1명이 각각 배당된 것이었다. 그리고 각부 부장으로는 외무부장에 조소앙, 군무부장에 김원봉, 재무부장에 조완구, 내무부장에 신익희, 법무부장에 최동오, 선전부장에 엄항섭, 문화부장에 최석순 등이 선임되었다. 이 가운데 김원봉과 최석순은 민족혁명당 소속이었다.[87]

이로써 임시정부는 민족주의 좌우파 및 일부 사회주의자와 아나키스트까지 참여한 좌우 연합정부가 되었다. 1944년 4월 26일 주석·부주석을 비롯한 국무위원들은 임시의정원 의장 홍진 앞에서 취임선서를 했으며, 이로써 좌우 연합정부가 공식 출범했다. 그리고 정부기구가 확대됨에 따라 각 부서의 일반 직원들도 크게 늘어났으며, 이 가운데에는 좌파 진영 인사들도 포함되어 있었다. 당시 임시정부 직원은 대략 96명이었는데, 이들의 당적을 보면 한국독립당이 46명, 민족혁명당이 29명, 조선민족해방동맹이 8명, 통일동맹이 4명, 조선무정부주의자연맹이 2명, 그밖에 소속 불명자가 7명이었다.[88]

이와 같이 해방을 약 1년 앞둔 1944년의 시점에서 임시정부는 좌우 통합정부로서 재탄생했다. 그리고 임시정부는 독립운동의 최고 영도기관이자 민족의 대표기관이라는 위상과 권위를 되찾을 수 있었다. 이와 같은 통합정부를 만든 제36차 임시의정원은 폐회 시에 선언문을 통해 다음과 같이 그 의의를 천명했다.

이번 선거된 정부 주석·부주석 및 전체 국무위원은 우리 혁명운동사에서 가장 공헌이 많은 민족적 지도자이며 또 우리 민족의 각 혁명 정당과 사회주의 각 당의 권위 있는 지도자들이 연합 일치하여 생산한 전 민족 통일전선의 정부이다. 이것은 이번 의회의 최대 성공일 뿐 아니라 우리 민족 독립운동사상, 더구나 임시정부 발전사상에 있어서 신기원적인 데에서 특필의 사실을 개벽한 것이다.

이후로 우리들의 임시정부는 대내적으로 전 민족의 일체 반일세력을 통일적으로 지도할 수 있고, 대외적으로는 전 민족의 의사와 권력을 대표하게 된 것이니, 이것은 전 민족의 권위 있고 능력 있는 최고 영도기관을 이룩한 것이다. 민족의 독립과 자유를 위하여 분투하는 국내외 혁명전사들! 전체 동포들! 우리는 그대들이 우리 임시정부를 절대 신임하고 옹호할 것을 바란다. 그리고 정부의 일체 법령과 결의를 충실히 집행할 줄로 믿는다.[89]

임시의정원은 여기서 재탄생한 임시정부를 '통일전선정부'라고 말하고 있다. 좌우파 독립운동 세력이 통일전선을 이루면서 정부를 만들었다는 뜻이다. 그리고 이 선언문은 임시정부는 이제 전 민족의 '최고 영도기관'임을 다시 한 번 천명하면서, 국내외 독립운동가들과 전체 동포들에게 임시정부를 절대 신임하고 옹호해줄 것을 호소하고 있다. 하지만 임시정부가 중국 관내 독립운동 세력을 모두 통합한 것은 아니었다. 중국공산당의 근거지인 연안에는 조선독립동맹과 조선의용군 세력이 여전히 존재하고 있었다. 또 그밖에도 러시아의 항일운동 세력도 여전히 임시정부의 영향권 밖에 존재하고 있었다.


## 5. 임시정부, 건국의 밑그림을 그리다

### 건국강령의 제정과 삼균주의의 천명

임시정부는 1941년 11월 25일 제19차 국무회의의 결의로써 「대한민국건국강령」을 통과시켜, 28일 이를 내외에 공포했다. 임시정부는 1919년 발표한 임시헌장 제1조에서 "대한민국은 민주공화제로 함"이라고 밝혔으며, 이는 이후 여러 차례의 헌장 개정에도 불구하고 대체로 유지되어 왔다. 하지만 이는 국체와 정체를 밝힌 것에 불과하고, 건국 이후에 어떤 국가를 세울 것인지에 대해서는 명확한 제시가 없었다. 하지만 중일전쟁이 발발하고, 일본의 운명을 좌우할 미국과의 전쟁이 곧 일어날 것으로 예측되는 가운데, 국제정세의 변화로 만일 한국이 다시 해방이 된다면 어떤 나라를 세울 것인지에 대한 구체적인 비전을 제시할 필요가 있었다. 이에 임시정부는 서둘러 「건국강령」을 마련하여 이를 선포했던 것이다. 임시정부 측은 이듬해 3·1절 선언문에서 「건국강령」을 제정 반포한 이유에 대해서 다음과 같이 설명했다. 첫째, 민족의 정치의식을 이에 집중할 필요가 있다. 둘째, 민족정기와 혁명 공리公理를 이에 통일할 필요가 있다. 셋째, 일관 불변하는 정경政經원칙을 뚜렷하게 내세워 국민의 정치의식을 지도할 필요가 있다. 다섯째, 본 정부의 최고 임무의 달성, 즉 삼균주의를 전후戰後에 완성하기 위해서이다.[90)]

여기서 주목할 것은 임시정부가 그 최고 이념을 '삼균주의'라고 분명히 밝히고 있는 점이다. 이는 「대한민국건국강령」의 제1장 총강에서도 밝히고 있는 바였다. 즉 강령 총강 제1장에서는 "한국의 건국정신은 삼균三均제도에 역사적 근거를 두었다"고 하면서, "이는 사회 각 계층이 지력智力과 권력과 부력富力의 균등으로 국가를 진흥하고, 태평을 보전한다는 것이니, 이는 우리 민족이 지켜야 할 최고의 공리公理"라고 선언하고 있다. 또 총강에서는 "대한민국임시정부는 13년(1931년) 4월에 대외 선언을 발표했는데, 그중에는 '보통선거 제도를 실시하여 정권政權을 균등하게 하고, 국유(토지국유를 의미-인용자) 제도를 채용하여 이권利權을 균등하게 하고, 면비免費 교육제도를 채용하여 학권學權을 균등하게 하며, 국내외에 대하여 민족자결의 이권을 보장하여 민족과 민족, 국가와 국가의 불평등을 혁제革除할지니, 이로써 국내에 실시하면 특권계급이 소멸할 것이요, 소수민족이 침릉浸凌을 면할 것이다. 정치와 경제와 교육의 권리를 균등히 하여 고하가 없게 하며, 또 동족이나 이족

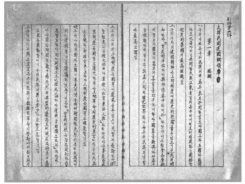

1941년 11월 임정이 제정·반포한 「대한민국건국강령」(왼쪽)과 삼균주의의 창안자 조소앙(오른쪽).

을 무론하고 모두 이렇게 한다'고 했는데, 이는 삼균주의의 재차 선언이 되는 것으로서, 우리들이 발양광대發揚光大할 것임"이라고 선언하고 있다.[91]

총강에서는 결론적으로 "임시정부는 복국復國과 건국建國 단계에는 정치·경제·교육의 균등을 실현하는 동시에, 독립·민주·균치의 3종 방식을 실시할 것"이라고 선언했다. 여기서 '복국'이란 국권회복, 즉 독립운동의 과정을 말하는 것이며, 건국은 국권회복 이후 나라를 세우는 과정을 말하는 것이다. 이 과정에서 가장 중요한 이념은 정치·경제·교육의 균등을 지향하는 삼균주의라는 것을 여러 번에 걸쳐 천명하고 있는 것이다.[92]

앞서 살펴보았듯이 삼균주의는 1927~1928년경에 조소앙에 의해 창안된 것으로서, 1930년에는 상해 한국독립당의 기본이념으로 채택되었다. 한국독립당에서 채택한 삼균주의는 정치·경제·교육에서의 기회 균등을 실현하고, 이를 토대로 민족과 민족, 국가와 국가의 균등 생활을 이루고 나아가 세계일가를 추구한다는 이념이었다.[93] 이후 삼균

222

주의는 1930년대 중반 민족주의 좌우파 정당들의 기본이념으로 채택되었다. 1935년 창립된 좌우파 민족주의자들이 함께 참여했고, 조소앙도 참여했던 민족혁명당도 당의에서 "국토의 주권을 회복하고, 정치·경제·교육의 평등을 기초로 한 민주공화국을 건설하여, 국민 전체의 생활 평등을 확보하고, 나아가서 세계 인류의 평등과 행복을 촉진한다"고 하여, 사실상 삼균주의를 기본이념으로 채택했다. 또 1935년 창립된 한국국민당도 당의에서 "본당은 혁명적 수단으로써 구적 일본의 총침탈 세력을 박멸하여 국토와 주권을 완전히 광복하고, 정치·경제·교육의 균등을 기초로 하는 신민주공화국을 건설함으로써 안으로는 국민 각개의 균등생활을 확보하고 밖으로는 민족과 민족, 국가와 국가의 평등을 실현하고, 나아가 세계일가의 진로로 향함"이라고 선언했다.

그리고 1940년 중경에서 한국국민당·(재건) 한국독립당·조선혁명당 등 3당이 합당하여 만든 한국독립당도 당의에서 "본당은 혁명적 수단으로써 원수 일본의 모든 침탈 세력을 박멸하여 국토와 주권을 완전 광복하고 정치·경제·교육의 균등을 기초로 한 신민주국을 건설하여, 안으로 국민 각자의 균등생활을 확보하며, 밖으로는 민족과 민족, 국가와 국가의 평등을 실현하고 나아가 세계일가의 진로로 향함"이라고 천명했다.[94] 이처럼 1930년대 이후 민족주의 계열, 특히 우파 민족주의 계열의 정당들은 모두 삼균주의를 당의 기본이념으로 설정하고 있었다.

그리고 1941년 임시정부가 만든 건국강령도 역시 삼균주의를 기본이념으로 삼는다는 것을 천명했다. 이로써 삼균주의는 임시정부와 이를 뒷받침하는 민족주의 계열의 건국이념으로 승화되고 있었다. 건국강령이 삼균주의를 기본이념으로 채택한 것은 당시 조소앙이 건국강령의 기초자로 참여했던 것과도 관련이 있었지만, 1930년대 이후 삼균주의가 민족주의 계열의 독립운동자들 사이에서 독립운동의 기본이념으로 자리 잡아 왔던 것과도 관련이 있었다.

그렇다면 삼균주의란 어떤 이념인가. 삼균주의는 "정치·경제·교육에서의 균등"을 강조하는데, 여기서 '균등'은 기본적으로는 '기회의 균등', '권리의 균등'을 의미하는 것이었다. 하지만 결과적으로도 어느 정도 '고르게 잘 사는 것'을 지향한다. 따라서 이는 공산주의에서 강조하는 결과상에서의 '평등'과는 다른 것이었다. 또 자본주의에서 강조하는 '능력에 따른 결과상 불평등의 인정'과도 다른 것이었다. 따라서 삼균주의는 '제3의 이념'이라고 부를 수 있는 것으로서, 당시 한국의 실정을 감안한 독창적인 이념이었다.

그러면 조소앙은 왜 이와 같은 삼균주의를 창안했을까. 조소앙은 1930년 4월에 쓴 「한국의 현상과 그 혁명의 추세」라는 글에서 과거 한국의 역사를 살펴볼 때, 여러 측면에서 불평등이 매우 심했다는 것과, 그러한 불평등이 일제 지배 이후 더욱 심해지고 있다는 것을 지적했다. 한국 역사 속에서의 불평등으로는 1) 인민의 기본 권리의 불평등(양반-중인-상인-천인의 계급제도와 노예제도), 2) 인민의 생활권리의 불평등(특히 토지소유의 불평등), 3) 인민의 수학受學 권리의 불평등 등을 지적했다. 그리고 일제 지배가 시작된 이후의 현상으로는 1) 정치적 유린(각종 악법을 동원한 체포, 혁명 사상의 단속, 언론·집회·결사·출판의 자유 압박), 2) 교육의 압박(일본인 교사의 교육계 점령, 학교 수 부족으로 인한 입학의 제한 등), 3) 경제적 파멸(일본인 지주의 토지 겸병, 지주의 몰락과 농노의 격증, 한인의 경제적 몰락) 등을 지적했다.[95] 그리하여 그는 광복 후에는 반드시 이와 같은 현상을 타개하고, 정치·경제·교육에서의 균등을 지향하는 사회를 만들어야 한다고 생각한 것이다.

그러면 삼균주의와 공산주의는 어떻게 다른 것일까. 이에 대해 조소앙은 1931년에 쓴 「한국독립당의 근상」이라는 글에서 독립운동 시기의 한국독립당과 조선공산당의 노선 차이에 대해, 전자는 피압박민족의 연합을 통한 제국주의 타도를 주장하는 반면, 후자는 무산계급의 단결을 통한 자본주의 국가의 타도를 주장하고 있으며, 전자는 민족투쟁을 주장하는 반면, 후자는 계급투쟁을 주장하고 있다고 지적했다. 또 국가 건설 시기에는 전자는 입헌공화제를 지향하는 반면, 후자는 노농계급독재를 지향하게 될 것이라고 보았다.[96]

또 조소앙은 삼균주의와 자본주의, 공산주의 차이를 그것이 지향하는 '민주주의 체제'를 예로 들어 설명했다. 즉 프랑스나 미국식 자본주의는 사실상 지식계급, 자본계급의 독재에 불과했으며, 이를 비판하고 나온 소련식 공산주의는 노농계급의 독재에 다름 아니었다는 것이다. 이에 반해 삼균주의는 소수가 다수를 통치하는 국가나 정부가 아니라, 다수가 다수를 옹호하는 자치기능을 충실히 실천할 수 있는 정부를 수립하는 것을 지향한다고 그는 주장했다. 그는 또 프랑스와 미국의 민주주의는 정치민주화에 집중하여 경제와 교육의 민주화에 실패했고, 소련의 민주주의는 경제의 민주화에만 치중하여 정치와 교육의 민주화에는 실패했다고 보았다. 이에 비해 삼균주의는 정치·경제·교육의 세 분야의 민주화를 도모하는 것으로 진일보한 '조선식 민주주의'라고 주장했다. 따라서 삼균주의는 기존의 이념들과 경쟁하거나 병존하는 이념이 아니라, 그것들을 극복한 한 차원 높은 새로운 이념이라고 그는 주장했다.[97]

1940년 출범한 중경 한국독립당의 당의를 보면, 한국독립당은 "정치·경제·교육에서 신민주국가를 건설하여 안으로 국민 각개의 평등한 생활을 보유"하는 것을 목적으로 한다고 천명했다. 한국독립당과 임시정부는 '신민주국가'를 지향하고 있었다. 그러면 '신민주국가'란 무엇인가. 이에 대해 조소앙은 「한국독립당 당의 해석」이라는 글에서 '신민주국' 즉 '뉴데모크라시'의 국가에 대해 이렇게 설명했다.

여기서 '신민주'라 함은 민중을 우롱하는 자본주의 데모크라시도 아니
며, 무산독재를 표방하는 사회주의 데모크라시도 아니다. 더 말할 것도
없이, 범한민족汎韓民族을 지반地盤으로 하고, 범한국汎韓國 국민을 단
위로 한 전민적全民的 데모크라시다.[98]

그런데 이와 같이 건국강령의 기본이념이 된 조소앙의 삼균주의
는 1920~1930년대 중국의 중간파 정치세력의 노선과 매우 유사한 것
이었다. 당시 중국에는 국민당과 공산당 사이에서 제3의 길을 추구하
던 민주건국회, 국가사회당, 그리고 '제3당'(국민당임시행동위원회) 등의
중간파가 있었고, 이들의 입장은 민주건국회의 시복량施復亮, 국가사회
당의 장동손張東蓀, '제3당'의 민주동맹 등에 의해 대표되고 있었다. 그
리고 이들 중국의 중간파는 한마디로 정치제도에서는 영미식 자유주의
와 민주주의를, 경제에서는 소련식 계획경제와 사회주의를 택하여, 양
자를 결합하고자 했다. 즉 "민주주의를 취하면서 자본주의는 취하지 않
고, 동시에 사회주의를 취하면서 무산계급독재는 바라지 않는다. 따라
서 계급투쟁은 지향하지 않는다. 자유를 원하지만 방임은 바라지 않고,
계급투쟁 대신 합작을 바란다"는 노선을 갖고 있었다.[99] 중국 중간파의
'정치적으로는 민주주의, 경제적으로는 사회주의'를 지향하는 일종의
사회민주주의 노선은 조소앙의 사회민주주의를 지향하는 삼균주의 노
선과 상당히 유사한 것이었다.[100] 따라서 조소앙은 당시 중국 측 중간
파로부터 일정한 영향을 받았을 가능성이 있다고 여겨진다. 하지만 조
소앙의 삼균주의는 정치, 경제만이 아니라 교육에서의 균등을 특히 강
조하는 특징을 가지고 있다. 따라서 중국의 중간파 노선보다 한 걸음
더 나아간 것으로 볼 수 있다.

## 건국강령의 내용

그러면 이와 같은 삼균주의에 기초한 건국강령의 구체적인 내용은 어떤 것이었을까. 건국강령의 구체적인 내용은 제2장 '복국'復國의 10개조와, 제3장 '건국'建國의 7개조에 들어 있다.[101]

제2장 '복국'의 내용을 살펴보자. 여기서 '복국'이란 국권회복의 과정을 말하며, '복국' 과정은 다시 제1기, 제2기, 완성기의 3단계로 나뉜다. 제1기는 "독립을 선포하고 국호를 확정하여 행사하고, 임시정부와 의정원을 세우고 임시약법과 기타 법규를 반포하고, 인민으로 납세와 병역의 의무를 집행하게 하며, 군사와 외교와 당무와 인심이 서로 배합되어 정부 지도하에서 적에 대한 혈전을 계속 실행하는 시기", 즉 독립운동의 시기를 말한다. 제2기는 "국토를 회복하고 당·정·군의 기구가 국내에 들어가 실제로 국제적 지위를 획득하는 조건이 충분히 성숙한 시기"를 말한다. 즉 임시정부가 국내에 들어와 국제적 지위를 획득하는 단계를 말한다. 다음 '완성기'는 "적에게 병탄된 국토와 노예 사역 당하는 인민과 침점侵占된 정치·경제와 말살된 교육·문화를 완전히 탈환하고 평등한 지위와 자유로운 의사로 각국 정부와 조약을 체결하는 시기"를 말한다. 즉 임시정부가 국토, 국민, 국권을 회복하고, 국제사회에 당당한 일원으로 참여하여 각국 정부와 조약을 체결하는 시기를 말한다.

그리고 복국기에는 임시약헌과 기타 법규에 의하여 임시의정원의 선거로 조직된 국무위원회에서 복국 사무를 집행한다고 했다. 아울러 복국기의 국가 주권은 광복운동자가 대행한다고 했다. 또 복국기에는 해내외의 민족 혁명역량을 총집중하여 광복운동을 전개하며, 특히 광복군을 편성하여 적에 대한 혈전을 전개할 것이라고 천명했다. 또 일체의 수단을 다하여 대중적 반항과 무장투쟁과 국제외교선전 등의 독립운동을 확대 강화하여 왜적의 침탈세력을 박멸할 것이라고 천명했다. 즉 광복운동의 방법으로서 대중투쟁, 무장투쟁, 그리고 외교선전 등을 확대 강화하겠다는 것을 분명히 하고 있다.

다음에는 제3장 '건국'의 내용을 살펴보자. 먼저 '건국기'는 다시 제1기, 제2기, 완성기인 제3기로 나뉜다. 제1기는 국내에서 일본의 통치기구를 내쫓고, 수도를 정하고, 임시정부와 임시의정원이 '임시' 자를 떼고 "중앙정부와 중앙의정원으로서 정식 활동을 하면서 주권을 행사하고, 선거와 입법과 관리 임명과 군사·외교·경제 등에 관한 국가정령政令이 자유롭게 행사되어 삼균제도의 강령과 정책을 국내에서 주진 실행하기 시작하는 단계", 즉 정식 정부의 수립기를 말한다. 제2기는 "삼균제도를 골자로 하는 헌법을 실시하여 정치·경제·교육의 민주시설의 균형을 도모하며, 전국의 토지와 대생산기관의 국유가 완성되고 전국 학령 아동과 고등교육의 무료 수학修學이 실현되고, 보통선거제도가 실시되어, 전국 각 리·동·촌과 면·읍과 도島·군郡·부府의 자치조직이 완비되고, 민중단체(직업단체)·민중조직(청년단체, 노농단체 등)이 삼균제도로 배합 실시되어 경향 각지의 극빈계급의 물질 및 정신상 생활수준이 제고되고 보장되는 과정", 즉 삼균주의에 기초한 각종 제도의 정비와 실시단계를 말한다. 제3기는 건국에 관한 일체의 기초적 시설, 즉 군사·교육·행정·생산·교통·위생·경찰·상업·농업·공업·외교 등의 건설 기구와 성적이 예정 계획의 과반이 성취되는 시기, 즉 건국의 기초를 어느 정도 다진 시기를 말한다.

제3장 '건국'의 제4항에서는 먼저 건국기 국민(원문에서는 '인민'이라 표현함―인용자)의 기본 권리와 의무에 대해 규정하고 있다. 기본권과 관련해서는 모든 국민은 "노동권·휴식권·피구제권·무료수학권·참정권·선거권·피선거권·파업권·입법권, 그리고 사회 각종 조직에 가입

할 권리를 갖는다고 했다. 또 여성들도 정치·경제·문화·사회생활상 남자와 평등한 권리가 있다는 것, 즉 남녀평등을 천명하고 있다. 또 신체의 자유와 거주·언론·저작·출판·신앙·집회·결사·여행·시위·통신비밀 등의 자유를 갖는다고 천명했다. 또 선거는 18세 이상 남녀가 모두 선거권을 행사하는 보통선거로 실시하며, 신앙·교육·거주기간·출신사회·재산상황·과거행동 등을 따지지 않는다고 규정했다. 또 피선거권은 23세 이상의 선거권을 가진 남녀 모두가 가질 수 있으며, 선거는 평등·직접·비밀 선거로 행한다고 규정했다. 국민의 의무와 관련해서는 모든 국민은 법을 지키며 세금을 바치며 병역에 응하며 공무에 복무하며, 조국을 건설 보위하며, 사회시설을 지지할 의무가 있다고 규정했다. 다만 적에 부화한 자, 독립운동을 방해한 자, 건국강령을 반대한 자, 정신이 흠결된 자, 범죄판결을 받은 자는 모두 선거권과 피선거권이 없다고 규정했다.

제5항에서는 중앙정부 및 지방행정기구에 대해 규정하고 있다. 먼저 중앙정부는 국무회의 결의에 근거하여 국정을 집행하는 전국의 최고 행정기관이며, 국무회의는 건국 제1기에 중앙 총선거로 선출된 의회를 통과한 헌법에 의거하여 조직되어야 한다고 규정했다. 또 정무의 분담은 도道에 도 정부, 부府·군郡·도島에 부·군·도 정부가 있으며, 또 도에는 도의원, 부·군·도에는 부·군·도 의원이 있다고 규정했다.

제6항에서는 건국시기 헌법상의 경제체제는 국민 각 개인의 균등한 생활을 확보하는 데 있음을 천명했다. 그 구체적인 내용을 보면 다음과 같다. 첫째, 대생산기관의 공구와 수단은 국유로 하고, 토지·어업·광산·농림·수리·소택沼澤, 수상·육상·공중의 운수사업, 은행·전신·교통 및 대규모 농·공·상 기업, 도시 공업 구역의 주요한 공용 부동산은 국유로 한다고 규정했다. 다만 소규모 혹은 중등기관은 사영私營

을 허용한다고 했다. 둘째, 적이 침점 혹은 시설한 관·공·사유 토지와 어업·광산·농림·은행·회사·공장·철도·학교·교회·사찰·병원·공원 등의 일체 부동산과 기지와 기타 경제·정치·군사·문화·교육·종교·위생에 관한 일체의 사유재산과, 적에 부역한 지의 일체의 사유재산과 부동산을 몰수하여 국유로 한다고 규정했다. 그리고 이렇게 몰수한 재산은 가난한 농민, 노동자와 일체의 무산자를 위한 국영 혹은 공영의 집단생활기관에 제공하여 사용하는 것을 원칙으로 한다고 규정했다. 다음으로는 토지의 상속·매매·저당·양도·유증遺贈·전조차轉租借를 금지하고, 고리대금업과 사인私人의 고용 농업을 금지하며, 두레농장·국영농장 및 생산·소비·무역의 합작기구를 조직하여 농공 대중의 물질 및 정신생활 정도와 문화수준을 제고한다고 천명했다. 또 국제무역·전기·수도와 대규모의 인쇄·출판·영화·극장 등을 국영으로 한다고 규정했다. 노인과 어린이, 여공의 야간노동과 연령·지대·시간상 불합리한 노동은 금지하도록 했다. 아울러 노동자와 농민의 무료 의료를 실시하며, 질병 소멸과 건강 보장에 힘을 써야 한다고 규정했다. 그리고 토지는 자경농민에게 나누어 줌을 원칙으로 하되, 고용농·소작농·자작농·소지주농·중지주농 등 원래의 지위를 보아 최저급부터 우선권을 주는 것으로 규정했다. 이상 '경제의 균등'과 관련해서 특히 1) 토지와 대생산기관의 국유화, 2) 주요 공공부문 사업이나 대규모 기업의 국영화, 3) 자경농민 위주의 토지 분배, 4) 일제의 재산과 일제에 부역한 자의 재산의 몰수와 국유화 등을 주요 정책으로 들 수 있다.

다음 제7항에서는 건국시기의 헌법상 교육의 기본 원칙은 국민 각개의 과학 지식을 보편, 균등히 함에 있다고 천명했다. 먼저 여기에서는 교육은 그 근본이 되는 뜻으로 삼균주의를 원칙으로 삼고, 민족정기와 국민도덕과 생활지능과 자치능력을 발양하고, 건전한 국민을 조성하는 데 둔다고 천명했다. 그리고 6세부터 12세까지의 초등기본교육과 12세 이상의 고등기본교육의 일체 비용은 국가에서 부담하고 의무로 시행한다고 규정했다. 이는 초·중등 교육의 국비 의무교육 원칙을 선언한 것이다. 이어서 학령 초과 및 초등 혹은 고등의 기본교육을 받지 못한 인민에게는 일률로 무료 보습교육을 시행하고, 빈한한 자제로 의식을 스스로 해결하지 못하는 자는 국가에서 이를 제공한다고 했다. 또 각 지방의 인구·교통·문화·경제 등을 감안하여 일정한 비례로 교육기관을 설립하며, 다만 최저한도로 매 1읍, 매 1면에 5개의 소학교와 2개의 중학, 매 1군·1부·1도島에 2개의 전문학교, 매 1도道에 1개의 대학을 설치하도록 했다. 또 교과서의 편집과 인쇄 발행은 국영으로 하고, 학생에게 무료로 분급하는 것으로 했다. 그리고 국민병과 상비병의 기본 지식에 관한 교육은, 전문훈련으로 하는 외에는 매 중등·전문 학교의 필수과목으로 한다고 했다. 공·사립 학교는 일률적으로 국가의 감독을 받고 국가에서 규정한 교육정책을 준수하며, 교포의 교육에 대해서는 국가에서 정책을 세워 추진하기로 했다. 교육과 관련하여 특히 주목되는 정책은 1) 초등과 중등교육의 의무교육화, 2) 교육을 받지 못한 이들에 대한 보습교육의 실시, 3) 매 1읍·1면에 5개의 소학교와 2개의 중학교 설치, 4) 각 도에 1개의 대학 설치 등을 들 수 있다.

이상에서 살펴본 바와 같이 건국강령은 국권회복 과정과 그 이후의 건국 과정에서 임시정부가 어떤 정책을 추진해야 할 것인가에 대해 윤곽을 그린 것이라 할 수 있다. 물론 부분적으로는 추상적이고 비현실적인 내용도 있었지만, 과거 독립운동 정당들의 당의나 당강에 나타나는 삼균주의, 삼균제도의 추상성에서 탈피하여 비교적 구체적인 정책의 밑그림을 그린 것이라는 점에서 큰 의미가 있었다. 또 건국강령은 자본주의도 공산주의도 아닌, 삼균주의라는 제3의 독창적인 이념 위에서 작성되었다는 것에서 더 큰 의미가 있었다.


## 6. 사회주의 진영, 인민공화국 등을 모색하다

### 조선공산당의 국가권력 구상, '인민공화국'

그러면 독립운동가들의 건국구상에는 '민주공화국' 구상만 있었을
까. 그런 것은 아니었다. 1920년대 이후 독립운동가들 가운데에는 사
회주의(공산주의)를 수용한 이들이 많았고, 이들은 대체로 부르주아적인
민주공화국이 아닌, 노농독재의 인민공화국을 구상하고 있었다.

사회주의자들의 국가건설 구상이 구체적으로 나타나는 것은 1925년
조선공산당이 결성된 이후의 일이다. 1926년 상해에서 발간된 조선공
산당 기관지 『불꽃』에는 「조선공산당선언」이라는 글이 실려 있다. 이
글에서는 먼저 조선공산당의 기본 역량은 제국주의와 자본주의에 의해
수탈당하고 있는 노동자와 농민계급에 있으며, 도시 소부르주아와 지
식인은 동맹세력이 될 수 있을 것이라고 말하고 있다. 이어서 이 글은
조선공산당의 "당면한 투쟁의 목적은 일본제국주의의 압박에서 조선을
절대로 해방함에 있다"면서, 당면한 정치적 요구로서 아래와 같은 12개
사항을 나열했다.


1. 민주공화국을 건설하되 국가의 최고 및 일체 권력은 국민으로부터
   조직한 직접, 비밀, 보통 및 평등의 선거로 성립한 입법부에 있을
   일.
2. 직접, 비밀, 보통 및 평등의 선거로 광대한 지방자치를 건설할 일.

3. 전 국민의 무장을 실시하고, 국민경찰을 조직할 일.

4. 일본의 군대, 헌병 및 경찰을 조선에서 철수할 일.

5. 인민의 신체나 가택을 침범하지 못할 일.

6. 무제한의 양심, 언론, 출판, 집회, 결사 및 동맹파업의 자유를 가질 일.

7. 문벌을 타파하고 전 인민이 절대 평등의 권리를 가질 일.

8. 여자를 모든 압박에서 해방할 일.

9. 공사 각 기관에서 조선어를 국어로 할 일. 각종 학교에서 조선어를 가르칠 일.

10. 학교의 자유를 보장하고 무료 또는 의무의 보통 및 직업 교육을 남녀 18세까지 실시할 일. 빈민 학령자녀의 의식과 교육용품을 국가의 경비로 공급할 일.

11. 각종 간접세를 폐지하고 소득세 및 상속세를 누진율로 할 일.

12. 소비에트사회주의연합공화국과 우의적 연맹을 체결할 일.[102]

그런데 위의 강령의 아래 부분에는 '조선독립만세, 인민공화국 만세'라는 글귀가 있고, 또 이 글의 해설 부분에서는 "민주공화국 중에서도 제일 좋은 인민공화국"이라는 대목이 나온다. 이를 통해 보면, 강령의 첫 머리에 나오는 '민주공화국'이란 실제로는 노농계급이 중심이 되는 '인민공화국'을 의미한다고 보아야 할 것이다.

조선공산당은 1927년 제3차당 당시 코민테른에 제출할 「국내 정세에 관한 보고」를 채택했는데, 여기에서는 "현재 광범한 프롤레타리아계급의 앞에 소비에트공화국을 건설하려는 것은 불가능하다. 그리고 시민적 공화국을 건설하려는 것도 불가능하다. 투쟁은 노동자·농민대중의 민주주의적 집권자를 갖는 인민공화국을 세우는 데 있지 않으면 안

된다"라고 하면서, "조선 민족의 독립된 공화국 건설은 조선해방을 통해서이고, 그 해방은 노동자·농민의 지도 세력에 의한 혁명으로만 가능하다"고 강조했다.[103]

조선공산당은 또 1928년 제4차당을 출범시키면서 안광천이 기초한 「민족해방운동에 관한 논강」을 사실상의 정강으로 채택했는데, 여기에서도 "조선의 장래 권력 형태는 조선 사회의 정세에 기초한 혁명적 인민공화국이어야 한다. 조선에 소비에트공화국을 건설하려는 것은 좌익소아병적 견해이고, 부르주아공화국을 건설하려는 것은 우경적 견해이다"라고 말했다. 그러면서 "프롤레타리아는 민족해방운동에서 헤게모니를 확립하는 것이 필요하며, 민족통일전선에서도 프롤레타리아의 정치적 자립성을 해소해서는 안 된다"라고 했다.[104] 노농계급의 헤게모니가 관철되는 민족해방운동과 혁명적 인민공화국 건설이 강조되고 있는 것이다.

그리고 여기서 '혁명적 인민공화국'은 "보통선거에 기초한 국민회의, 도 인민회의, 각 촌의 농민 및 소작인으로 이루어지는 농민소비에트, 각 지방을 관할하는 농민관리의 배치에 의한 대중의 직접적 정치 참가"를 내용으로 하는 국가권력을 의미했다. 그리고 이 인민공화국의 임무로서는 "일본인의 식민회사와 은행의 소유지를 농민에게 반환하고, 귀족의 소유 토지를 몰수하여 농민에게 분배하고, 소작인이 경작하는 토지를 무기한 취득시키고, 소작료를 철폐하고, 모든 과세와 부담을 철폐하고, 일본의 수중에 있는 공장·광업·철도의 국민화를 달성"하는 것 등이 설정되어 있었다.[105]

## 조선공산당 재건운동기의 '노농소비에트 국가' 구상

그러나 조선공산당 해산 이후 조선공산당 재건운동 시기의 국가구상은 크게 달라졌다. 이에는 1928년 12월에 나온 코민테른의 좌경화된 노선, 즉 '계급 대 계급' 전술에 입각한 「12월테제」가 큰 영향을 미쳤다. 「12월테제」에서는 "제국주의의 굴레에서 벗어나기 위해서는 혁명적인 방법으로 토지문제를 해결하고, 프롤레타리아트와 농민의 민주주의적 정권(소비에트 형태)을 수립하는 것이 전제로 된다. 그리고 프롤레타리아트 헤게모니하에서의 부르주아민주주의 혁명은 이 민주주의적 정권을 경유하여 사회주의 혁명으로 전화할 것이다"라고 주장했다.[106) 이 테제에서는 토지혁명과 노농소비에트정권 수립을 강조했던 것이다. 이에 영향을 받아 조선공산당 재건운동자들의 미래의 국가권력에 대한 전망도 크게 바뀌었다. 예를 들어, 고경흠은 「조선의 농민문제」라는 글에서 "우리들은 과거의 투쟁단계에서 '인민정부 수립'의 슬로건을 가진 적이 있었지만, 우리들의 정권형태에 대한 슬로건은 어디까지나 '노동자·농민의 정부 수립'이 되지 않으면 안 된다"고 주장했다. 당시 그들은 민족부르주아지는 이미 일제에 굴복하여 민족해방운동에서 탈락한 것으로 평가하고, 소부르주아지는 혁명적 성격을 어느 정도 지니고 있지만, 이들에 대해서도 적극적인 포섭정책이 아니라, 노농계급의 투쟁역량을 증대시켜 노농계급의 입장에 서도록 해야 한다는 입장을 취하고 있었다.[107)

또 한위건은 1929년 초에 쓴 것으로 보이는 「조선혁명의 특질과 노동계급 전위의 당면 임무」라는 글에서, 조선의 현 단계 혁명은 반제혁명과 토지혁명을 함께 수행하는 부르주아민주주의혁명이며, 혁명의 영도계급은 노동자계급이라고 보았다. 그리고 현 단계의 중심적 투쟁목표로서 1)일본제국주의 통치의 완전한 타도와 조선의 독립, 2)노농민주독재의 실현과 노동자·농민의 소비에트 정부 건설 등을 내세웠다.[108] 이처럼 「12월테제」 이후 조선의 공산주의자들은 '노농 소비에트 정부'의 수립을 당면 목표로 하고 있었다. 그리고 이러한 목표의 변경은 세계공황 이후 일제의 탄압이 강화되는 가운데 나타난 민족부르주아지의 개량화와 노농대중의 상태의 악화로 고양되기 시작한 노농운동의 과대평가에서 비롯된 것이었다.

민족해방운동에서의 민족부르주아지의 역할에 대한 부정적 평가와 노농운동의 고양에 대한 과대한 평가는 통일전선에 대한 그들의 방침에도 큰 영향을 미쳤다. 당 재건운동 초기, 공산주의자들은 신간회에 대해 당분간은 해체해서는 안 된다고 생각했다. 하지만 이러한 견해에 대해서는 곧 비판이 가해졌고, 결국 신간회를 해소하는 방향으로 방침이 수정되었다. 그리고 '반제통일전선'은 이제 "프롤레타리아가 자신의 전략적 임무를 수행하기 위한 가장 일반적인 형태의 전술이고, 프롤레타리아가 자기의 계급을 투쟁에 동원하고 조직할 뿐 아니라 현재의 혁명적 인민층을 계급적 지도하에 투쟁에 동원하고 조직하기 위한 전술"로 인식되었다. 즉 반제통일전선은 공산당에 의해 전개되고 지도되는 전피압박계급의 통일전선으로 대치된 것이다. 따라서 신간회는 해소 대상이 되었고, 노동자·농민·도시소부르주아에 의한 '아래로부터의 통일전선'이 추구해야 할 목표가 되었다.

### 인민전선 전술 시기의 소비에트정권 수립론

1930년대 중반 전 세계적으로 파시즘 세력이 강화되는 가운데 코민테른은 민족부르주아지와 사회민주주의자를 주 공격대상으로 삼은 '계급 대 계급' 전술을 철회하고 '인민전선' 전술을 새로이 채택했다. 그리고 식민지 조선과 관련해서는 '전민중적인 반제, 반파쇼 전선, 즉 민족통일전선을 공고히 수립'한다는 방침이 세워졌다. 코민테른은 "제국주의에 대항해서 민족부르주아지와 연합 행동을 하는 데 수반되는 위험을 빙자해서 민족통일전선을 거부하는 것은 결과적으로 민족해방혁명에 대한 준비를 방기하는 것이고, 불가피하게 공산당을 대중으로부터 고립시키는 것"이라고 비판하고, 대다수의 식민지와 반식민지에서는 제국주의적 억압자를 겨냥한 민족해방투쟁의 단계가 불가피하게 인민혁명의 제1보로서 설정되어야 한다고 주장했다.[109]

코민테른의 인민전선 방침은 국내 공산주의자들에게도 다양한 경로로 받아들여졌다. 예를 들어 이 시기 대표적인 공산주의자 단체 중의 하나였던 '원산그룹'은 "종래의 혁명 임무는 노농독재권력 수립, 노농소비에트 건설, 토지혁명의 완성, 8시간 노동제의 확립 등을 목표로 했지만, 인민전선 수립의 현 단계에서는 민족해방전선의 강화를 유일한 목표로 해야 한다"고 받아들였다. 그리고 민족해방전선에서는 일제에 반대하는 모든 세력—농민을 강고한 동맹자로 하고, 그 외의 광범한 인민층 즉 소부르주아지 인텔리겐챠, 애국적 민족부르주아지의 일부— 이 참가하는 것으로 설정되었다. 그들의 민족해방운동 전략은 "전 조선 민족을 반일 인민전선에 동원하고, 반전투쟁의 강화를 도모하여 소련과 일본의 전쟁이 개시되면 무장봉기, 후방교란을 통하여 일제를 타도한다"는 것이었다.[110]

하지만 이 시기 국내 공산주의자들은 당면한 목표로서, 한편으로는 보다 광범위한 전 인민의 통일전선 결성을 주장하면서도, 다른 한편에서는 소비에트정권의 수립을 구상하고 있었다. 1938년 9월 '원산그룹'이 발간한『노동자신문』에 실린 글을 보면, "소비에트정권은 노동자·

농민 및 전 인민 정권이다. 조선 민중은 조선에 있어서 일본제국주의를 구축驅逐하고 노동자·농민 및 피압박민중의 정권인 소비에트 정권을 수립하지 않으면 안 된다"고 말하고 있었다.[111]

## 조선독립동맹의 '민주공화국' 수립론

그런데 국외에서의 공산주의자들의 인식은 이와는 크게 달랐다. 1942년 7월 중국 화북지역의 조선인들은 '화북조선독립동맹'이라는 통일전선을 결성했다. 조선독립동맹의 전신은 팔로군 태항산 근거지에서 1941년 1월 조직된 화북조선청년연합회였다. 이는 이 지역에서 이미 활동 중이던 무정·박일우 등과 1939년 민족혁명당에서 갈라져 나와 이 지역에 들어온 최창익 그룹이 결합하여 만들어진 것이었다. 이들은 요원을 파견하여 조선의용대 대원들의 북상을 종용했다. 당시 낙양에 머무르고 있던 조선의용대의 주력 80여 명은 1941년 여름 화북의 팔로군 근거지로 이동하여 이미 그곳에서 활동하고 있던 조선청년들과 함께 조선의용대 화북지대를 결성했다. 그리고 1942년 7월에는 조선의용군 화북지대로 개칭했다. 그리고 동시에 화북조선청년연합회는 화북조선독립동맹으로 개칭했던 것이다.[112]

당시 독립동맹의 주석에는 김두봉, 본부 집행위원에는 김두봉·무정·최창익·박효삼·김학무·채국번·김창만·한빈·이유민·진한중·이춘암 등 11명이 선출되었다. 그리고 중앙상무위원으로서는 최창익·이유민·김학무·박효삼·김창만·무정이 선출되었다. 조선독립동맹은 처음에는 태항산에 본부를 두었고, 이후에는 연안으로 이동했다. 조선의용군의 주력도 1943년 말까지는 태항산에 근거지를 두었다가, 1944년 초에 연안으로 이동했다.[113]

창립 당시의 화북조선독립동맹의 선언과 강령을 보면, 목표는 일제로부터 해방된 '민주공화국'의 건립에 있으며, 독립동맹은 조선독립 쟁취를 위한 하나의 지방단체로서 조선혁명운동에 적극 참가한다고 되어 있다. 또 조선독립동맹은 자신의 임무로서, 반일민족통일전선의 확대와 강화, 혁명무장대의 건립, 중국 항일전 적극 참가, 반일 조중·국제연대 등을 내세우고 있었다. 또 독립동맹의 강령에서도 독립·자유의 조선민주공화국의 수립, 반일민족통일전선의 건설, 무장투쟁의 수행 등으로 되어 있어 공산주의적 색채가 거의 보이지 않았다. 그것은 조선독립동맹의 구성원 가운데 공산주의자의 수가 그리 많지 않았던 것과도 관련이 있었다. 당시 독립동맹은 크게 4그룹으로 구성되어 있었다. 첫째는 본래 중국공산당의 해방구였던 화북 연안지역에서 활동하고 있던 공산주의자들로서 무정·박일우·진광화·이유민·장진광 등이 그들이다. 둘째는 중국국민당지구에서 활동했던 공산주의자들과 이들을 추종한 이들이다. 최창익·한빈·허정숙·김학무·김창만 등이 그들이다. 이 가운데 최창익과 한빈은 조선공산당 간부로 만주와 국내에서 활동하다가 검거·투옥된 뒤, 중국으로 망명하여 조선민족혁명당에서 활동한 이들이었다. 셋째는 본래 민족주의자로서 민족혁명당 당원으로 조선의용대에서 활동하다가 화북지역으로 들어온 이들이다. 박효삼·양민산·이춘암 등이 그들이다. 그밖에도 한글학자 김두봉과 윤세주·방우용·장중광·손일봉 등도 이에 해당한다. 넷째로 지원병, 학병으로 일본군에 강제 입대했다가 탈출한 이들과, 화북지방에 이주했다가 가입한 이들이다. 따라서 독립동맹 구성원 가운데에는 공산주의자가 아닌 민족주의자들도 많았고, 그 동맹의 선언이나 강령 등에서도 공산주의적 색채가 그리 강하게 나타나지 않았던 것으로 보인다.[114]

제4장

해방 이후 통일정부 수립의 좌절

1945년 8월 해방이 찾아오자 전국적으로 새로운 나라를 만들기 위한 건국준비위원회가 수립되었다. 그러나 미국과 소련은 38도선을 경계로 남과 북에 각각 군대를 파견하여 군정을 실시함으로써, 한국인들의 자주적인 통일국가 수립은 난관에 부딪혔다. 그해 12월 말 모스크바 3상회의는 한국에 임시정부를 수립하고 신탁통치를 실시하기로 결정했다. 이에 대해 국내의 좌파 세력은 찬성, 우파 세력은 반대를 표명했고, 이후 좌우파는 이 문제를 둘러싸고 격렬하게 대립했다. 또 좌우파는 건국 구상과 관련해서도 우파의 민주공화국 구상과 좌파의 인민공화국 구상으로 대립하고 있었다. 1946년과 1947년 두 차례에 걸쳐 임시정부 수립과 신탁통치 실시 문제를 논의하기 위한 미소공동위원회가 열렸으나, 미소공위에 참여할 수 있는 정당과 사회단체를 선정하는 문제를 놓고 미국과 소련은 끝내 합의를 보지 못했다. 그런 가운데 1947년 미국과 소련은 유럽에서 냉전상태에 돌입했고, 이는 한반도에도 영향을 미쳐 결국 미소공위는 완전히 결렬되고 말았다. 미국은 한국문제를 유엔으로 가져갔고, 유엔에서는 한국에서 총선거를 실시하여 정부를 수립하기로 했다. 하지만 소련은 38도선 이북에서의 선거를 거부했다. 결국 1948년 남한과 북한에는 미국과 소련의 영향을 받는 분단정부가 각각 수립되었다. 제4장에서는 이와 같은 내용들에 대해 자세히 살펴보기로 한다.


## 1. 해방과 함께 건준·인민공화국이 등장하다

### 일본의 항복과 한반도의 분단

한국의 해방은 제2차 세계대전의 종전, 즉 일본의 항복과 함께 왔다. 연합국 측은 한편으로는 전쟁을 수행하면서, 다른 한편으로는 종전 이후의 새로운 세계 질서를 모색하고 있었다. 카이로 회담, 얄타 회담, 포츠담 회담 등이 바로 그것이었다.

1942년 11월 27일 미국의 루스벨트 대통령, 영국의 처칠 수상, 그리고 중국의 장개석 주석은 이집트의 카이로에서 회담을 갖고 '카이로 선언'을 발표했다. 이 선언에서 미·영·중 세 나라는 1914년 제1차 세계대전 이후에 일본이 탈취하거나 점령한 태평양의 도서를 일본으로부터 모두 박탈할 것이라고 선언했다. 또 만주, 대만 및 팽호도와 같이 일본이 청국으로부터 빼앗은 일체의 지역을 중화민국에 반환하게 할 것이며, "한국 인민의 노예상태에 유의하여 적절한 과정을 거쳐 한국을 자유, 독립케 할 것"이라고 선언했다. 이와 같은 카이로 선언은 전후 한국의 독립을 확인한 최초의 공식 선언이었다. 하지만 '적절한 과정을 거쳐'in due course라는 단서가 달려 있었다. 그것은 신탁통치를 의미하는 것이었다.

미국은 카이로 회담에 앞서 한국뿐만 아니라 아시아 여러 식민지 지역들에 대한 신탁통치를 검토하고 있었다. 그것은 이미 이 지역에 대한 유럽의 식민지배가 해당 지역의 민족주의 열기의 고조에 따라 사실상 어렵게 되었기 때문에, 이 지역에 대한 열강의 새로운 지배질서가 필요하다는 인식에서부터 비롯되었다. 미국 측은 전쟁이 끝나게 되면 경제력과 군사력에서 미국이 다른 국가들을 압도하게 될 것이고, 따라서 미국이 주도하는 새로운 세계질서가 필요하다고 보았다. 그러한 차원에서 동아시아에서 미국의 안보가 보장되고, 미국 자본의 자유로운 활동이 보장될 수 있는 장치가 필요하며, 미국이 주도하는 신탁통치는 바로 그러한 장치가 될 수 있을 것이라고 생각한 것이다.[1] 미국의 루스벨트 대통령은 그러한 구상 위에서 카이로 회담에서 한국에 대한 신탁통치를 언급한 것으로 보인다.

1943년 11월 이란의 테헤란에서는 미국의 루스벨트, 영국의 처칠, 그리고 소련의 스탈린이 회담을 가졌다. 이 회담에서 세 나라는 주로 유럽의 전후 처리 문제를 논의했고, 한국문제는 주변적 의제에 불과했다. 이때 루스벨트는 스탈린에게 필리핀에서의 미국의 지배를 예로 들면서 한국도 자치를 위해서는 40년간의 훈련기간이 필요하다고 주장했으며, 스탈린은 수동적으로 이에 동의했다. 당시 루스벨트는 한국의 경우 자치와 독립을 준비토록 하는 데에는 일정 기간 동안 다국에 의한 신탁통치가 필요하며, 필리핀의 경우 자치능력을 갖기까지 40년이 걸렸다는 점을 감안할 때 한국에서도 그 정도의 기간 동안 신탁통치가 필요하다는 명분을 내세운 것이다.[2]

1945년 2월 상순, 루스벨트·처칠·스탈린은 크리미아 반도의 얄타에서 회담을 갖고 소련의 대일전 참가문제를 확정하고, 일본과 관련된 비밀협정을 맺었다. 그 내용은 종전 후인 1946년 2월에야 발표되었는데, 주로 소련의 대일전 참가에 대한 대가를 담은 것이었다. 그 주요 내용을 보면, 소련은 1904년 러일전쟁 시에 일본에 빼앗긴 구 러시아의 모든 권리를 회복할 것, 즉 남사할린과 그 부근 도서를 소련에 반환하고, 대련은 자유항으로 하면서도 소련에 우선권을 줄 것, 여순은 소련에 군항으로 돌려주고, 동청철도와 남만주철도는 중소합작회사를 설립하여 양국이 공동 관리로 경영하되 소련에 우선권을 줄 것 등이었다. 그리고 만주의 주권은 중국이 완전히 소유하고, 쿠릴열도는 소련에 할양한다는 내용도 있었다.[3] 이 회담에서 루스벨트는 한국에 대한 신탁통치 기간은 필리핀의 50년을 비추어 20~30년 정도가 되어야 한다고 주장했다. 이에 대해 스탈린은 신탁통치안에는 동의하면서도 기간은 짧으면 짧을수록 좋다는 의견을 피력했다고 한다.[4]

1945년 4월 루스벨트가 갑자기 사망하자 그를 승계한 트루먼은 전후 세계질서를 염두에 두면서 소련을 견제하는 방향으로 나아가기 시작했다. 그런 가운데 5월에 독일이 연합국에 항복했다. 그리고 7월 베를린 교외의 포츠담에서 트루먼, 처칠, 스탈린이 참석한 가운데 3국 수뇌 회담이 열렸다. 이들은 7월 22일 포츠담 선언을 발표했는데, 그 내용은 일본에 무조건 항복을 촉구하는 것이었다. 그리고 연합국은 전후 일본 내에서 제국주의적 세력을 영구히 제거하며, 신질서가 확립될 때까지 연합국이 군사적으로 점령하게 될 것임을 밝혔다. 아울러 이 선언은 카이로 선언은 이행될 것이며, 일본국의 주권은 혼슈, 홋카이도, 큐슈, 시코쿠와 연합국이 결정하는 여러 작은 섬들에 국한될 것이라고 밝혔다.[5]

포츠담 회담에서 또 하나 중요한 것은 소련의 대일 참전 약속이었다. 이미 소련은 연합국 측에 대독일 전쟁이 끝나면 3개월 뒤에 대일전에 참전하겠다고 약속한 바 있었다. 당시는 유럽에서의 독소 전쟁이 끝난 지 3개월이 다 되어 가던 시점이었기 때문에 소련은 8월 초 참전하기로 약속한 것이다. 이에 따라 소련은 8월 9일 0시 대일전 참전을 선포하게 된다. 그러면 소련군의 작전 구역에 대해서는 연합국 간에 어떤 합의가 있었을까. 포츠담 회담에 앞서 트루먼은 6월 18일 국방부의 주요 인물들과 회의를 열고, 이에 대해 논의했다. 회의에서 내려진 결론은 만주와 한반도 북부에 대한 공격은 소련군에게 맡기고, 일본 본토에 대한 공격은 미군이 맡는다는 정도의 것이었다. 포츠담 회담 시 소련 측 안토노프 상장은 미국 측 마샬 장군에게 미군이 한반도의 연안에서 작전을 할 수 있는가 물었을 때, 마샬 장군은 계획되어 있지 않다고 답했다. 또 미·소 양측은 소련이 전쟁에 참전할 경우, 한국·만주·동해에서 미국과 소련의 공군·해군 작전지역을 북위 40도선으로 분할하자는 안에 합의했다. 하지만 지상에서의 작전권에 대해서는 아무런 논의가 없었다.[6]

그런데 포츠담에서 회담이 진행되고 있던 7월 16일에 미국의 뉴멕시코 주에서 행해진 원자탄 실험이 성공했다는 소식이 비밀리에 트루먼에게 전해졌다. 이에 트루먼은 원자탄을 사용하는 경우에 일본이 조기에 항복할 가능성이 있다고 보고, 이에 대한 대책을 마련하도록 맥아더 장군과 니미츠 제독에게 지시했다. 맥아더는 합참에 보내는 문서에서 도쿄와 서울이 우선 점령지역이고, 한반도에서는 부산이 두 번째 우선 지역, 그리고 군산이 세 번째 우선 지역이라고 제안했다.[7]

8월 초 들어 정세는 급변했다. 8월 6일과 9일, 미국은 히로시마와 나가사키에 원자탄을 투하했다. 그리고 8월 9일 소련은 일본에 선전포고를 하고 대일 전쟁을 시작했다. 이에 일본은 8월 10일 천황제의 유지를 조건으로 포츠담 선언을 수락하겠다는 뜻을 연합국 측에 전했다. 8월 13일 연합국 측은 사실상 천황제의 존속을 수용하면서, 천황과 일본 정부의 통치대권은 연합국 최고사령관의 제한 아래 둘 것, 천황은 일본 정부와 일본군대 본영에 대해 항복조항 서명의 권한을 줄 것, 천황은 모든 일본 군대에 대해 전투행위를 중지하고 무기를 인도하며 항복조항 실시를 위해 최고사령관이 요구하는 대로 따르도록 명령할 것 등을 통고했다. 이에 대해 일본 측은 14일 연합국 측의 통고를 모두 수용한다는 내용을 통보했다.[8]

당시 연합국 측, 특히 미국 측이 일본의 천황제 존속을 받아들이면서 일본의 조기 항복을 유도한 것은, 만일 일본의 항복이 늦어진다면 소련군이 중국 만주로부터 화북지방과 한국을 점령하고 일본 본토에도 상륙할 가능성이 있다고 보았기 때문이다. 8월 10일 일본이 천황제 존속을 조건으로 항복을 통고해오자, 미국 측에서는 급히 일본의 항복을 받을 분할선을 논의하기 시작했다. 이 분할선을 구상한 주체는 국무성-육군성-해군성의 3성조정위원회(SWNCC)의 위임을 받은 국방성의 합동기획요원들이었다. 미국 워싱턴 시각으로 8월 10일 밤 육군 차관보 맥클로이의 방에서 국무성 대표 제임스 던, 해군성 대표 랄프 바드가 참석한 가운데 일본 항복 후 극동의 미군이 취할 행동을 규정하는 명령서를 기초했는데 한반도를 분할해야 한다는 것은 이미 상부에서 결정이 난 상태였다. 남은 것은 어떻게 선을 긋느냐 하는 것이었다. 육군준장 링컨을 통해 육군성 작전군 정책과의 두 대령—본스틸 3세와 딘 러스크—에게 어떤 방안을 만들어보라는 명령이 내려졌다. 러스크의 회고록을 보면, "국무성 측은 되도록 북상하여 항복을 접수해야 한다는 의견을 냈다"고 한다. 이는 미 국무성의 소련 견제 정책이 표현된 것이다. 그러나 태평양의 미군에게는 시간과 병력이 부족했다. 본스틸은 도계道界가 좋겠다고 했으나 맥클로이의 부속실에서 유일하게 활용 가능한 한반도 지도에는 도계가 나와 있지 않았다. 이리하여 30분 만에 작성된 것이 38도선이었는데, 러스크가 38도선을 선택한 것은 38선을 그으면 서울이 그 이남에 포함될 수 있었기 때문이었다.[9]

이리하여 만들어진 것이 연합국 최고사령관 명의의 일반명령 제1호의 초안이었다. 그 핵심 내용은 1) 만주, 북위 38도선 이북의 한국, 카라후토(사할린) 및 쿠릴열도 내에 있는 고위 일본 지휘관과 모든 육해공군 및 그 부속군은 소련군 극동사령관에 항복한다는 것, 2) 일본 본토 및 그 부속 소도, 북위 38도선 이남의 한국, 류큐 및 필리핀에 있는 제국총사령부, 그 고위 지휘관과 모든 육해공군 및 그 부속군은 미국 육군 태평양총사령관에게 항복한다는 것이었다. 3성조정위원회와 백악관의 승인을 얻은 이 초안은 14일 영국과 소련에 급히 보내졌다. 소련은 16일 이 초안을 받아들인다는 전문을 보냈다. 소련은 한국의 38선에 대해서는 별다른 이의 없이 수락했다. 다만 홋카이도 북부를 항복지구에 포함시켜 줄 것을 요구했는데, 이는 미국에 의해 거절되었다.[10]

이처럼 38도선은 8월 10일 밤, 갑자기 그어진 것이었다. 38도선은 형식적으로는 일본군의 무장해제를 위한 미소 양군의 편의적 군사분계선이었다. 그러나 이에 의한 미·소 양군의 진주는 사실상 군사적 분할점령을 의미했다. 당시 동아시아의 정세는 군사적 점령자가 그 지역을 정치적으로 지배할 가능성이 높았기 때문에, 누가 어느 지역을 점령하느냐 하는 것은 매우 중요한 문제였다.

### 건국준비위원회와 인민공화국

1945년 8월 15일, 한국인들에게 해방의 날은 갑자기 찾아왔다. 물론 1945년 봄부터 국내에 있던 사람들도 식량이나 연료사정이 악화되는 것을 보면서 전세가 일본에게 불리하게 돌아가고 있다는 것을 피부로 느끼고 있었다. 그리고 8월 6일에는 히로시마에, 8월 9일에는 나가사키에 '신형폭탄'이 떨어져 많은 사람들이 죽었다는 것도 『매일신보』

보도를 통해 알고 있었다. 그런데 더 중요한 것은 8월 9일 소련이 일본에 선전포고를 하고, 북한 지역으로 들어오기 시작했다는 뉴스가 보도되기 시작한 것이었다. 따라서 국내의 일부 한국인들은 이러한 뉴스를 보면서 뭔가 커다란 변화가 오지 않을까 예감하기 시작했다.

그러나 그러한 예감을 가진 이들도 일본이 그렇게 빨리 항복을 하리라고는 예상하지 못했다. 신형폭탄의 투하와 소련의 선전포고가 어떤 의미를 지니는지 정확히 알 수 없었기 때문이다. 따라서 대부분의 한국인들에게 해방의 소식은 갑작스런 것이었다. 경성공립공업학교 4년생으로 8·15를 고향인 평안북도 창성군 청산면에서 맞이한 리영희李泳禧는 "해방의 소식을 듣고도 어쩔 줄 모르고 엉거주춤할 뿐이었다. 서슬이 시퍼런 일본의 통치가 그렇게 어느 날 12시를 기해 딱 부러지게 끝나고, (중략) 그런 억압이 싹 걷어치워지리라고는 예측하지 못했던 것이 사실이다. '해방'이 실감되지 않았다"고 회고했다.[11]

여운홍이 쓴 『몽양 여운형』에 의하면, 여운형은 8월 14일 초저녁에 용산 조선군 참모부에서 온 사람으로부터 15일에 일본 천황이 항복 방송을 할 예정이라는 소식을 들었다고 한다. 그리고 정무총감 엔도 류사쿠遠藤柳作가 보낸 사람으로부터 15일 아침 8시에 자기 관저로 와 달라는 말을 들었다고 한다. 여운형은 다음 날 아침 엔도를 만나러 갔는데, 엔도는 여운형에게 치안을 맡아줄 것을 부탁했다. 여운형은 전 조선에서 정치범과 경제범을 석방할 것, 서울의 식량 3개월분을 확보할 것, 치안유지와 건설사업을 방해하지 말 것, 학생의 훈련과 청년단체의 조직을 방해하지 말 것 등을 조건으로 이를 수락했다. 하지만 그는 엔도로부터 한반도는 분단될 것이며, 미군과 소련군이 진주하게 될 것이라는 말을 들었다. 집으로 돌아온 여운형은 곧바로 건국동맹 사람들을 소집했다. 건국동맹은 그가 해방의 날을 준비하기 위해 1년 전부터 비밀리에 만들어온 조직이었다. 이에는 이만규·이상백·정백·최근우·이여성·김세용··이강국·박문규·양재하 등이 참여하고 있었다. 이들은 당면 현안을 해결해나가기 위해 건국준비위원회를 조직하기로 하고, 위원장에 여운형, 부위원장에 안재홍을 추대했다. 그리고 총무부, 조직부, 선전부, 치안부, 문화부, 건설부, 조사부, 양정부, 후생부, 재정부, 교통부, 기획국, 서기국 등의 부서를 두어 위원들을 임명했다. 여운형은 또 치안 유지를 위해 치안대를 조직하기로 하고 유도 사범인 장권에게 이 일을 맡겼다. 또 이정구에게는 식량대책위원회 조직의 책임을 맡겼다.[12]

8월 16일 오후 1시, 여운형은 휘문중학교에 모인 사람들에게 해방의 기쁨을 함께 나눌 것을 말하고, 건국준비위원회의 조직 사실을 보고했다. 건준 부위원장 안재홍은 방송 연설을 통해 건준의 결성 사실을 알렸다. 한편 전국의 형무소에서는 2만여 명의 정치범과 경제범이 석방되었다. 그리고 전국의 거의 모든 군에서 자생적으로 치안대, 자치위원회 등의 조직이 만들어지기 시작했다. 이와 같은 조직들은 8월 말까지 전국 145개 군에서 만들어졌고, 곧 건국준비위원회 지부로 개편되었다.[13]

그런 가운데 8월 25일 건준은 선언문과 강령을 발표했다. 건준은 선언문에서 "우리의 당면 과제는 완전독립과 진정한 민주주의의 확립을 위하여 노력하는 데 있다. 일시적으로 국제 세력이 우리들을 지배할 것이다. 그것은 우리의 민주주의적 요구를 도와줄지언정 방해하지는 않을 것이다. 봉건적 잔재를 일소하고 자유 발전의 길을 열기 위한 모든 진보적 투쟁은 전국적으로 전개되고 있고, 국내의 진보적 민주주의 세력은 통일전선의 결성을 갈망하고 있으니 이러한 사회적 요구에 의하여 우리의 건국준비위원회는 결성된 것"이라고 설명했다. 선언문은 또

「건준선언문」.

"반민주주의적 반동 세력에 대한 대중적 투쟁이 요청된다"고 하면서, "과거에 있어서 그들은 일본제국주의와 결탁하여 민족적 죄악을 범했고, 금후에도 그들은 해방조선의 재건설 도중에 있어서도 이를 방해할 가능성이 있으니, 이러한 반동 세력 즉 반민주주의 세력과 싸워 이것을 극복 배제하고 진정한 민주주의의 실현을 위하여 강력한 민주주의 정권을 수립하여야 할 것"이라고 강조했다. 건준은 또 "1. 우리는 완전한 독립국가의 건설을 기함. 2. 우리는 전 민족의 정치적 사회적 기본 요구를 실현할 수 있는 민주주의 정권의 수립을 기함. 3. 우리는 일시적 과도기에 있어서 국내 질서를 자주적으로 유지하여 대중생활의 확보를 기함" 등 3대 강령을 발표했다.[14)]

그런데 건국준비위원회 내부에는 다양한 정치 세력이 공존하고 있었고, 이는 점차 각 세력 간의 노선 갈등으로 이어졌다. 당시 건준은 공산당원인 급진좌파, 온건 사회주의자인 중도좌파, 안재홍 등 중도우파, 그리고 여운형을 따르는 여운형 직계세력 등으로 구성되어 있었다. 건준 밖의 우파는 안재홍을 매개로 하여 건준에 들어가 조직을 장악하려 했다. 하지만 이는 좌파의 반대로 벽에 부딪혔다. 이로 인해 좌파와 우파의 갈등이 심해졌고, 여운형이 이를 중간에서 중재하려 했으나 결국 안재홍은 반발하여 부위원장직을 사퇴하고 건준을 탈퇴했다. 이에 건준은 9월 4일 집행위원 일부를 개편하고, 새 부위원장에 허헌을 선출하는 등 사태 수습을 위해 노력했다.[15] 하지만 건준은 좌우파가 모두 참여하는 통일전선적인 모습을 잃어버림으로써 큰 타격을 받았다.

그리고 불과 이틀 뒤인 9월 6일 건준 지도부가 갑자기 '인민공화국'을 선포함으로써 건준은 발전적인 해체를 하지 않을 수 없었다. 인민공화국이 갑작스럽게 등장하게 된 것은 미군의 진주와 관계가 있었다. 해방 직후 남한 사람들은 서울에도 소련군이 진주할 것이라고 생각하고 있었다. 그런데 8월 20일 서울 상공에 미군기가 나타나 미군이 조만간 조선에 상륙할 것이라는 삐라를 뿌리고 갔다. 24일 『매일신보』에는 조선에 미군과 소련군이 진주하여 분할 점령하고 각각 군정을 실시하게 될 것이라는 기사가 실렸다.[16] 그리고 9월 2일 일본은 미국의 미주리호 선상에서 항복문서에 조인했는데, 3일에는 항복문서의 일부로서 북위 38도선을 경계로 그 이북은 소련군이, 그 이남은 미군이 진주하여 분할 점령한다는 사실이 발표되었다. 서울을 비롯한 38도선 이남에 미군이 곧 진주한다는 소식은 서울의 정계를 뒤흔들었다.

먼저 건준은 9월 6일 급히 당시 재동에 있던 경기고녀(현 헌법재판소 자리) 강당에서 전국인민대표자대회를 소집했다. 근 천여 명의 대표들이 참석한 이 대회에서 참석자들은 '조선인민공화국' 임시조직법안을 통과시킨 뒤, 중앙인민위원 55명, 후보위원 30명, 고문 12명을 선출했다. 이 대회는 박헌영 등 좌파가 주도하고 여운형이 이에 동의하여 이루어진 것으로 보인다. 여운형은 이 대회에서 이렇게 말했다.

갑자기 인민대표대회를 개최한 데 대하여, 그리고 여러분에게 미리 알

리지 못한 것에 대해 사과한다. 그러나 지금은 건국의 비상시이니 비상조치로서 그렇게 할 수밖에 없었다. 선출된 인민위원은 각 계각층을 망라했다. (중략) 그러나 연합군의 진주가 금명에 있을 것이니 연합군과 절충할 인민 총의의 집결체가 없으면 안 될 것이다. 그 집결체의 준비공작으로서 급히 전국대표자회의를 개최하지 않으면 안 되었던 것이다.[17]

건준 당시의 여운형.

즉 여운형과 박헌영은 미군의 진주를 앞두고 교섭을 위한 대표기관이 필요하다고 생각해 급히 인민대표대회를 열어 조선인민공화국을 만든 것이었다. 인민공화국 중앙위원회는 9월 8일 27명의 위원들이 참석한 가운데 회의를 열고, 중앙인민위원회의 주석에 이승만, 부주석에 여운형, 국무총리에 허헌, 내무부장에 김구, 외무부장에 김규식, 재무부장에 조만식, 군사부장에 김원봉, 경제부장에 하필원, 농림부장에 강기덕, 보건부장에 이만규, 교통부장에 홍남표, 보안부장에 최용달, 사법부장에 김병로, 문교부장에 김성수, 선전부장에 이관술, 체신부장에 신익희, 노동부장에 이주상, 서기장에 이강국, 법제국장에 최익한, 기획부장에 정백 등을 선출하여 9월 14일에 발표했다. 여운형은 7일에 있었던 테러로 인하여 정양차 가평에 가 있었기 때문에 이 자리에는 참석하지 못했다고 한다. 9월 14일 인민공화국은 선언문·정강·시정방침을 밝혔는데, 그 가운데 정강은 다음과 같다.

1) 우리는 정치적·경제적으로 완전한 자주적 독립국가의 건설을 기함.

2) 우리는 일본제국주의와 봉건적 잔재 세력을 일소하고 전 민족의 정치적·경제적·사회적 기본요구를 실현할 수 있는 진정한 민주주의에 충실하기를 기함.

3) 우리는 노동자·농민 및 기타 일체 대중생활의 급진적 향상을 기함.

4) 우리는 세계 민주주의 여러 나라의 일원으로서 상호 제휴하여 세계 평화의 확보를 기함.[18]

조선인민공화국 수립의 선포는 커다란 논란을 불러일으켰다. 특히 송진우·김성수·김준연·서상일·장택상 등 우파는 9월 7일 동아일보사 강당에서 국민대회준비회를 개최하고 중경에 있는 임시정부를 지지할 것을 선언했다. 그리고 8일에는 한국민주당 발기인 명의로 성명을 발표하여, 조선인민공화국의 선포는 '인심을 현혹하고 질서를 교란하는 것'이라고 단정하고, 이들을 "정무총감, 경기도 경찰부장으로부터 치안유지의 협력의 위촉을 받고 피를 흘리지 않고 정권을 탈취하겠다는 야망을 가지고 나선 일본제국의 주구"라고 비난했다.[19] 이후에도 우파의 이와 같은 비난은 계속되었다. 여운형은 이에 대해 10월 1일 기자들에게 이렇게 해명했다. "조선 독립은 단순한 연합국의 선물이 아니다. 우리 동포는 과거 36년간 유혈의 투쟁을 계속하여 온 혁명으로 오늘날 자주독립을 획득한 것이다. 그러므로 혁명에는 기탄忌憚이 필요치 않다. 혁명가는 먼저 정부를 조직하고 인민의 승인을 받을 수 있다. 급격한 변화가 있을 때에 비상조치로 생긴 것이 인민공화국이다. 인민이 승인한다면 인민공화국과 정부는 그대로 될 수 있다. 당초에 연합군이 진주한다면 국권을 받아들일 수 있도록 준비한 것이 즉 인민공화국이다. 약체이면 보강하여 난국에 처할 수 있게 하겠다. 혁명 초에는 혁명단체가 조각組閣을 하는 것이요, 인민이 조각을 하는 것이 아님은 손문을 보아도 알 것이다."[20] 여운형에 의하면, 조선인민공화국은 '혁명적 정세'하에서 조직된, 좌파가 주도하는 '혁명정부'의 성격을 갖는 것이었다. 그들이 이러한 '혁명정부'를 급히 만든 것은 미군 측과 협상을 할 때 한인들의 인민대표기구가 필요하다는 생각에서였던 것으로 보인다.

### 소련군과 미군의 진주

소련군은 1945년 8월 9일 일본에 선전포고를 하고 만주에서 일본을 공격하기 시작했다. 소련군은 12일에는 웅기와 나남으로 들어왔으며, 16일에는 청진, 22일에는 원산에 상륙하여 일본군을 무장 해제시키면서 남쪽으로 내려왔다. 소련군은 8월 24일 평양에 들어왔으며, 8월 말에는 북한 전역을 점령하게 되었다.

소련 점령군은 극동군 산하 제1방면군 휘하의 제25군이었으며, 병력은 약 12만 5,000명, 사령관은 치스챠코프 대장이었다. 그는 북한에 들어와 '북조선 주둔 소련점령군 사령부'의 사령관이 되었다. 사령부는 8월 26일 평양 철도호텔에 설치되었다. 그의 휘하에서 군사위원을 맡은 이는 레베제프 소장으로, 그는 정치공작을 담당하게 된다. 소련군 제25군 민정사령관은 로마넨코 소장이었다. 소련군은 북한에 들어와 남한의 미군이 미군정청을 만들었던 것과는 달리 '소련군정청'은 만들지 않았으며, 대신 북조선 주둔 소련점령군 사령부 안에 '민정관리총국'을 두고 이를 로마넨코 사령관이 맡도록 했다. 북한을 사실상 통치하게 된 치스챠코프, 레베제프, 로마넨코 3인을 지휘하게 된 이는 극동군 제1방면군 군사위원 스티코프 상장이었다.

평양에서는 8월 15일 조만식을 위원장으로, 현준혁을 부위원장으로 하는 평안남도 치안유지회가 발족했으며, 이후 곧 조선건국준비위원회 평안남도지부로 개칭했으며, 8월 하순 다시 평안남도 정치인민위원회로 바뀌었다. 함경남도에서도 16일 함경남도 인민위원회가 만들어졌고, 이후 함경남도 공산주의자협의회로 바뀌었다. 또 건국준비위원회 함경남도지부도 만들어졌다. 그리고 24일에는 양자가 통합하여 조선민족 함경남도 집행위원회를 만들었다. 황해도에서도 건국준비위원회 황해지부가 만들어졌고, 이후 인민정치위원회로 개편되었으며, 다시 황해도 인민위원회로 바뀌었다. 평안북도에서도 17일 신의주치안유지회가 만들어졌다가 31일 평남북도 임시인민정치위원회로 개편되었다. 함경북도에서도 9월 말에 함경북도 인민위원회가 청진에서 결성되었다.[21]

북한에 진주한 소련군은 각 도 단위로 공산주의자와 민족주의자들을 합작시켜 과도적인 인민위원회 또는 인민정치위원회를 만들게 하고, 이 기구가 행정권을 담당하도록 했다. 그리고 10월 14일 평안남도 정치인민위원회 주최로 김일성 환영회가 열려 김일성이 대중 앞에 처음 모습을 드러냈다. 그리고 이날 조선공산당 서북5도 책임자 및 열성자 대회에서 조선공산당 북조선분국 설립이 결정되어 23일 서울에 있는 조선공산당 중앙위원회로부터 승인을 받았다. 김일성은 12월 17일 북조선분국의 책임비서가 된다.

11월 19일에는 북한지역 5도 연락기관으로서 '북조선행정국'이 평양에 설치되었다. 그 산하기구로는 산업·교통·체신·농림·상업·재정·교육·보건·사법·보안 등 10국이 설치되고, 평남인민정치위원회 위원장인 조만식이 행정국 책임자를 맡게 되었다. 이리하여 북한지역에는 인민위원회와 행정국의 2원 체제가 들어서게 되었는데, 이는 1946년 2월 '북조선임시인민위원회'로 통합된다. 그런데 위와 같은 모든 행정기구들은 실제로는 소련군 사령부의 민정관리총국이 지시하는 대로 움직이고 있었다.

미군은 오키나와에 있던 존 하지John. R. Hodge 지휘하의 미 24군단을 한반도에 진주시켰다. 원래 계획은 제24군단의 3개 주력부대인 제7사단, 제40사단, 제96사단을 남한에 보내려 했으나 중국 내전의 정세 변화에 따라 제96사단이 중국 천진으로 전출됨에 따라 대신 6사단이 동원되었다.

미군의 진주는 3단계로 나누어 진행되었다. 제1단계는 부산을 비롯한 주요 도시에 시찰단을 파견하여 일본군의 협조 아래 지역 정세를 파악하는 것이었고, 제2단계는 군사점령 단계로서 전술부대에 의한 점령을 하는 것이었으며, 제3단계는 군정을 수행하기 위해 점령지역에 군정 전담 부대를 파견하는 것이었다.

9월 8일 인천에 상륙한 미군은 아널드A. V. Arnold 소장이 지휘하는 제7사단이었는데, 이들은 수도 서울을 비롯하여, 후속부대가 상륙할 군사적 요충지인 개성 등 경기도와 강원도 지역을 장악했다. 이어서 9월 말 제40사단이 인천에 상륙하여 열차편으로 부산을 비롯한 영남지역으로 진주했다. 그리고 6사단이 10월 중순 인천에 도착하여 호남지역에 진주하기 시작했으며, 11월 10일에는 제6사단의 제20보병연대가 제주도에 도착함으로써 남한 전역에 대한 전술적 점령이 완료되었다.

도·시·군 단위로 파견될 군정 전담부대의 진주는 전술부대의 점령보다 늦게 이루어졌기 때문에 군정의 공백은 군정부대가 도착할 때까지 전술부대가 관장했다. 군정부대들은 10월 말부터 인천으로 상륙하기 시작하여, 며칠 동안 한국정세에 대해 교육을 받은 뒤 전국 각 지역으로 배속되었는데, 도청 소재지에는 군정 대대가, 시·군 지역에는 군정 중대가 파견되었다. 그리하여 11월 20일 현재 41개 군정 중대가 전국 시·군에 파견 배치되었고, 제주도에도 1개 군정 중대가 진주했다. 이렇게 하여 남한에 주둔한 미군 병력의 규모는 1945년 10월 31일 현재 7만 7,643명(군정요원 포함)에 이르렀다.[22]

미군은 9월 7일 맥아더 태평양 미 육군 총사령관의 명의의 포고문을 발포했다. 포고문을 통하여 미군은 북위 38도선 이남의 한반도지역을 점령지역으로 규정함과 동시에, 미군정만이 남한 내에서 배타적으로 통치권을 행사할 수 있는 유일한 국가권력임을 천명했다. 그리하여 건국준비위원회와 인민공화국 등 기존의 권력기구는 모두 부인되고, 미군의 군정이 시작되었다. 포고문은 또 "점령군에 대한 반항운동이나 질서를 교란하는 자는 엄벌에 처한다"고 경고했다. 미군의 남한 점령은 통상적인 군사점령과 다른 것이었지만, 미국은 이를 '임자 없는 땅'을 점령한 것으로 간주했다. 즉 미군은 한국의 경우, 국제법상 주권이 없는 나라여서 군사점령 당국이 권력을 행사하는 데 특별한 규정이 없기 때문에 미 점령군은 군사점령자로서의 권한을 가질 수 있다고 보고 있었다.

미군정은 1945년 10월 10일 다시 아널드 군정장관의 성명을 통해 북위 38도선 이남의 조선에는 오직 단 하나의 정부가 있을 뿐이라면서, 조선인민공화국은 권위, 세력, 실재가 전연 없는 것이라고 부정했다. 미군정은 조선인민공화국뿐만 아니라 12월초에 중국에서 귀국한 대한민국임시정부에 대해서도 그 권위를 인정하지 않았다. 또 전국 각지에 만들어진 인민위와 치안대, 기타 자치기구들을 강제로 해산시켜 나갔다. 이와 같은 인민위원회 해산 작업은 1946년 봄까지 계속되었다.

출범 당시 미군정청의 조직을 보면, 하지 사령관 밑에 군정장관과 민정장관이 있고, 그 산하에 8개처(총무처·외무처·관재처·기획처·서무처·정보처·민원처·행정처)와 9개국(경무국·광공국·농상국·공보국·위생국·운수국·

학무국·재무국·법무국)이 있었다. 12월에는 9개국에 군무국이 추가되어 10개국이 되었다.[23]

한편 미군정은 남한의 사회질서를 자신의 뜻에 맞게 만들기 위해 우선 우파 보수 세력, 즉 친미적이거나 영어를 할 줄 아는 지주 출신의 보수적 인사들을 행정고문이나 군정관리로 들어앉혔다. 구체적으로 보면, 1945년 10월 5일 군정장관 고문관에 위원장 김성수金性洙를 비롯하여 한국인 11명을 임명하고, 12월 한국인·미국인 양 국장제를 실시했다. 그 가운데에는 김성수·송진우·김동원·김용무 등 한국민주당 인사들이 상당히 많았다. 특히 조병옥 경무국장은 한민당 수석총무 중의 한 사람이었다.[24]

## 2. 신탁통치 문제로 좌우 세력이 대립하다

### 좌우파 정당의 등장

해방의 날이 오자, 국내의 정치 세력들은 정치이념에 따라 각기 정당을 조직하여 정치활동을 시작했다. 그리고 이는 결과적으로 좌우익의 분화로 나타났는데, 1945년 겨울 남한의 정치지형을 보면, 보수우파에 한국민주당과 독립촉성중앙협의회가 있었고, 중도우파 내지는 보수우파에 한국독립당, 중도좌파에 조선인민당과 조선신민당이 있었으며, 급진좌파에 조선공산당이 있었다.

이를 좌파에서부터 살펴보면 다음과 같다. 먼저 일제하에서 공산주의운동을 했던 이들 가운데 일제 말기에 운동을 중단했거나 전향했던 인물들은 8월 16일 종로 장안빌딩에서 조선공산당을 재건했다(장안파

공산당). 그 주요 인물들은 이영·정백·이승엽·조동호·서중석 등이었다. 그런데 일제 말기까지 계속 활동했던 박헌영 등 경성콤그룹을 중심으로 한 이들은 8월 20일 조선공산당 재건위위원회를 결성했다(재건파 공산당). 박헌영이 재건준비위의 명칭을 내건 것은 1925년에 창당되었다가 1928년에 해체된 조선공산당을 재건하겠다는 의미를 담고 있었다. 이는 과거 당의 전통을 계승함으로써 당의 정통성을 주장하기 위한 것이었다. 장안파 쪽에서는 파벌싸움으로 비치는 것을 피하기 위해 당을 해체하고 재건파의 당에 합류할 것을 결의했다. 한편 재건파는 9월 11일 재건준비위원회를 해체하고 정식으로 조선공산당 재건을 선포했다. 당의 총비서는 박헌영이었으며, 정치국에는 김일성·이주하·무정·강진·최창익·이승엽·권오직, 조직국에는 박헌영·이현상·김삼룡·김형선 등이 이름을 올렸다. 물론 김일성·무정 등의 승인을 받은 것은 아니었다. 그리고 이 명단에서 장안파 공산당은 거의 빠져 있었다.

박헌영은 8월 20일 자신이 작성했던 「현 정세와 우리의 임무」라는 이른바 '8월 테제'를 9월 25일 수정해서 발표했다. 그는 여기서 현하 조선정세에서 필요한 것은 '부르주아 민주주의혁명'이라고 주장했다. 그리고 이 혁명의 가장 중요한 과업은 완전한 민족적 독립의 달성과 농업혁명의 완수라고 강조했다. 아울러 그는 이 혁명에서의 주체는 노동자와 농민이며, 따라서 프롤레타리아의 헤게모니 확립이 매우 중요하다고 강조했다.[25] 따라서 그가 말하는 노동자와 농민이 중심이 되는 부르주아민주주의혁명이란 실제로는 '인민민주주의혁명'을 의미하는 것이었다. 이는 그가 9월 6일 건준 대신 '인민공화국'을 만드는 데 중심적 역할을 한 것에서도 잘 나타난다. 박헌영의 조선공산당은 인민공화국 수립을 지향하고 있었던 것이다. 9월 14일 조선공산당은 당의 발족에 따른 성명서를 발표했다. 여기서 조선공산당은 노동자·농민·도시

빈민·병사·인텔리겐차 등 일반 근로인민의 정치·경제·사회적 이익을 옹호하며 그들 생활의 급진적 개선을 위해 투쟁한다고 밝혀, 계급적 기반을 노동자·농민을 비롯한 근로인민 계급에 두었음을 명백히 했다. 아울러 조선 인민의 이익을 존중하는 혁명적·민주주의적 인민정부를 확립키 위하여 싸운다고 선언했다.[26]

한편 일제 말기 여운형이 중심이 되어 조직했던 건국동맹은 해방 직후 건준과 인민공화국의 조직과 활동에 주력했다. 그러나 미군정이 인민공화국의 존재를 인정하지 않자, 10월 중순 이후 정당 활동으로 방향을 전환하게 된다. 1945년 11월 12일 기존의 건국동맹 세력은 조선인민당으로 새 출발을 했다. 여운형이 위원장을 맡고, 장건상이 부위원장을 맡았다. 조선인민당은 「선언」에서 근로대중을 중심으로 전 민족의 완전한 해방을 기본이념으로 하고, 각계각층의 인민대중을 포섭·조직하여 완전한 통일전선을 전개할 것을 다짐했다. 조선인민당은 성명에서 "한국민주당이 자산계급을 대표한 계급정당이요, 조선공산당이 무산계급을 대표한 계급정당임에 비하여 인민당은 반동분자만을 제외하고 노동자, 농민, 소시민, 자본가, 지주까지도 포괄한 전 인민을 대표한 대중정당인 것이다. 그러므로 형식상으로 보아 좌우익 중간당이라고 할 수 있으니, 현실과업 수행에 있어서는 가장 전위적이라는 것을 명심해야 한다"고 말했다. 이처럼 인민당은 좌우익 중간당을 표방하고 있었는데, 진보적 성격을 띠고 있었던 것도 분명하기 때문에 중도좌파의 정당이라고 볼 수 있을 것이다.[27]

그리고 1942년 중국 연안에서 김두봉·최익한 등이 결성한 화북조선독립동맹은 1945년 12월 북한에 들어와 평양에 본부를 두고 활동하면서 서울에는 경성특별위원회를 설치했다. 평양의 독립동맹은 곧 조선신민당으로 개칭했고, 서울의 경성특별위는 1946년 7월 남조선신민당으로 개칭했다. 남조선신민당 위원장을 맡은 백남운은 무산계급이 양심적인 일부 유산계급과 통일전선을 결성하는 것을 골자로 한 '연합성 신민주주의'를 제창했다. 신민당 참여자는 대부분 지식인으로서, 일반 대중의 조직화에는 취약했다. 북한의 신민당은 1946년 8월 북조선공산당과 합당하여 북조선로동당이 되었고, 남조선신민당도 3당 합당으로 남로당이 된다. 하지만 3당 합당에 반대한 백남운 등은 사회노동당을 거쳐 조선인민당의 후신인 근로인민당에 합류하게 된다.[28]

다음에는 우파 정당들을 살펴보자. 먼저 한국민주당(약칭 '한민당')이다. 1945년 9월 7일 송진우·김성수·김준연·서상일·장택상 등 『동아일보』 관계자들이 중심이 되어 국민대회 준비회를 조직하여 중경에 있는 대한민국임시정부 지지를 선언했다. 또 다른 한편에서는 장덕수·허정·백남훈·윤치영·윤보선 등이 한국국민당 결성을 준비하고 있었으며, 김병로·백관수·조병옥·함상훈 등도 조선민족당을 준비하고 있었다. 이들은 3개 세력을 통합하여 '한국민주당'을 만드는 데 합의했다. 9월 6일 좌파가 인민공화국 성립을 선포하자, 8일 한국민주당 발기인들은 성명을 발표하여 인민공화국은 정권을 탈취하겠다는 야망을 가진 '일본제국주의의 주구'들이 만든 것이라고 격렬히 비난했다. 한국민주당은 9월 16일 천도교 교당에서 창당대회를 가졌으며, 중경임시정부 지지와 인민공화국 타도를 선언했다. 한국민주당의 총무로는 송진우·백관수·허정·서상일·조병옥·김도연·김동원·원세훈·백남훈 등 9명이 선출되었다. 이로써 한국민주당은 남한의 지주·자본가 등 보수 세력을 대변하는 정당이 되었다. 주요 인물들은 동아일보 계열과 미국·일본 유학생 출신들이 많았으며, 일제 말기 친일을 한 인물들도 꽤 있었다. 한국민주당은 미군정이 들어선 이후 이에 적극 협력했으며, 친일 청산 문제와 토지개혁 문제에서 가장 보수적인 입장을 취한 보수우파

정당이었다고 할 수 있다.[29]

한편 이승만은 맥아더의 도움을 얻어 1945년 10월 16일 귀국했다. 그는 11월 2일 독립촉성중앙협의회를 구성했는데, 이는 좌우파 정치 세력을 모두 망라하려는 것이었다. 그러나 독촉협의회는 출발부터 친일파의 처리 문제로 난항을 겪었다. 이승만은 친일파 처리 문제는 뒤로 미루자고 주장한 반면, 박헌영은 선 숙청, 후 통합을 주장했다. 이승만은 이에 반대했고, 조선공산당 측은 이에 반발하여 독촉협의회 불참을 선언했다. 1946년 이승만은 미소공위가 휴회하자 독촉중앙협의회와 김구가 영도하던 신탁통치반대 국민총동원위원회를 합하여 대한독립촉성국민회를 발족시켜, 자신이 의장을 맡았다. 독촉국민회는 이후 이승만의 세력 기반이 되었으며, 한민당이 친일문제로 세력 확장에 한계가 있었지만, 독촉국민회는 이 문제에서 상대적으로 자유로웠기 때문에 세력을 계속 확장시켜 나가면서 또 다른 보수우파의 중심으로 자리잡아갔다.[30]

대한민국임시정부 세력은 11월 말에서 12월 중순 사이에 두 차례로 나누어 개인 자격으로 귀국하게 된다. 미군정은 임시정부를 끝내 인정하지 않고, 개인 자격으로 귀국하도록 했다. 그것은 1943년 이후 미국 측이 구상해 온 한반도에서의 신탁통치 실시를 위해서는 임시정부를 승인할 수 없었기 때문이다. 임시정부 요인들은 귀국 직후에는 커다란 환영을 받았다. 임시정부는 임시정부의 법통성을 앞세우면서 임정 주도하에 각 정파를 통합하려 했다. 즉 임시정부가 민족의 총의로 성립된 정부이며, 동시에 가장 오랜 기간 일제에 대항해온 존재였음을 강조하면서 각 정파를 아우르고자 했던 것이다. 하지만 좌파는 물론 우파도 임정의 법통성을 쉽사리 인정하려 하지 않았다. 1945년 말부터 1946년 초의 신탁통치 반대투쟁에서 임시정부는 주도적인 역할을 하기도 했

서울운동장에서 열린 임시정부 환국 환영 대회(1945년 12월 19일).

다. 하지만 신탁통치 찬반문제와 미소공위 참여문제를 둘러싸고 임시
정부 내에서도 이견이 드러나기 시작했고, 결국 임정의 여당 역할을 해
오던 한국독립당 계열을 중심으로 한 인물들만 남고, 다른 계열의 인물
들은 서서히 임정을 떠나게 된다.[31]

　한국독립당은 귀국 전인 1945년 8월 28일 중경에서 제5차 임시대
회를 갖고 선언, 당의, 당강, 당책, 당면 구호 등을 채택했다. 한독당은
삼균주의 이념을 기초로 하여 정치적으로는 '민주공화의 국가체제를
완성'하고, 경제적으로는 '계획경제제도를 확립하여 균등사회의 행복
생활을 보장할 것'을 기본강령으로 확정했다. 그리고 토지 소유는 국
유를 원칙으로 하며, 대생산기관은 국가가 경영한다는 것 등을 내세웠

다.[32] 이런 점에서 한독당은 정치이념상으로는 중도우파 정당이었다고 볼 수 있다. 그러나 1946년 이후 반탁운동을 주도하면서 1947년까지 한독당은 현실 속에서는 보수우파와 같은 정치노선을 걷게 된다.

### 모스크바 3상회의 결정

앞서 본 것처럼 연합국 측은 한국문제 처리와 관련하여 얄타 회담과 포츠담 회담에서 한국의 신탁통치를 고려한다는 정도의 합의를 본 상태였다. 그런 가운데 예상했던 것보다 일찍 일본의 항복이라는 사태가 왔고, 미군과 소련군이 한반도를 남북으로 분할 점령하는 상황이 되었다. 따라서 한국의 진로와 관련하여 연합국 측의 보다 구체적인 합의가 요청되고 있었다. 1945년 12월 미국, 영국, 소련 3개국의 외상은 모스크바에서 회담을 갖고 한국문제에 대해 논의했다.

당시 미국 측은 분할점령 상태를 타개하기 위해 중앙집권적 탁치를 실시한다는 방안을 대체적으로 결정해놓고 모스크바 3상회의에 임했다. 반면 소련은 한국에서 탁치를 실시하는 것보다는 즉시 독립을 시켜주거나 이른 시일 내에 독립시켜 주는 것이 소련 측에 유리하다고 보고 있었다. 그것은 한국의 좌익 세력이 예상보다 강하다고 생각했기 때문이다.

12월 16일 회담에서 미국은 유엔 주도하의 4개국(미·영·중·소) 탁치를 규정한 안을 제출했다. 12월 20일 소련은 한국문제에 대해 4개항으로 된 안을 제출했는데, 그것은 '선先 임시정부 수립, 후後 후견'을 골자로 한 것이었다. 이는 '선 탁치, 후 정부 수립'을 골자로 한 미국안을 대폭 수정한 것이었다. 또 소련은 '탁치'Trusteeship라는 용어를 러시아어로 '후견'에 해당하는 용어로 대체했다. 즉 "조선인의 자주적 정부 수립을 미·영·중·소가 원조한다"는 내용의 것이었다. 미국은 소련의 수정안을 거의 그대로 받아들였고, 12월 28일 합의된 의정서가 발표되었다. 모스크바 3상회의에서 발표된 의정서의 내용은 다음과 같다.

(1) 조선을 독립국가로 재건설하며 조선을 민주주의 원칙하에 발전시키는 조건을 조성하고 가급적 속히 일본의 조선 통치의 참담한 결과를 청산하기 위하여 조선의 공업, 교통, 농업과 조선 인민의 민족문화 발전에 필요한 모든 시설을 취할 임시 조선민주주의 정부를 수립할 것이다.

(2) 조선임시정부 구성을 원조할 목적으로 먼저 그 적절한 방안을 연구 조정하기 위하여 남조선 미합중국 점령군과 북조선 소연방 점령군의 대표자들로 공동위원회가 설치될 것이다. 그 제안 작성에 있어 공동위원회는 조선의 민주주의정당 및 사회단체와 협의하여야 한다. 그들이 작성한 제안은 공동위원회 대표들의 정부가 최후 결정을 하기 전에 미, 영, 중, 소 각국 정부가 참고할 수 있도록 제출되어야 한다.

(3) 조선 인민의 정치적·경제적·사회적 진보와 민주주의적 자치발전과 독립국가의 수립을 원조 협력할 방안을 작성함에는 또한 조선임시정부와 민주주의 단체의 참여하에서 공동위원회가 수행하되, 공동위원회의 제안은 최고 5년 기한으로 4국 신탁통치Trusteeship의 협약을 작성하기 위하여 미, 영, 중, 소 4국 정부가 공동 참작할 수 있도록 조선임시정부와 협의한 후 제출되어야 한다.

(4) 남북조선에 관련된 긴급한 문제를 고려하기 위하여 또한 남조선 미합중국 관구와 북조선 소련 관구의 행정·경제 면의 항구적 균형을 수립하기 위하여 2주일 내에 조선에 주둔하는 미, 소 양군의 사령부 대표로써 회의를 소집할 것이다.[33]

이 의정서에 따르면 한국문제의 해결 수순은 1) 미소공위의 개최, 2) 임시정부의 수립, 3) 신탁통치안의 마련, 4) 4개국의 합의, 5) 신탁통치의 실시 등으로 되어 있었다. 그러나 이 의정서에는 임시정부를 수립하고 5개년 이내의 4국 신탁통치를 실시한다는 것만 정해져 있을 뿐, 임시정부 수립의 방법, 신탁통치 실시 방안 등에 대해서는 결정된 것이 아무것도 없었다. 이와 관련된 구체적인 결정은 모두 미소공동위원회에 미루어져 있었다. 따라서 미소공위에서의 논의가 결정적으로 중요하게 되었다.

### 신탁통치 문제를 둘러싼 좌우 대립

그러면 한국인들은 이와 같은 모스크바 3상회의에서의 신탁통치 문제 결정을 어떻게 받아들였을까. 신탁통치 문제는 이미 1943년경부터 『시카고 선』지 등 신문에 보도되어 한국인들 사이에도 어느 정도 알려져 있었다. 1943년 3월 영국 외상 이든은 미국의 루즈벨트 대통령을 워싱턴에서 만나 전후 문제를 협의했는데, 그때 루즈벨트는 한국을 신탁통치하에 둘 것을 제의했고, 이든은 이를 받아들였다는 내용이 『시카고 선』지에 보도되었던 것이다. 이와 같은 보도 내용을 접한 중경의 대한민국임시정부는 즉각 반대 성명서를 발표하고, 5월 10일 이를 격렬히 비판하는 '재중국자유한인대회'를 열기도 했다.[34] 그만큼 신탁통치의 실시는 한국인들로서는 받아들이기 어려운 문제였다. 따라서 1945년 12월 모스크바에서 3국의 외상회의가 열리기 전부터 국내 정치 세력들은 좌우익 진영을 막론하고 신탁통치에 극렬한 거부감을 보이고 있었다. 3상회의 결과가 알려진 1945년 연말 이후에도 이는 마찬가지였다. 먼저 김구가 이끄는 임시정부는 1946년 1월 초 신탁통치반대 국민총동원위원회를 결성하고, 위원장 권동진, 부위원장 안재홍·김준연의 지도 아래 거족적인 반탁운동에 돌입했다. 그리고 임시정부 국무위원회는 김구 주석의 이름으로 4대국에 보내는 신탁통치 반대 성명서를 발표했다. 그 내용은 "1) 신탁통치는 민족자결의 원칙을 고수하는 한국 민족의 총의에 위배된다, 2) 제2차 대전 중에 누차 선언한 약속들에 위배된다, 3) 연합국 헌장에 규정한 3종 탁치적용조례의 어느 조항도 한국에는 부합되지 않는다, 4) 한국에 탁치를 실시함은 극동의 안전과 평화를 파괴할 것이다"라는 것이었다.[35]

또 임정은 12월 30일 임정 내무부장 명의로 '임정포고 제1호'(이른바 '國字 포고 1호')를 발표했다. 포고 내용은 1) 현재 전국 행정청 소속의 경찰기구 및 한인 직원은 전부 임시정부 지휘하에 예속케 함, 2) 폭력행위와 파괴행위는 절대 금지함, 3) 국민의 최저 생활에 필요한 식량, 연료, 수도, 전기, 금융, 의료 기관의 확보 운영에 대한 방해를 금지함, 4) 불량상인의 폭리 매점 등을 엄중 단속함 등이었다.[36] 이리하여 12월 29일 이후 전국적으로 신탁통치를 반대하는 파업과 시위가 이어졌으며, 미군정청 한인 직원들도 일시 이에 참여했다가 1월 2일부터 업무에 복귀했다. 한편 이승만, 독촉, 한민당, 국민당 등 우익 세력은 모두 신탁통치에 대한 격렬한 반대운동을 펴기 시작했다. 당시 국민당의 안재홍은 5년간의 신탁통치는 조선의 적화를 가져오게 될 것이라고 전망했다.[37]

그런데 처음에는 신탁통치에 반대하던 조선공산당이 1946년 1월 3일 갑자기 입장을 바꾸었다. 즉 신탁통치는 을사조약이나 위임통치와는 다른 것이며, 독립을 달성하는 한 순서라고 주장하면서 '3상회의 결정 지지'로 전환한 것이다. 조선공산당은 3상회의 결정에서 비록 조선의 즉시 독립이 허용되지는 않았으나, 우리 민족의 실력 여하에 따라서는 5년 이내에 자주독립이 성립될 수 있다는 보장이 확립된 것이라고

주장했다. 따라서 3상회의 결정을 반대하는 처사는 민족을 자멸의 함
정으로 몰아넣는 망동이므로 이를 단호히 배격할 것을 주장했다.[38] 조
선공산당이 모스크바 3상회의 결정을 수용하자고 주장하면서 특히 강
조한 것은 조선문제의 국제적 관련성 내지 제약성이었다. 즉 조선이 즉
시 자주독립을 요구하지만, 자력으로 일제를 구축하지 못했고, 미국과
소련의 힘으로 이루어졌기 때문에 국제적으로 크게 제약을 받고 있다
는 것이다. 따라서 비록 3상회의에서 즉시 독립은 허용받지 못했지만,
일정 기간 뒤에 자주독립을 성취할 수 있는 보장을 얻었으니 조선문제
해결에 큰 진전이 있었던 것이라고 주장했다.[39]

이에 대해 이승만은 조선공산당의 신탁통치 지지는 사대주의요, 망
국의 음모라고 비난했다.[40] 한국민주당은 신탁통치는 한국 민족을 다
시 노예로 만들 것이라며, 조선공산당의 3상회의 결정 지지는 민족에
대한 반역행위라고 비난했다.[41]

한편 중간파는 어떤 입장이었을까. 찬탁과 반탁의 극단적인 대립
속에서 중간적 입장은 설 자리가 매우 좁았다. 여운형은 1946년 1월 14
일, "이 문제에 대하여 '피를 흘리자', '절대 지지하자' 하는 것은 모두
경솔한 일이다. 피를 흘리는 것은 무엇이며, 그것이 정치문제만이 아니
라 경제·군사·교통 등이 포함된다면 반대할 것도 있고, 받아들일 것도
있다. 또 이것은 세계문제에 대한 결의이니만큼 주의해야 하나, 완전독
립을 한다면 모르되 모두 지지한다는 것도 지나친 일이다. (중략) 신탁
이 없으면 좋고 그 기간은 짧기 바란다"고 말했다.[42] 조선인민당은 1월
16일 신탁통치 문제를 둘러싼 5당 회담에서 모스크바 3상회의에서 조
선의 자주독립국가 건설을 원조한다는 것은 찬성이지만 신탁통치에는
반대한다는 입장을 취했다.[43]

한편 우익의 반탁진영은 1월 말경 비상국민회의를 소집했는데, 미

군정은 비상국민회의 최고정무위원을 2월 14일 미군정의 자문기구 역할을 할 대한국민대표민주의원(약칭 '민주의원')으로 임명했다. 좌익진영은 이에 맞서 2월 15일 민주주의민족전선(약칭 '민전')을 결성했으며, 이에는 조선공산당, 인민당과 좌파 노동단체, 농민단체, 청년단체, 부녀단체 등이 참여했다.

3상회의 결정은 단순한 '신탁'이 아니라, '임시정부'를 세우고 이를 4국이 후원하는 후견제도의 성격이 강했다. 그리고 그 후원의 방법은 아직 정해지지 않은 것이었다. 따라서 본래 미국이 구상했던 신탁통치와는 상당한 거리가 있는 것이었다. 미 군정청의 하지 사령관은 모스크바 3상회의 결정을 국내 각 정당 대표에게 설명하는 자리에서 "4국의 신탁관리는 일제의 통치와 같이 압박과 착취를 목적함이 아니라 정치적 경제적 발전을 위하여 원조하는 기관이다. 따라서 주권은 임시정부에 있고, 4개국 관리위원회에 있는 것이 아니다"고 말했다.[44] 그럼에도 불구하고 신탁통치를 반대한 우익은 탁치 조항만을 부각시켜 이를 열강의 지배라고 받아들이면서 격렬히 반대했다. 또 대중들도 임시정부 수립과 이에 대한 후원이라는 부분보다는 '신탁통치'라는 용어에 더 관심이 있었다. 이에 모스크바 3상 결정의 수용을 주장한 좌익도 방어 차원에서 신탁통치는 조선 독립을 원조하는 후견제이며, 5년의 기한도 줄일 수 있다는 식으로 신탁통치 문제에 대해 주로 언급했다.[45]

1946년 1월 중순 미소공위 예비회담이 서울에서 열리게 되자, 이를 전후하여 대한민국임시정부 쪽은 미소공위의 새 임시정부 구성에 참여하지 않겠다고 했지만, 그동안 신탁통치를 반대해왔던 한국민주당은 임시정부가 새로 수립된다면 이에 참여하겠다는 뜻을 밝혔다.[46] 이는 모스크바 3상회의의 결정에서 우선적으로 중요한 것은 임시정부 수립 문제였고, 신탁통치 건은 그 이후의 문제라는 것을 한국민주당도 잘 알고 있었음을 말해준다. 그럼에도 불구하고 한국민주당을 비롯한 우익 세력이 신탁통치 문제를 부각시켜 반탁운동을 강력히 전개한 것은 무슨 이유에서였을까. 그것은 반탁운동을 통해 반소·반공운동을 전개하고, 이를 통해 좌익에 대한 세력의 열세를 만회하려는 데에 그 목적이 있었기 때문일 것이다.[47]

## 3. 좌우파, 서로 다른 헌법을 구상하다

### 임정 산하의 행정연구회, 헌법 초안 기초

해방 이후 새로 건국될 나라의 기틀이 될 헌법 초안을 만드는 것은 매우 중요한 일이었다. 이 일을 처음 시작한 것은 1945년 12월 초 귀국한 임시정부의 내무부장 신익희였다. 신익희는 11월초 상해에서 열린 임시정부의 마지막 국무회의에서 귀국하면 임시정부의 하부조직을 만들어야 한다는 것을 역설했고, 동시에 일제시기 행정을 담당했던 사람들 가운데에서 건국 일선에서 행정을 담당할 사람들을 골라 행정연구위원회를 만들어야 한다고 주장한 바 있었다.[48] 그는 귀국하자마자 한편으로는 정치공작대의 조직에 착수했으며, 다른 한편으로는 행정연구위원회를 조직하여 헌법 초안 작성에 착수했다.

12월 17일 행정연구위원회는 약 70명의 식민지시기 고등문관 시험 출신 인물들로 조직되었으며, 위원장은 신익희가 맡았다. 신익희는 귀국한 지 보름 만에 이와 같은 조직을 만든 것이다. 행정연구위원회는 그 산하에 헌법분과위원회를 두었으며, 최하영·이상기·장경근·윤길중 등이 이에 참여했다. 이들은 1946년 2월 초부터 3월 1일 사이에 여섯 차례 회합을 갖고, 헌법 초안을 작성했다. 이들이 작성한 초안은 총 7장(2편 88조)과 부칙으로 되어 있었으며, 국가·정부·사법기관 등의 용어를 처음 사용했다. 이 헌법 초안은 제1편에 국가의 조직, 제2편에 국민의 권리·의무를 배치했다. 이는 잃어버린 나라를 찾아 새로운 나라를 세운다는 점에서 국가의 조직 문제를 맨 앞에 배치할 필요가 있다는 생각에서였다. 또 이 초안은 제2편 국민의 권리·의무의 제3장에 경제생활에 대해 구체적으로 규정했다. 그리고 경제질서의 기본 원칙과 관련해서는 임시정부의 헌법과 건국강령에 나타나고 있던 삼균주의의 균평·균등 이념을 대체로 계승하고 있었다. 그리하여 제75조에 국민각개의 균등생활의 확보, 민족 전체의 발전 등을 경제의 기본원칙으로 제시하고, 개인의 경제활동의 자유도 이 한계 내에서만 보장한다고 규정하고 있었다.[49]

그런데 행정연구위원회의 이와 같은 작업은 비밀리에 진행된 것이었다. 그리고 1946년 5월 임시정부의 임시의정원과 국무회의의 연석회의는 행정연구위원회의 해산을 의결했다. 이는 미군정이 1946년 1월 초 임정의 '국자 포고' 등 반탁운동을 쿠데타로 규정하고 김구를 여러모로 압박해왔기 때문이었다.[50] 하지만 행정연구위원회가 만든 '한국헌법'이라는 이름의 헌법 초안은 이후 입법의원과 제헌의회의 헌법 초안 마련에 상당한 영향을 미치게 된다.

### 비상국민회의의 헌법 기초 작업

행정연구위원회와는 별도로 우파 쪽에서 진행되고 있던 또 하나의 헌법 기초 작업은 1946년 초의 비상국민회의에 의한 것이었다. 1945년 9월 7일 한국민주당 준비 세력은 대한민국임시정부 절대지지를 선언하고 임시정부 귀국 시 대대적인 환영회를 열기 위한 국민대회준비회를 조직하기로 했다. 위원장은 송진우, 부위원장은 김준연이 맡았다. 한때 한국민주당뿐만 아니라 국민당, 조선공산당도 이에 참여하기로 했으나, 조선공산당은 곧 떨어져 나가고 주로 한국민주당 세력이 중심이 되어 이를 끌고 나가게 되었다. 12월 초 임시정부 귀국환영회가 있은 뒤, 12월 17일 국민대회준비회 중앙집행위원회는 1946년 1월 10일 정식으로 국민대회를 열기로 했다. 준비회 중앙집행위는 국민대회에서 임시정부의 봉대, 연합국에 대한 자주독립 즉시승인 요구, 38도선 철폐, 민족적 기강 등의 문제를 논의하기로 했다. 그런데 12월 말 모스크바 3상회의 결정의 발표, 위원장인 송진우 피살 사건 등이 일어나 국민대회는 연기되고 말았다. 하지만 국민대회준비회 중앙집행위원회는 12월 17일의 회의에서 건국을 준비하기 위해 헌법 초안을 만들 필요가 있다는 데 의견을 같이하고, 헌법연구위원 11명을 추천하고, 곧이어 10명을 추가했다. 처음 추천된 11명은 김병로·김용무·이인·장택상·서상일·백남운·김준연·이극로·정인보·강병순·송진우 등이었으며, 뒤에 추가된 10명은 원세훈·안재홍·고창일·김여식·한근조·조병옥·윤보선·백남훈·함상훈·김약수 등이었다.[51]

그런데 1946년 1월 4일 임시정부는 각 정파, 종교단체, 지방대표 등이 참여하는 비상정치회의 소집을 통해 과도정권을 수립하자고 주장했다. 임정은 과도정권을 먼저 수립하고, 이어서 국민대표대회를 열어 정식 정부를 수립하자는 구상을 밝혔다. 이와 관련하여 임정은 5대 정당, 즉 한국민주당·신한민족당·국민당·조선공산당·조선인민당과 교섭했으나 조선공산당과 조선인민당은 참여를 거부했다. 그리고 이승만이 이끄는 독립촉성중앙협의회와의 협의 과정에서 '비상정치회의'라는 명칭보다는 '비상국민회의'로 하는 것이 좋겠다는 의견이 나와 결국

'비상국민회의'를 소집하는 것으로 낙착되었다. 결국 우파 정치세력과 종교단체, 지방대표들만 참여한 가운데 비상국민회의가 2월 1일 소집되었다. 이 회의에서는 12개 위원회를 구성했는데, 그 가운데 법제위원회가 포함되어 있었다. 법제위원회는 헌법과 선거법을 기초하기 위한 것이었는데, 위원 선출을 둘러싸고 장시간 토론이 진행되었다. 결국 법제위원으로서 책임위원 신익희를 비롯하여 최동오·김정설·김준연·한근조·김병로·이봉구 등이 선출되었고, 이들이 헌법과 선거법 기초위원을 선정하게 되었다. 그런데 그 명칭은 '헌법선거법수정위원회'였다. 이는 대한민국임시정부의 헌법을 수정한다는 의미를 담고 있었다. 위원회의 위원장은 김병로, 부위원장은 이인이었다. 당시 위원회의 위원으로 선정된 인물은 김병로·안재홍·최동오·김약수·김용무·강병순·조만식·원세훈·김붕준·김준연(이상 헌법분과 위원)과, 이인·유진오·장택상·조병옥·고병국·한근조·조경한(이상 선거법분과 위원), 그리고 신익희·고창일·이봉구·김정설·정인보(이상 의원법분과 위원) 등 3개 분과의 22명이었다. 이들은 대부분 당시 사법계의 대표적인 인물들로서 미군정청에서 사법 관련 업무를 담당하고 있었다. 이 명단에는 평양에 있던 조만식이 포함되어 있고, 유진오는 위원회에 참여한 적이 없다고 말했던 것으로 보아 본인들의 동의를 모두 얻은 것은 아닌 것으로 보인다.[52]

비상국민회의 산하의 헌법선거법수정위원회는 헌법과 선거법, 의원법 등을 기초하는 작업을 4~5개월 동안 수행한 것으로 보인다. 그런데 그 과정에서 조소앙이 국무위원의 자격을 20년 이상 독립운동에 종사한 자로 해야 한다고 주장하고, 김준연이 이에 반대함으로써 작업이 중단되고 만 것으로 보인다.[53]

## 민주의원의 헌법 기초

한편 우파 측의 또 하나의 헌법 기초 작업은 미군정의 자문기구였던 남조선 민주의원에 의해 이루어졌다. 위에서 말한 비상국민회의는 2월 1일 최고정무위원회를 조직하기로 하고, 그 구성을 이승만·김구·김규식에게 맡겨 결국 28명의 최고정무위원을 선출했다. 그러자 미군정의 하지 장군은 이들을 모두 미군정 자문기구인 남조선 대한국민대표민주의원의 의원으로 지명했다. 민주의원은 2월 14일 개원했으며, 23일 민주의원 규정에 따라 의장에는 이승만, 부의장에는 김규식, 총리에는 김구가 선임되었다. 당시 미군정은 민주의원을 자문기구 정도로 인식했지만, 민주의원 쪽은 정권인수를 준비하기 위한 기구로 인식하고 있었다.[54]

민주의원은 당면한 문제를 연구, 심의할 10개의 소위원회를 두었다. 그리고 그 안에 헌법 기초를 위한 헌법대책연구위원회가 있었는데, 위원은 김준연·원세훈·안재홍·정인보·조완구 등 5명이었다. 이들이 기초한 헌법은 3월 30일 민주의원에 상정되어 통과되었지만, 내용은 비밀에 부쳐져 공개되지 않았다. 그런데 이 헌법 초안은 최근 고려대학교 박물관에서 출판한 유진오의 제헌헌법 관계 자료집에 「대한민국임시헌법」이라는 이름으로 실렸으며, 한국정신문화연구원에서 펴낸 조소앙의 독립운동사 자료집에도 실려 널리 알려지게 되었다.[55]

「대한민국임시헌법」은 제1장 총강, 제2장 국민의 권리의무, 제3장 입법권, 제4장 행정권, 제5장 사법권, 제6장 회계 등 모두 74조로 구성되어 있다. 제1장 총강의 1~4조를 보면 다음과 같다.

제1조 대한민국은 민주공화국으로 함.

제2조 대한민국의 주권은 국민 전체에 속함.

제3조 대한민국은 대한 인민으로 조직함.

제4조 대한민국의 영토는 경기도·충청북도·충청남도·전라북도·전라남도·경상북도·경상남도·황해도·평안남도·평안북도·강원도·함경남도·함경북도의 13도로 함.[56]

이를 1944년에 만들어진 「대한민국임시헌장」의 총강과 비교해보자.

제1조 대한민국은 민주공화국임.

제2조 대한민국의 강토는 대한의 고유한 판도로 함.

제3조 대한민국의 인민은 원칙상 한국민족으로 함.

제4조 대한민국의 주권은 인민 전체에 있음. 국가가 광복되기 전에는 주권이 광복운동자 전체에 있음.[57]

전자가 '국민'과 '인민'을 같이 쓰고 있고, 후자는 '인민'과 '민족'을 같이 쓰고 있어 약간의 차이가 있지만, 양자는 거의 비슷하게 되어 있었다. 즉 「대한민국임시헌법」은 「대한민국임시헌장」을 계승하고 있었던 것이다.

또 제2장 임시헌법의 '국민의 권리의무' 가운데에는 생활균등권, 문화균등권, 후생균등권, 자유권, 국민이 국가에 요구할 수 있는 권리, 참정권, 그리고 의무 등을 규정하고 있다. 이 가운데 제5조의 생활균등권을 보면, ①국민의 기본 생활을 확보할 계획경제의 수립, ②주요한 생활필수품의 통제관리와 합리적 물가정책의 수립, ③세제의 정리와 누진율의 강화, ④토지사유의 제한과 농민본위의 경작권 수립, ⑤대규모의 주요 공업 및 광산의 국영 또는 국가 관리, ⑥노동자의 생활을 안정시키기 위한 최저임금제의 확립, ⑦공장의 경영과 관리에의 노동자 대표의 참여, ⑧봉급자의 생활을 안정시키기 위한 가족급여제의 확립, ⑨중요 공장 내에 보건·위생·교육과 오락시설을 완비, ⑩실업보험, 폐질보험, 기타 사회보험제도의 실시 등을 제시하고 있다. 국민의 권리 가운데 가장 먼저 생활균등권을 명시한 것은 주목할 만하다. 문화균등권으로는 ①의무교육제의 실시와 직업교육의 확충, ②유능한 사람에 대한 특별교육의 확충과 교육비의 국고 부담 등을 들고 있다. 또 후생균등권으로는 ①주요 문화기관과 오락기관의 국가 경영, ②체육시설의 적정 분포와 공영, ③의료기관의 적정 분포와 공영의 확충, ④조산원, 탁아소, 양로원의 공영, ⑤소년, 부녀자의 야간노동과 위험작업의 금지 등을 들고 있다.[58]

'임시헌법'의 정부 형태를 보면, 대통령제 정부 형태를 취하고 있는데, 대통령에게 의회 해산권을 주고 있는 점이 특이하다. 또 '국민의회'라는 이름의 국회가 대통령을 선출하며, 국무총리 및 국무원은 대통령의 추천으로 의회에서 선거하도록 되어 있었다. 이러한 점에서 대통령제에 내각책임제적 요소를 가미한 정부 형태였다고 할 수 있다.

### 좌파 민전의 임시약법

신탁통치 반대를 내걸고 있던 우파가 하나로 뭉쳐 비상국민회의를 만들자, 모스크바 3상회의 결정의 총체적 지지를 내걸고 있던 좌파도 하나로 뭉쳐 1946년 2월 15일 민주주의민족전선을 결성했다. 민전의 의장단을 보면, 의장은 여운형·허헌·박헌영·김원봉·백남운, 부의장은 백용희·홍남표·이여성·김성숙·장건상·윤기섭·성주식·정노식·유영준·한빈 등이었으며, 사무국장은 이강국이었다.

민전준비위원회는 2월 4일 사무총국과 5개 부서를 발표하고 헌법기초위원회를 포함한 7개 전문위원회를 설치했다. 헌법기초위원회는 허헌·김약산·성주식·조평재·정진태·이강국·김응섭·한길언·정경모·김용암 등 10명이었다. 위원회의 책임자는 허헌이었고, 집필자는 정진태·김용암·조평재 등 3인이었다. 이들은 3월 6일 1차 회의를 열었으며, 19일에는 임시약법과 행정기구 문제를 토의하기 위한 임시약법기초위원회와 행정기구연구위원회의 연합회의를 가졌다. 또 25일에는 임시약법기초위원회에서 임시약법을 축조 검토했다는 보도가 있었다.[59]

유진오의 회고에 의하면, 1946년 1월 민전의 박문규가 와서 허헌 등이 작성한 「조선민주공화국 임시약법(시안)」(약칭 「임시약법시안」)을 보여주면서 이를 검토해 달라고 부탁했으나, 유진오는 거절했다고 한다. 그리고 그 자료는 고려대 박물관에 기증된 유진오의 제헌헌법 자료더미에 포함되어 있다(『제헌헌법 관계 자료집』에 실림). 그런데 민전이 헌법 기초를 본격적으로 시작한 것이 3월이므로 아마도 1월 혹은 그 이전에 만들어 놓았던 시안이 아닌가 여겨진다. 그리고 이는 4월 21일 민전이 발표한 보다 공식적인 성격의 '임시헌장'을 작성하는 데 기초가 된 것으로 보인다.[60]

민전의 헌법 시안의 제목은 「조선민주공화국임시약법」이었다(약칭 「임시약법」). 주목되는 것은 '인민공화국'이 아니라 '민주공화국'이라는 용어를 사용하고 있다는 점이다. 이는 우파를 의식한 것이 아닐까 여겨진다. 그런데 현재 임시약법의 자료는 남아 있지 않으므로, 유진오의 자료집 안에 남아 있는 「임시약법시안」을 대신 살펴보기로 한다. 「임시약법시안」은 총 9장 103조로 되어 있다. 그 가운데 총강의 제1~4조를 보면 다음과 같다.

제1조 조선민주공화국은 조선민족의 민주주의 통일국가임을 선언함.

제2조 조선민주공화국은 세계 민주주의 제국과 우호친선을 도모함.

제3조 국가의 전 권력은 전 조선인민에게 속함.

제4조 모든 국가기관은 인민의 기관이며 합의제를 대원칙으로 함.[61]

그리고 경제와 관련해서는 제2장 인민의 기본적 권리 및 의무 부분에 아래와 같은 몇 가지 조항이 있으나 대체로 소략하다.

제17조 조선 인민은 재산 사유의 권리, 계약·영업의 자유를 향유하며 법률에 의한 외에는 이를 침탈할 수 없음.

제18조 (전략) 반봉건적 토지관계로부터 해방될 권리가 법률로써 보장됨.

제19조 (전략) 중소 개인자본은 기업경영의 자유가 법률로써 보장됨.[62]

그런데 민전은 4월 20일 중앙위원회 회의를 열고, 7개 전문위원회의 보고를 들었는데, 이때 성주식·이여성·이강국이 보고를 했다.[63] 총 39개 조항 가운데 19개 항의 내용은 『해방일보』 4월 22일자에 보도되었다. 그 주요 내용을 보면 다음과 같다.

1. 국가의 전 권력은 인민에 속함.

1. 인민은 법률 앞에 일체 평등함.

1. 인민은 법률에 의하여 권리와 자유를 박탈당한 자를 제외하고는 모두 문화, 사회, 생활의 각 영역에 나아갈 권리가 보장됨.

1. 만 18세에 달한 조선 인민은 선거권과 피선거권을 향유함.

1. 인민은 언론, 출판, 집회, 결사, 신앙, 연구, 행동의 자유가 보장됨.

1. 인민은 거주 이전의 자유가 보장됨.

1. 인민은 신체의 자유가 보장됨.

1. 인민은 통신의 자유가 보장됨.

1. 인민은 재산 사유의 권리가 보장됨.

1. 정식 선거에 의하여 정식 인민대표대회가 성립될 때까지 잠정 임시 대표대회를 소집하여 이것을 최고 권력기관으로 함.

1. 잠정 인민대표대회는 세계민주주의 노선에 입각하여 진실하게 민주주의를 실천하는 정당·단체의 대표자, 지방대표자 및 당해 각 계층을 대표할 만한 무소속 개인으로써 구성함(약 600명).

1. 잠정 인민대표대회에서는 그 속에서 잠정 인민의회 의원을 선출(약 200명)하여, 잠정인민의회를 구성함.

1. 대통령은 국가행정을 통할하며 국외에 대하여 국가 및 정부를 대표함.

1. 부통령은 대통령을 보좌 대리함.

1. 대통령은 중앙인민위원회(정무위원회)의 결의에 의하여 행정조직, 조약체결, 계엄, 특사, 행정부서의 임면 등에 관한 권한을 행사함.[64]

위의 요강에서 가장 중요한 것은 권력기관의 문제인데, 권력의 기초를 인민대표대회에 두고 있다. 그리고 입법기관인 인민의회는 인민대표대회에서 선출된 인민의회 의원으로 구성하며, 중앙인민위원회가 내각의 역할을 하는 정무위원회가 되고, 대통령은 정무위원회의 결의에 의하여 권한을 행사하는 것으로 되어 있다. 이와 같은 정부조직 구상은 훗날 북한의 인민공화국 수립 과정에서 그대로 현실화된다. 따라서 민전의 정부수립 구상은 비록 '임시약법시안'에서 민주공화국으로 나타나긴 했지만, 요강을 통해 보면 사실상 '인민공화국' 정부의 수립

구상이었다고 볼 수 있다. 민주공화국이 삼권분립과 대의제 민주주의를 기본 전제로 하는 반면, 인민공화국은 인민대표대회에서 의회인 인민의회 의원을 선출하고, 내각을 구성하는 권리를 가진 최고 통치자를 선출하고, 법원과 검찰의 책임자도 선출하는 등 인민대표대회에 사실상 모든 권력이 집중되는 형태를 취한다. 인민공화국과 민주공화국은 이와 같이 권력체계의 면에서 전혀 달랐다.

### 입법의원의 임시약헌 채택

1946년 5월 8일 미소공위가 휴회에 들어간 뒤, 미군정은 한편으로는 여운형과 김규식의 좌우합작운동을 지원하고, 다른 한편으로는 좌우파 정치인들을 모아 남조선과도입법의원(약칭 '입법의원')을 개설했다. 미군정은 조선 인민이 요구하는 법령을 조선 인민의 손으로 제정하도록 한다는 취지에서 입법의원을 만든 것이었다. 미군정은 법령 118호에서 "입법의원은 모스크바 3상회의 협정에 기초한 통일임시정부가 수립될 때까지 정치적·경제적·사회적 개혁의 기초로 사용될 법령초안을 작성한다"고 밝혔다. 입법의원은 법령에 따라, 민선의원 45명과 관선의원 45명으로 구성되었다. 그런데 민선의원의 경우, 서울시와 강원도에서 부정선거의 말썽이 있어 재선거를 실시하지 않을 수 없었다. 또 관선의원의 경우에는 여운형·장건상·홍명희·조완구·엄항섭 등 5명이 선임을 거부하는 등 우여곡절을 겪었다. 전체적으로 보면, 관선의원으로는 좌우의 중간파를 중심으로 각계의 균형을 고려하여 주요 인물들이 선임되었고, 민선의원으로는 한민당과 독립촉성국민회, 그리고 무소속의 인물들이 다수 당선되었다. 그리고 입법의원의 의장에는 김규식, 부의장에는 최동오와 윤기섭이 선출되었다.[65]

1946년 12월 12일 개원식을 가진 입법의원은 중요한 여러 법령들을 의결했다. 이듬해 여름까지 통과시킨 주요 법령을 살펴보면, 1) 국립 서울대학교 설립에 관한 법령 개정, 2) 하곡수집법, 3) 미성년자 노동보호법, 4) 입법의원 선거법, 5) 민족반역자, 부일협력자, 간상배에 대한 특별법, 6) 조선임시약헌, 7) 사찰령 폐지에 관한 법령, 8) 공창제 폐지령, 9) 미곡수집령 등이었다. 하지만 모든 법령이 입법의원의 의결을 거쳐 발포된 것은 아니었다. 1948년 5월 19일 입법의원이 해산될 때까지 입법의원을 거쳐 공포된 법률은 11건, 심의한 법률은 50여 건이었지만, 입법의원을 거치지 않고 군정법령으로 발포된 것이 80건에 달했다. 따라서 입법의원은 미군정하의 입법기관으로서 부분적인 역할밖에 하지 못했다고 말할 수 있다.[66]

여기서 주목해야 할 것은 1947년 8월 6일 입법의원이 통과시킨 「조선임시약헌」이다. 입법의원에서는 이미 1947년 2월 27일 행정조직법기초위원회에서 제출한 「남조선과도행정조직법」을 심의한 바 있었고, 3월 11일 한민당의 서상일이 중심이 되어 작성한 「남조선과도약헌안」을 심의한 바 있었고, 4월 21일 임시헌법기초위원회에서 제출한 「조선민주임시약헌안」을 심의한 바 있었다. 그러나 어느 안도 통과되지 못한 채, 후자의 2개 안을 통일한 안을 다시 검토하기로 했을 뿐이다.[67]

그러나 이후 제2차 미소공위가 개회하는 등 여러 정세 변화로 인하여 통일안이 만들어져 상정된 것은 7월 7일에야 가능했다. 입법의원은 「조선임시약헌」의 통일안에 대해 두 차례의 독회를 진행했다. 그리고 최종안으로 7장 58개조를 채택했으며, 군정장관의 인준을 받은 뒤 공포하기로 했다. 하지만 군정청은 러취 군정장관의 입원 등의 사정으로 이를 연기했다.[68]

최종 채택된 「조선임시약헌」은 제1장 총강, 제2장 국민의 권리의

무, 제3장 입법권, 제4장 행정권, 제5장 사법권, 제6장 재정, 제7장 부칙으로 구성되어 있다.[69] 먼저 총강의 제1~3조를 보면 다음과 같다.

제1조 조선은 민주공화정체임.
제2조 조선의 주권은 국민 전체에 속함.
제3조 조선의 국민은 별例로이 정하는 법률에 의하여 국적을 가진 자.

앞서 만들어진 헌법안과 다른 점은 먼저 제1조에서 국호를 '조선'이라 했다는 것이고, 제3조에서 국민은 '국적을 가신 자'라고 했다는 점이다.

제2장 국민의 권리의무 부분에서는 앞서 민주의원에서 채택한 「대한민국임시헌법」과 마찬가지로 생활균등권, 문화 및 후생의 균등권, 자유권, 국가기관에 대한 요구권, 참정권, 국민의 의무 등을 포함하고 있다. 제3장 입법권 부분에서는 '입법의원은 국권의 최고기관이며, 유일한 입법기관'이라 하여, 입법의원을 국가의 최고기관으로 설정했다는 점이 주목된다. 입법의원은 정부 주석 및 부주석, 국무총장 및 국무위원에 대한 탄핵 의결권을 갖는다고 규정하고 있다. 제4장 행정권 부분에서는 정부의 주석 및 부주석은 국민의 투표로 선거하되, 다만 초대 주석 및 부주석은 입법의원에서 선거한다고 되어 있다. 정부의 주석은 국가를 대표하고 행정권을 통할하며 통상적으로 대통령이 갖는 권한들을 갖는 것으로 규정하고 있다. 그리고 국무총장 및 국무위원은 정부 주석이 임명하되 입법의원의 인준을 받도록 했다. 또 이들은 주석이 서명하는 법률 및 조약 등의 문서에 부서副署하여야 하며, 이로써 입법의원에 책임을 진다고 규정하고 있다. 이를 통해 보면, 「조선임시약헌」은 대통령제를 채택하되, 국회에 상당한 견제권을 부여하고 있음을 알 수

있다.

그런데 미군정은 이와 같은 「조선임시약헌」의 공포를 계속 미루었다. 그리고 마침내 11월 20일 군정장관 대리 헬믹은 "반관반민의 입법의원은 헌장 제정에 대하여 국민으로부터 위임받았다고 하기 어렵고, 조선임시헌장이라고 하지만 남조선만을 대상으로 하는 것으로, 그것을 채택하면 조선의 통일과정에 지장을 줄 것이다. 장차 조선 통일의 영구한 헌장을 위하여 노력하기 바란다"는 취지의 인준 보류 서한을 입법의원에 전달했다. 이처럼 미군정이 「조선임시약헌」의 공포를 보류한 것은 이미 미국의 한반도 정책이 유엔을 통한 해결로 기울어져 있었다는 사실을 보여주며, 한편으로는 우파인 한민당과 임시정부 세력이 주도하여 만든 헌법안을 승인하는 경우, 이후 여러 문제가 발생할 수 있다는 것을 의식했기 때문이다.[70]

### 미소공위에 제출된 좌우 세력의 정부구상

휴회에 들어갔던 미소공위는 1947년 5월 재개되었다. 미소공위는 6월 11일 공동성명 11호를 통해 '남북조선 제 민주정당 및 사회단체와의 협의에 관한 규정'과 '조선민주주의임시정부의 구성 및 원칙에 관한 자문서諮問書', 그리고 '장래의 조선민주주의임시정부의 정강에 관한 자문서' 등을 발표했다. 이 가운데 두 번째와 세 번째 '자문서'는 각 정당, 사회단체로부터 장차 수립될 임시정부의 구성과 조직 및 정강과 정책에 관한 의견을 듣기 위한 것이었다. 미소공위는 7월 1일까지 자문에 대한 답신서를 제출해 줄 것을 요망했다.[71]

미소공위는 자문 내용을 질문서로 만들어 공동결의 제5호로 발표했는데, 그 내용은 민권, 정부의 일반적 형태, 행정기능 및 입법기능을 수행할 중앙정부기관, 지방정권체, 사법기관, 임시헌장의 수정과 첨삭방법 등 6개 항목으로 구성되었다. 이와 같은 질문서에 대해 남한에서는 397개 단체가 답신안을 제출했고, 북한에서는 38개 단체가 공동으로 답신안을 제출했다. 이들 답신안 가운데 우파인 임시정부수립대책협의회(임협), 좌파인 민주주의민족전선(민전)·남로당·북조선민전, 중간파인 시국대책협의회(시협), 중간파와 우파의 합작기관인 입법의원(남조선과도입법의원) 등이 제출한 답신안을 간단히 살펴보기로 한다.[72]

먼저 우파인 임시정부대책협의회에서 제출한 답신안을 살펴보자. 임협은 한민당이 주도하여 조직한 단체로서, 170여 개 우익 단체가 이에 참여하고 있었다. 임협은 국호를 '대한민국'으로 하고, 입법-행정-사법의 3권을 분립한 민주공화국 체제로 할 것을 주장했다. 임협은 남북을 통한 총선거에서 대통령과 부통령을 선출할 것을 제시했다. 또 행정부는 내각제를 채택하여, 대통령직속 하에 국무위원회를 두고, 다시 행정을 각 부문으로 나누어 국무총장 통할 아래에 각부의 총장제를 두는 체제를 구상했다. 행정을 보좌하고 감시하는 기관으로 법제, 고시, 감찰기관을 설치하며, 국민경제의 계획적 발전을 위해 경제기획원을 두었다. 입법기관으로서는 단원제의 국회를 두고, 국회의원의 임기는 2년으로 규정했다. 국회는 법률을 제정하고, 대통령이 임명한 국무총장과 국무위원을 추인하며, 대통령이 거부한 법률은 국회 출석의원 3분의 2 이상으로만 가결할 수 있도록 했다.

임협은 지방자치와 관련해서는 도-시·군-면-리를 행정구역으로 하고, 행정구역의 장은 상급기관이 임명하도록 했다. 그리고 도, 시, 군, 면은 지방자치단체가 되어 각기 의회를 두고 주민의 직접선거에 의해 의원을 선출하도록 했다. 사법기관과 관련해서 임협은 사법권을 법원에 귀속시키고 3심 재판제도를 채택했다. 그리고 최고 법원에 위헌

심사권을 부여했다. 최고 법원의 장과 법관은 대통령이 임명하되 국회의 인준을 받도록 했다.

임시헌장(임시헌법)의 수정에 대해서 임협은 대통령 또는 국회의원 4분의 1 이상에 의해 제안되며, 국회의원 4분의 3 이상의 출석과 출석의원 3분의 2 이상의 찬성으로 가결된다고 규정했다.

다음으로 중간파인 시국대책협의회와 중간파와 우파의 합작기관인 입법의원의 답신안을 살펴보자. 시국대책협의회는 좌우합작위원회 위원들이 중심이 되어 조직한 단체이다. 국호에 대해서 시협은 '고려인민공화국'을, 입법의원은 '대한민국'을 각각 주장했다. 임시정부의 수립에 대해 시협은 미소공위 협의대상인 각 정당과 사회단체 대표자들의 합의로 결정할 것을 주장했고, 입법의원은 임시헌장에 기초해서 대통령과 국회의원을 선출하여 구성할 것을 주장했다. 시협과 입법의원은 행정부에 대통령과 부통령을 두고, 대통령 직속으로 국무위원회를 두고, 다시 행정을 각 부문으로 나누어 부장제를 채택할 것을 주장했다. 대통령의 임기는 2년으로 하되, 3선을 못하게 하며, 행정을 보좌하고 감시하는 기관으로 법제, 고시, 감찰기관을 두었다. 국무총장과 국무위원은 대통령이 임명하되 국회의 인준을 받도록 했다. 시협과 입법의원은 입법기관인 국회를 단원제로 두고, 임기도 2년으로 했다. 사법기관과 관련해서는 시협과 입법의원도 사법권을 법원에 귀속시키고 3심 재판제도를 채택했다. 기타 사법기관과 관련된 규정은 임협의 것과 대동소이했다.

이어서 좌파인 민전, 남로당, 북조선민전의 답신안을 살펴보자. 민전은 조선공산당, 조선인민당, 독립동맹 경성특별위원회 등 3개 정당과 전평, 전농, 청총, 부총 등 단체들이 주축이 되어 조직한 단체이다. 민전과 남로당은 국호를 '조선인민공화국'으로, 북로당은 '조선민주주의인민공화국'으로 할 것을 각각 주장했다.

민전과 남로당은 정부의 성격으로 민주주의적 인민정부를 주장했으며, 3상회의 결정을 충실히 실천하고 민주주의적 선거방법을 통하여 인민의 정식정부를 수립해야 한다고 주장했다. 북조선민전은 모스크바 3상회의 결정을 기초로 한 강령에 입각하고 있는 정당과 사회단체들을 망라해서 정부가 수립되어야 한다고 주장했다. 민전은 최고 정권기관으로 내각을 설정했다. 그리고 국가의 원수로서 대통령을 두는 것은 권력이 집중될 우려가 있다는 이유로 반대했다. 내각은 수상을 수반으로 하는 16명으로 구성되며, 입법과 행정의 모든 권한을 갖도록 했다. 내각은 민주주의정당과 사회단체의 건의에 기초하여 미소공위에서 구성하며, 4개국의 승인으로써 성립하도록 했다. 내각회의는 3분의 2 이상 출석에 과반수 찬성으로 의결하도록 했다. 남로당도 역시 내각을 최고 정권기관으로 규정했으며, 내각회의에서 입법권과 행정권을 갖도록 했다. 북조선민전의 안은 민주정당과 사회단체들이 광범위하게 참가하여 수립한 민주주의임시정부가 최고 입법 및 집행기관이 된다고 규정했으며, 국회는 인민회의 형태로 규정했다.

지방자치 문제에 대해 민전은 도, 시, 군, 읍, 면, 리, 동에 각각 인민위원회를 설치할 것을 주장했다. 도 인민위원회는 도민들이 직접 선거한 인민위원들로 구성하며, 시·군 이하의 인민위원회도 마찬가지로 주민들이 직접 선거한 인민위원들로 구성하도록 했다. 또 각급 인민위원회는 상급 인민위원회의 지도 감독을 받도록 했다. 남로당도 인민위원회 형태를 주장했으나, 당분간은 도 인민위원은 내각에서, 시·군 이하 인민위원은 상급 인민위원회에서 임명하는 형태를 취하도록 했다. 북조선민전도 역시 인민위원회 형태를 주장했다.

사법제도와 관련하여 민전은 2심 재판제도를 주장했다. 재판소는

판사와 참심원으로 구성하며, 일반재판소 외에 군사재판소와 철도재판소를 두도록 했다. 판사와 검사는 친일파를 제외한 일반 대중 가운데에서 선출 또는 임명하도록 했다. 남로당과 북조선민전의 안도 민전의 안과 유사했다.

임시헌장의 수정과 관련해서 민전은 내각회의에서 3분의 2 이상의 찬성으로 수정이 가능하다고만 규정했다. 남로당은 5일 이전에 임시헌장 개정을 위한 각의 소집을 통지하고, 결의는 3분의 2 이상으로 해야 한다고 규정했다. 북조선민전 안에는 별도의 규정이 없었다.

이상에서 살핀 것처럼 우파와 중도파는 3권이 분립된 민주공화국 체제를, 좌파는 내각을 중심으로 권력이 집중된 인민공화국 체제를 지향하고 있었다.


## 4. 분단정부 수립의 길로 들어서다

### 미소공동위원회의 개회와 휴회

1946년에 들어서자마자 미국과 소련은 모스크바 3상회의에서 결정된 대로 미소공동위원회를 열 준비에 착수했다. 먼저 양측은 예비회담을 개최했다(1946. 1). 이 회담에서 미국은 남북한의 시급한 문제인 송전, 상품교역, 교통, 우편, 통신 문제들을 의제로 제기했다. 즉 비정치적인 문제를 먼저 제기한 것이다. 그러나 소련은 정치적인 문제를 우선시하는 태도를 보였다. 즉 미소공위는 임시정부를 구성하기 위한 것이라는 점을 강조했다.

또 미국은 38선의 장벽을 제거하고 경제적·행정적으로 단일한 단위로 할 것을 고려하고 있었다. 소련은 이에 소극적이었다. 미국은 가급적 38선을 개방하여 교통과 공공시설을 단일 행정체제로 묶으려 한데 반해, 소련은 군사적으로 별도의 책임을 지고 있는 분리된 지역 사이의 교환과 협력의 문제로 파악했다. 결국 예비회담은 이렇다 할 성과 없이 제1차 미소공위의 일정만을 확정한 채 끝나고 말았다.[73]

역사적으로 중요한 의미를 갖는 제1차 미소공위는 1946년 3월 20일 개막했다.[74] 이에 앞서 미군정의 하지 사령관은 3월 11일 성명을 발표하여, 미국의 목적은 조선에 언론·집회·신앙·출판의 자유를 수립하여 그것을 영구적으로 지속케 하는 것이며, 임시정부를 수립함에 있어서도 다수의 의견에 부합하는 정부를 수립하는 것이 미국의 목적이라고 선언했다. 그가 말하는 '다수의 의견'이란 물론 우파의 의견을 말하는 것이었다. 한편 소련대표단의 스티코프 사령관은 임시정부는 3상회의 결정을 지지하는 민주적인 정당과 사회단체를 망라한 토대 위에서 수립될 것이며, 이 정부는 소련에 우호적인 정부가 될 것을 기대한다고 언명했다. 이는 한반도에 좌파 정권이 들어서는 것을 바란다는 것을 의미했다.

제1차 미소공위의 미국 측 대표는 아널드 소장 외 4명, 소련 측 대표는 스티코프 상장, 레베제프 소장 외 3명이었다. 양측 대표는 거의 매일 회담을 갖고 모스크바 3상회의의 결정을 어떻게 실행할 것인가에 대해 논의했다. 그런데 양측은 4월 9일경 협의대상 문제로 갈등을 빚기 시작했다. 즉 모스크바 의정서 둘째 항에 규정된 민주적 정당·사회단체를 협의대상으로 선정하는 방법에서 '민주'의 개념 규정과 해석에서 이견을 보인 것이다. 소련 측은 모스크바 결정을 반대하는 정당·단체와는 대화나 협의를 할 수 없다고 주장했다. 반면에 미국 측은 '표현의 자유'를 들어, 모스크바 결정에 대한 반대가 임시정부 구성문제를 협의

1946년 미소공위 개막식. 하지 중장을 비롯한 미국 측 대표(오른쪽)와 스티코프 상장을 비롯한 소련 측 대표가 서 있다.

하기 위한 정당들의 참가기준이 되어서는 안 된다고 주장했다. 즉 모스크바 결정을 반대하는 단체는 배제한 채, 지지하는 단체(좌익)만을 참가시키려는 소련 측과, 가능한 한 많은 우익단체를 포함시키려는 미국 측의 의도가 충돌한 것이었다. 양측은 4월 18일 타협점을 찾아 미소공위 '5호 성명'을 발표했다. 5호 성명의 내용을 보면, 미소공위의 협의대상이 되고자 하는 정당과 사회단체는 3상회의 결정의 목적을 지지하고 이를 실현하기 위하여 협력한다고 서약한 선언서를 제출하면 협의대상이 될 수 있다고 되어 있었다. 그러나 반탁진영은 신탁통치의 구체적인 방안을 작성하는 문제에 대해 협력하겠다는 내용이 담긴 선언서에 서명하기를 꺼려 여전히 참가를 거부했다. 이에 하지 사령관이 4월 27일 성명을 통해 각 정당·단체는 위와 같은 선언서를 제출한다고 하더라도 찬·반탁의 의사표현의 자유는 여전히 갖는다고 언명했다. 이에 반탁진영(비상국민회의, 한민당 등)도 공위의 협의대상으로 참가하여 반탁을 한다는 명분으로 대거 선언서를 제출했다.

그러나 좌우 모두 참가결정을 한 5월 1일 이후, 미국 측과 소련 측은 다시 대립하여 미소공위는 무기 휴회에 들어가고 말았다. 우익 측이 대거 참가를 결정하자 소련 측은 당황하여 다시 새로운 주장을 들고 나왔기 때문이다. 소련 측은 모스크바 결정에 대한 적극적 반대자, 즉 이승만과 김구 및 그의 추종자들은 3상회의 결정을 반대하므로 참여시킬 수 없다고 주장했다. 이에 미국 측은 소련 측의 주장은 의사표시의 자유 원칙에 배치된다고 반박했다. 소련 측은 여전히 모스크바 3상회의를 적극 반대하는 정당이나 사회단체와는 협의할 수 없다고 주장했다. 미소공위의 협의대상이 될 정당 단체의 자격 문제를 둘러싼 양측의 이견은 쉽게 해소되지 않았고, 회담은 교착 상태에 빠졌다. 이에 미국 측은 이 문제를 잠시 미루어 놓고, 통일의 장애물인 38도선의 철폐에 착수하자고 제의했다. 이에 소련 쪽은 이 조치가 서울을 중앙경제기관의 소재지로 만들려는 것이며, 정부가 창설되기 전에 남북한 경제를 통일시키는 것은 한반도의 모든 경제가 미군사령부의 통제하에 들어가는 것이라고 반대했다. 결국 양측은 모든 현안에 대해 이견을 드러낸 채, 협의대상 문제가 해결될 때까지 무기 휴회를 하기로 합의했다. 5월 6일, 미소공위가 개회한 지 한 달 보름만의 일이었다.

미소공위에서 소련 측이 모스크바 3상회의의 결정을 적극 반대하는 단체는 협의대상에서 배제해야 한다는 주장을 끝까지 굽히지 않은 것은 당시 소련 정부가 소련대표단에게 내린 비밀 훈령과 관련이 있었다. 제1차 미소공위 개회에 즈음하여 소련 정부는 소련대표단에게 훈령을 내렸는데, 이 훈령은 임정수립을 위해 협의대상으로 삼을 정당·사회단체와 관련하여, "조선에 관한 모스크바 3상회의의 결정에 반대하는 정당이나 그룹과는 협의해서는 안 된다"고 지침을 내렸다. 이 훈령은 또 임시정부를 구성할 경우 내각 구성은 남한 대 북한의 비율을 일대일로 해야 한다고 지침을 내리고 있었다. 이는 좌파가 압도적인 북한과, 좌파와 우파가 경쟁을 벌이고 있는 남한의 상황을 고려할 때, 좌파 쪽에 절대적으로 유리한 방안이었다. 즉 북한의 좌익은 내각의 반을 차지하고, 남한의 좌우 세력은 내각 구성에 반씩 참여하는 식으로 될 수 있는 것이었다. 이 훈령은 임시정부의 구체적인 내각구성안을 제시하기도 했는데, 이를 보면 수상에 여운형, 부수상에 박헌영·김규식으로 되어 있고, 외무상·내무상·국방상 등 중요한 6개 부처는 소련 측이 추천하고, 농림상 등 덜 중요한 6개 부처는 미국 측이 추천하는 것으로 되어 있었다.[75] 소련 측 대표단은 소련 정부가 내린 이와 같은 훈령의 지침을 고수하려 했던 것이다.

반면 미국 측은 우익 측 정당과 단체를 가능한 한 다수 포함시키는 것이 유리하다고 보았기 때문에, 모스크바 결정에 반대하는 정당과 단체라 하더라도 협의대상에 포함시킬 것을 끝까지 고집했다. 그리고 미국 측은 만일 미소공위에서 임시정부를 구성하게 된다면 중도파가 중심이 되는 내각 구성을 염두에 두고 있었다. 때문에 미군정은 뒤에 보는 것처럼 김규식과 여운형을 지원하여 좌우합작 운동에 나서게 했던 것이다. 이와 같이 소련과 미국은 서로 다른 생각을 갖고 미소공위에 임하고 있었고, 이로 인해 제1차 미소공위는 좌초할 수밖에 없었던 것이다.

미소공위가 휴회에 들어가자 국내의 정치 세력들은 상반된 반응을 보였다.[76] 우익 측은 차라리 잘되었다는 반응을 보였다. 반탁진영은 이제는 자율적으로 정부 수립에 나서야 한다는 주장을 펴기도 했다. 즉 미국과 소련 양국의 도움을 받지 않고 스스로 독립국가를 세우자는 것이었다. 이승만은 한 걸음 더 나아가 1946년 6월 3일, 정읍에서 남한만이라도 임시정부 또는 위원회를 조직해야 한다고 주장했다. 이른바 '남한단정설'을 처음 언급한 것이다. 그는 북한에는 이미 임시인민위가 있고, 휴회된 미소공위도 가능성이 없으며, 통일정부 수립도 여의치 않기 때문에 단정 수립을 추진하자고 주장했다. 이승만은 1946년 12월에는 미국에 건너가 국무성, 언론계, 의회 지도자들과 만나 단정 수립의 필요성을 역설했다. 한편 좌익 측은 미소공위는 결렬된 것이 아니라 휴회한 것일 뿐이라며 아쉬움을 보였다. 좌익 측은 미소공위 휴회의 책임을 반탁진영에 넘겼다.

그런가 하면 여운형은 미소공위 휴회의 책임은 일차적으로 미국과 소련에 있지만, 연합국이 보장한 독립을 의심한 우리 민족 스스로도 자기비판을 해야 한다고 주장했다. 그는 호의적인 국제협정을 받아들여 실속을 취하지 못한 것에 대해 자기비판을 해야 하며, 이를 해결하기 위해서는 좌우 통일을 해야 한다고 주장했다. 그는 '민족분열주의와 국제고립주의는 우리의 적'이라면서 찬탁진영과 반탁진영을 모두 비판했다.

### 좌우합작 운동의 추진과 좌절

제1차 미소공위가 진행되는 가운데 미군정은 중도우파의 김규식과 중도좌파의 여운형을 접촉하고 이들로 하여금 좌우합작운동을 전개하도록 했다. 미군정이 이 시기에 이와 같이 좌우합작운동을 이면에서 지원한 것은 미소공위에서 중도파를 중심으로 친미적인 임시정부를 구성케 한다는 구상을 갖고 있었기 때문이다.[77] 미군정은 극우 세력이 중심이 되는 임시정부안은 소련이 받아들이기 어렵다고 보고, 중도파 중심의 정부안을 마련하여 소련 측을 설득하려 한 것이었다.

미군정의 지원을 받은 김규식과 여운형, 그리고 원세훈은 1946년 5월 25일 좌우합작운동을 위한 첫 회동을 가졌다. 그리고 6월 14일에는 김규식·여운형·허헌·원세훈 등 4인이 회의를 갖고 본격적으로 좌우합작 문제를 논의했다. 이후 이들은 수시로 회합을 가졌으며, 6월 27일 김규식은 김원봉과 만났다.[78] 당시 여운형과 김규식은 극좌부터 극우까지 모든 정치 세력을 포괄하는 좌우합작을 목표로 하고 있었다.

좌우합작운동에 대해 한국독립당과 신한민족당은 공식적으로는 지지를 표명했다. 하지만 한국독립당 내부에서는 반대하는 이도 있었다. 예를 들어 조소앙은 반탁이 보장되어야 한다면서 좌우합작에 비판적이었다. 또 신익희는 좌우합작의 전제로서 친일파와 민족반역자의 배제를 논의하는 것은 경중을 모르는 행동이라고 주장했다. 이승만과 한국민주당은 애매한 태도를 보였다. 특히 한민당은 좌우합작이 성공할 경우, 한민당의 몰락을 가져올 수도 있다고 보고 이를 경계하고 있었다. 조선공산당은 1946년 2월 민전을 결성한 이후 중도파를 용납하지 않으려는 태도를 보이고 있었기 때문에, 좌우합작에 부정적 입장을 보이고 있었다. 당시 조선공산당은 미소공위에 큰 기대를 걸고 있었고, 미소공위가 결렬된 것은 '조선의 반동거두' 또는 친일파 세력 때문이라고 주장하고 있었다. 때문에 조선공산당은 7월 10일 이주하의 이름으로 좌우합작 3원칙을 발표했는데, 그것은 친일파와 파시스트를 제거할 것, 테러를 중지하고 민주주의자를 석방할 것, 모스크바 3상 결의를 총체적으로 지지할 것 등이었다.[79]

그러면 좌우합작운동은 어떻게 진행되었을까. 1946년 7월 25일 좌우합작위원회가 발족하여 제1차 회담을 가졌다. 이에 참여한 우익 쪽 대표는 김규식·원세훈·안재홍·최동오·김붕준이었으며, 좌익 쪽 대표는 여운형·성주식·정노식·이강국이었다. 이날 좌익 쪽 대표는 좌우합작 5원칙을 제시했다. 그것은 모스크바 3상회의 결정 지지, 미소공위 속개에 의한 임시정부 수립, 무상몰수·무상분배에 의한 토지개혁, 주요 산업 국유화, 친일파·민족반역자 제거, 남한 정권의 인민위원회에의 이양 등이었다. 우익 쪽 대표는 좌우합작 8원칙을 제시했다. 그것은 신탁통치 문제는 임시정부 수립 후에 해결할 것, 정치·경제·교육과 모든 제도·법령은 균등사회 건설을 목표로 하여 임시정부 수립 후에 구성될 국민대표회의에서 결정할 것, 친일파·민족반역자를 징치하되 임시정부 수립 후 즉시 특별법을 제정하여 처리하게 할 것 등이었다. 양측이 제시한 원칙들을 보면, 신탁통치 문제, 토지 및 중요 산업의 처리, 친일파 처리 문제 등에서 차이가 있었다.[80]

양측의 입장 차이가 확인되고, 회담이 더 열리지 못한 가운데 공산당·인민당·신민당의 합당 발표가 있었다(1946. 9. 5). 그리고 9월 들어 미 군정청은 조선공산당 간부에 대해 체포령을 내렸고, 대구·경북지역에서는 '10월 봉기'가 일어나, 좌우합작운동은 정체상태에 빠졌다.

그러나 좌우합작위원회는 10월 7일 좌익 측의 원칙과 우익 측의 것을 절충한 '좌우합작 7원칙'을 제시했다. 여기서는 그동안 제시된 좌우 양측의 견해 차이를 절충하여 제시하고 있다. 그 내용은 다음과 같다.

1. 조선의 민주독립을 보장한 3상회의 결정에 의하여 남북을 통한 좌우합작으로 민주주의임시정부를 수립할 것.
2. 미소공동위원회 속개를 요청하는 공동성명을 발할 것.
3. 토지개혁에 있어서 몰수, 유조건 몰수, 체감매상 등으로 토지를 농민에게 무상으로 분여하며, 시가지의 기지 및 대건물을 적정 처리하며 중요 산업을 국유화하며 사회노동법령 및 정치적 자유를 기본으로 지방자치제의 확립을 속히 실시하며, 통화 및 민생문제 등을 급

속히 처리하며 민주주의 건국과업 완수에 매진할 것.

4. 친일파 민족반역자를 처리할 조례를 본 합작위원회에서 입법기구에 제안하여 입법기구로 하여금 심의 결정하여 실시케 할 것.

5. 남북을 통하여 현 정권하에 검거된 정치운동자의 석방에 노력하고 아울러 남북 좌우의 테러적 행동을 일체 즉시 제지토록 노력할 것.

6. 입법기구에 있어서는 일체 그 기능과 구성방법을 본 합작위원회에 서 작성하여 적극적으로 실행을 기도할 것.

7. 전국적으로 언론, 집회, 결사, 출판, 교통, 투표 등 자유가 절대 보장 되도록 노력할 것.[81]

위에서 보면, "3상회의 결정에 의하여 남북을 통한 좌우합작으로 민주주의임시정부를 수립할 것"이라 하여, 신탁통치 문제는 통일임시 정부 수립 후로 미루어 놓고 있다. 또 중요 산업은 국유화하되, 토지개 혁은 '체감매상'의 길을 열어 지주의 이익을 어느 정도 보장하고, 농민 에 대한 토지분배는 무상으로 한다는 것이었다. 그리고 친일파 처벌은 입법기구를 통해 처리한다는 것이었다.

이와 같은 7원칙에 대해 좌우익은 어떤 반응을 보였을까. 김구가 이 끄는 한국독립당은 7원칙에 지지를 표명했고, 이승만은 합작 원칙 중 에 민주주의와 모순되는 점이 있다면서 불만족을 표시했다. 한국민주 당은 토지개혁에서 유상매상, 유상분배를 주장하고 무상분배를 반대하 면서 좌우합작운동의 파괴에 나섰다. 이에 대해 한민당 내의 고려민주 당 계열 원세훈·송남헌·박명환, 그리고 이순탁·김병로·김약수 등은 탈당을 선언했다.[82]

한편 좌익의 조선공산당은 반대를 표명했다. 조선공산당은 모스크 바 3상회의 결정을 총체적으로 지지하는 것이 아니라는 점, 토지개혁에서 유상매상은 지주의 이익을 위해 인민경제를 희생시키는 일이라는 점, 정권을 인민위원회에 넘긴다는 조항이 없다는 점, 입법기구의 결정이 미군정 당국의 거부권을 넘어설 수 없다는 점 등을 들어 반대했다. 또 박헌영은 미군정이 한편에서는 좌익에 대해 전면적인 탄압을 가하고, 다른 한편에서는 이와 같은 기만적인 7원칙을 내놓았다면서, 격화된 좌우대립과 극렬한 반동 대 진보의 투쟁의 시기에 좌우합작은 양시쌍비兩是雙非의 이론적 기초에서 나오는 타협의 길이며, 기회주의적인 정치브로커가 몽상하는 제3세력의 구성이라고 비난했다.[83]

극좌 세력과 극우 세력이 좌우합작운동을 외면하는 가운데, 미군정은 중도우파와 중도좌파의 합작이라도 성사시키려 했다. 미군정은 일단 중도 세력으로 하여금 정부를 수립케 하여 3상회의 결정을 지키면서 한반도의 공산화를 막으려는 생각을 갖고 있었던 것으로 보인다. 이에 미군정은 중도 세력의 집권기반을 굳히고 미군정에 대한 지지를 넓히기 위해 좌익 쪽의 반대 속에서도 김규식을 의장으로 하는 남조선과도입법의원을 구성하고(1946. 12), 안재홍을 장관으로 하는 '남조선과도정부'를 발족시켰다(1947. 2).[84]

그러나 1947년 미국에 간 이승만이 단독정부 수립을 주장하고, 미국무성이 단독정부 수립을 시사한 후, 뒤에 보듯이 제2차 미소공동위원회가 사실상 결렬되고(1947. 7), 좌우합작위원회의 좌파 쪽 주석이던 여운형이 암살되는 사건이 일어났다(1947. 7). 결국 미국은 한반도 문제를 유엔으로 가져가기로 결정했고, 이로써 좌우합작운동은 좌절되고 단독정부 수립안이 확정되었다.

좌우합작운동은 비록 미군정의 '중간파 임시정부 수립'이라는 구상 아래 미군정의 지원을 받으면서 진행된 것이기는 했지만, 김규식과 여운형을 중심으로 좌우익 대립을 극복하려는 중간파적 정치 세력이 자

주적으로 전개한 통일민족국가 수립운동이기도 했다. 그리고 좌우합작
운동은 비록 좌절되었지만, 그 뜻은 김규식이 이끄는 민족자주연맹에
의해 계승되었다.

### 미소공위의 재개와 좌절

미국과 소련은 미소공위의 문을 닫은 채 해를 넘겨 1947년을 맞았
다. 미국은 그해 4월 모스크바 4국 외상회의에서 소련에 미소공위의
재개를 요청했으며, 이에 소련도 찬성했다. 이에 따라 미소공위는 5월
21일 재개되었다.

미소공위 재개에 즈음하여 미국 측 대표 브라운 소장은 5차에 걸친
성명서를 발표했다. 그는 1차 성명에서 반탁운동자들에 대해 이렇게
충고했다.

'탁치'는 조선에 관한 한 결코 명확히 규정된 것이 아니오. 따라서 공동
위원회가 조선 국민의 대표들과 협의하여 그 구체적 안을 작정하기 전
에는 누구나 그 내용을 알 길이 없는 것이다. 탁치에 대한 반대운동이
실지로 작년 5월의 위원회 휴회의 원인을 만들었으며, 이래 조선 지도
자들의 많은 시간과 정력과 주의를 쓰게 했다. 이 지도자들이 남북조선
의 통일을 방해하여 조선독립의 기초를 위태롭게 하는 행동을 취하는
것보다는 차라리 건설적 사업과 조선임시정부 수립에 협력함으로써 조
선독립을 획득하려는 데 그들의 시간과 정력을 사용했더라면 좀 더 애
국적이지 않았을까 생각된다.[85]

즉 신탁통치의 구체적인 내용은 아직 전혀 정해진 것이 없다는 것

을 강조했던 것이다. 그는 또 2차 성명에서는 모스크바 협정의 결정 내용에 대해 이렇게 해명하고 있다. "모스크바 협정에 대한 오해가 조선인 사이에 전파되고 있고, 자기 목적을 위한 일단의 지도자에 의하여 조장되고 있으나, 이 협정은 결코 조선을 외국의 통솔하에 속박하여 두자고 고안된 것이 아니다." 그는 "이와는 정반대로 4대 연합국 영-중-미-소는 그들의 전쟁 중의 희생적 노력으로 조선의 해방을 가능케 한후, 순서적 단계에 의한 조선의 완전독립에 동의한 것이며, 조선이 어떤 외국이나 또는 연합국의 어떤 일국의 통치하에 들어가지 않도록 특별주의가 고려된 것이다"라고 말했다. 그는 모스크바 협정에 따르면, 조선독립의 단계는 임시정부의 수립, 임시정부에 대한 원조 및 후원(신탁), 그리고 조선의 완전 독립이라는 세 단계를 거치게 될 것이라고 설명하면서, '신탁'이라는 것은 원조와 보호라는 의미를 담고 있는 것이라고 해명했다. 그는 "나는 전 조선 사람이 여러분에게 모스크바 협정은 조선을 노예화시키자는 것이라고 믿도록 하려는 어떤 개인에 대해서도 신중하고 냉정한 태도로 이를 경계하여야 한다는 것을 극력 충고하는 바"라고 말했다. 그는 "모스크바 협정은 4대 연합국에서 독립조선의 발달을 위하여 엄숙히 협정한 기성조약이며, 따라서 조선의 통일국가로서의 자주독립을 완수하고 또 이를 보증하는 유일한 기성 국제조약"이라고 강조했다.[86] 즉 그는 신탁통치가 한국인을 다시 노예로 만들려는 것이라고 선전하는 반탁운동자들을 경계하라고 말하고 있었다.

그는 제4차 성명에서는 "신탁통치trusteeship는 조선이 연합국의 일반 신탁안의 일부가 되는 것을 의미하는 것이 아니며, 여하한 외국 세력하에 위임통치가 되는 것도 아니다. 한심하게도 모스크바 협정 파기를 위하여 일부 조선인이 연합국에 호소하고 있으나, 만일 그것이 성공한다면 그 결과로 조선은 주권을 상실하고 무기한으로 국제연합의 신탁하에 들어갈 수도 있다"고 경고했다. 그는 "조선 인민이 임시정부와 공동위원회에서 결정될 신탁의 범위에 대하여 반대할 필요성이 있게 된다면, 그 시기는 협정의 사무가 진전되고 '신탁'의 정체가 발표된 후가 될 것이며, 불평을 할 수 있는 진정한 근거가 존재할 시기도 이 시기이다. 현재에 있어서는 원조 및 후원(신탁)의 확실한 방법은 모르며, 공동위원회와 임시정부에서 결정될 때까지는 모를 것이다. 그러므로 일부 정객에 의하여 일어난 치열한 반대는 실제적 의미가 없는 한 글자에 대한 반대에 불과하다"고 말했다.[87] 즉 신탁통치를 반대하고 있는 이들은 '신탁통치'의 내용이 아직 만들어지지도 않은 가운데 '신탁'이라는 단어에 대해서만 반대하고 있는 것이라고 강하게 비판했던 것이다.

1년 만에 열린 제2차 미소공위는 협의대상을 정하는 문제에 대해 어느 정도 합의를 보고, 이를 6월 11일 미소공위 제11호 성명으로 발표했다. 그 내용은 1) 모스크바 3상회의 결정 사항 가운데 제1절에 있는 '조선을 독립국가로 만들기 위해 임시정부를 만든다는 것'을 지지하고, 2) 제2절에 있는 '미소공위가 임시정부를 만들기 위해 조선의 제 정당 사회단체와 협의한다는 것'을 지지하고, 3) 제3절에 있는 '조선이 독립국가로 발전할 수 있도록 원조-협력할 수 있도록 하는 안(신탁통치의 방안)을 작성하는 데 임시정부와 정당, 단체가 협조한다는 것'에 동의한다는 것 등을 약속하는 선언서에 서명 날인하여 제출하는 정당, 단체만을 협의대상으로 한다고 발표했다.[88]

그 결과 463개 정당, 사회단체가 협의단체로 참가하겠다고 신청했는데, 그 가운데 425개 단체가 남한지역의 단체였고, 38개 단체가 북한지역 단체였다.[89] 그런데 435개 단체 가운데 3개 단체는 허위라는 것이 명백하게 드러나 취소되었고, 이후에도 유령단체와 사이비단체의 시비가 끊이지 않았다. 소련 측은 신청 단체 가운데 회원 1만 명 이상의 단체인 남한의 119개, 북한의 28개 단체를 참가시키자고 미국 측에 제안했다. 남한의 119개 단체 가운데에는 우익이 74개, 좌익이 34개, 중도가 11개였다.[90) 소련 측은 또 반탁을 주장하는 42개 정당·단체가 참여한 반탁위원회에 가입한 정당과 단체는 반탁위원회에서 탈퇴하지 않는 한 미소공위의 협의대상이 될 수 없다고 주장했다. 이에 대해 미국은 반대 의사를 표명하면서, 문제가 제기될 때마다 개별적으로 심사해서 협의를 해 나가자고 주장했다. 미소공위는 자리를 옮겨 평양에서도 열렸다. 여기서 소련 측은 협의대상의 자격을 보다 구체적으로 거론했다. 즉 상인연합회와 같이 비정치적 혹은 비사회적인 조직이나, 중앙에 조직이 없는 지방 차원의 조직, 반탁위원회에 소속된 조직은 협의대상이 될 수 없다고 주장했다. 이에 대해 미국은 3상회의 결정에 적극적으로 반대하는 정당이나 단체는 양측이 서로 협의하여 협의대상에서 배제하자고 주장했다. 이에 소련 측은 협의를 신청한 단체 가운데 미소가 서로 합의한 단체만 협의대상으로 할 것을 주장했고, 미국 측은 신청한 단체 가운데 서로 합의한 단체만을 배제할 것을 주장했다.[91)

소련대표단 측이 이와 같이 협의대상의 자격을 계속 문제 삼은 것은 이번에도 소련 정부의 훈령이 그러한 방향으로 내려왔기 때문이었다. 즉 2차 미소공위를 앞두고 소련 정부는 대표단에게 훈령을 보냈는데, 그 내용을 보면 "협의에 참여하는 모든 단체들은 무조건 제5호 성명에 서명해야 하며, 모스크바 결정을 계속 반대하고 있는 지도자들이 속한 단체로부터 제5호 성명에 서명을 받는 것은 부당하다고 미국 측에 문제를 제기하라"고 지시하고 있었다. 또 의심스러운 정당 단체들은 허가를 받기 전에 모스크바 결정에 대해 진정으로 적대적인지 아닌지 조사를 받아야 하며, 만일 그들이 적대적인 태도를 보일 경우 협의에서 즉각 배제해야 한다고 지시했다. 아울러 협의단체의 비율에 대해서는 북과 남은 5대 5, 남북을 합한 좌와 우는 7.5대 2.5의 비율로 해야 한다고 지시했다. 즉 북은 모두 좌익으로 5의 지분을 갖고, 남은 좌익과 우익이 각각 2.5의 지분을 갖도록 해야 한다는 것이었다.[92] 이와 같은 지시로 인해 소련대표단은 반탁위원회에 가입한 42개 정당·단체는 협의대상이 될 수 없다고 주장했던 것이다. 결국 소련 측은 친소정부가 아니면 받아들일 수 없다는 입장을 확고히 하고 있었다고 할 수 있다.

이와 같이 협의대상 문제로 협의가 교착상태에 빠지자, 미국 측은 8월 12일 회의에서 선거를 실시하여 임시정부를 구성할 것을 제안했다. 이에 대해 소련 측은 선거로 임시정부가 아닌 자문기구 같은 것을 조직하되, 소련 측이 비민주적이라고 지적하는 정당과, 회원 1만 명 미만의 정당과 단체, 그리고 3상회의 결정을 지지하지 않는 단체는 배제할 것을 주장했다. 또 남북한이 인구비례가 아닌 1대 1 같은 수의 대표를 선출하자고 주장했다. 양측은 결국 선거를 통한 임시정부의 구성도 합의를 볼 수 없었다. 이에 미국 정부는 미소공위에서 합의를 볼 수 없으니 한반도 문제를 미·영·중·소 4개국 회담으로 넘길 것을 소련 정부에 제안했다. 이에 소련 측은 회담 교착은 미국 측에 책임이 있다고 지적하고, 3상회의 결정에 따라 한반도 문제는 미소공위에서 처리하도록 되어 있기 때문에 4개국 회담으로 넘긴다는 것은 3상회의 결정에 위배되므로 받아들일 수 없다고 주장했다.[93]

4개국 회담이 거부되면서 미국은 한반도 문제를 유엔에 회부하는 방안을 구상하고 있었다. 그럴 경우 유엔은 유엔 감시하의 선거와 같은 결정을 내릴 수 있을 것으로 미국은 예측했다. 그리고 이러한 방안도 실패할 경우, 남한에서라도 독립정부를 세우는 방안을 모색하고 있었다.

미국은 9월 16일 한국문제를 유엔에 상정할 수밖에 없다고 소련 측에 일방적으로 통보하고, 다음 날 즉각 유엔에 상정했다. 소련 측은 이를 맹비난하면서, 9월 26일 외국 군대가 즉각 철수한 후 한국 정부의 수립은 한국인 스스로의 손에 맡기자는 새로운 제안을 내놓았다. 이에 미국 측은 유엔에서 외국군 철수 문제도 함께 다루어줄 것을 요청했다. 미소공위의 미국 측 대표단은 1947년 10월 18일 유엔에 외국군 철수 문제를 토의해주도록 요청해 놓았으므로 미소공위를 휴회하고 양 대표단은 각 사령부에서 대기할 것을 제의했다. 이에 대해 소련 측 대표단은 미국 측 제의는 미소공위를 중단시키려는 것이라고 비난하고, 10월 21일 평양으로 철수함으로써 제2차 미소공위는 완전히 결렬되고 말았다.[94]

미소공위의 결렬과 함께 한반도에 통일된 독립정부를 세우는 일은 이제 기대하기 어렵게 되었다. 한반도 문제를 해결할 수 있었던 유일한 통로였던 미소공위는 왜 결렬되었을까. 그 배경에는 국제적으로 미소 간의 냉전의 시작, 국내적으로 반탁-찬탁 양 진영의 대립이라는 현실이 자리 잡고 있었다.

먼저 국제적 배경을 살펴보자. 1947년 3월 미국의 트루먼 대통령은 공산주의 세력의 확대를 저지하기 위하여 공산주의의 위협 앞에 있는 나라들을 경제적·군사적으로 지원하겠다는 '트루먼 독트린'을 발표했다. 또 그해 6월에는 전후 유럽의 부흥을 지원하는 마셜 플랜이 발표되었으며, 이와 관련하여 7월에는 파리회담이 열렸다. 이에 대해 소련 측도 강력히 대응하고 나왔다. 소련은 트루먼 독트린과 마셜 플랜은 미국 독점자본의 이익을 위해 미국이 원조를 제공함으로써 유럽에 개입하려는 기도라고 비난했다. 소련의 공산주의 세력의 확대정책과 이에 맞서는 미국의 봉쇄정책containment policy이 충돌하면서 국제정세는 급격하게 냉전cold war으로 진입하고 있었다.

결국 미소공위가 결렬된 결정적 배경은 냉전으로 돌입하고 있던 미국과 소련이 한반도 전체를 상대편의 영향권하에 들어가도록 놓아두고 싶지 않았기 때문이었다. 그 결과 미국과 소련은 한반도 분단을 통해 각자의 영향권을 분점하는 길을 택했다. 미국은 처음에는 미·영·중·소 4개국 신탁통치의 경우 수적인 우세를 확보할 수 있다고 보아 이를 추진했으나, 미국이 지지하는 우익 측이 신탁통치를 완강하게 반대했기 때문에 이를 끝까지 밀어붙이지 못했다. 또 소련은 38도선 이북의 북한에서 이미 북조선인민위원회 등을 구성하여 친소정권을 수립할 준비가 되어 있었기 때문에, 굳이 무리하면서까지 한반도 전체의 신탁통치를 추진할 필요를 느끼지 않았다.[95]

다음 국내적 배경을 살펴보자. 그것은 우익진영과 좌익진영의 대립으로 요약된다. 남한의 우익진영은 통일된 임시정부의 수립보다 반탁을 앞세웠다. 우익진영의 일부(한민당)는 미군정과 제휴하여 남한지역에서 이미 장악한 헤게모니를 놓치고 싶지 않았다. 김구 등 임정 계열은 한반도 문제의 국제성, 연합국에 의한 한국 해방으로 인한 연합국 개입의 불가피성을 현실적으로 인정하지 않았다. 남한의 좌익진영도 소련과의 연계를 고려하여 신탁통치 문제에 대한 민족적 반감을 국제협력이라는 말만 앞세워 무마하려 했다. 또 이들은 임시정부를 구성하는 경우, 좌익 세력이 북한의 지분 전체와 남한의 지분 가운데 적어도 반 이상을 장악함으로써 전체적으로 좌익 중심의 임시정부가 구성될 수 있을 것으로 보았기 때문에 모스크바 3상 결정과 미소공위의 진전에 모든 것을 걸고 있었다.

중도파는 국제적 협력하에 외세의 개입을 최소화하면서 임시정부를 수립하고, 신탁통치 문제는 정부가 수립된 뒤에 정부의 자율적 판단에 맡기자고 하여 민족의 분열을 극복하고자 했다. 그러나 신탁통치 문제에 대한 애매한 태도와 극좌·극우 세력의 방해로 인해 대중의 지지를 크게 얻지 못하였다. 또 그들은 극좌·극우만큼 조직적으로 강력한 중도 세력을 형성하지 못했다.

이와 같이 한반도에 통일정부를 수립할 수 있는 유일한 통로였던 미소공위는 좌절되고 한반도 문제는 유엔으로 넘어갔다. 이에 대해 국내 각 정파는 어떤 반응을 보였을까. 먼저 이승만은 이는 남한 단정 수립의 길이라고 생각하고 환영하는 태도를 보였다. 한편 김구는 남북한 총선거가 이루어질 것이라고 생각하고 환영했다. 하지만 그는 소련이 유엔의 제안을 거부하여 총선거가 단정 수립으로 귀결되리라는 것을 예상하지 못했다. 즉 김구는 미소 냉전의 의미를 제대로 이해하지 못했으며, 유엔의 권위를 과신하고 있었던 것으로 보인다.[96]

좌익진영은 양군 철수 뒤 자주정부 수립 혹은 미소공위의 재개를 주장하면서 유엔 상정을 비난했다. 이들은 미국과 소련 양국의 합의를 벗어나면 어떠한 사업도 성과를 거두기 어려울 것이라고 분석했음에도 불구하고, 미소공위의 진행 그 자체도 미국과 소련의 합의 없이는 결렬되고 말 것이라는 점을 간과했다. 소련이 미소공위의 속개를 원한다 해도 미국이 원하지 않으면 불가능하다는 점을 그들은 간과한 것이다.[97]

미소공위가 결렬된 이후 한반도에 통일정부를 수립하는 길은 불가능하게 되었고, 분단정부를 수립하는 외길로 들어서게 되었다. 국내 정계에서 이제 찬탁-반탁을 둘러싼 대립은 해소되었다. 대신 이제는 분단정부 수립을 받아들일 것인가의 여부를 놓고 새로운 대립이 나타나게 되었다.

## 한국문제의 유엔으로의 이관

미소공위가 결렬되면서 미국은 "한국문제가 유엔총회에 상정됨에 따라 신탁통치를 거치지 않고 조선을 독립시키는 수단이 강구되길 바란다"고 하면서 한국문제를 정식으로 유엔총회에 제기했다. 이때의 유엔은 미국 지지 세력이 절대 우세하여 대체로 미국의 의도대로 움직이고 있었다. 이에 대해 소련은 "한국문제를 유엔에 상정하는 것은 미국과 소련 간의 협정을 직접적으로 위반하는 것"이라면서 강력히 반대했다.

그러나 1947년 9월 21일 유엔총회 운영위원회는 한국문제에 관한 미국의 제안을 토의사항으로 넣자는 결의안을 12대 2로 가결했다. 이에 소련 측 유엔대표 비신스키는 9월 29일 미국과 소련 양군이 남북한에서 철수하고 한반도 주민 스스로가 장래문제를 해결하게 하는 것이 최선의 방책이라고 주장했다. 이와 같은 소련의 '양군 철퇴' 주장에 대해 국내의 우익 측은 원칙적으로는 찬동하지만, 통일정부가 수립된 이후에 철수하는 것이 바람직하다는 반응을 보였다.[98]

유엔에서는 계속해서 미국과 소련 간의 공방이 이어졌다. 11월 4일 미국 측은 1948년 3월 이내에 실시될 선거를 감시하고 독립정부 수립 후 90일 이내에 미소 양군의 철수를 감독할 특별위원회 설치 결의안을 유엔 정치위원회에 제출했다. 이에 소련 측은 한국 주둔 미소 양군을 1947년 말까지 철수시키고 한국인이 외국의 간섭 없이 자신의 정부를 수립하도록 하자는 동의안을 제출했다. 그러나 정치위원회는 표결을 통해 미국 측 안을 46대 0으로 가결시키고, 소련 측 안은 20대 6으로 부결시켰다. 그리고 마침내 유엔총회는 11월 14일 신탁통치를 거치지 않는 한국독립과 유엔 감시하의 남북 총선거를 통한 한국통일안을 43대 0으로 가결했다. 유엔 한국위원단은 오스트레일리아, 프랑스, 시리아, 인도, 엘살바도르, 우크라이나, 중국, 필리핀, 캐나다 등 9개국으로 구성될 예정이었으나, 소련안에 찬동한 우크라이나가 거부하여 8개국 대표로 이루어졌다.[99]

유엔 한국위원단은 1948년 1월 8일부터 선거를 준비하기 위해 한국에 들어오기 시작했다. 하지만 소련은 1월 23일 유엔에 유엔 한국위원단의 38도 이북으로 들어오는 것을 거절한다고 통보했다. 유엔 한국위원단은 이승만·김구·김규식·한경직·백영엽·여운홍·안재홍·조병옥 등 주로 우익 측 정치 지도자들과 연쇄적으로 면담했다. 이 면담에서 김구와 김규식은 남북 정치요인회담을 열어 남북 전역에서 총선거를 실시해야 한다고 주장했다. 반면에 이승만과 한민당계는 우선 가능한 지역에서 선거를 시행하여 독립정부를 수립한 뒤 점진적으로 통일을 이루어야 한다는 주장을 했다. 즉 우선 단독정부를 수립하자고 주장한 것이다.

유엔 한국위원단은 유엔소총회 보고에서 1) 남한만의 선거를 실시하여 정부를 세우는 방안과, 2) 유엔 한국위원단의 업무 수행이 불가능한 것을 인정하여 모든 것을 유엔총회에서 처리하는 방안 등 두 방안을 제의했다. 당시 유엔 한국위원단의 인도 대표 메논 의장은 처음에는 남한 단독정부안을 꺼리고 인도의 중립노선과 관련해 남북통일을 추구하는 김규식의 중도 노선에 관심을 가졌다. 하지만 조병옥·장택상·모윤숙의 설득으로 그는 이승만의 지지로 돌아섰다.

메논의 보고를 받은 유엔소총에서 미국 대표는 남한만의 총선거 실시를 주장했다. 그러나 캐나다와 호주 대표는 반대했고, 공산권은 기권했다. 결국 2월 26일 '가능한 지역에서의 총선거' 안은 찬성 31, 반대 2, 기권 11로 통과되었다.[100)]


### 남북협상의 시도와 좌절

1947년 말, 남북한에 각각 단독정부가 들어설 가능성이 높아지자 단독정부 반대운동이 일어나기 시작했다. 김규식은 여운형 암살 후 중도우파가 중심이 되고, 중도좌파를 결합시키는 형태로 '민족자주연맹'을 결성했다(1947. 12. 20). 이에는 4개 연합단체, 14개 정당, 25개 사회단체가 참여했다. 4개 연합단체는 김규식 계열의 좌우합작위원회·시국대책협의회와 제3전선 계열의 민주주의독립전선·미소공위대책위원회였다.[101]

한편 김구는 1월 28일 유엔 한국위원단에게 제출한 문서를 공개했는데, 그 내용은 다음과 같다.

1. 우리는 전국을 통한 총선거에 의한 한국의 통일된 완전 자주적 정부만의 수립을 요구한다.
2. 총선거는 인민의 절대 자유의사에 의하여 실현될 수 있기를 요구한다.
3. 북한에서 소련이 입경入境을 거절했다는 구실로 유엔이 그 임무를 태만히 하지 아니할 것을 요구한다.
4. 현재 남북한에서 이미 구속되어 있으며, 혹은 체포하려는 일체의 정치범을 석방하기를 요구한다(북한에 구금 중인 조만식도 포함).
5. 미소 양군은 한국에서 즉시 철퇴하되 소위 진공상태로 인한 그 기간의 치안 책임은 유엔에서 일시 부담하기를 요구한다.
6. 남북한인 지도자회의를 소집할 것을 요구한다.[102]

이로써 김구는 남한만의 선거를 통한 단독정부 수립을 반대한다는 뜻을 명확히 했다. 김규식도 유엔 한국위원단과의 면담을 끝낸 뒤, 다음과 같은 담화를 발표했다.

1. 총선거에 대하여: 이 문제는 지공무사至公無私하게 국민 전체에서

유익하고 완전하게 민주주의적으로 하려면 많은 준비가 있어야 할 것이다. 그러므로 이 준비에는 다소 시간이 걸릴 것을 면치 못할 것이다.

2. 북한 방문 불능 시에는: 모스크바에서 기별이 있었던 것과 같이 입북이 불가능하다면 남한 모씨가 주장하는 바와 같이 남한에 단정을 세울 수 있을 것인가. 그 여부에 대하여 내 개인 생각으로는 유엔 한국위원단으로서는 하지 못할 것이며, 주장도 못할 것으로 생각한다. 유엔 한위의 사명은 남북통일정부 수립을 위한 총선거를 감시하는 데 있는 것이요, 단독정부를 수립하라는 사명을 받지 않았기 때문이다. 만일 만사가 여의치 않아 그 문제가 나오게 된다면 유엔소총회에서 이것을 결정할 것이요, 소총회에서 불능이라면 유엔임시총회를 소집하여 재검토해야 할 것이다. (중략) 38선은 미소 양국이 만든 것이지 한인이 만든 것이 아니다. 그러므로 38선 경계선은 결자해지로 만든 자가 제거시켜야 할 것이다. 그러나 지금은 유엔총회에서 한국독립 문제나 자유획득 문제를 책임지고 있으므로 이 38선 제거도 유엔총회에서 요구하여야 할 것이다.

3. 단정 문제에 대하여: 유엔위원단이 여하간 이를 주장한다면 그 결과는 한국의 북반을 영원히 타국의 위성국화 내지 연방화하는 것이 될 것이니, 제공들이 이러한 결과를 가져와서는 안 될 것이다. 조선 사람이 이런 것을 주장한다면 역사적으로 주장한 조선 사람이 책임을 져야 할 것이다. (중략)

4. 남북요인회담 알선에 대하여: 북행이나 남한 선거감시 여부를 불문하고 소련의 주장이 한인 문제는 남북 한인이 모아 자율적으로 결정하게 하자 했으니, 이에 근거하여 남북요인 회담을 알선할 수 있을 것이다. 이 회담은 남한에서 하는 것이 좋을 것이다.[103]

김규식은 남한만의 선거를 통한 단독정부 수립은 유엔 한국위원단의 권한 밖이라는 점을 분명히 했고, 또 한국인 가운데 그것을 주장한다면 역사적으로 큰 책임을 져야 할 것이라는 점을 명확히 했다.

김구와 김규식은 오랜 세월 동안 중국에서 국민당과 공산당 간의 내전을 목격한 바 있었다. 따라서 그들은 국토의 분단과 민족의 분열이 장차 내전을 일으키고, 분단을 장기화시킬 가능성이 있다는 점에서 분단정부의 수립을 막고 통일정부를 수립하기 위한 최후의 노력을 해야 한다고 생각했다. 그래서 그들은 약속이라도 한 듯 거의 동시에 '남북요인회담'을 제안하게 된 것이다.

민족자주연맹은 2월 4일 위원장 김규식의 주재하에 홍명희·원세훈·윤기섭·손두환·김성규·안재홍·김붕준·최동오·여운홍·유석현·조헌식 등이 참석한 가운데 회의를 열고 남북요인회담의 개최를 요구하는 서한을 김일성과 김두봉 두 사람에게 보내기로 결의했다. 그리고 다음 날에는 김구가 김규식을 방문하여 남북요인회담의 추진에 대해 의논했다.[104] 이후에도 김구와 김규식 양측은 회담 추진과 관련하여 긴밀한 협의를 진행하여 2월 16일 북쪽의 김일성과 김두봉에게 남북요인회담을 제의하는 서신을 보냈다. 또 유엔 한국위원단에게도 남북협상 방안을 제시했다(1948. 2. 6).

그런 가운데 남북요인회담 제의와 관련하여, 김구를 향해 우익 측 정당, 단체, 언론의 격렬한 비난이 쏟아졌다. 이에 대해 김구는 2월 10일 다음과 같은 성명을 발표했다.

「3천만 동포에게 읍고함」
(전략) 마음속의 38선이 무너지고야 땅 위의 38선도 철폐될 수 있다. 내가 불초하나 일생을 독립운동에 희생했다. 나의 연령이 이제 칠십유삼

인바, 나에게 남은 것은 금일 금일 하는 여생이 있을 뿐이다. 이제 새삼 스럽게 재물을 탐내며, 명예를 탐낼 것이랴. 더구나 외국 군정하에 있는 정권을 탐낼 것이랴. 내가 대한민국임시정부를 주지하는 것도 한독당을 주지하는 것도 다 조국의 독립과 민족의 해방을 위하는 것뿐이다. (중략) 이 육신을 조국이 필요로 한다면 당장에라도 제단에 바치겠다. 나는 통일된 조국을 건설하려다가 38선을 베고 쓰러질지언정 일신에 구차한 안일을 취하여 단독정부를 세우는 데는 협력하지 아니하겠다.[105]

그런 가운데 2월 26일 유엔소총회는 한국문제와 관련하여 '가능한 지역에서 총선거'를 실시하는 안을 의결했다. 독촉국민회, 한민당 등 국내 우익 세력은 환호했다. 이들은 이승만의 숙소인 이화장에 모여 축하국민대회를 개최하기로 하는 등 축제 분위기에 휩싸였다. 그리고 미 군정청은 남한만의 단독 총선거를 5월 10일 실시한다고 발표했다. 한편 김구는 유엔소총회의 의결에 실망을 표시하면서, "나는 한국을 분할하는 남한 단선도, 북한 인민공화국도 반대한다. 오직 정의의 깃발을 잡고 남북통일에 최후까지 노력하겠다"고 선언했다. 김규식도 "나는 남한 단선에 참여하지도 않을 것이며, 모든 정치행동에서 물러나겠다"고 선언했다.[106] 그리고 김구·김규식·조소앙·김창숙·조완구·홍명희·조성환 등 7명은 빈번히 회합을 가진 끝에, 3월 11일 남한 단선에 반대하며, 이제는 민족자결을 통해 한반도의 운명을 결정할 수밖에 없다는 다음과 같은 성명을 발표했다.

남에서는 가능한 지역의 총선거로 중앙정부를 수립하려고 하고, 북에서는 인민공화국 헌법을 제정 공포한다 하여 남북이 분열 각립할 계획을 공공연히 떠들게 되고, 목하 정세는 실현 일보 전까지 이르게 되었다. (중략) 미소 양국이 군사상 필요로 일시 설정한 소위 38선을 국경선으로 고정시키고 양 정부 또는 양 국가를 형성하게 되면 남북의 우리 형제자매가 미소전쟁의 전초전을 개시하여 총검으로 서로 대하게 될 것이 명약관화한 일이니, 우리 민족의 참화가 이에서 더할 것이 없다. (중략) 미소 양국이 우리의 민족과 강토를 분할한 채, 남북의 양 정부를 수립하는 날에는 세력 대항으로든지 치안유지로든지 양국 군대가 장기 주둔하게 될는지도 모르고 (중략) 우리 문제를 미소공위도 해결 못했고, 국제연합도 해결 못 할 모양이니 이제는 우리 민족으로 자결하는 길밖에 없을 것이다.[107]

이와 같은 성명이 발표된 지 두 주일 뒤인 3월 25일 밤, 평양방송은 북한의 민주주의민족전선 중앙위원회가 유엔의 결정과 남한 단선단정을 반대하고 조선의 통일적 자주독립을 위하는 전 조선 정당 사회단체 대표자 연석회의를 4월 14일부터 평양에서 개최하기로 했다면서, 단선단정을 반대하는 남한의 모든 정당과 사회단체는 참석하여 달라는 내용을 방송했다. 그리고 이틀 뒤인 3월 27일 김구와 김규식 앞으로 김일성과 김두봉의 서한이 전달되어 왔다. 이 서한은 우선 유엔결의와 남한 단선을 반대한다고 밝히고, 남북 지도자 연석회의를 4월 초에 평양에서 소집하는 데 동의한다고 했다. 그리고 이 회의에 참가할 대상자로서 남한에서 김구·김규식·조소앙·홍명희·백남운·김붕준·김일청·이극로·박헌영·허헌·김원봉·허성택·유영준·송을수·김창준 등 15명, 북한에서 김일성·김두봉·최용건·김달현·박정애 외 5명 등 10명으로 할 것을 제안했다. 그리고 토의할 내용으로서는 조선의 정치 현상에 관한 의견 교환, 남조선 단독정부 수립을 전제로 한 선거 실시에 관한 유엔총회 결정을 반대하기 위한 대책 수립, 조선의 통일과 민주주의 조선정부 수립에 관한 대책 연구 등을 들었다. 또 북한 측은 3월 30일경 북조선 노동당을 비롯한 북쪽의 9개 정당, 단체 이름으로 남쪽의 한국독립당 등 모든 정당 사회단체 앞으로 '전 조선 정당 사회단체 대표자 연석회의' 개최를 제의하는 서신을 보냈다.[108]

북한 측이 김구와 김규식 서한에 대한 회답 형식이 아니라, 북조선 민전의 결의사항을 전달하는 형식으로 남측의 정당, 단체 그리고 개인들을 초청했기 때문에 김구와 김규식 등 남북 협상파로서는 매우 곤혹스럽게 되었다. 그러나 두 사람은 현상 타파를 위해 적극적인 자세로 남북협상을 제의했던 만큼, 일단 주어진 남북협상의 기회를 충분히 살리는 것이 옳다고 판단했다. 그리하여 "미리 다 준비한 잔치에 참례만 하라는 것이 아닌가 기우가 없지 않다. 그러나 우리 두 사람은 남북회담을 요구한 이상 좌우간 가는 것이 옳다고 본다"고 공식 입장을 밝혔다.[109]

미군정 당국은 김구와 김규식 등의 북행을 반대한다는 입장을 밝혔다. 이승만도 "남북회담 문제는 세계에서 소련정책을 아는 사람은 다 시간을 끌어 공산화하자는 계획에 불과한 것으로 간파하고 있는데, 한국 지도자 중에서 홀로 이것을 모르고 요인회담을 지금도 주장한다면 대세에 몽매하다는 조소를 면키 어려울 것"이라고 성명서를 발표했다.[110] 우익 청년 학생 단체 및 기독교 단체와 38선 이북에서 월남한 인사들의 단체도 이들의 북행을 강력히 반대했다. 반면 그동안 반탁운동을 열렬히 해오던 임정계의 아나키스트 류림의 주동으로 엄항섭·여운홍·홍명희·김붕준 등이 중심이 되어 4월 3일 통일운동자협의회를 발족했다. 그리고 이순탁·이극로·설의식·이병기·손진태·유진오·배성룡·송석하·홍기문·정인승·이관구 등 문화인 108인은 4월 14일 남북

회담 지지성명을 발표했다. 이들은 김구·김규식의 북행을 성원하면서, 남북협상만이 현상을 타개할 수 있는 유일한 길이라고 주장했다.[111]

우익 측의 반발이 거세어지자, 김규식은 북행에 신중한 모습을 보였다. 그는 평양의 김일성에게 특사를 보내 독재정치 배격, 민주주의 국가 건설, 사유재산제도 승인, 전국적 총선거를 통한 통일중앙정부 수립, 외국에 대한 군사기지 제공 반대, 미소양군의 철퇴는 양군 당국이 조건·방법·기일을 협정하여 공포할 것 등 5개항의 조건을 받아들이면 평양에 가겠다고 통고했다. 이에 김일성은 이를 받아들이겠다고 통지하여 김규식은 비로소 북행의 결단을 내렸다. 김구와 김규식은 4월 19일과 21일 각각 서울을 출발하여 평양으로 향했다.[112]

평양에서는 이미 19일부터 '전 조선 정당 사회단체 대표자 연석회의'가 열리고 있었다. 연석회의에서는 4월 23일 미소 양국 군대의 즉시 철수 요청과 단독정부 수립을 반대하는 전체 동포에게 보내는 격문이 채택되었다. 그리고 4월 27일부터 30일까지는 김구·김규식·박헌영·백남운을 비롯한 남쪽 대표 11명과 김일성·김두봉·최용건·주영하 등 북쪽 대표 4명이 참석한 '남북 조선 제 정당 사회단체 지도자 협의회'가 열렸다. 그 사이에 김구·김규식·김일성·김두봉 등 4김 회담도 열렸다. 그러나 4김 회담에서도 별다른 정치적 합의를 이끌어내지 못했다. 다만 남한에 대한 북한의 송전 계속, 연백 수리조합 개방 등이 합의되고, 조만식의 월남 허용 약속 등이 있었을 뿐이다. 그리고 15인이 참석한 남북 조선 제 정당 사회단체 지도자 협의회는 4월 30일 공동성명을 발표했다. 이 성명은 외국 군대는 즉시 철수해야 한다는 것, 외국군 철수 후 내전이 있어서는 안 된다는 것, 전 조선 정치회를 구성하고 그 주도에 의한 총선거를 실시하여 통일정부를 수립한다는 것, 남한 단독선거의 결과를 승인하지 않는다는 것 등 4개항의 내용을 담고 있었다.[113]

1948년 4월 평양에서 열린 남북연석회의에서 연설 중인 김구.

5월 5일 서울로 돌아온 김구와 김규식은 6일 평양에서의 남북협상 경위와 합의사항을 설명하는 공동성명을 발표했다. 이후 김구와 김규식은 침묵을 지키며 정국을 주시했다. 미군정은 그때까지 김규식에 대한 미련을 버리지 않고 있었다. 미군정은 5·10선거 이후에 김규식을 전면에 내세울 생각도 갖고 있었다. 그러나 김규식은 5·10선거에 대한 '불반대 불참가' 원칙을 고집했다. 결국 미군정도 김규식을 단념할 수밖에 없었다.[114]

한편 북쪽에서는 6월 초, 제2차 남북협상을 해주에서 개최할 것을 제의했고, 북쪽에서 선거를 실시하여 정부를 수립할 예정이라 하면서 김구·김규식의 호응을 권했다. 그러나 두 사람은 이를 거부했다. 북쪽에서는 평양에서 제2차 남북 제 정당 사회단체 지도자 협의회를 개최하여(6. 29), 남한의 국회를 비법적 조직으로 규정하고 조선민주주의인민공화국 중앙정부를 수립할 것을 결의했다. 이에 대해 김구와 김규식은 7월 19일 "그들이 일방적으로 결정한 헌법에 의하여 인민공화국을 선포하고 국기까지 바꾸었다. 물론 시기와 지역과 수단방법에 있어서 차이가 있을지언정 반 조각 국토 위에 국가를 세우려는 의도는 일반인 것이다. 그로부터 남한 북한은 호상 경쟁적으로 국토를 분열하여 민족상잔의 길로 나아갈 것이다"는 공동성명을 발표하여 남북 분단정부의 수립은 남북 간의 내전으로 이어질 것이라고 경고했다.[115]

한편 김구와 김규식은 남한의 5·10선거가 실시된 후에도 한독당과 민족자주연맹을 중심으로 단정 반대 세력을 규합하여 7월 21일 통일독립촉진회를 결성했다. 통일독립촉진회는 '통일 독립운동자의 총역량 집결', '민족문제의 자주적 해결'을 목적으로 내걸고 통일운동을 계속하면서 유엔에 대해 남북 두 분단국가의 해체와 남북 총선거에 의한 통일정부 수립을 요구했다.[116] 그러나 남북한의 분단정권 수립은 끝내 막을 수 없었다. 그리고 사태는 김구 암살 사건(1949. 6. 26)과 한국전쟁(1950. 6. 25)이라는 비극으로 연결되고 말았다.

# 제5장

민주공화국 대한민국 헌법의 제정

통일정부 수립을 위한 노력은 좌절되고, 남북한에는 각각 분단정부가 수립되는 상황이 되었다. 남한에서는 1948년 5·10선거가 실시되어 제헌국회를 구성했다. 제헌국회는 헌법기초위원회를 구성하여 국가운영의 기틀이 될 헌법을 제정했다. 제헌헌법은 대한민국임시정부의 임시헌장의 체제를 거의 그대로 계승하고, 건국강령이 기초하고 있던 삼균주의를 보다 확대시켜 만민균등주의에 기초한 헌법을 만들고자 노력했다. 또 헌법 제1조에서 '대한민국은 민주공화국'이라는 조항을 넣어 임시정부의 임시헌장을 그대로 계승하고자 했다. 한편 제헌헌법은 헌법 전문과 여러 조항들을 통해 나름대로 대한민국 건국의 기본정신을 담고자 했다. 그것은 독립·민주·자유·균등과 같은 것이었다. 또 주요 이념으로서 민족주의·민주주의·균등주의·국제평화주의를 표방했다. 제헌헌법은 또 정치적 측면에서는 자유민주주의적 요소, 경제적 측면에서는 사회민주주의적 요소를 담고 있었는데, 전체적으로는 양자를 절충하고 조화시키면서 공공의 복리를 중시하는 '공화주의'적 지향을 보이고 있었다. 제5장에서는 이와 같은 내용을 보다 자세히 다루어보기로 한다.

# 1. 제헌헌법, 임시정부 계승을 표방하다

## 5·10선거와 제헌국회의 구성

유엔에서 남한만의 단독선거가 발표되자, 대한독립촉성국민회와 한국민주당, 그리고 민족청년단·대동청년단·서북청년단 등 우익청년단, 그리고 대한노총 등 우익 반탁·반공 세력들은 이를 적극 지지하고 환영했다. 하지만 앞서 본 것처럼 김구와 김규식 등 중간파 세력들은 이에 반대하고 남북협상을 추진했다. 그런가 하면 남로당을 비롯한 좌익 세력들은 이에 적극 반대하여 폭력으로 대응했다. 남로당과 민전은 1948년 1월에 유엔 한국위원단이 서울에 들어와 활동을 개시하자 이른바 '2·7구국투쟁'이라는 폭동을 통하여 이에 저항했다. 그들의 목적은 좌익 세력의 역량을 과시함으로써 유엔 한국위원단의 활동을 좌절시키고 선거를 못 치르게 하려는 것이었다. 2·7폭동은 2월 7일부터 20일까지 파업 30건, 맹휴 25건, 충돌 55건, 시위 103건, 방화 204건으로 진행되었으며, 이 사건으로 8,479명이 검거되었다. 그리고 이는 '4·3제주봉기'와 '5·10선거반대투쟁'으로 이어졌다.[1]

제주도의 '4·3봉기'는 1947년 3월 1일 경찰의 발포 사건을 기점으로 하여 빚어진 경찰·서북청년단의 가혹한 탄압에 대한 저항의 연속선상에서, 남로당 제주도당 무장대가 중앙당과 상의 없이 남한의 단독선거·단독정부 반대를 내걸고 1948년 4월 3일 봉기를 한 것이었다. 이는 이후 무장대와 토벌대 간의 무력충돌, 그리고 토벌대의 무리한 진압 과정에서 수많은 주민들이 희생당한 '제주 4·3사건'으로 이어졌다. 제주도에서는 이와 같은 상황으로 인하여 3개 선거구 가운데 2개 선거구가 제대로 선거를 치르지 못하고 1년 후 선거를 치를 수밖에 없었다.

한편 남로당은 전국에서 5·10선거 파괴 공작을 시도했다. 선거에 임박해서는 선거사무소와 경찰관서의 습격·방화, 철도와 통신시설의 파괴 등 각종 형태의 폭력을 통해 선거를 방해하고자 했다. 이에 미군 정은 군대와 경찰, 전 공공기관을 동원하여 선거를 홍보하고 좌익의 방 해공작을 차단시키고자 했다. 특히 좌익의 선거 방해를 막기 위해 향토 보위단을 만들어 질서 유지에 동원했다. 미군정은 18세에서 55세 사이 의 모든 남성으로 하여금 의무적으로 향토보위단의 단원이 되도록 했 으며, 관할 경찰서장으로 하여금 해당 지역의 향토보위단을 지휘 감독 하도록 했다.[2]

미군정은 4월 9일까지 유권자들로 하여금 유권자 등록을 하도록 했 는데, 만 21세 이상의 유권자 813만여 명의 96퍼센트에 해당하는 784만 여 명이 등록했다. 또 200개의 지역 선거구에서 등록한 입후보자는 모 두 948명에 달해 경쟁률은 5대 1 가까이 되었다. 5월 10일 선거가 실시 된 당일에는 44명이 살해되었으며, 62명이 부상당했고, 62개 투표소가 습격을 당하는 유혈극 속에 선거가 진행되었다. 하지만 제주도의 2개 선거구를 제외한 198개 선거구에서는 투개표가 비교적 성공적으로 이 루어졌다. 등록된 유권자의 95.5퍼센트가 투표에 참가했으며, 총 투표 의 96.4퍼센트가 유효표였다.[3]

선거 결과를 보면, 제주의 2개 선거구를 제외한 총 198개 선거구 가 운데 이승만이 이끄는 대한독립촉성국민회가 55명, 한국민주당이 29명, 대동청년단이 12명, 민족청년단이 6명을 각각 당선시켰다. 그리고 무 소속 후보의 당선자는 85명이나 되었다. 무소속 당선자 가운데에는 한 민당의 간판을 걸고 선거에 나서기를 꺼려했던 친한민당 계열의 인물 들이 많았다. 따라서 실제 세력 분포를 보면 한민당은 60~70석, 이승 만의 독립촉성국민회는 60석 안팎, 무소속은 50명 내외였다고 분석된다. 선거가 끝난 뒤, 5·10선거가 과연 자유로운 선거였는가에 대한 각 정치 세력의 평가가 엇갈렸으나, 유엔 한국위원단은 "1948년 5월 10일 선거의 결과는 임시위원단의 활동을 허용하고, 또 거주 인구가 전 한국의 3분의 2를 구성하는 지역 내의 유권자들이 자유로운 의사를 정당하게 표현한 것이었다"고 성명을 발표했다. 이로써 5·10선거는 합법적이고 유효한 것으로 인정되었다. 이는 그동안 끈질기게 단독정부 수립을 추진해오던 이승만과 한민당, 그리고 미군정의 승리를 의미하는 것이었다.[4]

### 제헌국회의 헌법기초위원회 구성

5·10선거에서 당선된 의원들로 구성된 제헌국회는 5월 31일 개원했다. 제헌국회 의원의 임기는 2년이었다. 그들에게 주어진 임무는 헌법을 제정하고, 그에 기초한 각종 법률을 제정하며, 대한민국의 정부를 구성하는 데 있었다. 5월 31일 개원한 국회는 국회임시준칙에 따라 임시의장단으로 이승만을 국회의장, 신익희 및 김동원을 부의장으로 선출했다. 그리고 가장 시급한 헌법 초안을 만들기 위해 헌법기초위원을 선정했다. 제헌국회 임시준칙 제8항에 의하면, 헌법기초위원은 전형위원 10명이 선정하는 것으로 되어 있었다. 이에 따라 기초위원을 선정하기 위한 전형위원 10명을 도별로 1명씩 안배하여 선출했다(이윤영·신익희·유홍렬·이종린·윤석구·김장렬·서상일·허정·최규옥·오용국). 이들은 6월 2일 헌법기초위원 30명을 선정 발표했는데, 그 명단은 다음과 같다.

한민당: 김준연·백관수·이훈구·서상일·조헌영·허정·박해극·이윤영
한민당-독촉 양측 관련자: 김효석·서성달

제헌국회의 헌법기초위원들.

독촉: 유성갑·오석주·윤석구·신현돈·최규옥·김익기·정도영·김상
덕·김병회·이청천
무소속: 김옥주·오용국·이종린·유홍렬·연병호·이강우·구중회·홍
익표·김경배·조봉암[5]

이들은 지역·능력·정당 등을 감안하여 선정되었다고 한다. 그러나
독촉과 한민당 의원들이 다수를 차지하여, 이들이 헌법 기초를 주도할
수 있게 되어 있었다.

그러면 제헌국회는 백지 상태에서 헌법 기초에 들어갔을까. 그런
것은 아니었다. 1947년 겨울 남조선과도정부는 조선법전편찬위원회를
조직하고, 이에 헌법기초분과위원회를 설치하여 헌법 초안 작성 작업
을 했다. 이에는 유진오도 참여했다. 헌법기초분과위는 1948년 5월 초
안을 법전편찬위원회에 제출했다. 그리고 이 초안은 위에서 본 행정연
구회 회원들과의 논의를 거쳐 부분적으로 수정되었으며, 1948년 6월

제헌국회에서 구성된 헌법기초위원회에 상정되어 논의의 기초가 되었다. 그런데 당시 남조선과도정부 법전편찬위원회는 자신의 명의로 따로 헌법 초안을 만들어 국회 헌법기초위원회에 제출했는데, 이는 권승렬이 유진오의 초안을 부분적으로 수정한 것이었다. 제헌국회의 헌법기초위원회는 결국 유진오의 안을 기초로 하고, 권승렬의 안을 참고로 하여 헌법제정 논의를 시작하게 된다.[6]

헌법기초위원회는 6월 3일부터 22일까지 20일 동안 헌법 초안을 만드는 작업을 진행했다. 이때 가장 쟁점이 된 사안은 대통령제를 채택할 것인가, 내각제를 채택할 것인가의 문제였다. 한국민주당 쪽은 내각제를 선호하고 있었고, 이승만 쪽은 대통령제를 선호하고 있었다. 이승만은 스스로 대통령이 되어 강력한 권한을 갖기를 바라고 있었고, 한국민주당은 이승만을 대통령으로 선출하되 실권은 한민당 출신의 총리가 가질 수 있기를 바라고 있었던 것이다. 헌법기초위원회에서 처음 만든 안은 내각제였다. 즉 상징적 대통령, 실권형 내각(특히 국무총리), 그리고 국회에 의한 내각의 통제 등을 특징으로 하는 내각책임제를 채택한 것이다. 원안을 보면, 대통령은 행정부의 수반이기는 하지만, 국무총리와 국무위원으로 구성된 내각이 국무 전반에 관한 의결권을 행사하도록 되어 있었다. 물론 대통령은 내각회의에 참석하지 못한다. 국무총리는 내각회의의 의장이 되며, 대통령이 임명하고 민의원의 승인을 받는다. 또 국무위원은 국무총리가 추천하고, 대통령이 임명하는 것으로 했다. 총리는 내각회의에 복종하지 않는 국무위원을 대통령에게 제청하여 파면할 수 있다. 내각은 공식적으로 취해진 일반 정책에 대해서는 각원 전원이 공동책임을 지며, 각원의 행위에 관해서는 개별적으로 책임을 지도록 했다. 원안의 이러한 체제는 물론 국회가 수상을 선출하고, 수상이 각료를 임명하는 순수한 내각제와는 차이가 있다. 하지만 총리가 내각을 실질적으로 지휘하고 각원의 선택권과 파면권을 갖는다는 점에서 사실상 총리가 내각을 지배한다고 볼 수 있다. 대통령은 총리를 지명할 수 있지만, 국회의 승인을 얻어야 하기 때문에 자신의 의사대로 내각을 장악할 수 없다. 따라서 내각책임제이지만, 대통령에게도 제한적인 인사권을 주고 있는 다소 변형된 내각제라고 볼 수 있다.[7]

한편 국회는 참의원과 민의원으로 구성되는 양원제를 채택했다. 국회는 의원과 정부가 제출한 법안을 수락하거나 수정 또는 거부할 수 있다. 국회 민의원은 예산안과 조세에 관한 법률안을 심의 결정한다. 민의원은 대통령, 부통령, 국무총리, 국무위원 등의 탄핵소추를 결의할 수 있고, 참의원이 이를 심판한다. 민의원이 내각 또는 국무위원에 대한 불신임 결의안을 채택하면 내각은 총사퇴하거나 해당 국무위원은 사직하여야 한다. 즉 국회는 입법, 재정, 인사에 관한 최종적인 권한을 모두 장악하고 있다. 요컨대 국회 중심의 국가 형태인 것이다.[8]

당시 헌법기초위원회가 이와 같이 내각책임제 정부를 선택한 것은 정치의 안정과 독재의 방지를 염두에 두었기 때문이었다. 위원들은 내각책임제가 국회와 정부의 대립을 제도적으로 해결할 수 있고, 대통령제보다 정국을 안정시킬 수 있다고 보았다. 기초위원회의 전문위원인 유진오·윤길중 등은 한국의 정치상황에서 대통령제를 선택할 경우, 국회와 정부가 대립하여 정치적으로 불안정하게 될 가능성이 높다고 보았으며, 또 내각책임제가 독재를 방지할 수 있는 제도라고 보고 있었다.[9]

그런데 이와 같은 내각책임제 안은 이승만의 반발에 부딪쳐 하루아침에 대통령제로 바뀌고 말았다. 6월 15일 이승만은 헌법기초위원회에 출석하여 "직접선거에 의한 대통령책임제가 적합하다"고 발언했다. 그리고 17일 독촉국민회 측은 국호는 대한민국, 국회는 양원제, 그리고 정부 형태는 대통령책임제로 해야 한다고 주장했다.[10] 하지만 기초위원회는 별다른 반응을 보이지 않았다. 이에 이승만은 21일 본회의에서 '전원위원회 개최안'을 제안했다. 그것은 전원위원회라는 비공개회의를 통해 헌법의 가장 중요한 문제를 협의하자는 것이었다. 그러나 이 동의안은 재적의원 175명 가운데 찬성 12표, 반대 130표로 부결되었다.[11]

이에 이승만은 그날 오후 헌법기초위원회에 출석하여 다시 한 번 대통령제를 강력히 주장했다. 이에 허정(한민당), 정도영(독촉) 등은 찬성의 뜻을 표하고 헌법 초안을 수정하여 본회의에 상정하자고 주장했고, 서상일(한민당), 조헌영(한민당) 등은 일단 현재의 초안을 그대로 본회의에 상정하자고 주장하여 결론을 내지 못했다.[12] 이렇게 되자 이승만은 최후의 수단을 썼다. 그는 "이 초안이 헌법으로 채택된다면 이 헌법하에서는 어떠한 지위에도 취임하지 않고 민간에 남아서 국민운동을 하겠다"고 선언한 것이다.[13] 대통령 지위가 아니라면 자신은 재야에 남아 국민운동이나 하겠다고 협박했던 것이다. 이에 한민당 측은 고민에 빠졌다. 만일 김구·김규식에 이어 이승만마저 정부에 참여하지 않는다면, 그 정부는 약체 정부가 될 수밖에 없었다. 이에 21일 밤 서상일·김준연·조헌영 등 한민당 측 중진의원들은 이승만의 요구를 받아들이기로 합의했다.[14] 그리고 6월 22일 헌법기초위원회 제16차 회의는 장시간 토론을 거쳐 대통령책임제 헌법 초안을 통과시켰다. 명분은 "현 조선의 실태에 비추어 만일 책임내각제를 실시한다면 변전무상한 정국을 수습하기 곤란할 뿐 아니라 내각의 안전성을 상실하기 쉬운 우려가 있다"는 것이었다.[15]

결국 이승만과 한민당 사이의 줄다리기는 이승만의 승리로 끝났다. 그리하여 신생 대한민국의 정부 형태는 대통령책임제가 되었다.

## 제헌헌법의 체계

이후 제헌국회는 헌법 초안을 놓고 6월 23일부터 30일까지 제1독회, 7월 1일부터 11일까지 제2독회, 그리고 7월 12일 제3독회를 진행한 끝에 12일 헌법안을 최종 통과시키게 된다. 이제 아래에서는 통과된 제헌헌법의 특징을 차례대로 살펴보기로 한다.

먼저 제헌헌법의 전체적인 구성을 살펴보기로 하자. 제헌헌법은 전문, 제1장 총강, 제2장 국민의 권리와 의무, 제3장 국회, 제4장 정부, 제5장 법원, 제6장 경제, 제7장 재정, 제8장 지방자치, 제9장 헌법개정, 제10장 부칙 등으로 이루어져 있다. 이와 같은 구성은 1944년에 만들어진 대한민국임시정부의 임시헌장과 거의 같다. 임시헌장은 전문, 제1장 총강, 제2장 인민의 권리와 의무, 제3장 임시의정원, 제4장 임시정부, 제5장 심판원, 제6장 회계, 제7장 보칙 등으로 이루어져 있다. 이와 같이 전체 구성이 거의 같은 것은 우연한 일이 아니었다.

앞서 본 것처럼 제헌헌법 기초작업은 그전에 만들어진 조선법전편찬위원회의 헌법기초분과위원회의 초안을 기초로 하여 진행되었다. 그리고 이 초안은 유진오가 만든 것이었다. 그런데 유진오는 1947년 헌법기초위원회에 참여하여 헌법 초안을 만들면서 다양한 헌법안들을 참조했다고 한다. 그가 참조한 법안은 「조선임시약헌」(1947년 7월, 남조선과도입법의원에서 통과시킨 것), 「조선인민의 권리에 관한 포고」(1948년 4월, 하지중장의 포고문), 「대한민국건국강령」(1941년 11월, 임시정부 국무위원회가 공포한 것), 「The Constitution of Korea」(과도정부 사법부 미국인 고문 우드월의 안), 「조선민주공화국임시약법」(1946년, 미소공위에 제출하기 위해 준비된 민주주의민족전선의 헌법시안), 1947년 미소공위에 제출된 자문 5, 6호에 대한 각 정당 사회단체의 답신, 각 정당의 강령과 정책 등이었다.[16] 여

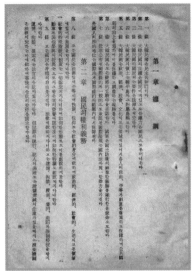

대한민국의 제헌헌법(왼쪽)과 그 초안 작업을 주도한 유진오(오른쪽).

기서 눈에 띄는 것은 임시정부의 「대한민국건국강령」이다. 즉 유진오
는 헌법 초안을 작성하면서 임시정부의 건국강령을 주요 자료의 하나
로 참고하고 있었던 것이다. 그런데 이들 자료 목록에는 임시정부의 헌
법, 특히 마지막 헌법이었던 1944년의 「대한민국임시헌장」이 보이지
않는다. 하지만 유진오의 헌법 초안을 보면 구성이나 용어에서 「1944
임시헌장」을 참고한 흔적이 역력하다.

　따라서 유진오는 「1944 임시헌장」을 참고하면서 제헌헌법을 기초
했다고 보아야 할 것이다. 유진오가 특히 헌법의 전체 체계에서 「1944
임시헌장」의 체계를 그대로 따르고자 했던 것은 제헌헌법이 임시정부
의 헌법을 계승하는 것이 되어야 한다고 생각했기 때문일 것이다.

　제헌헌법의 임시정부 계승 문제는 국호의 선정과 관련해서도 확인
된다. 제헌국회에서는 '대한민국'의 국호를 계승하여 쓰는 문제와 관련

330

해서 '대'자를 쓰는 것에 대한 비판이 몇몇 의원들에 의해 제기되었지만, 3·1운동을 통해서 '대한민국'이라는 국호가 만들어졌기 때문에 이를 그대로 계승해야 한다는 주장이 압도적으로 우세했다.[17]

### 제헌헌법의 임시정부 계승 표방

그러면 과연 제헌국회 의원들은 임시정부의 계승 문제를 어느 정도 염두에 두고 있었을까. 이와 관련하여 헌법의 내용과 국회 토론 과정에서 의원들이 발언한 내용들을 살펴보자. 먼저 제헌헌법의 전문을 보면, 앞부분에 "유구한 역사와 전통에 빛나는 우리들 대한국민은 기미 3·1운동으로 대한민국을 건립하여 세계에 선포한 위대한 독립정신을 계승하여, 이제 민주독립국가를 재건함에 있어서"라는 대목이 있다. 여기서 "3·1운동으로 대한민국을 건립"했다는 대목은 바로 대한민국임시정부를 건립했다는 것을 의미한다. 그리고 바로 그러한 대한민국을 세워서 "세계에 선포한 위대한 독립정신을 계승하여, 이제 민주독립국가를 재건한다"고 말하고 있다. 즉 대한민국의 독립정신을 계승하여 이제 독립국가를 세운다는 뜻이다. 따라서 이제 세우려는 국가는 1919년의 대한민국임시정부를 계승한다는 것을 명백히 밝히고 있다.

물론 과연 대한민국이 임시정부를 계승했다고 볼 수 있느냐 하는 문제에 대해서는 이미 당시부터 여러 다른 견해가 있었다. 예를 들어 김구는 제헌국회가 개원한 이후 제헌국회에 대해 "현재 의원 형태로서는 대한민국임시정부의 법통을 계승하는 아무 조건도 없다고 본다"고 말했다.[18] 또 조봉암은 국호를 '대한민국'이라 하는 것에 대해 반대하면서, 위에서 말한 김구의 말을 인용하기도 했다. 그는 '대한민국'보다는 '한국'이라는 국호가 더 낫다면서, 새 나라는 대한민국임시정부의 명의보다는 을사조약 이래 일제 침략에 반대하여 투쟁해온 국내외의 모든 애국동포와 선열의 투쟁의 전통과 정신을 계승하여야 한다고 주장했다.[19]

그러나 당시 대다수 제헌의원들의 생각은 달랐다. 특히 이승만은 제헌국회 개회식 식사에서 "이 민국民國은 기미 3월 1일에 우리 13도 대표들이 서울에 모여서 국민대회를 열고 대한독립민주국임을 세계에 공포하고 임시정부를 건설하여 민주주의의 기초를 세운 것"이라 주장했다.[20] 그는 여기서 '기미년에 만들어진 대한임시정부'라고 표현했는데,[21] 그가 말하는 임시정부란 3·1운동 당시 서울에서 공표된 이른바 '한성정부'를 가리키는 것으로 보인다. 그는 또 헌법 전문 초안에서 "3·1혁명의 위대한 독립정신을 계승하여"라고 되어 있던 부분을 "기미 3·1운동으로 대한민국을 건립하여"라고 고쳐 줄 것을 주문하기도 했다. 그것은 그가 임시정부의 법통이 '한성정부'에서 1919년 9월 이후의 '대한민국임시정부'로 이어졌으며, 자신이 그러한 법통 위에 서 있다고 생각했기 때문인 것으로 보인다.

한편 다른 의원들도 임시정부를 정신적 측면에서 계승해야 한다는 차원에서 주로 발언했다. 헌법기초위원회 위원장으로서 중요한 역할을 한 서상일은 새로운 국회는 임시정부의 정신을 계승한 국회로서 새로운 헌법을 제정해 나가야 할 것이라고 말했다.[22] 당시 제헌의원 가운데 상당수가 임시정부의 법통 내지는 정신을 계승해야 한다는 의식을 갖고 있었던 것으로 보인다. 그러나 주지하듯이 당시 임시정부의 주류 인사들은 제헌국회에 참여하지 않았다. 따라서 국회는 임시정부의 인맥을 계승하는 데에는 실패했고, 임시의정원의 맥을 잇는 데에도 실패했다. 때문에 제헌국회 의원들로서는 임시정부의 정신이라도 계승해야 하며, 이를 헌법에 반영해야 한다는 생각을 가지고 있었던 것으로 보인다. 예를 들어 제헌의원 최운교는 헌법 독회에서 "헌법 전문에 3·1운동의 정신을 계승한다고 했고, 개원식에서 의장 이승만이 대한민국임시정부를 계승한다는 말이 있었는데, 헌법의 전반적인 내용 가운데 임시정부를 계승한다는 내용이 들어가 있는가"라고 질문했다. 이에 서상일은 "그렇게 생각하고 나가고 있다"고 답했다. 이에 최운교가 다시 "임시정부는 과거 약헌·헌법 등을 대외에 선포했고, 그 가운데에는 정치, 경제, 사회의 삼균주의가 분명히 있었는데, 제헌헌법은 그 정신을 계승하고 있는가"라고 질문했다. 이에 대해 서상일은 다시 "이 헌법 전문을 보시면 하필 그것(정치, 경제, 교육을 의미—인용자)만의 삼균주의가 아니라, 모든 영역에 있어서 만민균등주의를 확인했다"고 답했다.[23]

### 삼균주의의 계승, '만민균등주의'

위에서 본 것처럼 서상일은 제헌헌법의 전문에 '만민균등주의'가 담겨 있다는 것을 강조했다. 이를 헌법 전문에서 확인해보자. 제헌헌법 전문의 중간 부분에는 "정치·경제·사회·문화의 모든 영역에 있어서 각인의 기회를 균등히 하고, 능력을 최고도로 발휘케 하며, 각인의 책임과 의무를 완수케 하여, 안으로는 국민생활의 균등한 향상을 기하고"라는 부분이 있다. 이를 요약하면 "모든 영역에서 사람들의 기회를 균등히 한다"는 것과, "국민생활의 균등한 향상을 기한다"는 것이다. 헌법 전문에서 '균등'이라는 말이 두 번씩이나 나오고, 문장의 길이에서도 이 부분이 꽤 큰 비중을 차지하고 있었던 것으로 보아, 제헌의원들은 '균등'의 가치를 매우 중시하고 있었음을 잘 알 수 있다. 그리고 그 정신을 '만민균등주의'라고 표현했다.

이는 헌법 독회과정에서 의원들이 발언한 내용을 통해서도 알 수 있다. 박윤원 의원은 이 헌법의 기초에 만민균등사회의 건설이라는 기본정신이 깔려 있다고 하면서, 이를 어떻게 나타낼 것인가가 중요하다고 말했다.[24] 황호현 의원도 헌법의 전체적인 취지를 살펴보면, 정치와 교육에서의 균등은 어느 정도 보이는데, 경제에서의 균등은 잘 보이지 않는다고 지적했다.[25] 이처럼 당시 제헌국회에서는 '만민균등'이라는 표현이 자주 쓰이면서 어떻게 '만민균등'을 실현할 것인가가 쟁점이 되었다. 그런데 '만민균등'에서의 균등은 주로 '기회의 균등'을 의미하는 것이었다. 예를 들어 박상영 의원이 '제16조 모든 인민은 균등하게 교육을 받을 권리가 있다'고 했는데, 구체적으로 어떻게 한다는 것인가 하고 질문하자, 전문위원인 유진오는 여기서 말하는 "균등은 기회균등의 의미"라고 답했다. 즉 교육에 있어서 어떤 사회적 신분을 이용한 특혜를 인정하지 않는다는 뜻이었다.

한편 제5조에서 "정치, 경제, 사회, 문화의 모든 영역에 있어서 개인의 자유, 평등과 창의를 존중하고 보장하며"라고 한 부분과 관련해서는 큰 논쟁이 벌어졌다. 서순영 의원은 이 조항에서 '평등'을 말하고 있는데, 과연 경제에서의 평등을 실현할 수 있는 방도가 있겠는가 하고 회의를 표시했다. 이에 대해 문시환 의원은 "장래 경제적 평등을 이 나라에 실현할 것을 생각해 두고" 이 안을 넣어 두자고 주장했다. 오용국 의원도 "경제적 평등을 실현하기 어렵다는 것은 국민이 원하는 바와 배치되는 것"이라고 서순영 의원을 비판했다. 이에 기초위원 중의 한 사람인 전진한 의원이 나서서 이러한 논쟁은 이 조문의 정신을 이해하지 못해서 나온 것이라고 지적하고, 여기서의 자유와 평등이라는 것은 '기회균등'의 의미이지 결과에 있어서의 평등을 의미하는 것은 아니라고 설명했다.[26] 그러나 앞서 살펴본 헌법 전문에서 "생활의 균등한 향상을 기한다"고 한 것은 '결과의 균등'도 어느 정도 염두에 둔 것이라고 보아야 할 것이다.

당시 헌법기초위원장이었던 서상일은 헌법의 취지를 설명하면서, 특히 제2장 국민의 권리와 의무 부분에서는 특권계급 일체를 부인했다고 하면서, 정치·사회·경제·문화 모든 영역에서 3,000만, 그리고 자손만대가 균등한 사회를 이루자고 하는 뜻이 여기에 담겨 있다고 설명했다. 또 그는 특히 경제에 있어서는 '만민균등'의 경제원칙을 담고 있다고 설명했다.[27] 또 전문위원 유진오는 '대한민국 헌법의 제안 이유'를 설명하면서 "대한민국 헌법의 기본정신은 정치적 민주주의와 사회적·경제적 민주주의의 조화를 꾀하는 데 있다"라고 말했다.[28] 그는 "불란서 혁명이라든가 미국의 독립시대로부터 민주주의의 근원이 되어 온 모든 사람의 자유와 평등과 권리를 위하고 존중하는 동시에, 경제 균등을 실현해보려고 하는 것이 이 헌법의 기본정신"이라고 말했다.[29] 유진오는 18세기의 고전적 헌법이 정치적 민주주의, 즉 시민계급을 위한 '형식적 자유와 평등'을 보장하는 헌법이었다고 한다면, 20세기의 현대적 헌법은 경제·사회적 민주주의, 즉 산업사회의 무산근로대중을 위한 '실질적 자유와 평등'을 보장하는 헌법이 되어야 한다고 생각했다. 그가 이와 같이 경제·사회적 민주주의를 강조한 것은 자본주의 경제체제의 문제점이 드러나고, 산업화와 더불어 많은 사회적 문제(특히 무산근로대중의 생존권 문제 등)가 야기되고 있는 상황에서 이를 '사회주의 국가적 방법', 즉 혁명과 같은 방법이 아니라 '사회국가적 방법', 즉 개혁을 통해서 해결해야 한다고 생각했기 때문이다.[30] 유진오의 이와 같은 "정치적 민주주의와 사회적·경제적 민주주의가 헌법의 기본 정신이 되어야 한다는 생각"은 서상일 등 다른 의원들에 있어서는 '만민균등주의'가 헌법의 기본정신이 되어야 한다는 것으로 표현되고 있었다. 그리고 이는 해방 이전에 임시정부의 기본이념이 되었던 조소앙의 '삼균주의'를 한 단계 발전시킨 것이었다고 볼 수 있다. 아울러 제2차 세계대전 이후 서유럽의 여러 나라(영국, 프랑스, 이탈리아, 벨기에, 네덜란드 등)에서 사회민주당 혹은 노동당 정부가 들어서면서 사회민주주의의 바람이 거세게 불고 있었던 것으로부터도 일정한 영향을 받은 것이라고 해석할 수 있다.[31]

## 2. 제헌헌법, '자유롭고 균등한 사회'를 지향하다

### 제헌헌법 전문에 담긴 주요 이념과 가치

제헌헌법은 어떤 내용들을 담고 있을까. 그리고 어떤 나라를 지향하고 있었을까. 아래에서는 몇 가지 주요 쟁점을 중심으로 이를 살펴보기로 한다. 우선 제헌헌법은 어떤 이념과 가치를 지향하고 있었을까. 이를 우선 헌법 전문前文의 내용을 통하여 살펴보기로 한다.

유구한 역사와 전통에 빛나는 우리들 대한국민은 기미 삼일운동으로 대한민국을 건립하여 세계에 선포한 위대한 독립정신을 계승하여, 이제 민주독립국가를 재건함에 있어서, 정의 인도와 동포애로써 민족의 단결을 공고히 하며, 모든 사회적 폐습을 타파하고, 민주주의 제 제도를 수립하여, 정치·경제·사회·문화의 모든 영역에 있어서 각인의 기회를 균등히 하고, 능력을 최고도로 발휘케 하며, 각인의 책임과 의무를 완수케 하여, 안으로는 국민생활의 균등한 향상을 기하고, 밖으로는 항구적인 국제평화의 유지에 노력하여, 우리들과 우리들의 자손의 안전과 자유와 행복을 영원히 확보할 것을 결의하고, 우리들의 정당 또 자유로이 선거된 대표로서 구성된 국회에서 단기 4281년 7월 12일 이

헌법을 제정한다.[32]

위의 전문의 구성을 보면, 새로이 세워질 국가는 '민주독립국가'이다. 그리고 이러한 국가를 세우기 위해 1)민족의 단결을 공고히 하고, 2)사회적 폐습을 타파하고, 3)민주주의 제도를 세우고, 4)모든 영역에서 각인의 기회를 균등히 하여 능력을 발휘케 하고, 5)국민들이 책임과 의무를 완수해야 한다고 말하고 있다. 그리하여 그 결과로서 1)안으로 국민 생활의 균등한 향상을 기하고, 2)밖으로 국제평화의 유지에 노력한다는 것으로 요약된다. 이와 같은 문장에 담긴 이념들을 정리하면, 1)민족주의, 2)민주주의, 3)균등주의, 4)국제평화주의 등이라 할 수있다. 즉 제헌헌법 전문에 담긴 주요 이념은 민족주의, 민주주의, 균등주의, 국제평화주의 등이었다.

그러면 헌법 전문에 담긴 가치들은 무엇일까. 전문에서 두 번 나오는 주요 단어는 독립, 민주, 국민, 균등, 자유 등의 단어이다. 한 번만 나오는 주요 단어는 정의, 인도, 동포, 민족, 평화, 안전, 행복 등이다. 이와 같은 단어들은 헌법 전문에 담긴 기본가치를 표현하고 있다고 할 것이다. 그리고 그 가운데서도 특히 두 번 나오는 독립, 민주, 균등, 자유 등의 단어는 제헌헌법이 지향하는 기본 가치들을 표상하고 있다고 말할 수 있다.

이 가운데 '독립'은 이제 갓 독립하는 국가로서는 당연히 중시해야 할 가치였다. '민주'는 민주주의 국가를 지향하는 나라의 헌법에서 당연히 중시되어야 할 가치였다. '균등'은 이미 앞서 살핀 것처럼 향후 한국사회가 지향해야 할 바와 관련하여 가장 중요한 가치였다. '자유'는 헌법 제2장의 제9조부터 제15조까지 신체의 자유, 거주와 이전의 자유, 통신 비밀의 자유, 신앙과 양심의 자유, 언론·출판·집회·결사의 자유, 학문과 예술의 자유, 사유재산권 등 국민의 기본권과 관련된 각종 자유를 강조하는 등 제헌헌법에서 가장 중시한 가치의 하나였다.

이들 네 가지 가치를 표현하는 단어들을 조합하여 문장을 만들어 본다면, 제헌의원들은 "독립된 민주국가를 세우고, 자유롭고 균등한 사회를 만들고자 했다"고 정리할 수 있을 것이다.

### 제헌헌법 제1조 '대한민국은 민주공화국이다'

다음에는 제1장 총강을 살펴보자. 총강에서 가장 주목되는 것은 다음의 제1, 2조이다.

제1조 대한민국은 민주공화국이다.
제2조 대한민국의 주권은 국민에게 있고, 모든 권력은 국민으로부터 나온다.

제1조 "대한민국은 민주공화국이다"와, 제2조 "대한민국의 주권은 국민에게 있고, 모든 권력은 국민으로부터 나온다"는 조항은 1944년 대한민국임시헌장의 제1조 "대한민국은 민주공화국임"과, 제4조 "대한민국의 주권은 인민 전체에게 있음"을 계승한 것이라고 할 수 있다. 그리고 제1, 2조는 독일 바이마르 공화국 헌법의 제1조 1항 "독일제국은 공화국이다", 제2항 "국가의 권력은 국민으로부터 나온다"는 내용도 참고한 것으로 보인다. 특히 제1조는 1919년 임시정부 수립 시 나온 임시헌장의 제1조 "대한민국은 민주공화제로 함"을 그대로 계승한 것이라고 할 수 있는데, 이 책의 제2장에서 말한 바와 같이 여기서 단순한 '공화국'이 아닌 '민주공화국'이라고 표현한 것은 매우 독창적인 것이었다.

앞서 제1장에서도 서술했지만, 본래 공화제란 동양이나 서양에서 모두 군주제와 대비되는 의미로 사용되었다. 즉 군주가 통치하지 않는 국가라는 의미이다. 하지만 몽테스키외는 공화제에는 귀족이 중심이 되는 귀족공화제도 있고, 평민이 중심이 되는 민주공화제도 있다고 말했다. 대한제국기 이후 한국의 지식인들은 공화제의 의미, 그리고 귀족공화제와 대비되는 민주공화제의 의미에 대해 잘 알고 있었다. 또 미국의 정치체제를 '민주공화제'로 인식하고 이를 선망하고 있었다. 따라서 1919년 대한민국임시정부를 만들 때, 임시헌장 제1조에 '대한민국은 민주공화제로 함'이라고 썼던 것이다. 1948년 대한민국 헌법을 만들면서 제헌의원들도 대체로 같은 취지로 헌법 제1조를 '대한민국은 민주공화국이다'라고 했을 것이다. 그런데 이와 관련해서 헌법 기초에 참여한 유진오는 또 다른 취지가 있었음을 말하고 있다.

> 본 조(제1조)는 대한민국의 국호와 국체와 정체를 규정한 것인데, 보통 공화국이라 하면 세습군주를 가지고 있지 않은 국가를 말하고, 또 20세기 초기에 이르기까지에는 공화국과 민주국은 동의어로 사용되었으며, 각 민주국가는 '공화국'의 명칭만을 사용하는 것이 보통이었다. 그러나 근시에 이르러서는 공화국 중에도 권력분립을 기본으로 하는 민주정체를 채택하는 국가도 있고 (중략) 공화국의 정치 형태가 동일하지 않으므로, 본 조에 있어서 우리나라는 공화국이라는 명칭만을 사용하지 않고, 권력분립을 기본으로 하는 공화국임을 명시하기 위하여 특히 '민주공화국'이라는 명칭을 사용한 것이다. (중략) 이상을 요언하면, 대한민국의 국체는 '공화국'이며, 정체는 '민주국'인데, 그를 합하여 '민주공화국'이라 한 것이다.[33]

즉 유진오는 국체로서의 공화국, 정체로서의 민주국이라는 개념을 합하여 '민주공화국'이라고 표현했다고 회고했다. 그리고 '공화국'이 아니라 굳이 '민주공화국'이라 한 것은 권력분립을 기본으로 하는 공화국임을 표시하기 위한 것이었다고 했다. 이는 해방 직후의 상황에서 사회주의자들이 주장하던 '인민공화국'의 경우 권력분립이 아닌 권력집중을 그 특징으로 하고 있었기 때문에 이와 구분하기 위하여 '민주공화국'이라는 표현을 썼다는 의미였다. 즉 1919년 이후 임시정부의 임시헌장에서 '귀족공화국'과 구분하기 위하여 '민주공화국'이라는 표현을 썼다면, 1948년의 대한민국의 제헌헌법에서는 여기에 더하여 '인민공화국'과 구분하기 위해 '민주공화국'이라는 표현을 쓴 것이다. 오늘날 헌법학계에서는 '민주공화국'이라는 표현 가운데 '민주'가 들어간 부분은 크게 의미를 부여하지 않고 있다. 즉 민주공화국은 곧 공화국이며, 이는 군주국이 아니라는 의미일 뿐이라고 해석하고 있는 것이다.[34] 그러나 이 책에서 살펴온 바와 같이, 단순히 '공화국'이라 표현하지 않고 굳이 '민주공화국'이라 표현한 것은 그 나름의 이유가 있었던 것이다.

또 제2조에서 "대한민국의 주권은 국민에게 있고, 모든 권력은 국민으로부터 나온다"는 조항은 바로 '국민주권론'을 확인하는 것이라고 할 수 있다. 즉 국가의 의사를 최종적으로 결정하는 최고의 권력인 주권이 국민에게 있다는 것이다. 이는 주권이 군주나 자본가 혹은 노동자와 같은 특정한 계급에 있지 않다는 의미를 담고 있다. 따라서 제1조의 '대한민국은 민주공화국'이라는 조항을 뒷받침하는 조항이라고도 말할 수 있다.

총강에서 다음으로 주목되는 것은 제5조이다. 제5조는 "대한민국은 정치, 경제, 사회, 문화의 모든 영역에 있어서 각인의 자유, 평등과 창의를 존중하고 보장하며, 공공복리의 향상을 위하여 이를 보호하고 조정하는 의무를 진다"고 되어 있다. 여기에서는 자유, 평등, 창의의 보장을 강조하면서도, '공공복리의 향상'을 위해 이를 조정할 수 있다고 했다. 즉 국가정책은 공공의 선을 위하여 집행되어야 한다는, 국가의 공공성을 강조한 것이다. 뒤에 다시 언급하겠지만, 국가의 공공성을 강조하는 것은 바로 오늘날 공화주의자들이 가장 강조하는 부분이다. 따라서 제헌헌법을 만든 이들이 비록 공화주의를 언급하지는 않았지만, 오늘날의 용어로 해석하면 이 조항에는 공화주의의 사상이 깃들어 있다고 말할 수 있다.

### 국민의 기본권 보장

다음에는 제2장을 살펴보자. 제2장은 '국민의 권리와 의무'를 다루고 있다. 제2장 첫머리의 제8조에는 "모든 국민은 법률 앞에 평등이며, 성별, 신앙 또는 사회적 신분에 의하여 정치적·경제적·사회적 생활의 모든 영역에 있어서 차별을 받지 아니한다. 사회적 특수계급의 제도는 일체 인정되지 아니하며, 여하한 형태로도 이를 창설하지 못한다"고 규정했다. 이 조항은 한국 사회에 아직 양반의식, 남녀차별의식 등이 남아 있는 상황에서 모든 국민은 평등하다는 것을 헌법에 명확히 할 필요가 있다는 생각에서 들어간 것으로 보인다. 이어서 제9조부터 제15조까지는 신체의 자유, 거주와 이전의 자유, 통신 비밀의 자유, 신앙과 양심의 자유, 언론·출판·집회·결사의 자유, 학문과 예술의 자유, 재산권의 보장 등이 규정되었다.

그밖에 제16조 균등하게 교육을 받을 권리(적어도 초등교육은 의무이며 무상으로 한다), 제17조 근로의 권리와 의무(근로조건의 기준은 법률로 정하고, 여자와 소년의 근로는 특별한 보호를 받는다), 제18조 근로자의 단결, 단체교

섭과 단체행동의 자유(사기업의 근로자는 이익의 분배에 균점할 권리가 있다), 제19조 노령, 질병 기타 근로능력의 상실로 인해 생활능력이 없는 자에 대한 국가의 보호 등이 들어갔다. 이와 같은 조항들은 바이마르 헌법의 특징 중의 하나인 '사회적 기본권'에 속하는 것들로서, 제1차 세계대전 이후 유럽의 새로운 헌법에서 나타난 것들이었다.[35] 즉 바이마르 헌법에서 보이는 '사회적 기본권' 조항들은 이미 1944년의 「대한민국 임시헌장」에 소략하게나마 반영되어 있었고, 제헌헌법에서는 이를 보다 구체적으로 규정한 것이다. 그리고 특히 "사기업의 근로자는 이익의 분배에 균점할 수 있다"고 한 조항은 바이마르 헌법에서도 보이지 않는 것인데,[36] 헌법 독회 과정에서 문시환, 조병한 의원 등이 이 조항을 추가할 것을 제안하여 오랜 시간에 걸친 토론 끝에 결국 표결을 통해 통과된 조항이다. 당시 문시환 의원은 이 조항의 취지에 대해 "정치적으로만 민주주의를 실행할 것이 아니라, 경제적으로도 민주주의를 실행하자는 것"이라고 설명했다. 조병한 의원도 노자협조를 통해 기업의 힘을 향상시키고 노동자에게도 희망을 주기 위한 것이라면서 이를 지지했다. 장홍염도 자본가와 노동자의 상호부조가 필요하다면서 이에 찬성했다. 그밖에도 전진한·노일환·신성균·조국현·김도연·이항발·이청천 의원 등이 찬성발언을 했다. 당시 반대의견은 거의 없었고, 다만 문구를 어떻게 할 것인가가 토론의 대상이 되었다.[37] 그러나 이 조항은 이후 다른 법률의 뒷받침을 받지 못한 채 사문화되었고, 결국 1962년 헌법개정 때 삭제되었다.[38]

또 제21조 국가에 대한 청원의 권리, 제22조 재판을 받을 권리, 제23조 범죄가 아닌 행동에 대해 소추를 받지 아니할 권리, 동일한 범죄에 대해 두 번 처벌되지 아니할 권리, 제23조 형사피고인의 공개재판을 받을 권리, 형사피고인의 무죄판결 시 국가에 대해 보상을 청구할 권리 등이 명시되었다. 그리고 제25조에는 국민의 공무원을 선거할 권리, 제26조에는 국민의 공무를 담임할 권리가 들어갔으며, 제27조에는 공무원의 국민에 대한 책임 부분이 들어갔다.

제28조에는 "국민의 모든 자유와 권리는 헌법에 열거되지 아니한 이유로써 경시되지 아니한다. 국민의 자유와 권리를 제한하는 법률의 제정은 질서유지와 공공복리를 위하여 필요한 경우로 한한다"고 한 조항이 들어갔다. 국민의 기본권도 법률에 의해 제한될 수 있다는 이와 같은 규정은 바이마르 공화국의 헌법을 모방한 것이었으나, 이후 이승만 정권의 각종 악법 제정에 이용되었다는 비판을 받기도 했다. 그리하여 제2공화국 헌법에서는 기본권에 대한 제한 부분은 "국민의 모든 자유와 권리는 질서유지와 공공복리를 위하여 필요한 경우에 한하여 법률로써 제한할 수 있다. 단, 그 제한은 자유와 권리의 본질적인 내용을 훼손해서는 아니 되며, 언론·출판에 대한 검열이나, 집회·결사에 대한 허가를 규정할 수 없다"는 내용으로 개정되었다.[39]

이상에서 살펴본 것처럼 제헌헌법의 제2장은 민주공화국 체제하에서 국민들이 어떠한 자유와 권리를 갖는지를 구체적으로 밝히고 있다. 이는 한국에서 19세기 말부터 성장해온 국민의 기본권에 대한 인식이 드디어 제헌헌법 조문의 기본권 조항으로 열매를 맺은 것을 의미한다.

### 내각제 요소를 담은 대통령제의 채택

앞서 살펴보았듯이 제헌국회의 헌법기초위원회에서 만든 헌법안의 정부 형태는 본래 내각책임제로 되어 있었다. 이는 내각책임제를 가장 이상적인 정부 형태라고 생각하는 전문위원 유진오의 생각과, 내각책임제에서는 상징적인 자리일 뿐인 대통령직을 이승만에게 양보하고 대신 총리직 등 내각을 장악하려 한 한국민주당의 구상이 맞아떨어졌기 때문이다. 그러나 이승만은 상징적인 국가원수 자리에 머물러 있을 사람이 아니었다. 그는 내각책임제를 대통령제로 바꾸지 않으면 정부에 참여하지 않겠다고 선언했다. 이에 이승만이라는 정치적 배경이 필요했던 한민당은 대통령중심제로 당론을 변경하지 않을 수 없었다. 본래의 내각책임제 초안에는 정부의 국회 해산, 그리고 국회의 정부에 대한 불신임, 국무위원 임명 시 국무총리의 제청권 등의 규정이 들어 있었다. 그러나 이와 같은 내각책임제 관련 조항들은 내각책임제가 하루아침에 대통령제로 바뀜에 따라 대부분 삭제되고 말았다. 다만 내각책임제 정부의 성격을 갖는 몇몇 조항들은 여전히 살아남을 수 있었다. 예를 들어 국무원國務院 제도, 정부의 법률안 제출권, 국무위원의 국회 출석 및 발언권 등이 그것이다.[40] 그 결과 헌법기초위원회에서 만든 제헌헌법 초안의 권력구조는 대통령제이면서도 내각제적 요소가 가미된 것이 되었다.

이러한 과정에 대해 전문위원 유진오는 본회의에서의 제안 설명을 통해, 기초위원회에서 처음에는 국회와 정부의 양자 관계를 밀접하게 해놓고 국회의 다수파가 지지하는 정부를 수립하는 것이 정부의 안정성과 정치의 강력성을 도모하는 데 있어서 가장 좋다고 생각하여 의원내각제를 채택했다고 밝혔다. 그러나 이후 토론 과정에서 의원내각제의 경우, 만일 국회와 정부의 사이에 의견의 차이가 생기거나 알력관계가 발생하고, 결국은 국회에서 정부를 불신임하게 되면, 정부는 총사직하거나 국회를 해산하고 총선거를 실시해서 국민의 총의를 물어야 하는 사태가 발생할 수 있다는 단점이 있고, 반면에 대통령제는 정부와 국회가 각각 행정권과 입법권을 갖고 갈라져 있고, 국회는 정부 불신임권이 없고 정부는 국회해산권이 없어 안정된 정국을 운영할 수 있는 장

점이 있다는 논의가 나왔다고 말했다. 결국 기초위원회는 건국 초기에 있어서 무엇보다도 정부의 안정성, 정치의 강력성이 요구되는 상황이기 때문에 대통령제를 채택하게 되었다고 유진오는 설명했다. 다만 헌법 초안의 대통령제는 순 미국식 대통령제가 아니라, 국무위원이 국회에 출석해서 발언할 수 있고, 또 국회가 요구하면 국회에 출석해서 발언해야 할 의무가 있으며, 국무원이라는 제도를 두어서 대통령의 권한에 속하는 사항도 대통령 한 사람이 결정하고 실행하는 것이 아니라 국무원(국무회의)의 의결을 거쳐서 행하게 되어 있다고 그는 덧붙였다.[41] 물론 이와 같은 그의 설명은 이승만의 강요에 의해 내각책임제 헌법이 갑자기 대통령책임제 헌법으로 바뀐 데 대한 변명의 말이었다.

헌법 초안이 본회의로 넘어온 이후 대통령제냐 아니면 내각제냐 하는 문제는 크게 논쟁거리가 되지 않았다. 이미 기초위원회의 논의 과정에서 어느 정도 걸러졌고, 한민당도 당론을 바꾸었기 때문이다.[42] 본회의에서는 대통령제를 전제로 하여 대통령의 권한 문제, 특히 대통령과 국무회의의 관계, 국무총리의 의회 승인문제와 국무총리의 국무위원 임명제청권의 문제 등을 둘러싸고 논쟁이 전개되었다.

가장 중요한 쟁점이 된 것은 대통령의 권한 문제였다. 대통령은 행정권의 수반이자 외국에 대해 국가를 대표하는 존재였으며, 조약 체결과 비준, 선전포고와 강화, 외교사절의 신임과 접수, 국회 출석 발언, 국군의 통수, 공무원의 임면, 감형과 복권 명령, 계엄 선포, 대통령령 발포, 훈장 수여 등의 권한을 갖고 있었다. 이에 더하여 대통령은 "전시 또는 비상사태에 제하여 공공의 안녕질서를 유지하기 위하여 긴급한 조치를 할 필요가 있는 때에는 국회의 집회를 기다릴 수 없는 경우에 한하여 법률의 효력을 가진 명령을 발하거나 또는 재정상 필요한 처분을 할 수 있다"고 하여, 긴급명령권을 갖고 있었다. 또 국무총리와 국무위원은 대통령이 임명하고, 이에는 국회의 동의가 필요 없게 되어 있었다.

이에 대해 장홍염 의원은 대통령의 권한이 너무 비대하다고 하면서, 국무총리라도 국회의 승인을 받도록 해야 한다고 주장했다. 또 비상사태라는 것이 무엇을 말하는 것인지 알 수 없다면서, 구체적인 상황을 명문화해야 하며, 그렇게 하지 않으면 대통령이 이를 남용할 우려가 있다고 지적했다.[43] 조봉암도 "이 초안이 만들려는 대통령은 전 세기에서는 몰라도 지금의 전 세계에서는 그 예를 볼 수 없을 만큼, 제국 이상의 강대한 권한을 장악한 대통령입니다. 그 대통령은 조약체결권, 동 비준권, 선전포고권, 국방군 통수권, 국무위원 등 관공리 임면권, 사면·감형권, 계엄선포권, 국회에서 결의한 것을 재심 요구할 권리 등등 굉장한 것입니다"라고 지적했다. 그는 특히 앞서 본 '전시 또는 비상사태 시의 긴급처분권'의 발동에 대해 "임의로 실행해 놓은 뒤에 국회의 승인을 얻게 되어 있고, 국회가 승인치 않는다 해도 이미 발동된 효력이 소급 부인되지도 않고, 다만 부결된 때로부터 효력을 상실한다고 했으니, 가령 일본의 치안유지법 같은 것을 긴급령으로 만들어서 수많은 인원을 사형이나 기타 필요한 형벌을 가하여 그 목적을 달성해버린 뒤에 나중에 국회가 부결한다 하면 무슨 소용이 있겠습니까. 또 긴급령으로 몇백 억이고 재정을 사용해 놓은 뒤에 국회가 부결한다고 해도 그 소비된 재정이 소생할 방도가 전무한 것입니다"라고 지적했다.[44] 그밖에 여러 의원들이 대통령의 권한이 너무 방대하며, 이는 대통령의 독재를 불러올 가능성이 높다고 우려했다.

이에 대해 전문위원 유진오는 대통령에 속하는 권한은 반드시 국무원의 결의를 통해서 행사하도록 되어 있고, 또 국회의 동의를 얻어야 하는 것도 있기 때문에 반드시 대통령이 독자적으로 행동할 수 있는 것은 아니라고 답변했다. 그러자 신성균 의원은 국무원에서 결의가 안 되면 대통령이 국무위원 임면권을 갖고 있기 때문에 모두 파면시키고 다른 사람들로 임명해서 통과시킬 수 있을 것이라고 지적했다.[45] 여기서 논란은 결국 국무총리나 국무위원 임명에 대한 국회의 승인 여부, 그리고 긴급명령이 필요한 비상사태에 대한 구체적인 규정 문제로 옮겨졌다. 유진오는 '비상사태'라고 추상적으로 규정했던 것을 수정하여 "내란, 외환, 천재 또는 경제상이나 재정상 중대한 위기"라는 식으로 구체적으로 규정하자고 제안했다. 또 국무총리와 국무위원을 대통령이 임면하는 경우, 국무총리에 대해서는 국회의 승인을 받도록 하는 것이 좋을 것이며, 국무위원의 임명도 국무총리의 추천으로 대통령이 임명하도록 수정하는 것이 좋겠다는 의견을 제시했다. 대통령중심제보다는 내각책임제를 선호했던 유진오로서는 당연한 제안이었다.[46] 긴급명령 부분은 유진오의 제안에 따라 이진수 의원이 수정안을 내어서 "전시 또는 비상사태에 제하여"라는 부분을 "내우, 외환, 천재지변 또는 중대한 재정, 경제상의 위기에 제하여"라는 식으로 구체화하는 방향으로 쉽게 결론이 났다.[47]

그런데 국무총리와 국무위원 임명 시 국회의 동의를 받도록 할 것인가의 문제는 제2 독회에서 치열한 논쟁의 대상이 되었다. 모두 7개의 수정안이 제기될 정도로 다양한 의견이 제시되었고, 토론도 치열했다. 의원들은 토론 끝에 표결에 들어갔는데, 국무총리 임명의 경우에는 국회의 동의를 구하도록 하고, 국무위원은 국무총리의 제청 없이 대통령이 직접 임명하는 것으로 결론이 났다.[48] 국무총리의 국회 임명 동의에 대해서는 별다른 이견이 없었으나, 국무위원의 임명을 국무총리가 제청하는 것은 자칫 국무총리의 독재로 이어질 수 있다는 반론에 부닥쳐 통과되지 못했다.

이처럼 제헌헌법은 정치적 이유에 의해 대통령제를 채택했지만, 내각책임제적 요소를 부분적으로 가미시켰고, 또 대통령의 권한을 견제하는 요소도 부분적으로 가미시켰다. 하지만 대통령의 권한은 여전히 막강했고, 이는 결국 대통령 이승만의 독재를 막지 못하는 결정적 원인이 되었다.

### 균형 있는 국민경제 발전의 지향

제헌헌법에는 '경제'라는 장(제6장)이 들어 있다. 이는 매우 독특한 것이며, 대한민국임시정부의 여러 헌법에도 없던 것이었다. 물론 앞서 본 것처럼 임시정부의 건국강령에는 경제에 관한 조항들이 다수 들어 있다. 따라서 여기에서는 제헌헌법의 '경제' 장의 성격을 보다 분명히 살펴보기 위해 건국강령의 경제조항들과 제헌헌법의 경제조항들을 비교해 보기로 한다.

건국강령에서는 경제 부분의 제1항에서 "대생산기관의 공구와 수단은 국유로 하고, 토지·어업·광산·농림·수리·소택沼澤, 수상·육상·공중의 운수사업, 은행·전신·교통 및 대규모 농·공·상 기업, 도시 공업 구역의 주요한 공용 부동산은 국유로 한다. 다만 소규모 혹은 중등 기관은 사영私營을 허용한다"고 규정했다. 또 제5항에서는 "국제무역·전기·수도와 대규모의 인쇄·출판·영화·극장 등을 국영으로 한다"고 규정했다.

이에 비해 제헌헌법의 규정을 보면, 먼저 제85조에 "광물, 기타 중요한 지하자원, 수산자원, 수력과 경제상 이용할 수 있는 자연력은 국유로 한다. 공공 필요에 의하여 일정한 기간 그 개발 또는 이용을 특허하거나 또는 특허를 취소함은 법률의 정하는 바에 의하여 행한다"고 했다. 또 제87조에 "중요한 운수, 체신, 금융, 보험, 전기, 수리, 수도, 가스 및 공공성을 가진 기업은 국영 또는 공영으로 한다. 공공 필요에 의하여 사영을 특허하거나 또는 그 특허를 취소함은 법률의 정하는 바에 의하여 행한다. 대외무역은 국가의 통제하에 둔다"고 했다. 또 제88조에 "국방상 또는 국민생활상 긴절한 필요에 의하여 사영기업을 국유 또는 공유로 이전하거나 또는 그 경영을 통제, 관리함은 법률의 정하는 바에 의하여 행한다"고 했다.

양자를 비교해보자. 건국강령은 공공적 성격을 띠는 사업 외에도 대생산기관, 대규모 농업·상업·공업의 기업, 그리고 대규모의 인쇄·출판·영화·극장 등까지도 국영으로 할 것을 규정했다. 하지만 제헌헌법은 운수, 체신, 금융, 보험, 전기, 수리, 수도, 가스 및 공공성을 가진 기업만 국영 또는 공영으로 할 것을 규정하고 있다. 또 건국강령은 대생산기관의 공구와 수단은 국유로 하고, 토지·어업·광산·농림·수리·소택 등을 모두 국유화 할 것을 주장하고 있지만, 제헌헌법은 광물, 기타 중요한 지하자원, 수산자원, 수력과 경제상 이용할 수 있는 자연력만 국유로 할 것을 규정하고 있다. 또 제헌헌법은 85·87·88조에서 모두 구체적인 사항은 법률로 규정한다고 했고, 87조에서는 사영을 특허할 수 있게 함으로써 건국강령에 비해 많이 후퇴하고 있음을 알 수 있다.[49]

한편 건국강령에는 제2항에 "일제가 차지하거나 혹은 시설한 관·공·사유 토지와 어업·광산·농림·은행·회사·공장·철도·학교·교회·사찰·병원·공원 등 일체의 부동산과 기지와 기타 일체의 경제·정치·군사·문화·교육·종교·위생에 관한 일체의 사유재산과, 적에 부역한 자의 일체의 사유재산과 부동산을 몰수하여 국유로 한다"는 조항이 있다. 그러나 제헌헌법에는 관련된 조항이 없다. 이는 미 군정청이

이미 일제의 사유재산과 부동산을 일체 몰수하여 국유화했고, 반민족
행위자의 재산의 경우에는 반민특위법을 만들어 따로 규정할 계획이었
기 때문인 것으로 보인다.

건국강령과 제헌헌법의 경제 관련 조항의 가장 큰 차이는 토지의
국유화 여부에 있었다. 건국강령은 제4항에 "토지의 상속·매매·저당·
양도·유증遺贈·전조차轉租借를 금지하고, 고리대금업과 사인私人의 고
용 농업을 금지하며, 두레농장·국영농장 및 생산·소비·무역의 합작기
구를 조직하여 농공 대중의 물질 및 정신생활 정도와 문화수준을 제고
한다"고 했고, 제8항에 "토지는 자경농민에게 나누어 줌을 원칙으로 하
되, 고용농·소작농·자작농·소지주농·중지주농 등 원래의 지위를 보
아 최저급부터 우선권을 준다"고 했다. 즉 토지의 국유를 전제로 하여
토지의 상속·매매·저당·양도·유증·전조차를 금지하고, 또 농민에게
분배해야 한다고 주장하고 있다.

반면에 제헌헌법은 제86조에 "농지는 농민에게 분배하며 그 분배
의 방법, 소유의 한도, 소유권의 내용과 한계는 법률로 정한다"고 간단
히 규정하고 있다. 즉 토지의 사유를 전제로 한 가운데 농지는 농민에게
분배한다고 규정한 것이다. 또 제6장 '경제'의 장은 아니지만, 제헌헌법
15조에 이미 "공공의 필요에 의하여 국민의 재산권을 수용, 사용 또는
제한함은 법률의 정하는 바에 의하여 상당한 보상을 지급함으로써 행한
다"고 하여, 유상매수의 방법으로 토지를 매수하도록 규정하고 있었다.

한편 제헌헌법 '제6장 경제'의 첫 부분에는 임시정부 헌법이나 건
국강령에는 없었던 조항이 있었다. 즉 제84조에 "대한민국의 경제질서
는 모든 국민에게 생활의 기본적 수요를 충족할 수 있게 하는 사회정의
의 실현과 균형 있는 국민경제의 발전을 기함을 기본으로 삼는다. 각인
의 경제상 자유는 이 한계 내에서 보장된다"는 조항이 있다. 각 개인의

경제활동은 사회정의의 실현과 균형 있는 국민경제의 발전이라는 범위 내에서 허용된다는 것이다. 또 위에서 본 제15조의 재산권과 관련된 조항의 앞부분에서는 "재산권은 보장된다. 그 내용과 한계는 법률로 정한다. 재산권의 행사는 공공복리에 적합하도록 하여야 한다"고 했다. 이와 같은 조항은 바이마르 공화국 헌법 제153조 "소유권은 헌법에 보장하며, 그 수용은 단지 공공의 복리를 위해 법률에 근거해서만 이루어진다. 동시에 소유권은 그 행사가 공공선에 기여해야만 한다는 의무를 진다"고 한 것과 매우 유사하다.[50] 앞서 살핀 것처럼 헌법 제정 시 전문위원으로 참여한 유진오는 헌법에 정치적 민주주의만이 아니라 사회적·경제적 민주주의의 개념까지도 담고 싶어 했는데, 그러한 생각이 이렇게 나타나고 있는 것으로 보인다. 하지만 제헌헌법의 경제 조항들은 전체적으로 보면, 자유경제 질서를 기본으로 하면서 이에 일정한 통제를 덧붙인 것이라고 볼 수 있다.[51]

제헌헌법에 이와 같이 자유경제에 대한 일정한 통제를 규정한 것은, 앞서 말한 것처럼 임시정부의 건국강령에 나타난 삼균주의의 영향, 해방직후의 좌우익 간의 대립과 경쟁, 제2차 세계대전 이후 서유럽의 여러 나라에서 사회민주당 혹은 노동당 정부가 들어서면서 사회민주주의의 바람이 거세게 불고 있었던 것 등으로부터 영향을 받은 것으로 보인다.[52]

여기서 제헌헌법과 사회민주주의의 관련성을 살피기 위해, 잠시 당시 사회민주주의의 동향을 검토해보기로 한다. 제2차 세계대전 이후 유럽의 사회민주주의자들은 소련이 주도하는 코민포름과 결별하고, 1947년 소셜리스트 인터내셔널을 결성했다. 이들은 1951년 프랑크푸르트에서 「민주사회주의의 목적과 임무」라는 선언문을 발표했다. 이 선언 이후 사회민주주의는 사실상 민주사회주의로 탈바꿈했다고 볼 수 있는데, 이 선언문은 1) 정치적 민주주의, 2) 경제적 민주주의, 3) 사회적 민주주의와 문화의 진보, 4) 국제적 민주주의의 4장으로 구성되어 있었다.[53] 여기서 그 내용을 잠시 살펴보기로 한다.

제1장 정치적 민주주의 부분에서는 먼저 "사회주의는 자유로운 가운데 민주주의적 수단에 의하여 새로운 사회를 건설하고자 한다"고 하여, 혁명이 아닌 민주주의에 의해 사회주의 사회를 건설하겠다는 것을 선언했다. 이어서 "자유 없는 사회주의는 있을 수 없다"고 선언함으로써, '자유'를 매우 중요시했다. 그리고 국가로부터 자유로운 모든 인간의 사생활권, 사상·표현·교육·결사·종교의 자유와 같은 정치적 자유, 보통·평등·무기명 투표권에 의한 자유선거를 통해 대표를 선출하는 것, 다수에 의한 정부와 소수의 권리 존중, 어떤 차별도 없이 모든 시민은 법률 앞에 평등하다는 것 등을 선언했다. 그리고 유엔에서 채택된 세계인권선언은 어느 나라에서든지 실시되어야 한다면서 인권 존중을 선언했다. 또 민주주의 제도에는 복수 정당이 반드시 필요하다면서, 정치적 민주주의를 옹호하는 것은 경제적·사회적 민주주의를 실현하기 위한 조건이 된다고 선언했다. 아울러 자본가의 이익 옹호에 기초를 둔 정책으로는 전체주의의 공격으로부터 민주주의를 수호할 수 없다면서, 민주주의를 수호하기 위해서는 노동자의 민주주의 제도에 대한 적극적인 참여가 필요하다고 주장했다. 또 파시즘, 공산주의의 독재와 같은 전체주의에 대해 반대하며, 자유를 쟁취하려는 모든 이들과 연대한다는 뜻을 표명했다.

제2장 경제적 민주주의 부분에서는 우선 "사회주의는 자본주의 대신 공공이익이 사적 이윤에 우선하는 제도로 대치하려고 노력한다. 사회주의 정책의 직접적인 경제적 목적은 완전고용, 보다 높은 생산, 생활 수준의 향상, 사회보장 및 소득과 재산의 공평한 분배"라고 선언했

다. 이어서 이 선언은 "이러한 목적을 달성하기 위해서 생산은 노동대중의 이익을 위해 계획되지 않으면 안 된다. 이와 같은 계획화는 소수의 수중에 경제권력이 집중되는 사태와 양립할 수 없다. 따라서 경제의 효율적인 민주적 관리가 필요하다"고 주장했다. 그리고 사회적 소유와 관련해서는 "공적 소유는 현존하는 사기업의 국유화, 새로운 공공사업, 지방공영기업, 소비자 또는 생산자 협동조합의 창설 등 여러 형태를 취할 수 있다"고 말했다. 그러나 사회적 소유는 "생산수단 전체의 공유화公有化를 전제하지는 않는다. 그것은 중요한 부문, 예컨대 농업, 수공업, 중소기업 등에 존재하는 사적 소유와 병존한다"고 말하고 있다. 또 계획경제가 필요하다고 해서 "모든 경제적 결정이 정부 또는 중앙기관의 수중에 일임되는 것을 뜻하지는 않는다"라고 하여 계획경제에는 여러 단서를 달고 있다.

제3장 사회적 민주주의 부분에서는 "자본주의의 지도원리가 사적 이윤임에 반하여, 사회주의의 지도원리는 인간적 필요의 충족"이라고 선언했다. 그러면 인간의 기본적 필요란 무엇을 말하는가. 그것은 '경제적·사회적 권리'라고 말할 수 있는데, 그 안에는 일할 권리, 의료 및 출산의 도움을 받을 권리, 휴양의 권리, 노령·불구·실업으로 일할 수 없는 시민이 경제적 보장을 받을 권리, 어린이가 복지를 받을 권리 및 청년이 자기들의 재능에 따라 교육을 받을 권리, 적당한 주택에 살 권리 등이 포함된다. 그러나 민주사회주의는 기본적으로 자본주의가 아닌 사회주의를 지향한다. 이 선언은 "사회주의자는 자본주의가 경제적으로 낭비적이며, 대중을 물질적 권리에 참여시키지 않을 뿐만 아니라, 무엇보다도 그것이 사회주의자가 지닌 정의의 관념에 배치되기 때문에 자본주의에 반대한다"고 선언하고 있다.

이상에 살핀 사회민주주의(혹은 민주사회주의)의 개념을 염두에 둔다면, 1948년 대한민국의 제헌헌법은 사회민주주의적 요소를 품고 있다고 볼 수는 있지만, 사회민주주의에 기초한 것이라고 보기는 어렵다. 그것은 사회민주주의는 기본적으로 사회주의를 지향하지만 제헌헌법은 기본적으로 자본주의를 지향하고 있고, 사회민주주의는 계획경제를 중시하지만 제헌헌법은 계획경제와 관련된 조항이 보이지 않기 때문이다. 다만 제헌헌법은 사회민주주의에서 강조하는 사회적 소유(공유)와 같은 사회경제적 권리를 부분적으로 포함하고 있었다. 그런 점에서 제헌헌법의 경제 관련 조항은 사회민주주의적 요소를 품고 있었다고 말할 수 있다.

### 제헌헌법의 기본정신, '공화주의'

이상에서 살펴본 제헌헌법의 내용을 통하여, 이제 결론적으로 제헌헌법에 나타난 기본정신은 무엇일까 하는 문제에 대해 생각해보기로 한다. 이와 관련하여 학계의 한편에서는 제헌헌법의 자유민주주의적 요소를 강조하기도 하고, 다른 한편에서는 사회민주주의적 요소를 강조하기도 한다.

주지하듯이 민주주의 안에는 자유민주주의, 사회민주주의, 인민민주주의 등 다양한 형태가 있다. 그 가운데 자유민주주의liberal democracy는 18세기 이래 민주주의와 자유주의가 결합되어 만들어진 개념이다. 민주주의라는 말은 그리스어의 'demokratia'에 근원을 두고 있는데, 'demo'(국민)와 'kratos'(지배)의 두 낱말이 합쳐진 것으로서 '국민의 지배'를 의미한다. 자유주의는 계몽사상으로부터 태어난 근대사상의 하나로서, 인간은 이성을 가진 존재로서 자기결정권을 가진다는 입장에서 정치적으로는 자유권, 개인주의, 국민주권 등을 강조하며,

경제적으로는 사적소유권과 자유시장에 의한 자본주의 등을 지지한다. 따라서 자유민주주의는 국민의 자유와 권리를 보호하고, 복수의 정당이 존재하며, 공정하고 자유롭고 경쟁적인 선거에 의해 선출된 이들이 국민을 대신해서 국가의 정사를 담당하는 대의제 민주주의, 의회민주주의의 형태를 취하게 된다. 그런데 이와 같은 자유민주주의는 현실적으로는 국민이 직접 정치에 참여할 수 있는 기회의 부족, 지주와 자본가 등 부유층에 의한 금권정치金權政治(plutocracy)의 가능성, 다수결 제도로 인한 소수자들의 발언권 약화 등 많은 한계를 안고 있기도 하다.

이러한 측면에서 본다면, 제헌헌법은 국민의 자유와 권리를 규정하고, 대의제 민주주의를 지향하는 등 정치적 측면에서 자유민주주의적 요소를 담고 있는 것은 분명하다. 그러나 제헌의원들은 자유민주주의의 한계에 대해서도 잘 알고 있었다. 특히 자본가와 지주층에 의해 권력이 농단되는 금권정치의 가능성에 대해서 많은 의원들이 우려를 표명하고 있었다.[54] 따라서 그들은 개인과 기업의 자유를 무한정 용인하지 않았다. 앞서 살펴보았듯이, 제헌헌법의 경제 관련 조항들은 개인이나 기업의 자유를 제한하는 내용들을 담고 있었으며, 국가나 공공단체의 경제 개입을 강조하고 있었다. 또 제헌헌법은 힘 있는 자, 부유한 자의 자유를 제한하기 위한 여러 조항을 두고 있으며, 공공부문에서의 사회적 소유(공유)를 적시했다. 그리고 앞서 본 것처럼 헌법 전문에서도 경제에서의 균등을 강조했다. 즉 제헌헌법은 자유민주주의의 약점을 파악하고 이를 보완하기 위한 여러 제도적 장치들을 마련하고 있었다. 따라서 제헌헌법은 고전적인 자유민주주의를 그대로 채택하고 있지는 않았다고 말할 수 있다. 그런 점에서 제헌헌법에 나타난 기본정신이 자유민주주의라고 말하기는 어렵다. 다만 자유민주주의적 요소를 품고 있었다고는 말할 수 있을 것이다.

이상에서 살핀 것처럼 제헌헌법은 정치적 측면에서는 자유민주주의적 요소를, 사회경제적 측면에서는 사회민주주의적(민주사회주의적) 요소를 포함하고 있었다. 그리고 앞서 본 것처럼 제헌헌법 제5조에서는 "대한민국은 정치, 경제, 사회, 문화의 모든 영역에 있어서 각인의 자유, 평등과 창의를 존중하고 보장하며 공공복리의 향상을 위하여 이를 보호하고 조정하는 의무를 진다"고 했다. 자유와 평등은 바로 자유민주주의와 사회민주주의를 표상하는 단어들이며, 서로 충돌할 수도 있는 개념들이다. 그런데 이 조항에서 국가는 '공공복리의 향상'을 위하여 자유와 평등 사이의 충돌을 '조정'하는 의무를 지니고 있다고 했다. 즉 제헌헌법은 자유민주주의와 사회민주주의를 모두 아우르면서, 양자의 충돌을 조정하려 했던 것이다. 제헌헌법이 기초하고 있는 가장 기본적인 정신은 바로 이것이었다. 그러면 그 기본정신은 어떤 개념, 어떤 용어로 표현될 수 있을까.

앞서 살핀 것처럼 제헌헌법 제1조에서는 대한민국은 민주공화국이라 했다. 그리고 '민주공화국'이란 '군주국', '귀족공화국', '인민공화국'과 구별하기 위한 표현이었다. 그렇다면 '민주공화국'에는 그 이상의 의미는 담겨 있지 않은 것일까. 제1조에는 그 이상의 설명은 없다. 그러나 앞서 본 것처럼 제5조에는 '공공복리의 향상'을 위하여 국가는 "각인의 자유, 평등, 창의를 보호하고 조정하는 의무를 진다"는 대목이 있다. 즉 국가는 '공공의 복리'를 위하여 개인의 자유와 평등을 '조정'해야 한다고 한 것이다.

공화주의에 관한 연구들에 의하면, 'res publica'라는 말은 '공공의 것', '공공의 일'이라는 뜻으로 번역될 수도 있다고 한다. 루소는 일찍이 "나는 정부 형태가 어떤 것이든 간에 법에 의해 통치되는 모든 국가를 공화국이라 부른다. 왜냐하면, 이때 비로소 공공의 이익이 우위에서고, '공공의 것'이 중요한 것이 된다"고 말했다. 즉 민주공화국이란 "법과 공공성에 기반을 두고 주권자인 시민들이 만들어낸 정치공동체"가 되어야 한다는 것이었다.[55]

대한민국 제헌헌법의 제정자들도 제5조 '공공복리의 향상'이라는 표현에서 나타나듯이 '공공의 이익'을 우선시하면서 헌법을 만들었다. 그러면 그들은 어떻게 '공공의 이익'을 실현하려 했을까. 앞서 본 헌법 제5조는 '각인의 자유와 평등을 조정'하는 것을 통해서 이를 실현한다고 말하고 있다. 그리고 제6장의 경제와 관련된 여러 조항에서는 이를 보다 구체적으로 말하고 있다. 예를 들어 제84조에서는 "대한민국의 경제질서는 모든 국민에게 생활의 기본적 수요를 충족할 수 있게 하는 사회정의의 실현과 균형 있는 국민경제의 발전을 기함을 기본으로 삼는다. 각인의 경제상 자유는 이 한계 내에서 보장된다"고 했다. 사회정의의 실현과 균형 있는 국민경제의 발전을 위해서는 개인의 경제상의 자유는 제한될 수 있다는 것인데, 여기서 '사회정의의 실현'은 앞서 본 '공공의 복리'와 통하는 말이었다. 그리고 앞서 본 것처럼 그밖에도 경제와 관련된 조항에는 '공공의 필요'에 따라서는 사적인 경제활동을 제한할 수 있다는 단서가 달려 있었다.

이와 같은 점들을 고려할 때, 제헌헌법에서 지향하는 공화국은 개인의 이익보다는 '공공의 이익'을 우선하는 국가였다. 그런 의미에서 제헌헌법은 '공화주의'를 지향하고 있었다고 말할 수 있다. 즉 제헌헌법은 자유민주주의와 사회민주주의적 요소를 함께 갖고 있으면서, 양자의 대립적 측면을 공화주의로써 조화시키고자 했다. 이러한 점에서 제헌헌법의 기본정신은 오늘날의 용어로 표현하면 공화주의였다고 말할 수 있을 것이다.[56] 물론 그것은 아직 공화주의의 맹아적 형태에 불과했다. 하지만 이는 대한민국이 지향해야 할 방향을 제시한 것이었다.

그러한 점에서 건국정신이라고 부를 수도 있을 것이다. 자본주의의 발전에 따라 빈부격차와 사회 양극화 현상이 심화되고, 개인주의적 사조가 강화되면서 사익의 추구가 심화되고 있는 오늘의 대한민국의 현실을 돌아볼 때, 우리는 이와 같은 제헌헌법이 담고 있는 공화주의의 건국정신을 되돌아보고 더욱 발전시켜 나아가야 할 필요가 있다고 생각된다.

# 맺음말

 1948년 민주공화국 대한민국 정부의 수립은 하루아침에 이루어진 것이 아니었다. 한국에 서양의 정치사상이 소개되기 시작한 것은 19세기 중반이었다. 그리고 1880년대 이후 개화파 관료와 지식인들은 서양의 정치사상을 배우면서 조선에서도 인민의 기본권을 보장하고, 새로운 정치체제를 도입할 필요가 있다고 생각했다. 그리하여 개화파는 우선 군주의 권한을 제한하고 관료의 권한을 확대하는 '군신공치'의 '제한군주제'를 도입하고자 했다. 그들은 갑신정변과 갑오개혁을 통해 그러한 정치개혁을 시도했다. 그러나 외세에 의존한 그들의 개혁은 국민의 지지를 받지 못했다. 군왕인 고종 또한 자신의 권력을 제한하려는 시도에 대해 강하게 반발했다.

 1898년 독립협회는 한 걸음 더 나아가 민이 정치에 참여하는 '군민동치'의 입헌군주제를 도입하고자 했다. 하지만 독립협회는 이를 위해서는 먼저 국민계몽이 필요하다고 생각했다. 때문에 독립협회는 『독립신문』을 통해 모든 인민은 천부의 인권을 갖고 있으며, 백성은 나라의 주인임을 강조했다. 그리고 더 나아가 민의 정치 참여를 주창하면서, 군주와 관료의 권력을 견제하는 제도적 장치를 만들고자 했다. 이를 위해 독립협회는 갑오개혁 때 만들어진 중추원을 사실상의 의회로 탈바

꿈시키고자 했다. 고종은 독립협회의 강한 기세에 눌려 한때는 독립협회와 타협하는 듯한 자세를 보였다. 그러나 고종과 보수 세력은 독립협회 회원들이 공화제를 도입하려 하고 있다는 거짓 구실을 만들어 독립협회를 해산시켰다. 그리고 중추원의 기능을 다시 약화시켰다. 이어서 고종은 1899년 '대한제국은 전제군주국'이라고 선포했다. 이로써 행정·입법·사법·외교·국방의 모든 권한은 고종 1인에게 집중되었으며, 내각도 무력화되었다.

이와 같은 군주의 전제는 갑오개혁 이전의 조선왕조 시대에도 찾아보기 어려운 일이었다. 군주의 권한은 어느 정도 관료들에 의해 견제되어왔기 때문이다. 1905년 을사조약이나 1907년 정미7조약, 1910년 병합조약 등을 일본이 강요해왔을 때, 고종과 내각은 이에 제대로 대응하지 못하고 무력한 태도를 보였다. 만일 중추원이 의회로 탈바꿈할 수 있었다면, 위의 조약들은 중추원의 비준을 받아야만 했을 것이다. 그러나 대한제국과 고종은 그러한 제도적 장치를 만들지 않았고, 결국 일본의 침략 앞에 너무 쉽게 무너져버렸다.

대한제국 정부가 이와 같이 무력한 모습을 보이자 1905년 이후 헌정연구회, 대한자강회, 대한협회 등은 민의 참정권을 강조하면서, 제한군주제를 넘어 본격적으로 '입헌군주제'를 도입하려는 운동을 시작했다. 하지만 그들의 운동은 실패할 수밖에 없었다. 일제는 한국을 보호국화한 뒤, 이미 외교뿐만 아니라 내정까지 장악해 가고 있었기 때문이다. 1907년 정미조약을 통해 통감부는 대한제국의 내정과 외교를 사실상 모두 장악했다. 이러한 모습을 보면서 일부 지식인들은 신민회라는 국권회복을 도모하기 위한 비밀결사를 조직했다. 그리고 그들은 국권회복과 동시에 공화제 국가를 수립하는 방안을 모색하고 있었다. 당시 『대한매일신보』나 미주에서 발간되는 『공립신보』의 사설에는 국민국가론과 국민주권론이 자주 등장하고 있었다.

또 이 시기에는 서구의 정치사상과 정치체제가 신문·잡지·서적 등을 통해 본격적으로 소개되고 있었다. 그 결과 자유, 평등, 참정권 등인민의 기본권 사상이 확산되어 갔다. 또 정치체제와 관련하여, 군주제·귀족제·민주제의 3정체를 주장한 아리스토텔레스의 설, 공화정·군주정·전제정의 3정체설을 주장한 몽테스키외의 설 등이 소개되었다. 그리고 공화제 가운데에는 귀족공화제와 민주공화제가 있다는 몽테스키외의 설도 소개되었다. 그 결과 한국의 지식인들 가운데에는 '민주공화제'를 선망하는 이들이 나타나기 시작했다. 신민회의 일부 회원들이 바로 그러한 경우였다.

1910년 대한제국이 일본에 강제 병합된 이후, 국내외에서는 국권회복운동을 위한 운동이 전개되기 시작했다. 그런 가운데 국외에서는 임시정부를 만들려는 움직임이 나타났다. 미주에서 발간된 『신한민보』는임시정부를 세울 것을 주장했고, 박용만은 한인 자치기관이었던 대한인국민회를 기반으로 '무형국가'를 세울 것을 주장했다. 하지만 대한인국민회가 바로 임시정부의 역할을 할 수 있는 능력은 아직 없었다. 그런 가운데에서도 미주동포들 사이에서는 앞으로 새로이 세워야 할 나라는 미국과 같은 '민주공화제' 국가가 되어야 한다는 인식이 확산되어가고 있었다.

1910년대는 혁명의 시대였다. 중국에서 신해혁명이 일어났고, 러시아에서 볼셰비키 혁명이 일어났으며, 독일에서는 바이마르 공화국이 들어섰다. 이를 통해 이들 나라에서는 군주제가 무너지고 공화제 혹은 소비에트 국가가 들어섰다. 이 가운데 한국인들에게 가장 큰 영향을미친 것은 중국의 신해혁명이었다. 중국 대륙이 공화제 혁명의 물결에휩싸이자, 당시 중국에 있던 한인 독립운동가들은 커다란 자극을 받았다. 그들은 중국혁명의 성공은 동아시아에 커다란 정세 변화를 가져올 것이라 생각하여, 이를 적극 환영하고 직접 혁명에 뛰어들기도 했다. 그러나 1910년대 국외 독립운동가들의 공화제에 대한 신념은 아직 취약했다. 그들은 한때 입헌군주제를 염두에 둔 신한혁명당을 만들어 국내의 고종과 연결을 꾀하기도 했다. 그러나 이는 실패로 끝났다. 결국 1917년 중국에 있던 독립운동가들은 '대동단결선언'을 통하여, 1910년 대한제국의 멸망과 함께 주권은 국민들에게 넘어왔다고 선언하기에 이르렀다. 그들은 국망을 통해 황제권은 소멸하고 민권이 새로 발생했으며, 따라서 '구한국 최후의 날은 신한국 최초의 날'이 되었다고 주장했다. 대동단결선언은 향후 세워질 국가는 황제의 국가가 아닌 국민의 국가, 즉 공화제 국가가 될 것임을 선언한 것이었다.

1919년 3·1운동 당시 국내에서는 전단을 통하여 여러 종류의 임시정부안이 나왔다. 그런데 주목되는 것은 모든 임시정부안이 공화제 정부를 염두에 두고 있었으며, 입헌군주제를 전제로 한 임시정부안은 하나도 없었다는 사실이다. 여기에는 앞서 말한 것처럼 중국, 러시아, 독일에서의 혁명이 큰 영향을 미친 것으로 보인다. 그리고 대한제국에 대한 실망도 크게 작용했던 것으로 보인다. 3·1운동이 진행되는 가운데 국외에서는 임시정부 구성이 실제로 추진되고 있었다. 먼저 러시아령에서는 전로한족회 중앙총회가 중심이 되어 대한국민의회를 조직했다. 그리고 상해에서는 신한청년당과 국내에서 파견된 인물들이 중심이 되어, 국내로부터 전달되어 온 정부안을 바탕으로 대한민국임시정부를 구성했다.

1919년 4월 상해 임시정부의 임시의정원은 「대한민국임시헌장」을 선포했는데, 제1조는 '대한민국은 민주공화제로 함'이었다. 당시 중국 헌법이나 독일의 바이마르 헌법에 '공화제' 국가라는 표현은 있었지만,

'민주공화제' 국가라는 표현은 없었다. 신해혁명을 전후한 시기 중국의 혁명파도 '입헌공화제'라는 표현은 썼지만, '민주공화제'라는 표현은 거의 쓰지 않았다. 그것은 중국에서 '민주공화제'의 실시는 시기상 조라는 양계초 등 일부 지식인의 비판이 있었기 때문일 것이다. 이러한 점을 고려할 때, 임시정부의 '민주공화제 국가' 표방은 상당히 과감하고 진보적인 것이었다. 그러면 당시 임시정부 사람들은 어떻게 이와 같은 '민주공화제'라는 표현을 쉽게 쓸 수 있었을까. 앞서 말한 것처럼 대한제국기에 이미 공화제에는 '귀족공화제'와 '민주공화제'가 있다는 몽테스키외의 학설이 소개되고 있었고, 미국의 정치체제가 바로 '민주공화제'에 해당한다고 소개되고 있었다. 따라서 한국의 지식인들은 '민주공화제'라는 표현에 비교적 익숙해 있었고, 또 장차 독립된 나라를 세울 때에는 그들이 이상으로 생각하는 민주공화제 국가를 세워야 한다는 의식이 강했던 것으로 보인다.

한편 상해의 임시정부와 러시아령의 대한국민의회는 우여곡절의 협상 끝에 1919년 9월 통합된 '대한민국임시정부'를 출범시켰다. 이때 임시의정원은 「대한민국임시헌법」을 제정했는데, 제1조는 '대한민국은 대한인민으로 조직함'이었으며, 제2조는 '대한민국의 주권은 대한인민 전체에 있음'이었다. 1880년대 이후의 제한군주제 · 입헌군주제 운동, 그리고 1910년을 전후하여 시작된 국민주권 · 공화제 운동이 '민주공화제 임시정부'로 일단 결실을 맺었다.

그런데 임시정부는 출범 이후 가장 주력했던 외교운동에서 별다른 성과를 거두지 못했다. 그러자 임정 내부에서는 운동의 방향을 놓고 갈등이 일어났다. 또 임시정부는 국내와의 연락망이 끊어지면서 재정적으로도 어려움을 겪게 되었다. 임정 내부의 갈등은 점차 커져 갔고, 이를 해소하기 위해 국민대표회의를 소집하자는 목소리가 높아져 갔다.

결국 1923년 1월 상해에서는 독립운동자 130여 명이 참석한 국민대표회의가 열렸다. 그러나 참석자들은 새로운 임시정부를 만들자는 창조파와 기존의 임시정부를 고쳐 쓰자는 개조파로 나뉘어 논쟁을 거듭했다. 결국 개조파는 대회에서 떠나고, 창조파만 남아서 러시아령 블라디보스토크에 새로운 정부를 만들기로 했다. 그러나 러시아는 자국 내에서의 임정의 활동을 인정하지 않았고, 결국 새로운 임정 수립은 좌절되었다. 한편 대한민국임시정부의 대통령 이승만은 미국에 계속 머무르면서 상해의 국무총리가 대통령직을 대리하는 것을 허용하지 않았다. 이에 임정 내부에서 이승만에 대한 불만이 점점 고소되었고, 결국 임시의정원은 이승만의 탄핵을 의결했다.

1926년 이후 임정 안팎에서는 독립운동 세력의 연합전선 형성을 위한 '민족유일당' 운동이 전개되기 시작했다. 당시 중국국민당과 중국공산당은 북벌을 위한 국공합작을 성사시켰는데, 이와 같은 중국 측의 국공합작도 민족유일당 운동에 큰 영향을 미쳤다. 이 운동은 중국 관내와 만주 등 각지에서 전개되었다. 그러나 1927년 중국 국공합작의 붕괴, 한국 공산주의 운동 내부의 노선 갈등 등으로 인해 중단되고 말았다.

한편 1930년을 전후하여 중국 관내 독립운동은 정당을 중심으로 한 운동으로 전환하기 시작했다. 이에는 중국국민당의 '이당치국'以黨治國론, 즉 당이 우위가 되어 정부를 통제해야 한다는 이론의 영향이 컸다. 이 시기 등장한 정당으로는 한국독립당, 조선혁명당, 신한독립당 등이 있었다. 이들 정당은 대독립당을 만들기 위해 통합하여 민족혁명당을 결성했다. 하지만 한국독립당과 조선혁명당 세력이 곧 탈당했고, 민족혁명당에는 의열단 출신의 김원봉 세력과 신한독립당 세력만 남게 되었다. 당시 민족혁명당은 기존 임시정부의 해산을 요구하고 있었다. 그러나 임시정부를 지키고 있던 이동녕·김구 등은 이를 거부하고 임정의 여당으로서 한국국민당을 만들었다. 이와 같이 여러 정당들이 이합집산을 거듭했지만, 그들의 당의, 당강 등은 대체로 비슷했다. 대부분의 정당이 정치·경제·교육에서의 균등을 강조한 조소앙의 '삼균주의'를 당의 기본이념으로 채택하고 있었다. 다만 사회주의자들과의 통일전선 문제를 둘러싸고 민족주의 좌파로 간주되는 민족혁명당은 보다 적극적이고, 민족주의 우파로 간주되는 한국국민당과 한국독립당은 보다 소극적이라는 정도의 차이가 있었을 뿐이다.

이들 정당이 이와 같이 삼균주의를 모두 당의 기본이념으로 채택한 이유는 무엇일까. 그것은 당시 독립운동가들이 과거 조선시대의 사회는 매우 불평등한 사회였다고 비판적으로 보고 있었기 때문이다. 그들이 보는 조선 사회는 일부 양반 가문이 정치권력을 독점하고, 토지 소유 또한 매우 불균등하고, 신분제가 엄격하여 일부 계층만이 교육을 받을 수 있는 사회였다. 그런데 이와 같은 불평등은 일제 지배하에서 해소되기는커녕 더욱 악화되고 있다고 보고 있었다. 즉, 일제가 정치적 권력을 독점하고 온갖 악법으로 한국인들을 괴롭히고 있으며, 일인 지주와 자본가들이 토지를 겸병하고 경제권을 독점함으로써 한국인들이 경제적으로 몰락하고 있고, 교육에서는 차별교육과 제한교육이 실시되고 있다고 본 것이다.

1937년 중일전쟁이 발발한 이후, 이들 정당과 군소 단체들은 통합 교섭을 진행했지만, 완전 통합에는 이르지 못했다. 그런 가운데 한국국민당, (재건) 한국독립당, 조선혁명당이 통합하여 (중경) 한국독립당을 창당했다. 그리하여 (중경) 한국독립당은 임시정부의 여당이 되었으며, 임정은 이제 민족주의 우파 계열의 인사들을 모두 포괄하는 정부가 될 수 있었다. 중국국민당 측은 임정 측에 민족혁명당 세력을 받아들일 것을 종용했다. 결국 민족주의 좌파의 성격을 갖고 있던 민족혁명당과 일부

사회주의자와 아나키스트도 임시정부에 들어와 임시의정원과 내각에 참여했다. 이로써 임시정부는 좌우파를 모두 포괄하는 연합정부가 될 수 있었다. 또 한국독립당과 민족혁명당은 임시의정원에 함께 참여하여 의회정치를 실험할 수 있게 되었다. 1930년대 이후 등장한 정당들은 이제야 비로소 온전한 정당으로서 기능할 수 있게 된 것이다. 그러한 가운데 임시정부는 1941년 해방과 건국을 준비하기 위해 삼균주의에 기초한 건국강령을 만들었다.

1945년 8월 해방이 찾아왔다. 하지만 남한에는 미군이, 북한에는 소련군이 진주하여 군정을 실시했다. 그리고 그해 연말 모스크바 3상회의에서는 한국에 임시정부를 설치하고 최장 5년간의 신탁통치를 실시한다는 결정이 나왔다. 이에 국내에서는 이 결정을 받아들일 것인가의 여부를 놓고 좌우 세력 간의 갈등이 증폭되었다. 1946년 5월, 임시정부 수립과 신탁통치 방안을 논의하기 위한 미소공위가 서울에서 열렸다. 그러나 제1차 미소공위는 협의단체 선정을 둘러싸고 휴회했고, 1년 뒤 열린 제2차 미소공위도 결국 같은 문제로 결렬되고 말았다. 당시 소련 측은 한반도에 좌익이 중심이 되는 친소 정부를 세우려는 의도를 갖고 있었고, 미국 측은 중도파가 중심이 되는 친미 정부를 세우려는 의도를 갖고 있었다. 양자의 입장 차이는 너무나 컸다.

미소공위의 실패는 결국 남한과 북한에 각각 정부가 들어서는 결과를 가져왔다. 1947년 초부터 냉전에 돌입한 미국과 소련은 한반도에서 세력을 분점하는 길을 택한 것이다. 그러나 국내의 정치 세력, 특히 우파가 모스크바 3상회의의 결정 가운데 임시정부 수립 문제는 도외시하고 신탁통치 반대에만 몰두했던 것도 미소공위를 결렬로 이끈 중요한 원인이 되었다. 미소 냉전이 시작되기 직전인 1946년 제1차 미소공위는 통일정부를 수립하는 길로 나아갈 수 있는 유일한 기회였음에도 불구하고, 한국인들은 그 기회를 놓쳐버렸다.

한편 해방 직후부터 미소공위가 결렬되기 전까지 남북한의 좌우파 정치 세력은 각기 새로 세워질 국가의 정치체제를 구상하고 있었다. 남한의 우파 세력 가운데에서는 임정 산하의 행정연구회가 가장 먼저 헌법 초안을 기초하는 작업을 시작했고, 비상국민회의와 민주의원도 같은 작업을 진행했다. 좌파의 민주주의민족전선 역시 헌법 초안을 만들었다. 중도파와 우파가 참여한 입법의원도 나름의 임시약헌을 만들었다. 또 남북한의 좌우파 정치 세력은 미소공위의 요청에 의해 각기 나름대로의 정부 수립 구상을 정리하여 제출했다. 이들 각 정치 세력의 정부 수립 구상을 살펴보면, 우파는 민주공화국 체제를, 좌파는 인민공화국 체제를 염두에 두고 있었음을 알 수 있다.

5·10선거를 통해 구성된 제헌국회는 대한민국의 헌법을 기초하고 이를 검토·수정하는 작업을 진행했다. 제헌국회에서 제정된 헌법은 대한민국이 대한민국임시정부를 계승한다는 것을 선언했다. 또 제헌헌법은 그 전문에서 민족주의·민주주의·균등주의·국제평화주의의 이념을 표방하고 있었다. 이 가운데 제헌헌법이 가장 중시한 것은 '(만민)균등주의'였다. 이는 바로 임시정부의 삼균주의를 계승, 발전시킨 것이었다. 그리고 제헌헌법은 전문을 비롯하여 여러 조항에서 독립·민주·자유·균등의 중요한 가치를 담고 있었다. 즉 제헌의원들은 "독립된 민주국가를 세우고, 자유롭고 균등한 사회를 만들고자" 했던 것이다.

한편 제헌헌법은 제1조에서 '대한민국은 민주공화국이다'라고 선언했다. 이는 1944년 임시정부의 임시헌장 제1조를 그대로 계승한 것으로, 국호와 함께 대한민국이 임시정부를 계승한다는 것을 상징적으로 보여주는 문장이었다. '민주공화국'이라는 표현은 기본적으로 군주국이나 귀족공화국이 아니라는 의미를 담고 있지만, 헌법 기초에 참여한 유진오의 말을 참고하면, 대한민국이 인민공화국이 아닌 민주공화국이라는 것을 강조하기 위한 의미도 있었던 것으로 보인다.

그런데 이와 같은 민주공화국이라는 용어는 오늘날 새롭게 해석될 수 있는 여지를 가지고 있다. 공화국을 뜻하는 'res publica'라는 말은 본래 '공공의 것', '공공의 일'이라는 의미를 갖는다. 따라서 공화국이란 공공성을 앞세우는 정치공동체라고도 해석할 수 있다. 이렇게 본다면, 헌법 제1조의 민주공화국은 '민중을 중심으로 한 공공의 복리를 우선하는 공화국'이라는 의미를 새롭게 갖게 된다.

한편 제헌헌법의 선문과 각 소항들은 정치적 측면에서는 자유민주주의의 요소를, 경제적 측면에서는 사회민주주의의 요소를 담고 있었다. 그런데 양자는 서로 충돌할 수도 있는 이념이다. 이 때문에 제헌헌법 제5조는 자유민주주의의 상징인 '자유'와, 사회민주주의의 상징인 '평등'을 모두 존중하되, '공공의 복리'를 위해서는 양자를 조정할 수 있다고 해 두었다. 또 제헌헌법의 경제와 관련된 조항들에서도 '공공의 필요'를 위해서는 개인이나 기업의 경제활동의 자유를 제한할 수 있다고 해 두었다. 이와 같이 제헌헌법은 공공의 복리, 공공의 이익을 기준으로 자유와 평등을 절충하려 했다. 공공의 이익, 공공의 선을 중시하는 이념은 오늘날 '공화주의'라고 불리고 있다. 그렇다면 제헌헌법은 바로 '공화주의'의 기본정신 위에 서 있었다고 말할 수 있다. 물론 그것은 아직 공화주의의 맹아적 형태에 불과했다. 하지만 이는 대한민국이 지향해야 할 기본적인 방향을 제시한 것이었다. 그러한 점에서 대한민국의 건국정신은 바로 공화주의였다고 말할 수도 있을 것이다.

## 주註

**제1장 서양 정치사상의 수용과 입헌군주제의 모색**

1) 데이비드 헬드 지음, 박찬표 옮김, 『민주주의의 모델들』, 후마니타스, 2010, 17쪽.

2) 같은 책, 42쪽.

3) 같은 책, 54~60쪽.

4) 강정인, 『민주주의의 이해』, 문학과지성사, 1997, 83쪽.

5) 같은 책, 91~92쪽.

6) 노르베르트 보비오 지음, 황주홍 옮김, 『자유주의와 민주주의』, 문학과지성사, 1992, 15쪽.

7) 데이비드 헬드, 앞의 책, 132~136쪽.

8) 같은 책, 137~142쪽.

9) 강정인, 앞의 책, 92~94쪽.

10) 같은 책, 114~117쪽.

11) 민주화운동기념사업회 편, 『민주주의 강의』 2(사상), 민주화운동기념사업회, 2007, 95~96쪽.

12) 신자유주의자로서는 적극적 자유를 강조한 토마스 힐 그린이나, 민주주의를 자유주의의 필수적 기초라고 생각한 홉하우스 등을 들 수 있다. 민주화운동기념사업회 편, 앞의 책, 124~127쪽 참조.

13) 조승래, 「공화국과 공화주의」, 『역사학보』 198집, 2008, 227~228쪽.

14) 김경희, 「서구 민주공화주의의 기원과 전개」, 『정신문화연구』 제30권 제1호, 2007, 116~123쪽.

15) 같은 글, 126~133쪽.

16) 데이비드 헬드, 앞의 책, 115~116쪽.

17) 진관타오·류칭펑 지음, 양일모 외 옮김, 『관념사란 무엇인가』 2, 푸른역사, 2010, 271쪽.

18) 이상 맹자의 민본정치에 대해서는 정인재, 「민본주의의 고전, '맹자'」, 『철학과 현실』 12집, 1992; 금장태, 「민본유교의 재인식」, 『유교문화사상연구』 1, 1986 참조.

19) 김훈식, 「15세기 민본이데올로기와 그 변화」, 『역사와 현실』 1, 1989; 이석규, 「16세기 조선의 민본이념과 민의 성장」, 『한국사상사학』 39집, 2011 참조.

20) 진관타오·류칭펑, 앞의 책, 272~281쪽.

21) 가이즈카 시게키·이토 미치하루 지음, 배진영·임대희 옮김, 『중국의 역사, 선진시대』, 혜안, 2011, 225~226쪽.

22) 『광해군일기』 14년 2월 17일.

23) 박현모, 「일제시대 공화주의와 복벽주의의 대립—3·1운동 전후의 왕정복고운동을 중심으로」, 『정신문화연구』 2007년 봄호, 제30권 1호(통권 106호), 한국정신문화연구원, 2007, 60~61쪽.

24) 진관타오·류칭펑, 앞의 책, 289쪽.

25) 최소자, 「위원(魏源, 1794~1857)과 '해국도지'海國圖志」, 『이화사학연구』 20·21(합집), 1993.

26) 안외순, 「유가적 군주정과 서구 민주정에 대한 조선 실학자의 인식—惠岡 崔漢綺를 중심으로」, 『한국정치학회보』 35집 4호, 2002, 71~72쪽.

27) 최한기, 『지구전요』地球典要 권8, 英吉利國, 19쪽.

28) 같은 책, 8~9쪽; 안외순, 앞의 글, 73쪽.

29) 최한기, 『지구전요』 권10, 英吉利國, 8쪽; 권오영, 『최한기의 학문과 사상 연구』, 집문당, 1999, 214~215쪽 참조.

30) 안외순, 앞의 글, 74쪽 참조.

31) 위와 같음.

32) 이영록, 「한국에서의 '민주공화국'의 개념사—특히 '공화' 개념을 중심으로」, 『법사학연구』 42호, 2010; 정옥자, 「신사유람단고」, 『역사학보』 27, 1965 참조.

33) 박정양, 「일본국내무성각국규칙」, 『박정양전집』 5, 아세아문화사, 1984, 25~26쪽; 허동현, 「1881년 조사시찰단의 명치 일본정치제도 이해」, 『한국사연구』 86, 1994, 122쪽 참조.

34) 허동현, 앞의 글, 123쪽.

35) 민종묵, 「문견사건」聞見事件; 허동현, 앞의 글, 124~125쪽 참조.

36) 이광린, 「한성순보와 한성주보에 대한 일고찰」, 『역사학보』 38, 1968 참조.

37) 이에 대해서는 김효전, 『근대한국의 법제와 법학』, 세종출판사, 2006, 274쪽 참조.

38) 「구미입헌정체」, 『한성순보』 1884년 1월 30일.

39) 「중서법제이동설」, 『한성순보』 1884년 1월 30일.

40) 「미국지략」, 『한성순보』 1884년 2월 17일.

41) 「민주주의와 각국의 장정 및 공의당」, 『한성순보』 1884년 2월 7일.

42) 「미국지략 속고」, 『한성순보』 1884년 3월 8일.

43) 유길준, 「세계대세론」, 『유길준전서』 권3, 일조각, 1971, 16~20쪽.

44) 박은숙, 『갑신정변 연구』, 역사비평사, 2005, 292~302쪽 참조.

45) 「구미입헌정체」, 『한성순보』 1884년 1월 30일.

46) 박은숙, 앞의 책, 287~291쪽.

47) 유길준, 「서유견문」, 『유길준전서』 권1, 일조각, 1971, 163~168쪽.

48) 같은 책, 171~172쪽.

49) 김갑천 옮김, 「박영효의 건백서—내정개혁에 대한 1888년의 상소문」, 『한국정치연구』 제2호, 1990, 279~280쪽.

50) 유길준, 「인민의 권리」(「서유견문」 제4편), 『유길준전서』 권1, 일조각, 1971, 109~129쪽.

51) 김갑천 옮김, 앞의 글, 288쪽.

52) 같은 글, 289~290쪽.

53) 왕현종, 『한국근대국가의 형성과 갑오개혁』, 역사비평사, 2003, 216~223쪽.

54) 『고종실록』 1894년 7월 18일.

55) 『고종실록』 1894년 9월 17일.

56) 『고종실록』 1894년 9월 21일.

57) 국사편찬위원회 편, 『주한일본공사관기록』 5, 1990, 43~46쪽.

58) 『고종실록』 1894년 7월 12일.

59) 『고종실록』 1894년 7월 18일.

60) 『고종실록』 1894년 7월 16일.

61) 『고종실록』 1894년 7월 12일.

62) 박찬승, 『근대이행기 민중운동의 사회사』, 경인문화사, 2008, 282~283쪽.

63) 국사편찬위원회 편,『주한일본공사관기록』5, 1990, 73쪽.

64)『고종실록』1895년 3월 25일.

65) 왕현종, 앞의 책, 229∼231쪽.

66) 국사편찬위원회 편,『주한일본공사관기록』7, 1992, 29쪽.

67) 같은 책, 31∼32쪽.

68) 같은 책, 38쪽. 1895년 7월 4일 임시대리공사 杉村濬의 보고.

69) 아관파천 이후의 정권은 1896년 9월 24일 내각을 폐지하고 의정부를 복설할 때 '率舊章而參新規'〔『고종실록』1896년(건양 원년) 9월 24일〕, 이듬해 고종의 제도 개정 지시의 때 '以舊規爲本 參以新式'〔『고종실록』1897년(건양 2년) 1월 20일〕, 校典所 설치 시 '折衷新舊典式'(『고종실록』1897년 3월 16일), 法規校正所 설치 시 '參酌新舊'〔1899년(광무 3년) 5월〕 등을 내세웠다.

70) 신용하,『독립협회연구』, 일조각, 1976, 197쪽.

71)『독립신문』1897년 3월 9일 논설.

72) 신용하, 앞의 책, 177∼178쪽.

73) 같은 책, 186∼187쪽.

74) 같은 책, 192쪽.

75)『독립신문』1897년 5월 29일 논설.

76)「독립협회 회원 윤기진 씨의 글」,『독립신문』1897년 9월 31일.

77)『독립신문』1898년 1월 4일 논설.

78)「제손씨 편지」,『독립신문』1898년 11월 16일.

79)『독립신문』1896년 11월 21일 논설.

80)「제물포 곽일이란 사람이 백성에게 통문하되」,『독립신문』1896년 10월 6일.

81)「민권이 무엇인지」,『독립신문』1898년 7월 9일.

82) 신용하, 같은 책, 200쪽.

83)『독립신문』1898년 3월 3일 논설.

84)『독립신문』1898년 4월 30일 논설.

85) 이방원,『한말 정치변동과 중추원』, 혜안, 2007, 39∼54쪽.

86) 같은 책, 55∼59쪽.

87) 같은 책, 59∼60쪽.

88) 같은 책, 68쪽.

89) 같은 책, 70~71쪽.

90) 같은 책, 72쪽.

91) 같은 책, 72~73쪽.

92) 신용하, 앞의 책, 213쪽.

93) 주진오, 「19세기 후반 개화개혁론의 구조와 전개―독립협회를 중심으로」, 연세대학교 박사논문, 1995, 125~128쪽; 이방원, 앞의 책, 74~94쪽.

94) 이방원, 앞의 책, 96~152쪽.

95) 『고종실록』1898년 12월 11일.

96) 리승만, 『독립정신』, 정동출판사, 1993, 76~77쪽.

97) 『고종실록』1899년 8월 17일.

98) 고종의 황제권 강화에 대해서는 다음 책을 참조. 서영희, 『대한제국정치사연구』, 서울대학교출판부, 2003; 장영숙, 『고종의 정치사상과 정치개혁론』, 선인, 2010.

99) 이방원, 앞의 책, 213~214쪽.

100) 같은 책, 215~222쪽.

101) 같은 책, 223~226쪽.

102) 같은 책, 246~247쪽.

103) 박찬승, 『한국근대정치사상사연구』, 역사비평사, 1992, 47~49쪽.

104) 김효전, 『근대한국의 법제와 법학』, 세종출판사, 2006, 411쪽.

105) 같은 책, 412쪽.

106) 같은 책, 412쪽.

107) 헌정연구회에 대해서는 다음의 논문을 참조. 최기영, 「구한말 헌정연구회에 관한 일 고찰」, 『윤병석교수화갑기념한국근대사논총』, 1990, 지식산업사.

108) 『황성신문』1905년 7월 15일.

109) 같은 글.

110) 최기영, 「'국민수지'와 입헌군주론」, 『한국근대계몽운동연구』, 일조각, 1997, 30~31쪽.

111) 같은 책, 36쪽 참조.

112) 김학준, 『한말 서양정치학 수용 연구』, 서울대출판부, 2000, 4~5장 참조.

113) 같은 책, 126~131쪽 참조.

114) 선우순, 「국가론의 개요」, 『서북학회월보』11호, 1909, 14~18쪽.

115) 선우순, 「국가론의 개요」, 『서북학회월보』 12호, 1909, 9~10쪽.

116) 트라이츄케(1834~1896)는 독일의 역사가로서 프라이부르크, 키일, 하이델베르크, 베를린 등의 대학교수를 역임했다. 그는 랑케의 후임으로 프로이센의 국사 편수관이 되었으며, 오스트리아를 제외하고 프로이센을 맹주로 하는 소독일주의를 주창했다. 그는 비스마르크의 협력자로서 권력국가의 사상을 고취했다. 그는 대내적으로는 가톨릭, 유태인, 사회주의자를 적대시하는 군국주의와 애국주의를 제창했으며, 대외적으로는 강경외교를 주장한 인물이다. 김효전, 앞의 책, 949쪽 참조.

117) 몽테스뀨 지음, 손석린 옮김, 『법의 정신』(전자책), 박영사, 2002, 29~30쪽.

118) 양계초, 『음빙실문집』 上, 광지서국(상해), 1904, 44~47쪽; 下, 33~34쪽.

119) 원영의, 「정체개론」, 『대한협회회보』 3호, 1908, 27~28쪽.

120) 원영의, 「정치의 진화」, 『대한협회회보』 5호, 1908.

121) 윤효정, 「전제국민은 애국사상이 없다」, 『대한자강회월보』 5호, 1906.

122) 김진성, 「입헌세계」, 『대한흥학보』 4호, 1909.

123) 원영의, 「정체개론」, 『대한협회회보』 3호, 1908, 27~28쪽.

124) 원영의, 「정치의 진화」, 『대한협회회보』 5호, 1908.

125) 김성희, 「정당의 사업은 국민의 책임」, 『대한협회회보』 1호, 1908.

126) 김성희, 「정당의 책임」, 『대한협회회보』 3호, 1908.

127) 안국선, 「정당론」, 『대한협회회보』 3호, 1908.

128) 김도형, 『대한제국기의 정치사상 연구』, 지식산업사, 1994, 112쪽; 박찬승, 『한국근대정치사상사연구』, 역사비평사, 1992, 64~69쪽.

129) 박찬승, 앞의 책, 68~69쪽.

130) 『황성신문』 1898년 2월 17일 논설.

131) 『독립신문』 1898년 8월 4일 논설.

132) 『대한매일신보』 1905년 10월 11일 논설(김효전, 앞의 책, 292쪽 참조).

133) 『대한매일신보』 1909년 3월 10일 논설(김효전, 앞의 책, 293쪽 참조).

134) 전재억, 「국가의 신민된 권리 및 의무」, 『법정학계』 제6호, 1907, 5~7쪽(김효전, 앞의 책, 289쪽 참조).

135) 한광호, 「외국인의 공권 및 공법상 의무」, 『서우』 10호, 1908, 14~24쪽.

136) 김상범, 「본회 회보」, 『대한자강회월보』 6호, 1906, 79~81쪽.

137) 김효전, 앞의 책, 290~291쪽.

138) 같은 책, 291쪽.


## 제2장 민주공화제의 수용과 임시정부의 수립

1) 신용하, 「신민회의 창건과 그 국권회복운동(상)」, 『한국학보』 Vol.3, No.3, 1977 : 윤경로, 『105인사건과 신민회연구』, 일지사, 1990.

2) 예를 들어 신용하, 앞의 글, 44쪽.

3) 「이십세기 신국민」 (속), 『대한매일신보』 1910년 2월 23일 논설.

4) 「이십세기 신국민」 (속), 『대한매일신보』 1910년 3월 3일 논설.

5) 같은 글.

6) 박만규, 「한말 안창호의 근대 국민 형성론과 그 성격」, 『전남사학』 11집, 전남사학회, 1997, 436~437쪽.

7) 「조성환이 안창호에 보낸 편지(1912. 1. 2)」, 『도산안창호자료집』 (2), 독립기념관 한국독립운동사연구소, 1991, 80쪽.

8) 윤경로, 『105인사건과 신민회연구』, 일지사, 1990 참조.

9) 「국민의 계급을 타파, 자유평등을 주장할 일」, 『공립신보』 1907년 1월 1일 논설.

10) 「국민의 의무」, 『공립신보』 1908년 12월 9일 논설.

11) 「기서」寄書, 『공립신보』 1907년 1월 12일.

12) 「국민의 의무」, 『공립신보』 1908년 2월 19일 논설.

13) 「국민의 의무」, 『공립신보』 1908년 12월 9일 논설.

14) 김도훈, 『1910년대 국외항일운동』 II(한국독립운동의 역사 17), 독립기념관 한국독립운동사연구소, 2008, 162~166쪽.

15) 소앙생, 「회원제군」, 『대한흥학보』 7호, 1910, 8쪽.

16) 『신한민보』 1910년 7월 6일 논설.

17) 『신한민보』 1910년 9월 21일 논설.

18) 「대한인의 자치기관」, 『신한민보』 1910년 10월 5일 논설 : 김도훈, 앞의 책, 214쪽 참조.

19) 「망국민이 망국노亡國奴를 책한다」, 『신한민보』 1910년 10월 12일 논설.

20) 「조선독립을 회복하기 위하여 무형한 국가를 먼저 설립할 일」, 『신한민보』 1911년 4월 5일 논설.

21) 「정치적 조직에 대하야 두 번째 언론」, 『신한민보』 1911년 5월 3일 논설.

22) 김도훈, 앞의 책, 217쪽.

23) 「무형한 국가의 성립을 찬성」, 『신한민보』 1911년 5월 24일 '일사생'一史生 기고문; 김도훈, 앞의 책, 217쪽 참조.

24) 김도훈, 앞의 책, 218쪽.

25) 「청국 혁명에 대하여」, 『신한민보』 1911년 10월 18일 논설.

26) 김도훈, 앞의 책, 219쪽.

27) 같은 책, 220쪽.

28) 같은 책, 221쪽.

29) 「대한인국민회헌장(1913. 7. 12.)」, 『도산안창호전집』 5, 도산안창호선생기념사업회, 2000, 548쪽.

30) 같은 글.

31) 「조성환이 안창호에 보낸 편지(1912. 1. 2)」, 『도산안창호자료집』(2), 독립기념관 한국독립운동사연구소, 1991, 73~74쪽.

32) 「조성환이 안창호에 보낸 편지(1912. 1. 3)」, 같은 책, 80쪽.

33) 「조성환이 안창호에 보낸 편지(1912. 날짜미상)」, 같은 책, 84쪽.

34) 「조성환이 안창호에 보낸 편지(1912. 1. 3)」, 같은 책, 76쪽.

35) 「손정도가 안창호에 보낸 편지(1912. 7. 16)」, 같은 책, 128쪽.

36) 「김성도가 김영일·민충식에 보낸 편지(1913. 8. 5)」, 「김성도가 안창호에게 보낸 편지(1913. 8. 20)」, 같은 책, 134~136쪽, 144~147쪽.

37) 강영심, 「신규식의 생애와 독립운동」, 『한국독립운동사연구』 1, 독립기념관 한국독립운동사연구소, 1987, 232~236쪽.

38) 민필호, 「한중외교사화」, 『한국혼』, 보신각, 1971, 109쪽.

39) 정원택, 「지산외유일기」, 『독립운동사자료집』 8, 독립운동사편찬위원회, 1971, 338~339쪽.

40) 이상 신한혁명당에 대해서는 강영심, 「신한혁명당의 결성과 활동」, 『한국독립운동사연구』 2, 독립기념관 한국독립운동사연구소, 1988, 105~137쪽 참조.

41) 조동걸, 『한국민족주의의 성립과 독립운동사연구』, 지식산업사, 1989, 321~323쪽.

42) 김기승,『조소앙이 꿈꾼 세계』, 지영사, 2003, 195쪽.

43) 「대동단결선언」,『도산안창호자료집』(3), 235~236쪽.

44) 같은 책, 236~239쪽.

45) 같은 책, 242쪽.

46) 조동걸, 앞의 책, 335쪽.

47)『조선독립신문』제2호, 1919년 3월 3일자(국사편찬위원회 편,『한민족독립운동 사자료집』제5권, 1988, 2쪽).

48) 신용하,『일제강점기 한국민족사』(상), 서울대출판부, 2001, 316쪽.

49) 독립운동사편찬위원회,『독립운동사』제4권(임시정부사), 원호처, 1969, 135~138쪽.

50) 윤대원,『상해시기 대한민국임시정부 연구』, 서울대학교 출판부, 2006, 30~32쪽.

51) 독립운동사편찬위원회,『독립운동사자료집』제5집(3·1운동재판기록), 원호처, 1972, 139쪽.

52) 독립운동사편찬위원회,『독립운동사』제4권(임시정부사), 원호처, 1969, 146~149쪽.

53) 같은 책, 154~155쪽.

54) 이현주,「3·1운동 직후 '국민대회'와 임시정부 수립운동」,『한국근현대사연구』6 집, 1997, 134~147쪽.

55) 같은 글.

56) 박찬승,「3·1운동기 지하신문의 발간경위와 기사내용」,『동아시아문화연구』44 집, 2008, 253~254쪽.

57) 반병률,「대한국민의회의 성립과 조직」,『한국학보』46, 일지사, 1987, 132~133쪽.

58) 같은 글, 144~145쪽.

59) 같은 글, 145~146쪽.

60) 같은 글, 147~151쪽.

61) 신용하,『한국근대민족운동사연구』, 일조각, 1988, 211~218쪽.

62) 독립운동사편찬위원회,『독립운동사』제4권(임시정부사), 원호처, 1969, 61쪽.

63) 김희곤,『대한민국임시정부 I―상해시기』(한국독립운동의 역사 23), 독립기념관 한국독립운동사연구소, 2009, 49~57쪽.

64) 같은 책, 58쪽.

65) 같은 책, 59쪽.

66) 같은 책, 60쪽.

67) 독립운동사편찬위원회, 『독립운동사』 제4권(임시정부사), 원호처, 1969, 161쪽.

68) 신우철, 「중국의 제헌운동이 상해 임시정부 헌법제정에 미친 영향」, 『법사학연구』 29호, 2004, 18～19쪽.

69) 堀川哲男 지음, 왕재열 편역, 『손문과 중국혁명』, 역민사, 1983, 67～73쪽.

70) 같은 책, 216쪽.

71) 이영록, 「한국에서의 '민주공화국'의 개념사—특히 '공화' 개념을 중심으로」, 『법사학연구』 제142호, 2010, 58쪽.

72) 원영의, 「정체개론」政體槪論, 『대한협회회보』 3호, 1908, 27쪽; 유영렬, 「한국에 있어서 근대적 정체론의 변화과정」, 『국사관논총』 103호, 2003 참조.

73) 작자미상, 「국가의 주동력」, 『대한유학생회학보』 2호, 1907, 5쪽(이영록, 앞의 글 참조).

74) 선우순, 「국가론의 개요(속)」, 『서북학회월보』 12호, 1909, 10쪽(이영록, 앞의 글 참조).

75) 「한인된 자 사람마다 의무와 권리를 알면 금일 치욕을 면키 쉬울 일」, 『국민보』 1914년 2월 7일.

76) 「옛 법을 버리고 새 법을 환영, 신문 잡지를 많이 구람」, 『국민보』 1914년 6월 13일.

77) 김기승, 앞의 책, 210쪽 등 참조.

78) 김희곤, 앞의 책, 65～66쪽.

79) 임시의정원법에 대해서는 독립운동사편찬위원회, 『독립운동사』 제4권(임시정부사), 원호처, 1969, 164～169쪽 참조.

80) 윤대원, 『상해시기 대한민국임시정부 연구』, 서울대학교출판부, 2006, 42쪽.

81) 같은 책, 42～43쪽.

82) 김희곤, 앞의 책, 92～93쪽.

83) 반병률, 「대한국민의회와 상해임시정부의 통합정부 수립운동」, 『한국민족운동사연구』 2, 1988, 107～109쪽.

84) 고정휴, 『이승만과 한국독립운동』, 연세대학교출판부, 2004, 88～89쪽.

85) 같은 책, 90쪽.

86) 독립운동사편찬위원회, 『독립운동사』 제4권(임시정부사), 원호처, 1969, 219쪽 참조.

87) 김희곤, 앞의 책, 95～98쪽.

88) 이하 '대한민국임시헌법'의 내용에 대해서는 독립운동사편찬위원회, 『독립운동
사』 제4권(임시정부사), 원호처, 1969, 226~233쪽 참조.

89) 독립운동사편찬위원회, 『독립운동사』 제4권(임시정부사), 원호처, 1969, 238쪽.

90) 같은 책, 241~242쪽.

91) 『독립신문』 1920년 1월 8일.

92) 국회도서관 편, 『한국민족운동사료』(중국편), 국회도서관, 1976, 269쪽.

93) 나공민, 「사상의 귀추와 운동의 방향」, 『개벽』 45호, 개벽사, 1924. 3, 41~42쪽.


## 제3장 독립운동 진영의 통일 모색과 건국 준비

1) 조범래, 『한국독립당의 결성』, 선인, 2011, 23쪽.

2) 같은 책, 25~26쪽.

3) 같은 책, 26~27쪽.

4) 윤대원, 『상해시기 대한민국임시정부 연구』, 서울대학교출판부, 2006, 64~119쪽.

5) 같은 책, 199~202쪽.

6) 김희곤, 『대한민국임시정부 I ─상해시기』(한국독립운동의 역사 23), 독립기념관
한국독립운동사연구소, 2009, 179~191쪽.

7) 조범래, 앞의 책, 36~37쪽.

8) 김희곤, 앞의 책, 203~208쪽.

9) 조범래, 앞의 책, 38쪽.

10) 같은 책, 40~41쪽.

11) 같은 책, 42~43쪽.

12) 같은 책, 48~61쪽.

13) 같은 책, 60~61쪽.

14) 김희곤, 앞의 책, 238~240쪽.

15) 조범래, 앞의 책, 65~71쪽.

16) 같은 책, 71~73쪽.

17) 윤대원, 앞의 책, 295~296쪽.

18) 조범래, 앞의 책, 83쪽.

19) 같은 책, 83~85쪽. 여기서 '유호'留滬란 '재상해'在上海를 의미한다.

20) 노경채, 『한국독립당 연구』, 신서원, 1996, 48쪽.

21) 조범래, 앞의 책, 94~97쪽.

22) 노경채, 앞의 책, 83쪽.

23) 같은 책, 86~87쪽.

24) 조범래, 앞의 책, 94~95쪽.

25) 노경채, 앞의 책, 50~51쪽.

26) 조범래, 앞의 책, 109~110쪽.

27) 김영범, 『한국근대민족운동과 의열단』, 창작과비평사, 1997, 272~282쪽.

28) 염인호, 『김원봉연구: 의열단·민족혁명당 40년사』, 창작과비평사, 1993, 146~156쪽.

29) 한상도, 『대한민국임시정부 II—장정시기』(한국독립운동의 역사 24), 독립기념관 한국독립운동사연구소, 2008, 49~52쪽.

30) 강만길, 『증보 조선민족혁명당과 통일전선』, 역사비평사, 2003, 48~51쪽.

31) 신주백, 『1930년대 중국 관내지역 정당통일운동』(한국독립운동의 역사 48), 독립기념관 한국독립운동사연구소, 2009, 47~54쪽.

32) 같은 책, 55~60쪽.

33) 사회문제자료연구회, 「한국민족혁명당창립대회선언」, 『사상정세시찰보고집』 3, 80쪽(신주백, 앞의 책, 67쪽에서 재인용).

34) 신주백, 앞의 책, 79~80쪽.

35) 같은 책, 81쪽.

36) 같은 책, 84~85쪽에서 재인용.

37) 사회문제자료연구회, 「본당의 기본강령과 현단계의 중심임무」, 『사상정세시찰보고집』 3, 337쪽(신주백, 앞의 책, 85쪽에서 재인용).

38) 진의로, 「우리 운동의 통일문제에 관하여」, 『민족혁명』 제3호(신주백, 앞의 책, 89쪽에서 재인용).

39) 같은 글(신주백, 앞의 책, 90쪽에서 재인용).

40) 신주백, 앞의 책, 91~92쪽.

41) 강만길, 앞의 책, 77쪽.

42) 조선총독부, 『사상휘보』 제7호, 79~80쪽(신주백, 앞의 책, 97쪽 참조).

43) 사회문제연구회, 『사상정세시찰보고집』 2, 45~46쪽(강만길, 앞의 책, 121쪽에서

재인용).

44) 강만길, 앞의 책, 130~135쪽.

45) 같은 책, 136쪽.

46) 신주백, 앞의 책, 164~165쪽.

47) 같은 책, 165~166쪽.

48) 독립운동사편찬위원회, 『독립운동사』 제4권(임시정부사), 원호처, 1969, 753쪽.

49) 같은 책, 155~156쪽.

50) 같은 책, 156쪽.

51) 같은 책, 161쪽 참조.

52) 신주백, 앞의 책, 170~171쪽.

53) 같은 책, 171~173쪽.

54) 같은 책, 173쪽.

55) 같은 책, 174쪽.

56) 같은 책, 175~178쪽.

57) 같은 책, 179쪽.

58) 같은 책, 181~183쪽.

59) 같은 책, 184~189쪽.

60) 같은 책, 191~193쪽.

61) 백범김구선생전집편찬위원회, 『백범김구전집』 6, 38~39쪽.

62) 신주백, 앞의 책, 195~200쪽.

63) 같은 책, 203쪽.

64) 한시준, 『대한민국임시정부 III ─ 중경시기』(한국독립운동의 역사 25), 독립기념관 한국독립운동사연구소, 2009, 8~11쪽.

65) 같은 책, 13쪽.

66) 같은 책, 14쪽.

67) 독립운동사편찬위원회, 『독립운동사』 제4권(임시정부사), 원호처, 1969, 766쪽.

68) 한시준, 앞의 책, 27쪽.

69) 같은 책, 28쪽.

70) 박찬승, 「대한민국헌법의 임시정부 계승성」, 『독립운동사연구』 43집, 2012, 392쪽.

71) 한시준, 앞의 책, 31~32쪽.

72) 같은 책, 38쪽.

73) 같은 책, 36쪽.

74) 『특고월보』1940년 6월호, 78~79쪽; 김영범, 「조선의용대 연구」, 『한국독립운동 사연구』2, 1988.

75) 노경채, 앞의 책, 147쪽.

76) 조범래, 앞의 책, 41~43쪽.

77) 한시준, 앞의 책, 44쪽.

78) 위와 같음.

79) 독립운동사편찬위원회, 『독립운동사』제4권(임시정부사), 원호처, 1969, 964~965 쪽.

80) 한시준, 앞의 책, 48~49쪽.

81) 같은 책, 50~51쪽.

82) 같은 책, 51~53쪽.

83) 같은 책, 53~54쪽.

84) 같은 책, 56쪽.

85) 같은 책, 57~58쪽.

86) 이하 「대한민국임시헌장」에 대해서는 독립운동사편찬위원회, 『독립운동사』제4 권(임시정부사), 1969, 998~1005쪽 참조.

87) 한시준, 앞의 책, 59~60쪽.

88) 같은 책, 61쪽.

89) 독립운동사편찬위원회, 앞의 책, 1007쪽.

90) 같은 책, 828~829쪽. 본래는 9개 항목이나 이를 5개 항목으로 요약한 것이다.

91) 같은 책, 831쪽.

92) 같은 책, 832쪽.

93) 삼균주의에 대해서는 김기승, 『조소앙이 꿈꾼 세계』, 지영사, 2003 참조.

94) 김기승, 같은 책, 217쪽.

95) 조소앙, 「韓國之現象及其革命之趨勢」, 『한국독립운동사자료집 ―조소앙편(1)』, 한 국정신문화연구원, 1995, 230~284쪽.

96) 같은 책, 222~223쪽.

97) 같은 책, 233~234쪽.

98) 「한국독립당 당의해석」, 『대한민국임시정부자료집』 34, 국사편찬위원회, 2009 참조.

99) 강명희, 「1940년대 한중 중간노선의 '신민주'적 국가건설 지향」, 『중국근현대사연구』 36, 2007 참조.

100) 김기승, 앞의 책, 295쪽.

101) 이하 건국강령에 대해서는 독립운동사편찬위원회 편, 『독립운동사』 제4권(임시정부사), 원호처, 1969, 830~836쪽 참조.

102) 역사비평편집부 자료발굴, 「조선공산당선언」, 『역사비평』 21호, 1992, 353~354쪽.

103) 김인덕, 「조선공산당의 투쟁과 해산―당대회를 중심으로」, 『일제하 사회주의운동사』, 한길사, 1991, 67쪽.

104) 같은 글, 69쪽.

105) 우동수, 「1920년대 말~30년대 한국 사회주의자들의 신국가건설론」, 『한국사연구』 72, 1991, 106쪽.

106) 같은 글, 107쪽.

107) 김민우, 「朝鮮の農民問題」, 『朝鮮問題』, 94쪽(우동수, 앞의 글, 108쪽 참조).

108) 이철악, 「조선혁명의 특질과 노동계급 전위의 당면 임무」, 『계급투쟁』 창간호, 1925, 12쪽.

109) 우동수, 앞의 글, 115~116쪽.

110) 같은 글, 117쪽.

111) 「노동자신문」 33호(1938. 9. 17), 『한국민족해방운동사자료총서』 5, 경원문화사, 638~643쪽.

112) 정병준, 『광복직전 독립운동세력의 동향』(한국독립운동의 역사 56), 독립기념관 한국독립운동사연구소, 80~81쪽.

113) 같은 책, 81~82쪽.

114) 같은 책, 82~84쪽.

**제4장 해방 이후 통일정부 수립의 좌절**

1) 정용욱, 『해방 전후 미국의 대한정책』, 서울대학교출판부, 2003, 28~33쪽.

2) 송남헌, 『한국현대정치사』 1, 성문각, 1980, 18쪽.

3) 같은 책, 19쪽.

4) 김영식, 「한국독립문제의 거론과 Roosevelt Idea」, 『한국정치학회보』 Vol.23, No.1, 1989, 140쪽.

5) 송남헌, 앞의 책, 20쪽.

6) 신복룡·김원덕 편역, 『한국분단보고서』 하, 풀빛, 1992, 41쪽.

7) 같은 책, 41~42쪽.

8) 송남헌, 앞의 책, 22쪽.

9) 신복룡·김원덕 편역, 앞의 책, 48~51쪽.

10) 같은 책, 55~56쪽.

11) 리영희, 『역정』, 창작과비평사, 1988, 90~91쪽.

12) 여운홍, 『몽양 여운형』, 청하각, 1967, 134~142쪽.

13) 정병준, 『몽양 여운형 평전』, 한울, 1995, 118~119쪽.

14) 여운홍, 앞의 책, 143~144쪽.

15) 같은 책, 152~153쪽.

16) 「조선, 미소 분할점령하 군정시행케 될 것」, 『매일신보』 1945년 8월 24일.

17) 송남헌, 『한국현대정치사』 1, 성문각, 1980, 77~78쪽.

18) 같은 책, 79~80쪽.

19) 심지연, 『한국민주당연구』 1, 풀빛, 1982, 48쪽.

20) 송남헌, 앞의 책, 82쪽.

21) 같은 책, 115~118쪽.

22) 이상 미군의 진주 과정에 대해서는 안진, 『미군정과 한국의 민주주의』, 한울아카데미, 2005, 67~69쪽을 참조하여 정리.

23) 송남헌, 앞의 책, 158~159쪽.

24) 안진, 앞의 책, 143쪽.

25) 「현정세와 우리의 임무」, 『이정박헌영전집』 2권, 역사비평사, 2004.

26) 송남헌, 앞의 책, 143~144쪽.

27) 같은 책, 159쪽 참조.

28) 심지연, 『조선신민당 연구』, 동녘, 1988 참조.

29) 심지연, 『한국민주당』 1, 풀빛, 1982 참조.

30) 오유석, 「한국보수지배세력 연구―대한독립촉성국민회를 중심으로」, 『사회와 역사』 45, 1995 참조.

31) 노경채, 『한국독립당 연구』, 신서원, 1996, 206쪽.

32) 「재중경在重慶 한독당 제5차임시대표대회, 선언 당강 당책 발표」(1945. 8. 28), 『자료대한민국사』 1, 국사편찬위원회, 1968 참조.

33) 송남헌, 앞의 책, 202~203쪽.

34) 한시준, 『대한민국임시정부 III―중경시기』(한국독립운동의 역사 25), 독립기념 관 한국독립운동사연구소, 2009, 173~180쪽.

35) 송남헌, 앞의 책, 207쪽.

36) 위와 같음.

37) 『동아일보』 1945년 12월 29일.

38) 심지연, 앞의 책, 165~167쪽.

39) 같은 책, 170쪽.

40) 『동아일보』 1946년 1월 8일.

41) 『동아일보』 1946년 1월 5일.

42) 『동아일보』 1946년 1월 16일.

43) 『동아일보』 1946년 1월 18일.

44) 『동아일보』 1945년 12월 30일.

45) 이수인, 「모스크바 3상협정 찬반운동의 역사적 성격」, 『한국현대정치사』 1, 1989, 131~135쪽.

46) 『동아일보』 1946년 1월 16일, 17일.

47) 정용욱, 앞의 책, 194쪽.

48) 박진희, 「해방직후 정치공작대의 조직과 활동」, 『역사와 현실』 21, 1996, 172쪽.

49) 서희경·박명림, 「민주공화주의와 대한민국 헌법 이념의 형성」, 『정신문화연구』 제30권 제1호, 2007, 98~99쪽.

50) 박진희, 앞의 글, 197~198쪽.

51) 신용옥, 「8·15후 좌우세력의 헌법제정 시도에 관한 사실관계 해석과 그 정치적 성격」, 『역사교육』 106집, 2008, 135~136쪽.

52) 같은 글, 136~137쪽.

53) 같은 글, 141~142쪽.

54) 같은 글, 145쪽.

55) 김수용, 『건국과 헌법―헌법논의를 통해 본 대한민국 건국사』, 경인문화사, 2008,

71~80쪽.

56) 같은 책, 408쪽.

57) 독립운동사편찬위원회 편, 『독립운동사』제4권(임시정부사), 원호처, 1969, 998쪽.

58) 같은 책, 82~83쪽.

59) 신용옥, 앞의 글, 123~124쪽.

60) 같은 글, 126~127쪽.

61) 김수용, 앞의 책, 419쪽.

62) 같은 책, 420쪽.

63) 신용옥, 앞의 글, 132쪽.

64) 「중요정책에 대한 보고」, 『해방일보』 1946년 4월 22일.

65) 송남헌, 앞의 책, 317~325쪽.

66) 같은 책, 329~335쪽.

67) 김수용, 앞의 책, 92~110쪽.

68) 같은 책, 155쪽.

69) 그 전문은 김수용, 앞의 책, 439~446쪽 참조.

70) 신용옥, 「우파세력의 단정 입법 시도와 조선임시약헌 제정의 정치적 성격」, 『한국사학보』 28호, 2007, 114쪽.

71) 『경향신문』 1947년 6월 12일.

72) 이하 이에 관한 내용은 심지연, 『미소공동위원회 연구』, 청계연구소, 1989, 87~95쪽의 내용을 요약한 것이다.

73) 심지연, 앞의 책, 7~9쪽.

74) 이하 제1차 미소공위의 경과에 대해서는 심지연, 앞의 책, 9~13쪽을 참조하여 서술함.

75) 기광서, 「훈령으로 본 소련의 미소공동위원회 전략」, 『역사문제연구』 24집, 2010, 302~313쪽 참조.

76) 미소공위의 무기 휴회에 대한 반응에 대해서는 심지연, 앞의 책, 40~44쪽 참조.

77) 서중석, 『한국현대민족운동 연구―해방후 민족국가 건설운동과 통일전선』, 역사비평사, 1991, 398쪽.

78) 같은 책, 402~403쪽.

79) 같은 책, 403~406쪽.

80) 송남헌, 앞의 책, 302쪽.

81) 같은 책, 307~308쪽.

82) 서중석, 앞의 책, 473~475쪽; 송남헌, 앞의 책, 309~310쪽.

83) 서중석, 앞의 책, 476쪽.

84) 이에 대해서는 정용욱, 앞의 책, 281~298쪽 참조.

85) 심지연, 앞의 책, 216~217쪽.

86) 같은 책, 217~219쪽.

87) 같은 책, 221~222쪽.

88) 『경향신문』 1947년 6월 22일.

89) 심지연, 앞의 책, 84쪽.

90) 국사편찬위원회 편, 『스틔꼬프 일기』, 국사편찬위원회, 2004, 111쪽.

91) 심지연, 앞의 책, 17~19쪽.

92) 기광서, 앞의 글, 322~328쪽.

93) 심지연, 앞의 책, 21쪽.

94) 같은 책, 22~23쪽.

95) 같은 책, 21~24쪽.

96) 이상은 같은 책, 65쪽 참조.

97) 같은 책, 67쪽.

98) 송남헌, 앞의 책, 410~411쪽.

99) 같은 책, 413쪽.

100) 같은 책, 425쪽.

101) 도진순, 『한국민족주의와 남북관계』, 서울대학교출판부, 1997, 187~188쪽.

102) 『동아일보』 1948년 1월 28일.

103) 『새한민보』 1948년 2월 중순호(송남헌, 앞의 책, 443쪽 참조).

104) 『동아일보』 1948년 2월 6일.

105) 백범사상연구소 편, 『38선을 베고 쓰러질지언정』, 사계절, 1995, 153쪽.

106) 송남헌, 앞의 책, 449쪽.

107) 같은 책, 449~450쪽.

108) 같은 책, 450~453쪽.

109) 같은 책, 453~454쪽.

110) 『동아일보』 1948년 4월 2일.

111) 송남헌, 앞의 책, 454~455쪽.

112) 같은 책, 460~463쪽.

113) 같은 책, 467쪽.

114) 같은 책, 469~470쪽.

115) 같은 책, 471~472쪽.

116) 도진순, 앞의 책, 293~300쪽.

## 제5장 민주공화국 대한민국 헌법의 제정

1) 이태일, 「5·10선거의 정치사적 의미」, 『한국현대정치사』 1, 실천문학사, 1989,
   187~188쪽.

2) 같은 글, 189~193쪽.

3) 같은 글, 194쪽.

4) 같은 글, 197쪽.

5) 서희경, 『대한민국 헌법의 탄생』, 창비, 2012, 279쪽.

6) 전광석, 「해방 후 3년간의 헌법구상」, 『헌법판례연구』 5, 2003 ; 「제헌의회의 헌법
   구상」, 『법학연구』 Vol.15, No.4, 2005, 4~5쪽 참조.

7) 서희경, 앞의 책, 287~288쪽.

8) 같은 책, 288~289쪽.

9) 같은 책, 289~291쪽.

10) 『동아일보』 1948년 6월 18일.

11) 서희경, 앞의 책, 294쪽.

12) 『동아일보』 1948년 6월 23일.

13) 유진오, 『헌법기초회고록』, 일조각, 1980, 62쪽.

14) 같은 책, 73·80쪽.

15) 『동아일보』 1948년 6월 23일.

16) 유진오, 앞의 책, 22쪽.

17) 『국회속기록』 제1회 제20차 회의록(1948년 6월 29일), 9쪽.

18) 『서울신문』, 『경향신문』 1948년 6월 7일.

19) 『국회속기록』, 제1회 제21차 회의록(1948년 6월 30일), 23쪽.

20) 『서울신문』, 『경향신문』, 『조선일보』, 『동아일보』 1948년 6월 1일.

21) 『서울신문』, 『경향신문』 1948년 6월 8일.

22) 『국회속기록』, 제1회 제18차 회의록(1948년 6월 26일), 12쪽.

23) 『국회속기록』, 제1회 제18차 회의록(1948년 6월 26일), 8쪽.

24) 『국회속기록』, 제1회 제21차 회의록(1948년 6월 30일), 4쪽.

25) 『국회속기록』, 제1회 제21차 회의록(1948년 6월 30일), 2쪽.

26) 『국회속기록』, 제1회 제22차 회의록(1948년 7월 1일), 17~20쪽.

27) 『국회속기록』, 제1회 제17차 회의록(1948년 6월 23일), 8쪽.

28) 유진오, 「대한민국헌법 제안이유 설명」, 『헌법기초회고록』 부록, 1980, 236쪽.

29) 『국회속기록』, 제1회 제17차 회의록(1948년 6월 23일), 9쪽.

30) 계희열, 「현민 유진오의 사상과 헌법제정에서의 역할」, 『고려법학』 Vol.51, 2008, 46~47쪽.

31) 이에 대해서는 함상훈, 「국제정국의 전망」, 『경향신문』 1947년 1월 1일 참조.

32) 『국회속기록』, 제1회 제28차 회의록(1948년 7월 12일), 2쪽.

33) 유진오, 『헌법해의』, 명세당, 1949, 19~20쪽(김동훈, 『한국헌법과 공화주의』, 경인문화사, 2011, 255~256쪽에서 재인용).

34) 김동훈, 앞의 책, 256~257쪽.

35) 김효전, 「한국헌법과 바이마르헌법」, 『공법연구』 14집, 1986, 15쪽.

36) 같은 글, 16쪽.

37) 『국회속기록』, 제1회 제24차(1948년 7월 3일), 제25차(1948년 7월 5일) 회의록. 이 논쟁에 관해서는 신용옥, 「제헌헌법의 사회·경제질서 구성 이념」, 『한국사연구』 144, 2009에서 자세히 분석하고 있다.

38) 김효전, 앞의 글, 16쪽.

39) 같은 글, 24쪽.

40) 전광석, 「유진오와 대한민국 헌법」, 『고려법학』 48집, 2007, 454~455쪽.

41) 『국회속기록』, 제1회 제17차 회의록(1948년 6월 23일), 10~11쪽.

42) 토론에 나선 이들도 대체로 내각제보다는 대통령제가 한국의 현실에 부합한다고 주장하고 있었다. 예를 들어 조한백 의원은 한국의 현실을 살펴볼 때 국토의 남북

통일과 민족의 사상통일을 비롯하여 민생 문제 등 많은 문제가 쌓여 있는 현 단계에서 내각책임제를 한다면 내각의 경질이 빈번할 것이고, 이는 결국 민심의 불안, 사회의 혼란을 가져올 것이므로 안정적인 대통령중심제를 채택해야 한다고 주장했다. 『국회속기록』, 제1회 제21차 회의록(1948년 6월 30일), 21~22쪽.

43) 『국회속기록』, 제1회 제21차 회의록(1948년 6월 30일), 5쪽.

44) 『국회속기록』, 제1회 제21차 회의록(1948년 6월 30일), 25쪽.

45) 『국회속기록』, 제1회 제19차 회의록(1948년 6월 28일), 14쪽.

46) 『국회속기록』, 제1회 제21차 회의록(1948년 6월 30일), 31쪽.

47) 『국회속기록』, 제1회 제26차 회의록(1948년 7월 6일), 8쪽.

48) 『국회속기록』, 제1회 제26차 회의록(1948년 7월 6일), 9~17쪽.

49) 신용옥, 앞의 글, 37쪽.

50) 김효전, 「한국헌법과 바이마르헌법」, 『공법연구』 14집, 1986, 39쪽.

51) 박명림은 이를 자유주의적 시장경제체제에 대한 강력한 제한을 의미하는 것으로, '수정자본주의적인 것'이라고 부를 수 있다고 했다. 박명림, 「한국의 초기 헌정체제와 민주주의―'혼합정부'와 '사회적 시장경제'를 중심으로」, 『한국정치학회보』 37집 1호, 2003, 123~124쪽.

52) 이에 대해서는 함상훈, 「국제정국의 전망」, 『경향신문』 1947년 1월 1일자 참조.

53) 양호민 편, 『사회민주주의』, 종로서적, 1985, 283~291쪽. 이하의 사회민주주의에 관한 서술은 이 책을 참조한 것임.

54) 예를 들어 안재홍, 「한민족의 진로」, 『한성일보』 1948년 10월 17일.

55) 김동훈, 앞의 책, 257~263쪽.

56) 서희경·박명림, 「민주공화주의와 대한민국 헌법 이념의 형성」, 『정신문화연구』 제30권 제1호, 2007에서는 '민주공화주의'를 '근대 한국헌법, 나아가 국가의 핵심원리'였다고 말하고 있다. 필자도 이에 공감하지만, 공화주의와 민주공화주의의 차이에 대해 이론적 보완이 필요하다고 생각된다.

# 참고문헌

## 1. 각종 자료

『고종실록』, 『해국도지』, 『지구전요』, 『한성순보』, 『독립신문』, 『대한매일신보』, 『공립신보』, 『신한민보』, 『독립신문』, 『동아일보』, 『경향신문』, 『서울신문』, 『한성일보』, 『해방일보』, 『국회속기록』

## 2. 자료집

국사편찬위원회 편, 『스틔꼬프 일기』, 국사편찬위원회, 2004.

국회도서관 편, 『한국민족운동사료』(중국편), 국회도서관, 1976.

독립기념관 한국독립운동사연구소, 『도산안창호자료집』(2), 1991.

독립기념관 한국독립운동사연구소, 『대한민국임시정부공보』(한국독립운동사자료총서 19집), 2004.

독립운동사편찬위원회, 『독립운동사』 제4권(임시정부사), 원호처, 1969.

독립운동사편찬위원회, 『독립운동사자료집』 제5집(3·1운동재판기록), 원호처, 1969.

리영희, 『역정』, 창작과비평사, 1988.

민필호, 「한중외교사화」, 『한국혼』, 보신각, 1971.

한국문헌연구소, 『박정양전집』, 아세아문화사, 1984.

백범사상연구소 편, 『38선을 베고 쓰러질지언정』, 사계절, 1995.

사회문제자료연구회, 『사상정세시찰보고집』 3, 동양문화사(교토), 1977.

삼균학회 편, 『삼균주의논선』, 삼성출판사, 1990.

신복룡·김원덕 편역, 『한국분단보고서』 하, 풀빛, 1992.

유길준전서편찬위원회 편, 『유길준전서』, 일조각, 1971.

이정박헌영전집편집위원회 편, 『이정박헌영전집』, 역사비평사, 2004.

자료발굴, 「조선공산당선언」, 『역사비평』 21호, 1992.

정원택, 「지산외유일기」, 『독립운동사자료집』 8, 독립운동사편찬위원회, 1971.

한국정신문화연구원 편, 『한국독립운동사자료집─조소앙 편』, 1995.


## 3. 저서

가이즈카 시게키·이토 미치하루 지음, 배진영·임대희 옮김, 『중국의 역사─선진시대』, 혜안, 2011.

강만길, 『조선민족혁명당과 통일전선』, 화평사, 1991.

강정인, 『민주주의의 이해』, 문학과지성사, 1997.

김기승, 『조소앙이 꿈꾼 세계』, 지영사, 2003.

김도형, 『대한제국기의 정치사상 연구』, 지식산업사, 1994.

김동훈, 『한국헌법과 공화주의』, 경인문화사, 2011.

김민환, 『개화기 민족지의 사회사상』, 나남, 1988.

김수용, 『건국과 헌법─헌법논의를 통해 본 대한민국 건국사』, 경인문화사, 2008.

김영범, 『한국 근대민족운동과 의열단』, 창작과비평사, 1997.

김육훈, 『민주공화국 대한민국의 탄생』, 휴머니스트, 2012.

김학준, 『한말 서양정치학 수용 연구』, 서울대출판부, 2000.

김효전, 『근대한국의 법제와 법학』, 세종출판사, 2006.

김희곤, 『대한민국임시정부연구』, 지식산업사, 2004.

_____, 『대한민국임시정부 I ─상해시기』(한국독립운동의 역사 23), 독립기념관 한국독립운동사연구소, 2009.

김희곤 외, 『대한민국임시정부의 좌우합작운동』, 한울아카데미, 1995.

노경채, 『한국독립당연구』, 신서원, 1996.

노르베르트 보비오 지음, 황주홍 옮김, 『자유주의와 민주주의』, 문학과지성사, 1992.

데이비드 헬드 지음, 박찬표 옮김, 『민주주의의 모델들』, 후마니타스, 2010.

도진순, 『한국민족주의와 남북관계』, 서울대학교출판부, 1997.

모리치오 비롤리 지음, 김경희·김동규 옮김, 『공화주의』, 인간사랑, 2006.

민주화운동기념사업회 편, 『민주주의 강의』 2(사상), 민주화운동기념사업회, 2007.

박은숙, 『갑신정변 연구』, 역사비평사, 2005.

박찬승, 『한국근대정치사상사연구─민족주의 우파의 실력양성운동론』, 역사비평사,

1992.

서영희, 『대한제국 정치사연구』, 서울대학교출판부, 2003.

서중석, 『한국현대민족운동 연구—해방 후 민족국가 건설운동과 통일전선』, 역사비평사, 1991.

서희경, 『대한민국 헌법의 탄생』, 창비, 2012.

송남헌, 『한국현대정치사』 1, 성문각, 1980.

신용하, 『독립협회연구: 독립신문·독립협회·만민공동회의 사상과 운동』, 일조각, 1981.

_____, 『초기 개화사상과 갑신정변연구』, 지식산업사, 2000.

_____, 『일제강점기 한국민족사』(상), 서울대출판부, 2001.

_____, 『갑오개혁과 독립협회운동의 사회사』, 서울대학교출판부, 2002.

신주백, 『1930년대 중국 관내지역 정당통일운동』(한국독립운동의 역사 48), 독립기념관 한국독립운동사연구소, 2009.

심지연, 『한국민주당연구』 1, 풀빛, 1982.

_____, 『조선신민당 연구』, 동녘, 1988.

_____, 『미소공동위원회 연구』, 청계연구소, 1989.

안진, 『미군정과 한국의 민주주의』, 한울아카데미, 2005.

양호민 편, 『사회민주주의』, 종로서적, 1985.

여운홍, 『몽양 여운형』, 청하각, 1967.

염인호, 『김원봉연구—의열단·민족혁명당 40년사』, 창작과비평사, 1993.

_____, 『조선의용대·조선의용군』(한국독립운동의 역사 53), 독립기념관 한국독립운동사연구소, 2009.

왕현종, 『한국 근대국가의 형성과 갑오개혁』, 역사비평사, 2003.

유진오, 『헌법기초회고록』, 일조각, 1980.

윤경로, 『105인사건과 신민회연구』, 일지사, 1990.

윤대원, 『상해시기 대한민국임시정부 연구』, 서울대학교 출판부, 2006.

이방원, 『한말 정치변동과 중추원』, 혜안, 2010.

장영숙, 『고종의 정치사상과 정치개혁론』, 선인, 2010.

정병준, 『몽양 여운형 평전』, 한울, 1995.

_____, 『광복직전 독립운동세력의 동향』(한국독립운동의 역사 56), 독립기념관 한국독립운동사연구소, 2009.

정용욱, 『해방 전후 미국의 대한정책』, 서울대학교출판부, 2003.

정용화, 『문명의 정치사상: 유길준과 근대한국』, 문학과지성사, 2004.

조동걸, 『한국민족주의의 성립과 독립운동사연구』, 지식산업사, 1989.

최기영, 『한국근대계몽운동연구』, 일조각, 1997.

한상도, 『대한민국임시정부 II ─ 장정시기』(한국독립운동의 역사 24), 독립기념관 한
　　국독립운동사연구소, 2008.

한시준, 『한국광복군연구』, 일조각, 1993.

_____, 『대한민국임시정부 III ─ 중경시기』(한국독립운동의 역사 25), 독립기념관 한
　　국독립운동사연구소, 2009.


## 4. 논문

강명희, 「1940년대 한중 중간노선의 '신민주'적 국가건설 지향」, 『중국근현대사연구』
　　36, 2007.

강영심, 「신규식의 생애와 독립운동」, 『한국독립운동사연구』 1, 독립기념관 한국독립
　　운동사연구소, 1987.

_____, 「신한혁명당의 결성과 활동」, 『한국독립운동사연구』 2, 독립기념관 한국독립
　　운동사연구소, 1988.

강정민, 「제헌헌법의 자유주의 이념적 성격」, 『정치사상연구』 11집 2호, 2005.

계희열, 「현민 유진오의 사상과 헌법제정에서의 역할」, 『고려법학』 51집, 2008.

기광서, 「훈령으로 본 소련의 미소공동위원회 전략」, 『역사문제연구』 24집, 2010.

김경희, 「서구 민주공화주의의 기원과 전개」, 『정신문화연구』 제30권 제1호, 2007.

김영수, 「대한민국임시정부 헌법과 그 정통성」, 『법사학연구』 37호, 1995.

김영식, 「한국독립문제의 거론과 Roosevelt Idea」, 『한국정치학회보』, Vol.23, No.1,
　　1989.

김인덕, 「조선공산당의 투쟁과 해산 ─ 당대회를 중심으로」, 『일제하 사회주의운동사』,
　　한길사, 1991.

김학준, 「해방전후 시기에 활동한 우파 정치지도자들의 자유민주주의 수용과정과 정
　　치운동」, 『동아연구』 12집, 1987.

김효전, 「한국헌법과 바이마르헌법」, 『공법연구』 14집, 1986.

김희곤, 「3·1운동과 민주공화제 수립의 세계사적 의의」, 『한국근현대사연구』 48집,

2009.

박명림, 「한국의 초기 헌정체제와 민주주의―'혼합정부'와 '사회적 시장경제'를 중심
　　으로」, 『한국정치학회보』 37집 1호, 2003.

박찬승, 「한국의 근대국가 건설운동과 공화제」, 『역사학보』 200집, 2008.

_____, 「3·1운동기 지하신문의 발간경위와 기사내용」, 『동아시아문화연구』 44집,
　　2008.

_____, 「대한민국헌법의 임시정부 계승성」, 『독립운동사연구』 43집, 2012.

반병률, 「대한국민의회의 성립과 조직」, 『한국학보』 46, 일지사, 1987.

_____, 「대한국민의회와 상해임시정부의 통합정부 수립운동」, 『한국민족운동사연구』
　　2, 1988.

서희경, 「대한민국 건국헌법의 역사적 기원(1898-1919)」, 『한국정치학회보』 제40집
　　제5호, 2006.

서희경·박명림, 「민주공화주의와 대한민국 헌법이념의 형성」, 『정신문화연구』 제30
　　권 제1호, 2007.

송석윤, 「군민공치와 입헌군주제 헌법」, 『서울대학교 법학』 53권 1호, 2012.

신용옥, 「우파세력의 단정 입법 시도와 조선임시약헌 제정의 정치적 성격」, 『한국사학
　　보』 28호, 2007.

_____, 「8·15후 좌우세력의 헌법제정 시도에 관한 사실관계 해석과 그 정치적 성
　　격」, 『역사교육』 106집, 2008.

_____, 「제헌헌법의 사회·경제질서 구성 이념」, 『한국사연구』 144, 2009.

신용하, 「신민회의 창건과 그 국권회복운동(상)」, 『한국학보』 Vol.3, No.3, 일지사,
　　1977.

신우철, 「중국의 제헌운동이 상해 임시정부 헌법개정에 미친 영향」, 『법과 사회』 27
　　호, 2004.

_____, 「임시약헌(1927.3.5.) 연구」, 『법사학연구』 31호, 2004.

_____, 「임시약헌(1940.10.9.) 연구」, 『법사학연구』 37호, 2008.

안외순, 「19세기 말 조선에 있어서 민주주의 수용론의 재검토」, 『정치사상연구』 4집,
　　2001.

오유석, 「한국보수지배세력 연구―대한독립촉성국민회를 중심으로」, 『사회와 역사』
　　4, 1995.

우동수, 「1920년대 말~30년대 한국 사회주의자들의 신국가건설론」, 『한국사연구』 72, 1991.

유영렬, 「한국에 있어서 근대적 정체론의 변화과정」, 『국사관논총』 103호, 국사편찬위원회, 2003.

윤대원, 「한말 일제초기 정체론의 논의과정과 민주공화제의 수용」, 『중국근현대사연구』 12, 2001.

이광린, 「한국에 있어서의 민주주의 수용」, 『동아연구』 12집, 1987.

이수인, 「모스크바 3상협정 찬반운동의 역사적 성격」, 『한국현대정치사』 1, 1989.

이영록, 「한국에서의 '민주공화국'의 개념사―특히 '공화' 개념을 중심으로」, 『법사학연구』 42호, 2010.

이태일, 「5·10선거의 정치사적 의미」, 『한국현대정치사』 1, 실천문학사, 1989.

이현주, 「3·1운동 직후 '국민대회'와 임시정부 수립운동」, 『한국근현대사연구』 6집, 1997.

장동진, 「대한민국 제헌과정에 나타난 자유주의―정부형태, 기본권, 경제제도를 중심으로」, 『정치사상연구』 11집 2호, 2005.

전광석, 「해방 후 3년간의 헌법구상」, 『헌법판례연구』 5, 2003.

전광석, 「제헌의회의 헌법구상」, 『법학연구』 Vol.15, No.4, 2005.

전광석, 「유진오와 대한민국 헌법」, 『고려법학』 48집, 2007.

정상우, 「대한민국임시정부 헌법과 1948헌법」, 『법과 사회』 제32호, 2007.

정옥자, 「신사유람단고」, 『역사학보』 27, 1965.

조승래, 「공화국과 공화주의」, 『역사학보』 198집, 2008.

주진오, 「19세기 후반 개화개혁론의 구조와 전개―독립협회를 중심으로」, 연세대사학과 박사논문, 1995.

최기영, 「구한말 헌정연구회에 관한 일고찰」, 『윤병석교수화갑기념한국근대사논총』, 지식산업사, 1990.

허동현, 「1881년 조사시찰단의 명치 일본정치제도 이해」, 『한국사연구』 86, 1994.

# 찾아보기

## [기관·단체명]